La Caza De
HACKERS

Ley y Desorden
en la
Frontera Electrónica

Bruce Sterling

I0009644

La Caza De Hackers: Ley Y Desorden En La Frontera Electrónica

The hacker crackdown: law and disorder in the electronic frontier
© Bruce Sterling 1993

ISBN: 9788496013575
© Grupo Ajec 2008, FiccionBooks 2017
Todos los derechos reservados para el idioma castellano

© Traducción: Ramón G. Delagua
 Diseño de cubierta: Estudio AJEC

Primera Edición: 2008
Primera reimpresión: Abril 2017

ÍNDICE

CRONOLOGÍA DE LA CAZA DE HACKERS

1865   -Se funda el Servicio Secreto de Estados Unidos (USSS).

1876   -Alexander Graham Bell inventa el teléfono.

1878   -Los primeros adolescentes son expulsados del sistema telefónico por las autoridades enfurecidas.

1939   -Redada del Servicio Secreto contra Los Futuristas, un grupo de aficionados a la ciencia-ficción.

1971   -Los Yippies, phreaks telefónicos, fundan la revista 'YIPL/TAP'.

1972   -La revista 'Ramparts' es confiscada por el escándalo de estafa con cajas azules.

1978   -Ward Christenson y Randy Suess crean el primer BBS (Bulletin Board System).

1982   -William Gibson acuña el término ciberespacio.

1982   -Redada contra el grupo 414 Gang.

1983-1983   -AT&T es desmantelada y convertida en varias empresas.

1984   -El Congreso aprueba el «Acta de Control Global de Delitos», dando al USSS, jurisdicción sobre los delitos con tarjetas de crédito y los delitos informáticos.

1984   -Se crea el grupo *Legion of Doom*.

1984   -Se funda la publicación '2600: The Hacker Quarterly'.

1984   -Publicado el catálogo 'Whole Earth Software'.

1985   -Primer pinchazo policial en una BBS.

1985   -Comienza a funcionar el Enlace Electrónico Planetario (WELL).

1986   -Aprobada el «Acta de Fraudes y Delitos Informáticos».

1986   -Aprobada el «Acta de Privacidad de las Comunicaciones Electrónicas».

1987   -Agentes de Chicago forman la Brigada de Fraudes y Delitos Informáticos.

1988

Julio. El Servicio Secreto graba con cámaras ocultas el encuentro de hackers «SummerCon».

Septiembre. Prophet asalta la red de computadoras AIMSX de BellSouth y descarga a su computadora y a Jolnet el documento E911.

Septiembre. El Departamento de Seguridad de AT&T es informado de la acción de Prophet.

Octubre. El Departamento de Seguridad de Bellcore es informado de la acción de Prophet.

1989

Enero. Prophet le envía a Knight Lightning el documento E911.

25 de febrero. Knight Lightning publica el documento E911 en la revista electrónica PHRACK.

Mayo. La Brigada de Chicago registra la casa de Kyrie y la arresta.

Junio. El grupo NuPrometheus League distribuye software propiedad de Apple Computer.

13 de junio. La oficina de de Florida de libertad condicional, es conectada a una línea de sexo telefónico al ser alterada una centralita.

Julio. El Servicio Secreto y la Brigada de Fraudes y Delitos Informáticos de Chicago registran la casa de Fry Guy.

Julio. El Servicio Secreto registra las casas de Prophet, Leftist y Urvile, en Georgia.

1990

15 de enero. La caída del sistema del Día de Martin Luther King deja inoperativa la red de larga distancia de AT&T en todo el país.

18 y 19 de enero. La Brigada de Chicago registra la casa de Knight Lightning en Saint Louis.

24 de enero. El Servicio Secreto y la Policía del Estado de Nueva York registran las casas de Phiber Optik, Acid Phreak y Scorpion, en Nueva York.

1 de febrero. El Servicio Secreto registra la casa de Terminus en Maryland.

3 de febrero. La Brigada de Chicago registra la casa de Richard Andrews.

6 de febrero. La Brigada de Chicago registra la oficina de Richard Andrews.

6 de febrero. El Servicio Secreto arresta a Terminus, Prophet, Leftist y Urvile.

9 de febrero. La Brigada de Chicago arresta a Knight Lightning.

20 de febrero. El Departamento de Seguridad de AT&T desconecta el ordenador de acceso público «Attctc» en Dallas.

21 de febrero. La Brigada de Chicago registra la casa de Robert Izenberg en Austin.

1 de marzo. La Brigada de Chicago registra las oficinas de Steve Jackson Games, Inc., y las casas de The Mentor y Erik Bloodaxe, en Austin.

7, 8 y 9 de mayo. El Servicio Secreto y el Departamento de Crimen Organizado de Arizona llevan a cabo, dentro de la «Operación Sundevil», registros en Cincinatti, Detroit, Los Angeles, Miami, Newark, Phoenix, Pittsburgh, Richmond, Tucson, San Diego, San Jose y San Francisco.

Mayo. El FBI interroga a John Perry Barlow sobre el caso NuPrometheus.

Junio. Mitch Kapor y Barlow, fundan la Electronic Frontier Foundation; Barlow publica el manifiesto 'Crimen y Desconcierto'.

24 a 27 de julio. Juicio de Knight Lightning

1991

Febrero. Mesa redonda de CPSR en Washington D.C.

25 a 28 de marzo. Conferencia «Ordenadores, Libertad y Privacidad», en San Francisco.

1 de mayo. La Electronic Frontier Foundation, Steve Jackson y otros, emprenden acciones legales contra los miembros de la Brigada de Chicago.

1 y 2 de julio. Una caída del software de las centralitas, afecta a Washington, Los Angeles, Pittsburgh y San Francisco.

17 de septiembre. Una caída del sistema telefónico de AT&T afecta a Nueva York y a tres aeropuertos.

INTRODUCCIÓN

Este es un libro sobre policías, locos *niños prodigio*, abogados, anarquistas, técnicos industriales, *hippies*, millonarios de la alta tecnología, aficionados a los juegos, expertos en seguridad de ordenadores, agentes del Servicio Secreto, y ladrones.

Este libro trata, sobre la frontera electrónica de los 90. Habla de actividades que tienen lugar en ordenadores y líneas telefónicas.

Un escritor de ciencia ficción, acuñó en 1982, el término *ciberespacio*. Pero el territorio en cuestión, la frontera electrónica, tiene unos ciento treinta años. El *ciberespacio* es el *lugar* en el que una conversación telefónica parece tener lugar. No en el interior de tu teléfono, el dispositivo de plástico de tu mesa. No en el interior del teléfono de la otra persona, en otra ciudad. *El lugar entre* los teléfonos.

El lugar indefinido *de ahí fuera*, donde vosotros dos, dos seres humanos, os encontráis y os comunicáis.

Aunque no es exactamente *real*, el *ciberespacio* es un lugar que existe. Hay cosas que ocurren allí que tienen consecuencias muy reales. Este *lugar* no es *real*, pero es serio, es importante. Decenas de miles de personas han dedicado su vida a él, al servicio público de comunicaciones públicas por cable y electrónica.

La gente ha trabajado en esta *frontera* desde generaciones. Unos se hicieron ricos y famosos por su trabajo en ella. Algunos simplemente jugaron en ella, como aficionados y otros reflexionaron seriamente sobre ella, escribieron sobre ella, la regularon, llevaron a cabo negociaciones sobre ella en foros internacionales y se demandaron unos a otros por ella, en gigantescas y épicas batallas legales, que duraron años. Y casi desde el principio, algunas personas han cometido delitos en este lugar.

Pero en los últimos treinta años, este *espacio* eléctrico, que antes era delgado, oscuro y unidimensional -poco más que un estrecho tubo, estirándose de un teléfono a otro-, se ha expandido, como una versión gigantesca de esas cajas con un muñeco de muelles. La luz lo inunda, la fantasmagórica luz de la brillante pantalla del ordenador. Este oscuro submundo electrónico se ha convertido en un vasto y floreciente paisaje electrónico. Desde la década de los 60, el mundo del teléfono se ha entremezclado con las antiguas computadoras y la televisión. Y aunque no hay materia aún en el *ciberespacio*, nada que puedas manejar, tiene ahora una extraña clase de corporeidad.

Hoy en día tiene sentido hablar del *ciberespacio*, como de un lugar. Porque ahora la gente vive en él. No unas pocas personas, no sólo unos pocos técnicos y algunos excéntricos, sino miles de personas, personas corrientes. Y no durante un corto rato, sino durante horas a lo largo de semanas, meses, años. El *ciberespacio* es hoy en día una *Red*, una *Matriz* de alcance internacional, que crece rápida y constantemente. Crece en tamaño, en riqueza y en importancia política.

Hay gente, cuya carrera profesional está teniendo lugar por completo en el *ciberespacio*. Científicos y técnicos, por supuesto; han estado allí desde hace más de veinte años. Pero el *ciberespacio* se llena cada vez más, de periodistas, médicos, abogados, artistas y empleados. La carrera profesional de los funcionarios públicos ahora tiene lugar allí, conectados a enormes bases de datos del gobierno; y lo mismo les ocurre a los espías, sean espías industriales, de agencias del gobierno, o simples fisgones; y también a los policías, al menos a unos pocos de ellos. Y ahora hay niños que viven allí.

Hay gente, que se ha conocido y se ha casado allí. Hay comunidades enteras viviendo en el *ciberespacio* actualmente; charlando, cotilleando, planeando, dialogando e intrigando, enviándose unos a otros correo de voz y correo electrónico, dándose unos a otros grandes e ingrávidos bloques de valiosos datos, legales e ilegales. Se pasan muchas veces *software* y a veces supurantes virus informáticos.

Realmente, aún no entendemos cómo vivir en el *ciberespacio*. Estamos buscando nuestro camino en él, moviéndonos torpemente de un lado a otro. No es nada sorprendente. Nuestras vidas en el mundo físico, el mundo *real*, también están muy lejos de ser perfectas, a pesar de tener mucha más práctica. La vida humana, la verdadera vida, es imperfecta por naturaleza y hay seres humanos en el *ciberespacio*. La forma en la que vivimos en el *ciberespacio*, es un espejo de la forma en la que vivimos en el mundo real. Llevamos con nosotros nuestras virtudes y nuestros defectos.

Este libro trata de problemas en el *ciberespacio*. Específicamente, sobre ciertos sucesos extraños que tuvieron lugar en 1990, un asombroso año sin precedentes para el creciente universo de las comunicaciones informatizadas.

En 1990 tuvo lugar en todo el país una *caza de hackers*, con arrestos, denuncias, un dramático juicio totalitario, varias condenas y abundantes confiscaciones de datos y equipos en todo Estados Unidos.

La Caza de Hackers de 1990, fue mayor, mejor organizada, más intencionada y más decidida, que cualquier otra acción previa en el valiente nuevo mundo del delito informático. El Servicio Secreto de Estados Unidos, civiles expertos en seguridad telefónica, departamentos, brigadas de policía estatal y local, unieron sus recursos en un decidido esfuerzo, por aplastar la cabeza del *submundo* electrónico americano. Fue una campaña fascinante, con resultados muy dispares.

La Caza de Hackers tuvo otro efecto sin precedentes; provocó la creación dentro de la *comunidad informática*, de la Electronic Frontier Foundation, un nuevo y extraño grupo de presión, dedicado ferozmente al establecimiento y la protección de los derechos civiles electrónicos. *La Caza*, notable por sí misma, creó un tumultuoso debate sobre el delito electrónico, las penas, la libertad de prensa, y cuestiones referentes a registros y confiscaciones de bienes. La política había entrado en el *ciberespacio*.

Allí donde va la gente, va la política.

Ésta es la historia de la gente del *ciberespacio*.

PARTE 1

REVENTANDO EL SISTEMA

El 15 de enero de 1990, el sistema de centralitas de larga distancia de AT&T se vino abajo.

Fue un suceso extraño, grave y tremendo. Sesenta mil personas se quedaron sin teléfono. Durante las nueve largas horas de desesperados trabajos que costó restablecer el servicio, unos setenta millones de llamadas no pudieron realizarse.

Los fallos de servicio, conocidos como *cortes* en el mundo de las telecomunicaciones, son un riesgo conocido y aceptado en el negocio telefónico. Los huracanes hacen que miles de cables de teléfono se partan. Los terremotos arrancan cables de fibra óptica enterrados. Las centralitas se incendian y no quedan más que cenizas. Estas cosas ocurren. Hay planes de emergencia para resolverlas y décadas de experiencia tras ello. Pero la caída del 15 de enero no tenía precedentes. Fue increíblemente descomunal ocurrió sin razón física aparente.

El fallo de sistema comenzó un lunes por la tarde en una centralita de Manhattan. Pero a diferencia de cualquier simple daño físico, se extendió y extendió. Centralitas de toda América, se colapsaron una tras otra en una reacción en cadena, hasta que la mitad de la red de AT&T estuvo fuera de control, y la otra mitad tenía dificultades para hacerse con la sobrecarga.

Después de nueve horas, los ingenieros de *software* de AT&T comprendieron más o menos qué había producido el fallo. Reproducir el problema exactamente, estudiando minuciosamente el *software* línea a línea, les llevó un par de semanas. Pero como era difícil de entender técnicamente, toda la verdad del asunto y sus implicaciones no fueron amplia y detalladamente explicadas. La causa principal del fallo, se mantuvo en la oscuridad, susurrada con rumor y miedo

El fallo, fue una gran vergüenza para la compañía. El *culpable* fue un error en el propio *software* de AT&T, algo que no era de la clase de culpa que el gigante de las telecomunicaciones quería reconocer, especialmente al tener que enfrentarse a una competencia cada vez mayor. A pesar de todo *se dijo* la verdad, en los frustrantes términos técnicos, que era necesario emplear para explicarlo.

De alguna manera, la explicación no convenció a las agencias de seguridad del Estado, ni tampoco al personal de seguridad de las empresas de telefonía. Estas personas no eran expertos técnicos o grandes programadores y habían elaborado sus propias sospechas acerca de la causa del desastre.

La policía y los departamentos de seguridad de telecomunicaciones, tenían importantes fuentes de información, que eran denegadas a simples ingenieros de *software*. Tenían informadores en el *submundo* informático y años de experiencia en tratar con ciertas fechorías de alta tecnología, que parecían hacerse cada vez más sofisticadas. Durante años habían estado esperando un ataque directo y salvaje contra el sistema telefónico americano. Y con la *caída del sistema* del 15 de enero —la primera de una nueva década de alta tecnología— sus predicciones, miedos y sospechas, parecían haber entrado en el mundo real. Un mundo, en el que el sistema telefónico no había fallado por sí solo, sino que había sido *atacado* por *hackers*.

El fallo creó una oscura nube de sospechas, que determinaría las suposiciones y acciones de cierta gente durante meses. El hecho de que tuviera lugar en el área del *software* era sospechoso. El hecho de que ocurriera el Día de Martin Luther King, aún hoy la fiesta americana con más carga política, hizo todo todavía más sospechoso.

La *caída del sistema* del 15 de enero, propició que se considerara urgente y necesaria *La Caza de Hackers*. Hizo que gente, gente poderosa en puestos de autoridad, deseara creer lo peor. Y fatalmente, ayudó para que los investigadores desearan tomar medidas extremas y preservaran un casi total secretismo.

Un oscuro fallo de *software* en un anticuado sistema de centralitas de Nueva York, iba a provocar una reacción en cadena de problemas constitucionales y legales en todo el país.

Al igual que el fallo en el sistema telefónico, esta reacción en cadena estaba esperando la primera oportunidad para ocurrir. Durante los 80, el sistema legal americano fue ampliamente *parcheado* para enfrentarse a los nuevos asuntos que traía consigo el delito informático. Estaba, por ejemplo, el «Acta de Privacidad de las Comunicaciones Electrónicas» de 1986 — elocuentemente descrita, como *una cosa apestosa* por un oficial de policía—. Y también estaba la draconiana «Acta de Fraudes y Delitos Informáticos» del mismo año, aprobada unánimemente por el Senado de los Estados Unidos, que después demostraría tener un gran número de defectos. Se habían hecho grandes y bienintencionados esfuerzos para mantener al día el sistema legal. Pero en el día a día del mundo real, incluso el *software* más elegante, tiende a derrumbarse y mostrar repentinamente sus fallos ocultos.

Del mismo modo que el sistema telefónico, el sistema legal americano no estaba en ruinas por un fallo temporal; pero para aquéllos que fueron aplastados por el peso del sistema en colapso, la vida se convirtió en una serie de oscurecimientos y anomalías.

Para entender por qué ocurrieron estos extraños sucesos, en el mundo de la tecnología y en el de las leyes, no basta con entender los simples problemas técnicos. Llegaremos a entenderlos; pero, para empezar, debemos intentar entender cómo funciona el teléfono, el negocio de la telefonía y la comunidad de seres humanos que los teléfonos han creado.

La tecnología tiene ciclos vitales, al igual que las ciudades, las instituciones, las leyes o los gobiernos. El primer estadio de un invento es el Interrogante, también conocido por el estadio de «Prototipo Imaginario». En esta temprana etapa, el invento es sólo un fantasma, un simple reflejo en el ojo del inventor. Uno de dichos inventores fue un profesor de fisiología vocal y electricista aficionado, llamado Alexander Graham Bell.

Los primeros inventos de Bell, aunque ingeniosos, no movieron el mundo. En 1863, siendo Bell un adolescente, fabricó, junto a su hermano Melville, un mecanismo artificial de habla, hecho de madera, caucho, aislante y hojalata. Este extraño dispositivo tenía una *lengua* cubierta de caucho, hecha de segmentos móviles de madera y *cuerdas vocales, labios* y *mejillas,* de caucho. Mientras Melville accionaba un fuelle dentro de un tubo de hojalata, imitando a los pulmones, el joven Alec Bell manipulaba los *labios,* los *dientes* y la *lengua*, haciendo que aquella cosa emitiera un galimatías de sonidos en un falsete muy agudo.

Otro aspirante a gran avance técnico fue el «fonoautógrafo» de Bell de 1874, hecho con el oído completo de un cadáver. Colocado en un trípode, este espeluznante artilugio dibujaba ondas de sonido en un cristal ahumado utilizando una plumilla pegada a los huesecillos del oído.

La mayoría de los «Prototipos Imaginarios» no van a ninguna parte. Pero el segundo estadio de un invento es la «Estrella Naciente» o el estadio de «Prototipo Estúpido». El teléfono, el artilugio más ambicioso de Bell, alcanzó esta fase el 10 de marzo de 1876. Aquel gran día, Alexander Graham Bell se convirtió en la primera persona que logró transmitir eléctricamente voz humana comprensible. Lo que ocurrió fue que el joven Profesor Bell, trabajando intensamente en su laboratorio de Boston, se echó ácido accidentalmente en los pantalones. Su ayudante, el Sr. Watson, oyó sus gritos de ayuda a través del audio-telégrafo experimental de Bell. Era un hecho sin precedentes.

Los inventos en su estadio de «Prototipo Estúpido» rara vez funcionan muy bien. Son experimentales y por tanto, están a medio hacer y bastante desgastados. El prototipo puede ser atrayente, original y dar la impresión de ser bueno de una manera u otra. Pero nadie, incluyendo al inventor, está muy seguro de por qué es así. Los inventores y los entendidos pueden tener ideas muy firmes sobre su uso potencial, pero con frecuencia estas ideas están equivocadas.

El hábitat natural del «Prototipo Estúpido» son las ferias comerciales y la prensa. Los inventos recién nacidos necesitan publicidad e inversiones al igual que un ternero necesita leche. Esto era muy cierto hablando de la máquina de Bell. Para conseguir dinero, Bell hizo un *tour* con su dispositivo como una atracción de feria.

Los artículos de prensa de la época dicen, que el debut del teléfono provocó un asombro alegre, mezclado con mucho miedo. El teléfono que Bell usaba en sus demostraciones era una gran caja de madera con una rudimentaria boquilla, con un tamaño algo mayor que el de una cámara Brownie. Su vibrante altavoz de acero, con potentes electroimanes, era lo suficientemente potente como para oírse en todo un auditorio. Watson, el ayudante de Bell, hábil intérprete de órgano, tocaba junto a un teléfono desde habitaciones a cierta distancia y más tarde, tocó desde otras ciudades. Esto fue considerado maravilloso, pero también inquietante.

El concepto original que Bell tenía sobre el teléfono, una idea que defendió durante un par de años, era el de convertirlo en un medio de masas. Hoy podemos ver que la idea original de Bell se aproxima al moderno *hilo musical*. Desde una central, los teléfonos transmitirían música, sermones dominicales e importantes discursos a una red de abonados.

En aquel momento, la mayoría de la gente pensaba que este concepto sonaba bien. De hecho, la idea de Bell era factible. En Hungría, esta utilización del teléfono fue llevada a la práctica diaria con éxito. En Budapest, durante décadas, desde 1893 hasta después de la Primera Guerra Mundial, había un servicio de información perteneciente al gobierno llamado «Telefon Hirmondo1/2». «Hirmondo1/2» fue una fuente centralizada de noticias, entretenimiento y cultura, incluyendo información bursátil, obras de teatro, conciertos y lecturas de novelas. A determinadas horas del día, el teléfono sonaba, conectabas un altavoz para que lo oyera toda la familia y «Telefon Hirmondo1/2» estaba en antena, o mejor dicho, en el teléfono.

Hirmondo1/2 es una tecnología muerta hoy en día, pero «Hirmondo1/2» podría ser considerado el ancestro espiritual de los modernos servicios informáticos de datos a los que se accede por línea telefónica, como Compuserve, Genie o Prodigy. El principio que subyace bajo la idea de «Hirmondo1/2» tampoco está muy lejos de las BBS, que aparecieron a finales de los años 70 y se extendieron rápidamente por América, éstas aparecerán con frecuencia en este libro.

Estamos acostumbrados a usar los teléfonos para conversaciones individuales porque estamos acostumbrados al sistema de Bell. Pero ésta podría ser sólo una posibilidad entre muchas. Las redes de comunicación son muy flexibles y potentes, especialmente cuando su *hardware* es suficientemente avanzado. Pueden utilizarse para todo tipo de cosas. Así ha sido y así seguirá siendo.

El teléfono de Bell había sido elegido para la gloria, pero esto se debió a una combinación de decisiones políticas, astutas batallas judiciales, inspirados liderazgos en la industria, actitudes locales muy receptivas y pura buena suerte. Mucho de esto es hoy también válido para los sistemas de comunicaciones actuales.

Bell y sus patrocinadores, al luchar para instalar su moderno sistema en el mundo real de la Nueva Inglaterra del siglo XIX, tuvieron que enfrentarse al escepticismo y la competencia de otras industrias. Ya había entonces una fuerte red eléctrica de comunicaciones en América: el telégrafo. El presidente del sistema telegráfico de Western Union despreció el prototipo de Bell, llamándolo *juguete eléctrico* y rehusó comprar los derechos de patente de Bell. El teléfono, al parecer, podía estar bien como entretenimiento de salón, pero no para negocios serios.

Los telegramas, a diferencia de los teléfonos, dejaban un registro físico permanente de sus mensajes. Los telegramas, a diferencia de los teléfonos, podían contestarse cuando más le conviniera al destinatario. Y el telegrama tenía un mayor alcance que el primer teléfono de Bell. Estos factores hacían que la telegrafía pareciera una tecnología más fuerte y rentable, al menos a algunos.

El sistema telegráfico era enorme y estaba muy consolidado. En 1876 los Estados Unidos tenían 214.000 millas de cable telegráfico y 8500 oficinas de telégrafo. Había telégrafos especiales para negocios, para comerciantes de ganado, para el gobierno, la policía y los bomberos. Y el *juguete* de Bell era más conocido como un dispositivo musical de barraca de feria.

El tercer estadio de un invento es el estadio de «La Vaca de Dinero». En esta etapa, un invento encuentra su lugar en el mundo, madura y se convierte en algo asentado y productivo. Después de casi un año, Alexander Graham Bell y sus patrocinadores concluyeron que una música extraña procedente del *ciberespacio* del siglo XIX, no era lo que iba a vender su invento. En su lugar, el teléfono iba a encontrar su lugar con la voz —voz personal e individual, la voz humana, conversación humana e interacción humana—. El teléfono no iba a ser gestionado desde un punto de difusión centralizado. Iba a ser una tecnología personal e íntima.

Cuando descolgabas un teléfono, no estabas recibiendo la fría salida de una máquina: estabas hablando a otro ser humano. Una vez que la gente se dio cuenta de esto, su instintivo temor al teléfono como un extraño y artificial dispositivo, se desvaneció de repente. Una *llamada de teléfono* no era una *llamada* del *teléfono* mismo, sino una llamada de otro ser humano, alguien a quien generalmente conocerías y reconocerías. El punto clave no era lo que la máquina pudiera hacer por ti -o a ti-, sino lo que tú solo, una persona y un ciudadano, podía hacer *a través* de la máquina. El que la joven Bell Company tomara esta decisión era absolutamente vital.

La primera red telefónica fue creada en Boston. Mayoritariamente creada entre gente interesada en la tecnología y gente con buena situación económica, -casi el mismo segmento de población que en América, cien años después, compraría ordenadores personales-. Los bien situados partidarios del telégrafo siguieron con sus burlas.

Pero en enero de 1878 un desastre hizo famoso al teléfono. Un tren tuvo un accidente en Tarrifville, Connecticut. Un nutrido grupo de médicos con amplitud de miras de la cercana ciudad de Hartford, tenían instalado el *teléfono parlante* de Bell. Un farmacéutico pudo telefonear a toda una comunidad de médicos de la localidad, que corrieron al lugar del accidente para ayudar. El desastre, como suele ocurrir, tuvo una gran cobertura en la prensa. El teléfono había demostrado su utilidad en el mundo real.

Después de lo de Tarrifville, la red telefónica se extendió a gran velocidad. Hacia 1890, cubría toda Nueva Inglaterra. Hacia 1893 se completaba la red de Chicago. Hacia 1897, cubría Minnesota, Nebraska y Texas. Hacia 1904 se extendía por todo el continente.

El teléfono se había convertido en un invento maduro. El profesor Bell, —ahora generalmente conocido como «el Doctor Bell», aunque no poseía ningún título— se hizo muy rico. Perdió interés por el tedioso día a día de los negocios relacionados con la creciente red telefónica y volvió su atención a trastear en sus laboratorios, que ahora eran mucho más grandes y estaban mejor ventilados y equipados. Bell nunca más tendría otro gran éxito como inventor, aunque sus estudios y prototipos anticiparon la transmisión por fibra óptica, el piloto automático, el sonar, los aerodeslizadores, la construcción tetraédrica y la educación Montessori. El decibelio, la unidad estándar de medición de la intensidad de un sonido, fue denominada así en honor a Bell.

No todas las especulaciones y «prototipos imaginarios» de Bell tuvieron una gran inspiración. Le fascinaba la eugenesia. Y empleó muchos años desarrollando un extraño sistema astrofísico en el que la gravedad no existía.

Bell era un excéntrico de manual. Era en cierta forma un hipocondríaco y a lo largo de toda su vida tuvo por costumbre no irse a dormir hasta las cuatro de la mañana y no levantarse hasta el mediodía.

Pero había logrado una gran hazaña; era el ídolo de millones de personas, y su influencia, su fortuna y su encanto personal, combinados con su excentricidad, le convirtieron en toda una personalidad, algo así como una bala de cañón rodando en la cubierta de un barco. Bell dirigía un próspero salón de tertulias científicas, en su mansión de invierno en Washington D.C., lo que le dio una considerable influencia entre bastidores en círculos científicos y gubernamentales. Era uno de los principales patrocinadores de las revistas 'Science' y 'National Geographic', que aún hoy, son importantes instrumentos del *establishment* científico americano.

El compañero de Bell, Thomas Watson, con una fortuna similar y unas peculiaridades similares, se convirtió en un ferviente discípulo de un escritor de ciencia-ficción y aspirante a reformador social del siglo XIX, Edward Bellamy. Watson también pisó los escenarios brevemente como actor de obras de Shakespeare.

Nunca más habría otro Alexander Graham Bell, pero en los siguientes años habría un sorprendente número de personas como él. Bell era el prototipo de empresario dedicado a la alta tecnología. Los empresarios dedicados a la alta tecnología jugarán un papel muy importante en este libro: no meramente como técnicos y hombres de negocios, sino también como pioneros de la frontera electrónica, que pueden arrojar a la arena política y social, el poder y el prestigio que obtienen de la alta tecnología.

Como los empresarios que aparecerían tiempo después, Bell era un feroz defensor de su territorio tecnológico. A medida que el teléfono empezó a prosperar, Bell se vio rápidamente metido en duros pleitos en defensa de sus patentes. No obstante, los abogados de Bell en Boston eran excelentes y el mismo Bell, como profesor de oratoria y orador público bien capacitado, era un devastadoramente eficaz testigo legal. En los dieciocho años que duraron las patentes de Bell, la Bell Company se enfrentó a seiscientas causas. Los sumarios impresos ocuparon 149 volúmenes. La Bell Company ganó todas y cada una de ellas.

Después de que las patentes exclusivas de Bell expiraran, empezaron a expandirse compañías telefónicas rivales por toda América. La compañía de Bell, American Bell Telephone, pronto tuvo problemas. En 1907, American Bell Telephone cayó en poder del siniestro cártel financiero J.P. Morgan, *tiburones* especuladores que dominaban Wall Street.

En este momento, la Historia podría haber tomado un rumbo diferente. Los americanos podrían haber sido usuarios para siempre de un gran entramado de compañías telefónicas locales. Muchos políticos y hombres de negocios consideraron esto como una solución excelente.

Pero la nueva dueña de Bell, American Telephone and Telegraph o AT&T, puso al frente de aquélla a un nuevo hombre, un visionario industrial llamado Theodore Vail. Vail, un antiguo funcionario de Correos, era capaz de comprender el funcionamiento de una gran organización y tenía un sentido innato para comprender la naturaleza de la comunicación a gran escala. Vail se ocupó rápidamente de que AT&T se hiciera con la tecnología punta de nuevo. La bobina de carga de Pupin y Campbell y el «audion» de deForest, son tecnologías que han desaparecido hoy en día, pero en 1913 dieron a la compañía de Vail las mejores líneas de *larga distancia* que jamás se hubieran construido. Con el control de la larga distancia —los enlaces entre y a través de las más pequeñas compañías locales— AT&T llevó rápidamente la voz cantante y empezó a devorarlas a diestro y siniestro.

Vail, reinvirtió los beneficios en investigación y desarrollo, comenzando con la tradición de Bell, de la brillante investigación industrial a gran escala.

Técnica y financieramente, AT&T aplastó gradualmente a la competencia. Las compañías telefónicas independientes nunca desaparecieron del todo y hoy en día cientos de ellas siguen funcionando. Pero la AT&T de Vail se convirtió en la compañía de comunicaciones suprema. En un determinado momento, la AT&T de Vail compró la propia Western Union, la misma compañía que había despreciado el teléfono de Bell considerándolo un *juguete*. Vail reformó a fondo los anticuados negocios de la Western Union según sus modernos principios; pero cuando el gobierno federal empezó a inquietarse ante esta centralización de poder, Vail devolvió la Western Union cortésmente.

Este proceso de centralización no era único. Hechos similares habían ocurrido en América en los sectores del acero, el petróleo y los ferrocarriles. Pero AT&T, a diferencia del resto de compañías, iba a mantenerse líder. Los *tiburones* monopolizadores de esas otras industrias fueron humillados y hechos pedazos por la cacería anti-monopolio emprendida por el gobierno.

Vail, el antiguo funcionario de Correos, estaba dispuesto a satisfacer al gobierno de Estados Unidos; de hecho, forjaría una activa alianza con él. AT&T se convertiría en casi un ala del gobierno americano, prácticamente como otro Servicio de Correos —aunque no por completo—. AT&T se sometería voluntariamente a la regulación federal, pero a cambio, tomaría las regulaciones del gobierno como su política de empresa, haciendo imposible la competencia, asegurando así los beneficios y la preeminencia del sistema de Bell.

Este fue el segundo nacimiento —el nacimiento político— del sistema telefónico americano. El plan de Vail iba a seguir funcionando, con un éxito total, durante muchas décadas, hasta 1982. Su sistema era una extraña forma de socialismo industrial americano. Nació casi a la vez que el Leninismo. Duró casi lo mismo. Y, hay que admitirlo, con unos efectos muy superiores.

El sistema de Vail funcionaba. Exceptuando quizás la tecnología aeroespacial, no ha habido ninguna otra tecnología mejor dominada por los americanos que el teléfono. El teléfono era visto desde el principio, como una tecnología esencialmente americana. La política de empresa de Bell y la política de Theodore Vail, era una política profundamente democrática de *acceso universal*. El famoso eslogan corporativo de Vail, «Una Política, Un Sistema, Servicio Universal», era un eslogan político, con un toque muy americano.

El teléfono americano no iba a convertirse es una herramienta especializada del gobierno o del mundo empresarial, sino en un bien de utilidad pública. Al principio, es cierto, sólo los ricos podían permitirse tener teléfonos privados y la compañía de Bell intentó primero conquistar el mercado de los negocios.

El sistema telefónico americano era una inversión de capital, destinada a ganar dinero; no se trataba de caridad. Pero desde el principio, casi todas las comunidades con servicio telefónico tenían teléfonos públicos. Y muchas tiendas —especialmente las droguerías— ofrecían el uso público de sus teléfonos.

Podías no tener teléfono, pero siempre podías acceder al sistema si realmente lo necesitabas.

No hubo nada inevitable en esta decisión de hacer los teléfonos *públicos* y *universales*. El sistema de Vail implicaba una profunda confianza en el público. Esta decisión fue política, formada por los valores básicos de la república americana. La situación podría haber sido muy diferente; y en otros países, bajo otros sistemas, ciertamente lo fue. Stalin, por ejemplo, vetó los planes para crear el sistema telefónico soviético poco después de la revolución bolchevique. Stalin estaba convencido de que los teléfonos de acceso público se convertirían en instrumentos contrarrevolucionarios y conspiradores: probablemente tenía razón. Cuando los teléfonos aparecieran en la Unión Soviética, serían instrumentos de la autoridad del Partido, siempre pinchados. La novela de Alexander Solzhenitsyn sobre los campos de prisioneros "El Primer Círculo", describe los intentos de desarrollar un sistema telefónico más ajustado a los intereses de Stalin.

Francia, con su tradición de gobierno centralizado y racional, había luchado duramente incluso contra el telégrafo, que era a ojos de los franceses, demasiado anárquico y frívolo. Durante décadas, los franceses del siglo XIX se comunicaron con el *telégrafo visual*, un sistema de semáforos de propiedad gubernamental extendido por todo el país, formado por enormes torres de piedra que emitían señales desde cimas de colinas, a través de grandes distancias, con grandes brazos, similares a los de los molinos. En 1846 un tal Dr. Barbay, un entusiasta de estos semáforos, publicó memorablemente una temprana versión de lo que podría llamarse *el argumento del experto en seguridad* contra los medios abiertos.

«No, el telégrafo eléctrico no es una sólida invención. Siempre estará a merced de la más pequeña alteración y a merced de locos jóvenes, borrachos, vagos... El telégrafo eléctrico se enfrenta a estos elementos destructivos con sólo unos pocos metros de cable, en los cuales la supervisión es imposible.

Un hombre podría por sí solo, sin ser visto, cortar los cables telegráficos que van a París y en veinticuatro horas cortar en diez puntos distintos, los cables de la misma línea sin ser arrestado. El telégrafo visual, por el contrario, tiene sus torres, sus altos muros, sus puertas bien guardadas desde el interior por hombres fuertemente armados. Sí, declaro, que sustituir el telégrafo visual por el eléctrico es una medida terrible, un acto verdaderamente estúpido.»

El Dr. Barbay y sus máquinas de piedra de alta seguridad al final no tuvieron éxito, pero su argumento —que la comunicación ha de ajustarse a la seguridad y a la conveniencia del Estado, que debe ser cuidadosamente protegida de los jóvenes alocados y de la escoria que podría querer reventar el sistema—, sería oído una y otra vez.

Cuando por fin se creó el sistema telefónico francés, su ineficacia fue notoria. Los devotos del Sistema Bell de América, con frecuencia recomendaban un viaje a Francia a los escépticos.

En la Inglaterra de Eduardo VII, las cuestiones referentes a la clase y la intimidad eran un lastre para el progreso del teléfono. Se consideraba escandaloso que cualquiera —cualquier tonto de la calle—, pudiera meterse a gritos en la casa o en la oficina de alguien, precedido solamente por el timbre del teléfono. En Inglaterra, los teléfonos eran tolerados para usarse en los negocios, pero los teléfonos privados tendían a estar encerrados y apartados en armarios, salas de fumadores, o en las habitaciones de los sirvientes. Los operadores telefónicos ingleses eran despreciados porque parecía que no *conocían su lugar*. Y nadie de buena familia habría osado escribir un número de teléfono en una tarjeta de visita; esto era considerado un intento de querer conocer extraños de muy poco gusto.

Pero el acceso al teléfono en América iba a convertirse en un derecho popular; algo como el sufragio universal. Las mujeres americanas aún no podían votar cuando se implantó el sistema telefónico, y ya —al principio— las mujeres americanas adoraron al teléfono. Esta *feminización* del teléfono americano, era con frecuencia comentada por los extranjeros. Los teléfonos en América no estaban censurados y no se tenía que usar con rígidas maneras y con formalidad; eran privados, íntimos, estaban en el ámbito doméstico y permitían la relación social. En América, el Día de la Madre es sin duda, el día más atareado del año para la red telefónica.

Las primeras compañías telefónicas y especialmente AT&T, estaban entre los principales empleadores de mujeres americanas. Daban empleo a grandes ejércitos de hijas de las clases medias americanas: en 1891, ocho mil mujeres; hacia 1946, casi un cuarto de millón. Las mujeres parecían disfrutar trabajando en el teléfono; era un empleo fijo, respetable, se pagaba bastante bien para lo que solían pagar a una mujer en el trabajo y por último, pero no por ello menos importante, parecía ser una buena contribución al bienestar social de la comunidad. Las mujeres consideraron atractivo, el ideal de servicio público de Vail. Esto era especialmente cierto en áreas rurales, donde las operadoras, haciéndose cargo de extensas líneas colectivas rurales, disfrutaban de un considerable poder social. La operadora conocía a todos los que estaban en la línea y todos la conocían a ella.

Aunque el propio Bell era un ferviente sufragista, la compañía telefónica no dio empleo a mujeres para conseguir la liberación femenina. AT&T hizo esto por importantes razones comerciales. Los primeros operadores telefónicos del sistema Bell no fueron mujeres, sino adolescentes americanos. Eran chicos encargados de transmitir mensajes en el telégrafo —un grupo a punto de volverse técnicamente obsoleto—, que hacían la limpieza de la oficina telefónica, iban a reclamar los pagos no abonados por los clientes y hacían conexiones telefónicas en la centralita, todo por poco dinero.

Durante el primer año de funcionamiento, 1878, la compañía de Bell aprendió una dura lección sobre combinar jovenzuelos con centralitas telefónicas. Poner a adolescentes a cargo del sistema telefónico llevo a un rápido y constante desastre. El ingeniero jefe de Bell les describió como *Indios Salvajes*.

Los chicos eran muy groseros con los clientes; contestaban mal, descaradamente, haciendo observaciones impertinentes... Los granujas decidieron tomarse libre el Día de San Patricio sin permiso. Y lo peor de todo, gastaban hábiles bromas con los cables de la centralita: desconectaban llamadas, cruzaban líneas, de forma que los clientes se encontraban hablando con extraños...

Esta combinación de poder, habilidades técnicas y total anonimato, parece que actuó como un fuerte estimulante entre los adolescentes. Pero el fenómeno de *chicos locos de los cables* no se limitó a los Estados Unidos; desde el principio, ocurrió lo mismo en el sistema telefónico británico. Alguien comentó la situación así:

«Sin duda, estos chicos no consideraron este trabajo como algo pesado y fastidioso. También es muy probable que bajo las primeras condiciones de trabajo, el espíritu aventurero e inquisitivo que posee cualquier chico sano a esa edad, no siempre fuera propicio para conceder la máxima atención a los deseos de los clientes.»

Así, los chicos fueron apartados del sistema —o al menos, privados del control de la centralita—. Pero el *espíritu aventurero e inquisitivo* de los adolescentes, volvería a aparecer en el mundo de la telefonía una y otra vez.

El cuarto estadio en el ciclo de vida de un invento, es la muerte: «el Perro», tecnología obsoleta. El teléfono ha evitado hasta ahora este destino. Al contrario, se desarrolla, todavía en expansión, evolucionando y a una velocidad cada vez mayor.

El teléfono, ha alcanzado el poco común estadio elevado de un aparato tecnológico: ha llegado a ser un *objeto doméstico*. El teléfono, al igual que el reloj, el bolígrafo y el papel, los utensilios de cocina y el agua corriente, se ha convertido en un aparato que sólo es visible en su ausencia. El teléfono es tecnológicamente transparente. El sistema global telefónico es la mayor y más compleja máquina del mundo y aún así, es fácil de utilizar. Más aún, el teléfono es, prácticamente, físicamente seguro para el usuario.

Para el ciudadano medio de 1870, el teléfono era más extraño, más sorprendente, más cercano a la *alta tecnología* y más difícil comprender que los más extraños aparatos de computación avanzada lo son para nosotros. —americanos de los años 90—. Al intentar comprender qué está ocurriendo hoy día, con nuestras BBS, llamadas internacionales directas, transmisiones por fibra óptica, virus informáticos, *hackers* y un intenso enredo de nuevas leyes y nuevos crímenes, es importante darse cuenta, de que nuestra sociedad se ha enfrentado a un desafío similar ya antes —y eso, con seguridad, lo hicimos bastante bien.

El teléfono de feria de Bell parecía extraño al principio. Pero la sensación de extrañeza se desvaneció rápidamente una vez que la gente empezó a oír las familiares voces de parientes y amigos, en sus propias casas, desde sus propios teléfonos. El teléfono pasó de ser un aterrador tótem de alta tecnología, a ser un pilar cotidiano de la comunidad humana.

Esto también ha ocurrido y sigue ocurriendo, con las redes de computadoras. Las redes como NSFnet, BITnet, USENET o JANET son técnicamente avanzadas, amedrentadoras y mucho más difíciles de usar que los teléfonos. Incluso las redes populares y comerciales, como Genie, Prodigy y Compuserve, causan muchos quebraderos de cabeza y han sido descritas como *odiausuarios*. De todas maneras, también están cambiando y pasando de ser complicados elementos de alta tecnología a ser fuentes diarias de la comunidad humana.

Las palabras *comunidad* y *comunicación* tienen la misma raíz. Donde quiera que instales una red de comunicaciones, crearás a la vez una comunidad. Y si haces desaparecer esa red, lo hagas como lo hagas —confiscándola, declarándola ilegal, destruyéndola, elevando su coste por encima de lo permisible— estás hiriendo a esa comunidad.

Las comunidades lucharán para defenderse. La gente luchará más dura y crudamente para defender sus comunidades, que para defenderse a sí mismos como individuos. Y esta es la realidad de la *comunidad electrónica* que se creó gracias a las redes de ordenadores en los años 80 —o más bien, las *diversas* comunidades electrónicas en telefonía, seguridad del Estado, computación y en el *submundo* digital, que hacia el año 1990, estaban registrando, uniéndose, arrestando, demandando, encarcelando, multando y proclamando encendidos manifiestos.

Ninguno de los sucesos de 1990 era completamente nuevo. No ocurrió nada en 1990, que no hubiera tenido de una forma u otra un precedente más comprensible. Lo que dio a *La Caza de Hackers* su nuevo sentido de gravedad e importancia era el sentimiento —el sentimiento de una *comunidad*— de que el juego político había aumentado su importancia; aquel problema en el *ciberespacio* ya no era una simple travesura o una pelea sin conclusiones claras, sino una lucha genuina por cuestiones genuinas, una lucha por la supervivencia de la comunidad y por el futuro.

Estas comunidades electrónicas, habiendo florecido durante los años 80, estaban creando una conciencia de sí mismas y era conscientes a su vez de la existencia de otras comunidades rivales.

Estaban apareciendo temores por todos lados, mezclados con quejas, rumores y preocupadas especulaciones. Pero hacía falta un catalizador, un choque, para hacer evidente el nuevo mundo. Al igual que para Bell, fue una catástrofe lo que dio publicidad a su invento, -el Accidente del Tren de Tarrifville de enero de 1878- también se trataría esta vez de una catástrofe.

Fue la *caída del sistema* de AT&T del 15 de enero de 1990. Después del *fallo*, la herida e inquieta comunidad telefónica surgiría luchando con dureza.

La comunidad de técnicos de telefonía, ingenieros, operarios e investigadores es la comunidad más antigua del *ciberespacio*. Son los veteranos, el grupo más desarrollado, el más rico, el más respetable, de muchas maneras el más poderoso. Generaciones enteras han aparecido y desaparecido desde los días de Alexander Graham Bell, pero la comunidad que fundó sobrevive: hay gente que trabaja en el sistema telefónico cuyos abuelos trabajaron también para el sistema telefónico. Sus revistas especializadas, como 'Telephony', 'AT&T Technical Journal', 'Telephone Engineer and Management', llevan décadas publicándose; hacen que publicaciones informáticas como '*Macworld*' y '*PC Week*' parezcan aficionados recién llegados.

Y las compañías telefónicas tampoco están en las últimas filas de la alta tecnología. Los investigadores industriales de otras compañías, pueden haberse hecho con nuevos mercados; pero los investigadores de los Bell Labs han ganado *siete Premios Nobel*. Un potente dispositivo que fue creado en los Bell Labs, el transistor, ha creado *grupos* enteros de industrias. Los Bell Labs son famosos en el mundo entero por crear *una patente al día*, y han hecho descubrimientos de vital importancia incluso en astronomía, física y cosmología.

A través de sus setenta años de historia, *Mamá Bell*, más que una compañía, ha sido un estilo de vida.

Hasta el cataclismo del desmantelamiento de los años 80, *Mamá Bell* fue quizás la mega-empleadora maternalista definitiva. La imagen corporativa de AT&T era la del gigante amable, *la voz con una sonrisa*, un vago mundo de socialismo real de operadores telefónicos, bien afeitados y con cascos brillantes y de sosas chicas guapas, con auriculares y medias de nylon. Los empleados de Bell eran famosos por pertenecer a organizaciones benéficas como Kiwanis o por ser miembros del Rotary, por ser entusiastas de la Little League, —la liga de béisbol infantil—, o por pertenecer a los consejos escolares.

Durante el largo apogeo de *Mamá Bell*, los cuerpos de empleados de Bell eran educados de arriba abajo, en una ética corporativa de servicio público. Bell ganaba dinero, pero Bell no se fundamentaba *en* el dinero; Bell utilizaba relaciones públicas, pero nunca el simple mercadeo. La gente entraba en Bell buscando una buena vida y tenían una buena vida. Pero no era simplemente el dinero, lo que llevaba a la gente de Bell a lanzarse en mitad de tormentas y terremotos, a luchar con postes telefónicos derribados, meterse en registros inundados, o soportar turnos de noche con los ojos enrojecidos, arreglando centralitas colapsadas. La ética de Bell era la equivalente eléctrica de la del cartero: ni la lluvia, ni la nieve, ni la oscuridad de la noche, detendrá al correo.

Es fácil ser cínico en este tema, al igual que es fácil ser cínico al hablar de cualquier sistema político y social; pero el cinismo no cambia el hecho de que miles de personas se tomaran muy en serio estos ideales. Y alguno aún lo hacen.

La ética de Bell era la de ser un servicio público; y esto era gratificante, pero también tenía que ver con poder *privado* y esto también era gratificante. Como corporación, Bell era muy especial. Bell era una privilegiada. Bell se había arrimado al Estado. De hecho, Bell estaba tan cerca del gobierno como se podía estar en América, ganando mucho dinero legítimamente.

Pero a diferencia de otras compañías, Bell estaba por encima y más allá de la vulgar lucha comercial. A través de sus compañías operadoras regionales, Bell era omnipresente, local y cercana en toda América; pero las torres centrales de marfil de su corazón corporativo, eran las más altas y las que tenían un color marfil más fuerte.

Por supuesto, había otras compañías telefónicas en América; las llamadas independientes. Cooperativas rurales en su mayoría; pequeños alevines; la mayoría de las veces eran toleradas, aunque algunas veces se luchaba contra ellas. Durante muchas décadas, las compañías telefónicas *independientes* de América, vivieron con miedo y odio bajo el monopolio oficial de Bell, —o el *Pulpo Bell*, nombre que le daban a *Mamá Bell* sus enemigos del siglo XIX, al describirla en airados manifiestos en los periódicos.

Unos pocos de estos empresarios independientes, que fuera de la legalidad, lucharon tan duramente contra *el Pulpo*, que sus redes telefónicas ilegales fueron arrojadas a la calle por agentes de Bell y quemadas públicamente.

La técnica dulcemente estética de Bell dio a sus operadores, inventores e ingenieros una profunda y satisfactoria sensación de poder y maestría. Habían dedicado sus vidas, a mejorar esta vasta máquina extendida por toda la nación; durante años, durante lo que duran vidas humanas enteras, la habían visto mejorar y crecer. Era como un gran templo tecnológico. Eran una *élite* y lo sabían —incluso si los otros no lo sabían; de hecho, se sentían aún más poderosos *porque* los otros no lo comprendían.

La gran atracción de esta sensación de poder técnico de *élite*, nunca debería ser desestimada. El *poder técnico* no es para todos; para mucha gente no tiene el más mínimo encanto, pero para otros, se convierte en la base de sus vidas. Para unos pocos es irresistible, obsesivo; se convierte en algo cercano a una adicción. La gente —especialmente adolescentes inteligentes, cuyas vidas serían en otro caso anodinas y no tendrían ningún poder— ama esta sensación de poder secreto, y están dispuestos a hacer todo tipo de cosas sorprendentes para conseguirlo. El *poder* técnico de la electrónica, ha motivado muchos actos extraños que están detallados en este libro; los cuales, de otra manera, serían inexplicables.

Así, Bell tenía poder más allá del simple capitalismo. La ética de servicio de Bell funcionaba y era con frecuencia publicitada, de una manera algo descafeinada. Después de décadas, la gente lentamente empezó a cansarse y entonces dejaron de ser pacientes con ella. A primeros de los años 80, *Mamá Bell* tuvo que enfrentarse a la situación de tener apenas verdaderos amigos en el mundo. El socialismo industrial de Vail, se había convertido irremediablemente en algo políticamente pasado de moda. Bell sería castigada por ello. Y ese castigo caería severamente sobre la comunidad telefónica.

📂

En 1983, *Mamá Bell* fue desmantelada por decisión de un tribunal federal. Las piezas de Bell son ahora entidades corporativas separadas. El núcleo de la compañía se convirtió en AT&T Communications y también en AT&T Industries —anteriormente Western Electric, la división de manufactura de Bell—. Los AT&T Bell Labs pasaron a ser Bell Communications Research, Bellcore. Y aparecieron las Compañías Operadoras Regionales Bell: RBOCs.

Bell era un titán e incluso estos fragmentos regionales son gigantescas empresas: compañías incluidas en la lista de 50 que aparece en la revista 'Fortune'. Pero los limpios principios de *Una Política, Un Sistema, Servicio Universal,* estaban hechos añicos, aparentemente para siempre.

El principio de *Una Política* de los comienzos de la Administración Reagan, era dividir un sistema que olía a socialismo no competitivo. Desde entonces, no ha habido una verdadera *política* telefónica a nivel federal. A pesar de la división de la compañía, los fragmentos de Bell nunca han podido competir libremente en el mercado.

Las RBOCs están aún duramente reguladas, pero no desde arriba. En vez de eso, luchan política, económica y legalmente en lo que parece una interminable confusión, en un mosaico de jurisdicciones federales y estatales que se superponen. Cada vez más, al igual que otras grandes corporaciones americanas, las RBOCs se están convirtiendo en multinacionales, con grandes intereses comerciales en Europa, Sudamérica y los países de la costa del Pacífico. Pero esto también aumenta sus problemas legales y políticos.

Quienes pertenecían a la antigua *Mamá Bell,* no están contentos con su destino. Se sienten maltratados.

Podrían haber aceptado a regañadientes, el hacer una total transición al mercado libre; convertirse en compañías normales y corrientes. Pero esto nunca ocurrió. En vez de eso, AT&T y las RBOCs —*los bebés Bell*—, se sienten arrastrados de un lado a otro por regulaciones estatales, el Congreso, la FCC y especialmente por el tribunal federal del juez Harold Greene, el magistrado que ordenó la división de Bell y que se ha convertido de facto, en el zar de las telecomunicaciones americanas desde 1983.

La gente de Bell siente que hoy en día viven en una especie de limbo legal. No entienden qué es lo que se les pide. Si se trata de *servicio,* ¿por qué no son tratados como un servicio público? Y si se trata de dinero, entonces ¿por qué no son libres para competir por él? Nadie parece saberlo realmente.

Aquéllos que dicen saberlo, están todo el tiempo cambiando de opinión. Ninguna autoridad parece tener ganas de coger el toro por los cuernos de una vez.

La gente del mundo de la telefonía de otros países, se sorprende del sistema telefónico americano actual. No de que funcione tan bien; hoy en día incluso el sistema telefónico francés funciona. Se sorprenden de que el sistema telefónico americano *aún pueda funcionar* bajo estas extrañas condiciones. El *Sistema Único* de Bell de servicio de larga distancia es ahora sólo el 80 por ciento del sistema, encargándose del resto Sprint, MCI y las pequeñas compañías de larga distancia. Una guerra sucia con dudosas prácticas corporativas, como el «slamming» —un solapado método, para arrebatarle la clientela a los rivales— resurge con cierta regularidad en el sector del servicio de larga distancia. La batalla para destruir el monopolio de larga distancia de Bell fue larga y sucia, y desde el desmantelamiento, el campo de batalla no ha mejorado mucho. Los famosos anuncios de vergüenza-y-culpa de AT&T, que enfatizaban el trabajo de mala calidad y la supuestamente turbia ética de sus competidores, fueron muy comentados por su estudiada crueldad psicológica.

Hay muy mala sangre en esta industria y mucho resentimiento acumulado. El logotipo corporativo de AT&T posterior a la división, una esfera rayada, es llamado en el mundo industrial la *Estrella de la Muerte* —

una referencia a la película *La Guerra de las Galaxias*, en la que la *Estrella de la Muerte*, era la fortaleza esférica del ultravillano imperial de respiración forzada, Darth Vader—. Incluso los empleados de AT&T están poco menos que encantados con la Estrella de la Muerte. Una camiseta muy popular entre los empleados de AT&T —aunque prohibida— lleva estampado el antiguo logotipo de Bell de los tiempos de Bell System, además de la moderna esfera rayada, con estos comentarios: *antes-después* «Esto es tu cerebro» —¡Esto es tu cerebro bajo el efecto de las drogas! AT&T hizo un gran esfuerzo bien financiado y determinado, para entrar en el mercado de los ordenadores personales; fue desastroso, y los expertos en ordenadores de telecomunicaciones, son llamados con sorna por sus competidores, *escalapostes*. AT&T y las RBOCs Bell aún parece que tienen pocos amigos.

Bajo condiciones de dura competencia comercial, un *fallo* del sistema como el del 15 de enero de 1990, fue una gran vergüenza para AT&T. Era un golpe directo contra su atesorada reputación de fiabilidad.

Días después del *fallo*, el director general de AT&T, Bob Allen, se disculpó oficialmente en términos de una humildad profundamente afligida:

«AT&T tuvo una interrupción general del servicio el pasado lunes. No estuvimos a la altura de nuestros estándares de calidad, ni a la de los suyos.

Es tan simple como eso. Y eso no podemos aceptarlo. Ustedes tampoco...

Comprendemos que mucha gente depende del servicio que dé AT&T y por tanto nuestros científicos y nuestros ingenieros de redes de los AT&T Bell Laboratories, están haciendo todo lo posible para evitar que un incidente así se repita...

Sabemos que no hay manera de compensar las molestias que este problema les ha causado.»

Esta *carta abierta a los usuarios* del señor Allen fue impresa en gran cantidad de anuncios de prensa por todo el país: en el 'Wall Street Journal', el 'USA Today', el 'New York Times', el 'Los Angeles Times', el 'Chicago Tribune', el 'Philadelphia Inquirer', el 'San Francisco Chronicle Examiner', el 'Boston Globe', el 'Dallas Morning News', el 'Detroit Free Press', el 'Washington Post', el 'Houston Chronicle', el 'Cleveland Plain Dealer', el 'Atlanta Journal Constitution', el 'Minneapolis Star Tribune', el 'St. Paul Pioneer Press

Dispatch', el 'Seattle Times/Post Intelligencer', el 'Tacoma News Tribune', el 'Miami Herald', el 'Pittsburgh Press', el 'St. Louis Post Dispatch', el 'Denver Post', el 'Phoenix Republic Gazette' y el 'Tampa Tribune'.

En otra nota de prensa, AT&T sugirió que este *problema de software podría* haberle ocurrido igualmente a MCI, pero en realidad no le habría ocurrido —el *software* de centralitas de MCI era muy diferente del de AT&T, aunque no necesariamente más seguro.

AT&T también anunció su intención de ofrecer un descuento en el servicio el día de San Valentín, para compensar por las pérdidas durante la *caída del sistema.*

Se dijo al público:

«*todos los recursos técnicos disponibles, incluyendo a los ingenieros y científicos de Bell Labs, se han dedicado a asegurar que esto no volverá a ocurrir*».

Y más adelante se le aseguró que:

«*las posibilidades de una repetición del problema son pequeñas; nunca antes había ocurrido un problema de esta magnitud*».

Mientras tanto, sin embargo, la policía y los departamentos de seguridad de las empresas, tenían sus propias sospechas sobre *las posibilidades de repetición del problema* y sobre la verdadera razón por la que *un problema de esta magnitud* había ocurrido, al parecer sin proceder de ninguna parte. La policía y los agentes de seguridad sabían a ciencia cierta, que *hackers* de una sofisticación sin precedentes estaban entrando ilegalmente y reprogramando ciertas centralitas digitales. Corrían desenfrenadamente por el ambiente del *submundo* rumores sobre *virus* escondidos y *bombas lógicas* secretas en las centralitas, mezclados con muchas burlas sobre los apuros de AT&T y vanas especulaciones sobre qué incomprendidos genios *hackers* lo habían hecho. Algunos *hackers*, incluyendo a informadores de la policía, estaban intentando señalarse unos a otros como los culpables de la *caída del sistema.*

33

La gente de telecomunicaciones, encontró poco consuelo en la objetividad al contemplar estas posibilidades. Esto estaba demasiado cerca de su corazón; era embarazoso; dolía mucho, era difícil incluso hablar sobre ello. Siempre ha habido robos y otras prácticas ilegales en el sistema telefónico. Siempre ha habido problemas con las compañías independientes rivales y con las redes locales. Pero tener semejante problema en el núcleo del sistema, las centralitas de larga distancia, es un asunto terrorífico. Para la gente de telecomunicaciones, ésta es como la diferencia entre encontrar cucarachas en tu cocina y grandes y horribles ratas en tu habitación.

Desde el exterior, para el ciudadano de a pie, la gente de telecomunicaciones parece algo gigante e impersonal. El público americano parece mirarles como algo cercano a las estructuras soviéticas. Incluso cuando están en su mejor rutina cívica corporativa, subvencionando institutos de secundaria y patrocinando shows en la televisión pública, parece que no consiguen más que sospechas del público. Pero desde dentro, todo esto parece muy diferente. Hay una dura competencia. Un sistema legal y político que parece desconcertado y aburrido, cuando no activamente hostil contra los intereses de los de telecomunicaciones. Hay una pérdida de moral, una profunda sensación de que ha desaparecido el control. El cambio tecnológico, ha causado una pérdida de datos e ingresos a favor de otros nuevos medios de transmisión. Hay robos y nuevas formas de robar, cada vez con una escala mayor de sofisticación y atrevimiento. Con todos estos factores, no fue ninguna sorpresa ver a los de telecomunicaciones, los grandes y los pequeños, cantar a coro una letanía de amargas quejas.

A finales de 1988 y durante 1989, representantes del sector de las telecomunicaciones, agudizaron sus quejas ante esos pocos miembros de los cuerpos de seguridad americanos, que se dedicaban a intentar entender de qué hablaba la gente de telefonía. Los agentes de seguridad de telecomunicaciones habían descubierto el *submundo hacker*, se habían infiltrado en él y se habían alarmado ante su creciente experiencia. Aquí habían dado con un objetivo que no sólo era odioso, sino que estaba a punto para un contraataque.

Esos duros rivales: AT&T, MCI y Sprint —y una multitud de bebés Bell: PacBell, Bell South, SouthWestern Bell, NYNEX, USWest, así como el consorcio de investigación de Bell, Bellcore y el proveedor de servicio de larga distancia independiente, Mid-American— iban a tener todos su papel en la gran persecución de *hackers* de 1990.

Después de años de ser arrastrados y empujados, los de telecomunicaciones habían, tomado de nuevo la iniciativa —al menos un poco—. Después de años de confusión, los de telecomunicaciones y los funcionarios del gobierno, iban de nuevo a unir sus fuerzas en defensa del Sistema. El optimismo triunfaba; crecía el entusiasmo por todas partes; el sabor de la futura venganza era dulce.

Desde el principio —incluso mucho antes de que *La Caza* tuviera nombre— la confidencialidad era un gran problema. Había muchas buenas razones para mantener la confidencialidad en *La Caza de Hackers*. Los *hackers* y los roba-códigos eran presas astutas, listos para escabullirse hasta sus habitaciones y sótanos, para destruir pruebas incriminatorias vitales ante la primera señal de peligro. Más aún, los propios delitos eran muy técnicos y difíciles de describir, incluso para la policía —más aún para el público en general—. Cuando dichos delitos *habían* sido descritos inteligiblemente al público en ocasiones anteriores, esa publicidad había hecho *aumentar* enormemente el número de delitos. Los especialistas en telecomunicaciones, a la vez que eran muy conscientes de las vulnerabilidades de sus sistemas, estaban muy interesados en no hacer públicas esas debilidades. La experiencia les había demostrado que esas debilidades, una vez descubiertas, serían aprovechadas sin piedad por miles de personas —no sólo por profesionales, *hackers* del *submundo* y *phreaks* [*hackers* del mundo de la telefonía, especializados en conseguir servicio gratuito y asaltar centralitas], sino también, por gente normal más o menos honrada, que consideraba que robarle servicio gratuito a la *Compañía Telefónica*, sin rostro ni alma, era una especie de deporte de interior nada dañino—. Cuando llegó el momento de proteger sus intereses, hacía tiempo que los de telecomunicaciones se habían alejado de la simpatía pública general, causada por aquello de *la Voz con una Sonrisa*. Ahora, la *Voz* de los de telecomunicaciones solía ser un ordenador; y el público americano sentía un respeto y una gratitud inferiores a lo debido al buen servicio público legado por el Dr. Bell y el señor Vail. Al parecer, cuanto más usaban la alta tecnología y las computadoras, cuanto más eficientes e impersonales se volvían la gente de telecomunicaciones, más sufrían el hosco resentimiento del público y su avaricia amoral.

Los cuerpos de policía encargados de las telecomunicaciones querían castigar al *submundo phreak*, de la manera más pública y ejemplar posible. Querían dar duros ejemplos con los más importantes delincuentes, eliminar a los cabecillas e intimidar a los delincuentes de poca monta, desanimar y asustar a los locos aficionados a este tema y meter en la cárcel a los delincuentes profesionales. Para hacer todo esto, la publicidad era vital.

Pero la confidencialidad de las operaciones también lo era. Si se corría la voz de que estaba en marcha una caza por todo el país, los *hackers* simplemente se desvanecerían; destruirían las pruebas, esconderían sus ordenadores, se enterrarían y esperarían a que la campaña finalizara. Incluso los *hackers* jóvenes eran astutos y desconfiados y en cuanto a los delincuentes profesionales, tendían a huir hacia la frontera estatal más cercana a la menor señal de peligro. Para que *La Caza* funcionara en condiciones, todos tenían que ser sorprendidos con las manos en la masa y atrapados de repente, de un golpe, desde todos los puntos cardinales a la vez.

Y había otro motivo importante para mantener la confidencialidad. En el peor de los casos, una campaña abierta podría dejar a los de telecomunicaciones a merced de un devastador contraataque de los *hackers*. Si se suponía que había *hackers* que habían provocado la *caída del sistema* del 15 de enero —si había *hackers* verdaderamente hábiles, dispersos por el sistema de centralitas de larga distancia del país y airados o asustados por *La Caza*— entonces, podían reaccionar impredeciblemente a un intento de atraparlos. Incluso siendo detenidos, podían tener amigos con talento y deseos de venganza aún libres. Cabría la posibilidad de que el asunto se pusiera feo. Muy feo. Es más, era difícil simplemente imaginar lo feas que podían ponerse las cosas, dada esa posibilidad.

Un contraataque *hacker* era una verdadera preocupación para los de telecomunicaciones. En realidad, nunca sufrirían tal contraataque. Pero en los meses siguientes, les costó hacer público este concepto y lanzar terribles advertencias sobre él. Sin embargo, éste era un riesgo que parecía valer la pena correr. Mejor arriesgarse a ataques vengativos que vivir a merced de potenciales revienta-sistemas. Cualquier policía habría asegurado que un chantaje no tenía un verdadero futuro.

Y la publicidad era algo tan útil... Los cuerpos de seguridad de una empresa, incluyendo a los de seguridad en telecomunicaciones, trabajan generalmente bajo condiciones de gran discreción. Y no ganan dinero para sus empresas. Su trabajo es *prevenir que se pierda* dinero, algo con bastante menos atractivo que conseguir verdaderos beneficios.

Si eres de un cuerpo de seguridad de una empresa y haces un trabajo brillante, entonces a tu empresa no le ocurre nada malo. A causa de esto, aparentas ser totalmente superfluo. Éste es uno de los muchos aspectos poco atrayentes de trabajar en seguridad. Es raro que esta gente tenga la oportunidad de atraer alguna atención interesada en sus esfuerzos.

La publicidad también ha servido a los intereses de los amigos de los cuerpos de seguridad del estado y de la administración de justicia. Les encanta atraer el interés del público. Una causa sobre un caso de vital interés público puede lanzar la carrera de un fiscal. Y para un policía, una buena publicidad despierta el interés de los superiores; puede suponer una mención, un ascenso, o al menos un alza del *status* y el respeto ante los compañeros. Pero conseguir a la vez publicidad y confidencialidad, es como querer guardar un pastel y a la vez comérselo. En los meses siguientes, como veremos, este acto imposible causaría grandes dificultades a los agentes responsables de *La Caza*. Pero al principio, parecía posible —quizás incluso deseable— que *La Caza* pudiera combinar con éxito lo mejor de ambos mundos. La *detención* de *hackers* sería ampliamente publicitada. Los *motivos* de su detención, que eran técnicamente difíciles de explicar y cuya explicación podía poner en peligro la seguridad, permanecerían sin aclarar. La *amenaza* que suponían los *hackers,* sería propagada a los cuatro vientos; las posibilidades reales de cometer tan temibles delitos, se dejarían a la imaginación de la gente. Se daría publicidad a la extensión del *submundo* informático y su creciente sofisticación técnica; los auténticos *hackers*, la mayoría adolescentes con gafas y de raza blanca, habitantes de suburbios de clase media, no tendrían ninguna publicidad.

Parece ser, que a ningún agente encargado de telecomunicaciones, se le pasó por la cabeza que los *hackers* acusados demandarían un juicio; que los periodistas considerarían que hablar de ellos, vendía; que ricos empresarios de alta tecnología, ofrecerían apoyo moral y económico a las víctimas de *La Caza*; y que aparecerían jueces del Constitucional con sus maletines y el ceño fruncido. Esta posibilidad parece que no entró en la planificación del juego.

Y aunque hubiera entrado, probablemente no habría frenado la feroz persecución de un documento robado a una compañía telefónica, conocido como «Administración de Oficinas de Control de Servicios Mejorados de 911 para Servicios Especiales».

En los capítulos siguientes, exploraremos los mundos de la policía y el *submundo* informático y la gran área de sombras en la que se superponen. Pero primero exploraremos el campo de batalla. Antes de abandonar el mundo de las telecomunicaciones, debemos comprender qué es un sistema de centralitas y de qué manera funciona el teléfono.

Para el ciudadano de a pie, la idea del teléfono está representada por un *teléfono*, un dispositivo al que hablas. Para un profesional de las telecomunicaciones, sin embargo, el teléfono en sí mismo es denominado, de una manera arrogante, *terminal*. La *terminal* de tu casa es un simple complemento, una lejana terminación nerviosa de las centralitas que están clasificadas según niveles de jerarquía, hasta las centralitas electrónicas de larga distancia, que son algunas de las mayores computadoras del mundo.

Imaginemos que estamos, por ejemplo, en 1925, antes de la llegada de los ordenadores, cuando el sistema telefónico era más simple y de alguna manera más fácil de comprender. Imaginemos además que eres Miss Leticia Luthor, una operadora ficticia de *Mamá Bell* en el Nueva York de los años 20.

Básicamente, tú, Miss Luthor, *eres* el *sistema de centralitas*. Te sientas frente a un gran panel vertical denominado *panel de cables*, hecho de brillantes paneles de madera y con diez mil agujeros con bordes de metal perforados en él, conocidos como conectores. Los ingenieros habrían puesto más agujeros en tu panel, pero diez mil son los que puedes alcanzar sin tener que levantarte de la silla.

Cada uno de estos diez mil agujeros tiene una pequeña bombilla eléctrica, denominada *piloto* y un código numérico cuidadosamente impreso. Con la facilidad que da la costumbre, estás mirando el panel en busca de bombillas encendidas. Esto es lo que haces la mayor parte del tiempo, así que estás acostumbrada a ello. Se enciende un piloto. Esto significa que el teléfono que hay al final de esa línea ha sido descolgado. Cada vez que se coge el auricular de un teléfono, se cierra un circuito en el teléfono que envía una señal a la oficina local, es decir, a ti, automáticamente. Puede ser alguien haciendo una llamada, o puede ser simplemente que el teléfono está descolgado, pero eso no te importa ahora. Lo primero que haces es anotar el número del piloto en tu libreta, con tu cuidada caligrafía de colegio privado americano. Esto es lo primero evidentemente para poder contabilizar la llamada. Ahora coges la clavija del cable que utilizas para responder, que se une a tus cascos y la enchufas en el conector encendido. Dices:

—¿Operadora?

En las clases que has recibido para ser operadora antes de empezar tu trabajo, se te ha dado un gran folleto lleno de respuestas hechas para una operadora, útiles para cualquier contingencia, que has tenido que memorizar. Se te ha enseñado también a emplear un tono de voz y una pronunciación sin rasgos étnicos o regionales. Rara vez tienes la ocasión de decir algo espontáneo a un cliente y de hecho está mal visto —excepto en las centralitas rurales, donde la gente no tiene prisa—. La dura voz del usuario que está al final de la línea, te da un número. Inmediatamente apuntas ese número en la libreta, después del número de la persona que llama que habías anotado antes. Entonces miras si el número al que quiere llamar este hombre está en tu panel, que suele ser lo habitual, ya que casi todas las llamadas son locales.

Las llamadas de larga distancia cuestan tanto que la gente hace llamadas de este tipo con poca frecuencia. Sólo entonces, coges un cable de llamada de una estantería que está en la base del panel. Es un cable largo y elástico puesto en un carrete, de tal manera que volverá a enrollarse cuando lo desconectes. Hay muchos cables ahí abajo y cuando están conectados varios a la vez, parece un nido de serpientes. Algunas de las chicas piensan que hay bichos viviendo en los huecos de esos cables. Los llaman *bichos de los cables* y se supone que te muerden y luego te sale un sarpullido. Tú, por supuesto, no te lo crees. Cogiendo la clavija del cable de llamada, deslizas la punta hábilmente en el borde del conector de la persona a la que llaman. No la conectas del todo. Simplemente tocas el conector. Si oyes un chasquido, eso quiere decir que la línea está ocupada y que no puedes llamar. Si la línea está ocupada, tienes que conectar el cable de llamada a un *conector de línea ocupada*, que dará un tono de *comunicando* en el teléfono de la persona que llama. De esta manera no tienes que hablar con él y asimilar su natural frustración.

Pero supongamos que no está comunicando. Así que terminas de enchufar el cable. Unos circuitos de tu panel hacen que suene el otro teléfono y si alguien lo descuelga, comienza una conversación telefónica. Puedes oír esta conversación a través del cable de tus cascos, hasta que lo desconectas.

De hecho, podrías escuchar toda la conversación si quisieras, pero esto es duramente castigado por los jefes y francamente, cuando ya has espiado una conversación, todas te parecen iguales.

Puedes determinar la duración de la conversación, por la luz del piloto del cable de llamada, que está en la estantería de los cables de llamada. Cuando ha terminado, lo desconectas y el cable se enrolla solo en su carrete.

Después de hacer esto unos cuantos cientos de veces, te vuelves bastante hábil. De hecho, estás conectando y desconectando diez, veinte o cuarenta cables a la vez. Es un trabajo manual realmente, en cierta forma gratificante, algo parecido a tejer en un telar. En caso de que hubiera que hacer una llamada de larga distancia, sería diferente, pero no mucho. En lugar de establecer la llamada a través de tu panel local, tienes que ascender en la jerarquía y usar las líneas de larga distancia, denominadas *líneas troncales*. Dependiendo de lo lejos que esté el destino, quizás la llamada tenga que pasar a través de varias operadoras, lo cual lleva un tiempo. La persona que llama no espera al teléfono mientras se negocia este complejo proceso, atravesando el país de operadora en operadora. En vez de eso, cuelga y tú le llamas cuando por fin la llamada ha sido establecida.

Después de cuatro o cinco años en este trabajo, te casas y tienes que dejar tu trabajo, cumpliendo el ciclo natural de vida de una mujer de la América de los años 20. La compañía telefónica tiene ahora que preparar a alguien para sustituirte —quizás a dos personas, porque mientras tanto, el sistema telefónico ha crecido. Y esto cuesta dinero.

Es más, utilizar de cualquier manera a personas en un sistema de centralitas es muy caro. Ocho mil Leticias Luthor causarían problemas, pero un cuarto de millón de ellas es un planteamiento de organización militar, que hace tomar medidas drásticas para que automatizar la tarea sea económicamente viable.

Aunque el sistema telefónico sigue creciendo hoy en día, el número de personas empleadas en el sector de las telecomunicaciones ha ido disminuyendo con los años. Los *operadores* telefónicos se enfrentan solamente con contingencias poco habituales ya que todas las operaciones rutinarias recaen ahora en máquinas. En consecuencia, los operadores de hoy en día se parecen menos a las máquinas y se sabe que tienen acento y características propias en sus voces. Cuando das con un operador humano de hoy, es mucho más *humano* que en los tiempos de Leticia —pero por otro lado, es más difícil cruzarse con seres humanos en el sistema telefónico.

Hacia la primera mitad del siglo XX, fueron introduciéndose lentamente sistemas *electromecánicos* de centralitas en el sistema telefónico, con una complejidad cada vez mayor. En algunos lugares apartados, todavía sobreviven algunos de estos sistemas híbridos. Pero hacia 1965, el sistema telefónico se volvió totalmente electrónico y éste es, con mucho, el modelo dominante hoy en día. Los sistemas electromecánicos tienen *travesaños, cepillos* y otras grandes piezas mecánicas móviles, que, aunque son más rápidas y baratas que Leticia, todavía son lentas y tienden a estropearse con frecuencia.

Pero los sistemas totalmente electrónicos están introducidos en chips de silicio, alcanzan velocidades asombrosas, son baratos y muy duraderos. Su mantenimiento es más barato que incluso el de los mejores sistemas electromecánicos y ocupan la mitad de espacio. Y cada año los chips son aún más pequeños, más baratos y más rápidos. Y lo mejor de todo, los sistemas electrónicos automatizados trabajan durante todas las horas del día y no hay que pagarles sueldo ni seguro médico.

Utilizar chips tiene sin embargo bastantes inconvenientes importantes. Cuando se estropean, es un gran desafío averiguar qué demonios ha fallado. Un cable roto era generalmente un problema lo suficientemente grande como para verse. Un chip roto tiene invisibles fallos microscópicos. Y los fallos de *software* pueden ser tan sutiles, como para convertirse en cuestiones teológicas.

Si quieres que un sistema mecánico haga algo nuevo, tendrás que ir al punto adecuado, sacar algunas piezas y poner en su lugar piezas nuevas. Esto cuesta dinero. Sin embargo, si quieres que un chip haga algo nuevo, todo lo que has de hacer es cambiar el *software*, algo fácil, rápido y prácticamente regalado. Ni siquiera tienes que ver el chip para cambiar su programación. Aunque vieras el chip, daría igual. Un chip con el programa X no tiene un aspecto diferente al de uno con el programa Y.

Con los códigos apropiados, las secuencias de órdenes apropiadas y pudiendo acceder a líneas telefónicas especializadas, puedes modificar los sistemas electrónicos de centralitas de cualquier parte de América, desde cualquier lugar. Y eso lo pueden hacer algunas personas. Si saben cómo, pueden entrar en el *software* de algún microchip a través de las líneas especiales y organizar una estafa sin dejar ningún rastro físico. Si entraran a mano armada en la oficina de centralitas y encañonaran a Leticia, sería demasiado descarado. Si se colaran en un edificio de telecomunicaciones y fueran a por un sistema electromecánico cargados de herramientas, esto dejaría muchas pistas. Pero la gente puede hacer multitud de cosas sorprendentes a un sistema electrónico simplemente tecleando, y hoy en día hay teclados por todas partes. La extensión de esta vulnerabilidad es profunda, oscura, amplia, casi inconcebible y ésta es una realidad absoluta en cualquier ordenador conectado a una red.

Los expertos en seguridad han insistido durante los últimos veinte años, cada vez más apremiantemente, en que esta vulnerabilidad básica de los ordenadores representa un nivel de riesgo completamente nuevo, de un potencial desconocido, pero obviamente terrible para la sociedad. Y tienen razón.

Una centralita electrónica hace prácticamente el mismo trabajo que hacía Leticia, con la diferencia de que lo hace en nanosegundos y en una escala mucho mayor. Comparada con los diez mil conectores de Miss Luthor, incluso una primitiva centralita electrónica 1ESS, de la *cosecha* de los años 60, tiene unas 128.000 líneas. Y el actual sistema de AT&T es la monstruosa quinta generación, la 5ESS. Una centralita electrónica, puede comprobar todas las líneas de su panel en una décima de segundo y hace esto continuamente, sin cansarse, hora tras hora. En lugar de ojos tiene *sondas* para comprobar la situación de cada línea local y troncal. En lugar de manos, tiene *distribuidores de señal, distribuidores centrales de pulsos, reguladores de cierre magnéticos* e *interruptores de lengüeta*, que completan e interrumpen las llamadas. En lugar de un cerebro, tiene un *procesador central*. En lugar de un manual de instrucciones, tiene un programa. En lugar de una libreta escrita a mano para anotar y llevar la contabilidad de las llamadas, tiene cintas magnéticas. Y no tiene que hablar con nadie. Todo lo que tiene que *decirle* un usuario lo recibe por la pulsación de teclas del teléfono.

Aunque una centralita no puede hablar, necesita una interfaz. Alguna manera de comunicarse con sus, eh..., jefes. Esta interfaz es denominada *centro principal de control*. —Podría llamarse simplemente *interfaz* ya que en realidad no controla las llamadas telefónicas directamente—. Sin embargo, un término como *Centro Principal de Control* es la clase de retórica, que los ingenieros de mantenimiento de telecomunicaciones —y los *hackers*— consideran gratificante.

Usando el centro principal de control, un ingeniero de telefonía puede buscar errores en las líneas locales y troncales. Él —rara vez ella— puede comprobar varias pantallas de alarma, medir el tráfico en las líneas, examinar los registros de uso de un teléfono, el coste de esas llamadas y cambiar la programación.

Y por supuesto, cualquier otra persona que acceda al centro principal de control remotamente también puede hacer estas cosas, si él —rara vez ella— es capaz de imaginarse cómo hacerlo, o, mejor aún, ha conseguido averiguarlo robándole los datos necesarios a alguien que sabía cómo hacerlo.

En 1989 y 1990, una RBOC, BellSouth, que se sentía en dificultades, gastó al parecer 1.200.000 dólares en seguridad. Algunos consideran que gastó en realidad dos millones teniendo en cuenta gastos asociados. Dos millones de dólares son muy poco comparados con el gran ahorro que suponen los sistemas electrónicos de telefonía.

Lamentablemente, las computadoras son estúpidas. A diferencia de los seres humanos, los ordenadores poseen la profunda estupidez de lo inanimado.

En los años 60, durante las primeras oleadas de informatización, se hablaba con facilidad sobre la estupidez de las computadoras —se decía que *sólo podían ejecutar su programación* y se les pedía que hicieran *sólo lo que se les decía que hicieran*—. Se ha empezado a hablar menos de la estupidez de los ordenadores desde que empezaron a conseguir la categoría de gran maestro en torneos de ajedrez y a manifestar otras características de una aparente inteligencia.

Sea como sea, los ordenadores son aún profundamente frágiles y estúpidos; simplemente su fragilidad y su estupidez es mucho más sutil. Los ordenadores de los años 90 tienen componentes mucho más fiables que los de los primeros sistemas, pero también se les hace ejecutar tareas mucho más complejas bajo condiciones mucho más difíciles.

En un nivel matemático básico, cada línea de un *software* ofrece alguna posibilidad de fallo. El *software* no permanece estático cuando se ejecuta; está *corriendo*, interactuando consigo mismo y con sus entradas y salidas. Es como una masa que adopta millones de posibles formas y condiciones, tantas formas que nunca pueden probarse todas del todo, ni siquiera en el tiempo de vida del universo. Y a veces la masa se rompe.

Eso que llamamos *software,* no se parece a ninguna de aquellas cosas en las que la sociedad humana está acostumbrada a pensar. El *software* se parece a una máquina, a matemáticas, a un lenguaje, a pensamiento, arte, información... pero el *software* no es en realidad ninguna de estas cosas. Esa cualidad multiforme del *software* es una de las cosas que lo hace fascinante. También lo hace muy poderoso, muy sutil, muy impredecible y muy arriesgado.

Algunos programas son malos y están llenos de errores. Otros son *macizos*, incluso *a prueba de balas*. El mejor *software* es aquél que ha sido probado por miles de usuarios bajo miles de condiciones diferentes durante años. Entonces es denominado *estable*. Esto *no* quiere decir que el *software* sea ahora perfecto y que esté libre de errores. Generalmente quiere decir que hay muchos errores, pero han sido identificados correctamente y se han hallado sus causas.

No hay ninguna manera de asegurar que un programa esté libre de errores. Aunque el *software* es de naturaleza matemática, no puede ser *demostrado* como un teorema matemático; el *software* se parece más al lenguaje, con ambigüedades inherentes, con definiciones diferentes, con suposiciones diferentes y diferentes niveles de significado que pueden entrar en conflicto.

Los seres humanos pueden arreglárselas más o menos con los lenguajes humanos, porque podemos captar su esencia.

Los ordenadores, a pesar de años de esfuerzos en la *inteligencia artificial*, han demostrado que se les da terriblemente mal *captar la esencia*. El más insignificante bit erróneo puede tumbar al ordenador más potente. Una de las cosas más complicadas trabajando con un programa de ordenador es intentar mejorarlo —para intentar hacerlo más seguro—. Los *parches* de *software* son un *software* nuevo, no probado e *inestable*, y por definición más peligroso.

El sistema telefónico moderno ha acabado dependiendo total e irreversiblemente del *software*. Y la *caída del sistema* del 15 de enero de 1990, fue causado por una *mejora* del *software*. O, mejor dicho, un *intento* de mejorarlo.

Lo que ocurrió, el problema *per se*, tomó esta forma:

Se escribió una parte de *software* de telecomunicaciones en C, —un lenguaje estándar en el campo de las telecomunicaciones.

En este programa en C hay una larga sentencia *do-while (continuar ejecutando)*

Este *do-while* tenía una sentencia *switch (modificación)*.

Este *switch* tenía un *if (sí y solo sí)*

44

Este *if* tenía un *break (interrupción)*.

Se suponía que el *break* hacía que el flujo del programa se interrumpiese solo cuando se cumplía el *if*.

En lugar de eso, el *break* interrumpió el *switch*.

Este fue el problema, la verdadera razón por la que la gente que descolgó el teléfono el 15 de enero de 1990, no pudo llamar a nadie. O al menos ésta fue la sutil y abstracta raíz ciberespacial del problema. Ésta fue la manera, en la que el problema de programación se manifestó en el mundo real:

El Sistema 7 de las centralitas 4ESS de AT&T, el «*Software* Genérico 44E14 de Oficina Principal de Centralitas», ha sido probado muchas veces y estaba considerado como muy estable. A finales de 1989, ochenta de los sistemas de centralitas de AT&T de todo el país, habían sido programados con el nuevo *software*. Por precaución, se había seguido utilizando en otras treinta y cuatro centralitas el Sistema 6, más lento y con menos capacidades, porque AT&T sospechaba que podría haber problemas con la nueva red de Sistema 7, de sofisticación sin precedentes.

Las centralitas con Sistema 7, estaban programadas para pasar a una red de respaldo en caso de problemas. A mediados de diciembre de 1989, sin embargo, se distribuyó un nuevo parche de *software* de gran velocidad y seguridad, a cada una de las centralitas 4ESS, que les permitiría trabajar aún más rápido y hacer que la red de Sistema 7 fuera aún más segura.

Desafortunadamente, cada una de estas centralitas 4ESS tenía ahora un pequeño, pero mortal, fallo.

Para mantener la red, los enlaces conectores de línea de las centralitas, deben comprobar las condiciones del resto de enlaces —si están listos y funcionando, si están parados momentáneamente, si tienen sobrecarga y necesitan ayuda... El nuevo *software* ayudaba a controlar esta función, monitorizando el *status* de otros enlaces.

A un enlace de una 4ESS que tenga dificultades, sólo le lleva entre cuatro y seis segundos deshacerse de todas sus llamadas, dejar todo temporalmente y reinicializar su *software*. Reinicializar, generalmente liberará al enlace de cualquier problema de *software* que se haya desarrollado durante la ejecución del sistema. Los errores que aparezcan serán simplemente barridos por este proceso. Es una idea inteligente. Este proceso de reinicialización automática, se conoce como *rutina normal de recuperación de fallo*. Dado que el *software* de AT&T es excepcionalmente estable, sus sistemas rara vez tienen que ejecutar una *recuperación de fallo*; pero AT&T siempre ha alardeado de su fiabilidad en el *mundo real* y esta táctica es una rutina similar a llevar cinturón y tirantes a la vez.

Los enlaces de las 4ESS usaban su nuevo *software,* para monitorizar los enlaces de alrededor al recuperarse de fallos. A medida que otros enlaces volvían a conectarse tras recuperarse, enviaban señales *OK* al enlace. El enlace, hacía una anotación sobre esto en su *mapa de status*, confirmando que el enlace vecino estaba de vuelta y listo para funcionar, que podía recibir algunas llamadas y ponerse a trabajar.

Desafortunadamente, mientras el enlace estaba atareado anotando en el mapa de *status*, el pequeño *fallo* en el nuevo *software* entraba en juego. El error hacía que el enlace 4ESS interactuara, sutil pero drásticamente, con las llamadas telefónicas que recibía hechas por personas. Si —y sólo si— dos llamadas coincidían en el mismo enlace en menos de una centésima de segundo, una pequeña parte del programa y los datos era desfigurada por el fallo.

Pero el enlace estaba programado para monitorizarse a sí mismo constantemente en busca de cualquier dato dañado. Cuando el enlace percibía que sus datos habían sido dañados de alguna manera, entonces se desconectaba para hacer reparaciones de urgencia en su *software*. Enviaba una señal a los enlaces de alrededor para que no le mandaran trabajo. Entraba en el modo de recuperación de fallos durante unos cinco segundos. Y después, el enlace volvería a funcionar y enviaría su señal *OK, listo para trabajar*.

Sin embargo, la señal *OK, listo para trabajar* era lo que *precisamente* antes había hecho que el enlace se desconectara. Y *todos* los enlaces del Sistema 7 tenían el mismo *fallo* en su *software* de *mapa de status*. Tan pronto como se detuvieran para anotar que sus enlaces vecinos estaban funcionando, entonces también estarían expuestos a la pequeña posibilidad, de que les llegaran dos llamadas en menos de una centésima de segundo.

A eso de las 14:25 horas en la Costa Este, un lunes 15 de enero, uno de los enlaces del sistema de centralitas de llamadas interurbanas de Nueva

York tuvo un pequeño *fallo* normal. Entró en la rutina de recuperación de fallos, emitió la señal *me desconecto*, y después emitió la señal *he vuelto, estoy en funcionamiento*. Y este alegre mensaje, se extendió por la red hasta llegar a muchos de sus enlaces 4ESS vecinos.

Muchos de los enlaces se libraron del problema en este primer momento. Estos enlaces afortunados no sufrieron la coincidencia de la llegada de dos llamadas en menos de una centésima. Su *software* no falló —en este primer momento—. Pero tres enlaces —en Atlanta, Saint Louis y Detroit— no tuvieron suerte y fueron cogidos repletos de trabajo. Se desconectaron y se reconectaron rápidamente. Y ellos también emitieron el letal mensaje *OK*, activando el error en el *software* de otros enlaces.

A medida que más y más enlaces tenían esa pequeña mala suerte y se colapsaban, el tráfico de llamadas empezó a concentrarse más y más en los enlaces que seguían funcionando, que estaban manteniendo la carga de trabajo a duras penas. Y claro está, a medida que se concentraban las llamadas sobre cada vez menos enlaces, *aumentaban* las posibilidades de recibir dos llamadas en menos de una centésima.

A un enlace tan sólo le llevaba cuatro segundos reponerse. No había ningún daño *físico* en los enlaces después de todo. Físicamente, estaban funcionando a la perfección. La situación era *sólo* un problema de *software*.

Pero los enlaces 4ESS estaban conectándose y desconectándose cada cinco segundos, en una ola que se extendía con virulencia por América, con una total y maníaca estupidez mecánica. Siguieron desconfigurándose unos a otros con sus contagiosos mensajes de *OK*.

La reacción en cadena tardó unos diez minutos en paralizar la red. Incluso así, algunos enlaces consiguieron arreglárselas para de vez en cuando recuperar sus condiciones normales de trabajo.

Muchas llamadas —millones de ellas— estaban consiguiendo llegar a su destino. Pero muchos millones no podían.

Las centralitas que usaban el Sistema 6 no fueron afectadas directamente por el *fallo*. Gracias a estos enlaces antiguos, el sistema nacional de AT&T evitó el colapso total. Este hecho también permitió a los ingenieros descubrir que el *fallo* estaba en el Sistema 7.

Varios ingenieros de Bell Labs, trabajando febrilmente en Nueva Jersey, Illinois y Ohio, probaron primero a arreglar el estropeado Sistema 7 con todo el repertorio de soluciones habituales para la red.

Ninguna sirvió de nada, por supuesto, ya que nunca había ocurrido algo como esto a ningún sistema telefónico hasta entonces.

Desconectando del todo, la red de respaldo de seguridad, consiguieron reducir el frenesí de señales *OK* a la mitad. El sistema empezó a recuperarse al disminuir la reacción en cadena. Hacia las 23:30 del lunes 15 de enero, cerca de la medianoche, los sudorosos ingenieros lanzaron un suspiro de alivio al ver cómo el último enlace se ponía en marcha.

El martes estuvieron desinstalando todo el nuevo *software* de las 4ESS e instalando una versión anterior del Sistema 7.

Si se hubiera tratado de operadores humanos, en vez de computadoras, simplemente alguno habría dejado de gritar en algún momento. Habría sido *obvio* que la situación no era como para decir *OK* y el sentido común habría reaccionado. Los seres humanos tienen sentido común —al menos hasta cierto punto—. Los ordenadores no.

Por otra parte, los ordenadores pueden atender cientos de llamadas por segundo. Los humanos no pueden. Aunque toda la población de América trabajara para la compañía telefónica, no podríamos alcanzar las prestaciones de las centralitas digitales: llamada directa, tres tipos de llamada, llamadas urgentes, llamada en espera, recepción de un identificador de la persona que llama y todo el resto de accesorios de la parafernalia digital. Sustituir las computadoras por personas ya no es una opción posible.

Y a pesar de todo, anacrónicamente, aún esperamos que haya humanos manteniendo nuestro sistema telefónico. Nos cuesta entender que hemos sacrificado grandes cantidades de iniciativa y control a poderosas pero insensibles máquinas. Cuando los teléfonos fallan, queremos que haya un responsable.

Queremos poder culpar a alguien.

Cuando ocurrió el *fallo del sistema* del 15 de enero, la población americana no estaba preparada para entender, que pueden ocurrir enormes catástrofes en el *ciberespacio*, como el propio *fallo* y que puede no haber un culpable en concreto. Era más sencillo incluso de creer, —quizás de alguna extraña manera, era más tranquilizador creer— que alguna persona malvada, o algún maligno grupo, nos había hecho esto.

Los *hackers* lo habían hecho. Con un virus. Un Caballo de Troya. Una bomba de *software*. Una sucia conspiración de alguna clase. Había gente que creía esto, gente con puestos de responsabilidad. En 1990 se pusieron a buscar intensivamente evidencias que confirmaran sus sospechas.

Y miraron en muchos sitios.

Ya en 1991, sin embargo, los perfiles de una realidad aparentemente nueva empezaron a emerger de la niebla.

El 1 y el 2 de julio de 1991, varios colapsos en el *software* de diversas centralitas interrumpieron el servicio en Washington DC, Pittsburgh, Los Ángeles y San Francisco. De nuevo problemas de mantenimiento aparentemente pequeños, habían reventado el Sistema 7. Este *fallo* del 1 de julio de 1991 afectó a unos doce millones de personas.

En el 'New York Times' se leía:

> «*Los directivos de compañías telefónicas y los funcionarios federales del sector, dicen que no descartan la posibilidad de un sabotaje por hackers, pero la mayoría parece pensar, que el problema reside en un desconocido defecto en el software que mantiene las redes.*»

Y para confirmarlo, la misma semana del *fallo*, una avergonzada compañía de *software*, DSC Communications Corporation, de Plano, Texas, admitió ser la responsable de determinados *problemas técnicos* en el *software* que DSC había diseñado para Bell Atlantic y Pacific Bell. La causa directa del *fallo* del 1 de julio fue un único carácter erróneo: un pequeño error al escribir una única línea de *software*. Una letra equivocada, en una única línea, había privado a la capital del país de su servicio telefónico. No era especialmente sorprendente que este pequeño error hubiera pasado desapercibido: una centralita típica con Sistema 7 requiere unos *diez millones* de líneas de código.

El martes 17 de septiembre de 1991 tuvo lugar el *fallo* de servicio más espectacular de todos. Éste no tuvo nada que ver con errores de *software* — al menos, no directamente—. En lugar de eso, un grupo de centralitas de AT&T de Nueva York, simplemente se habían quedado sin suministro eléctrico y estaban desconectadas. Habían fallado las baterías de emergencia. Se suponía que los sistemas de alarma automáticos habrían advertido del fallo en las baterías, pero estos sistemas automáticos también fallaron.

Esta vez, los aeropuertos de Newark, La Guardia y el Kennedy perdieron sus servicios de voz y datos.

Este horrible suceso era especialmente irónico, ya que los ataques a ordenadores de los aeropuertos por parte de *hackers,* habían sido durante mucho tiempo un escenario de pesadilla habitual, voceado por expertos en seguridad de computadoras que temían al *submundo* informático. Incluso, se había rodado una película sobre siniestros *hackers* destrozando los sistemas de computadoras de los aeropuertos: *Arma Letal II.*

Ahora la propia AT&T había bloqueado los aeropuertos con *fallos* en las computadoras —no sólo un aeropuerto, sino tres a la vez, algunos de los de más tráfico del planeta.

El tráfico aéreo se paralizó en la gran área de Nueva York, provocando la cancelación de más de 500 vuelos, en una ola que se extendió por toda América y que incluso llegó a Europa. Otros 500 vuelos aproximadamente fueron retrasados, afectando en total a unos 85.000 pasajeros. —Uno de ellos era por cierto el presidente de la FCC, la Comisión Federal de Comunicaciones.

Los pasajeros que se habían quedado en tierra en Nueva York y Nueva Jersey, aumentaron aún más su cólera, al ver que ni siquiera podían hacer llamadas de larga distancia para avisar de su llegada con retraso a sus seres queridos o a sus socios de negocios. Debido al *fallo,* no pudieron hacerse alrededor de cuatro millones y medio de llamadas locales y medio millón de llamadas internacionales.

El *fallo* de Nueva York del 17 de septiembre, a diferencia de los anteriores, no trajo consigo rumores sobre fechorías de los *hackers*. Al contrario, en 1991 la propia AT&T estaba sufriendo la mayoría del vilipendio que antes se había dirigido contra los *hackers*.

Los congresistas no estaban contentos. Tampoco los funcionarios estatales y federales encargados de las comunicaciones. Y tampoco lo estaba la prensa.

Por su parte, MCI, la vieja rival, publicó maliciosos anuncios de periódico del tamaño de una página, ofreciendo sus servicios de larga distancia para *la próxima vez que fallara AT&T*.

Nunca se vería a una compañía con clase como AT&T publicar ese tipo de anuncios, protestó el Presidente de AT&T, Robert Allen, sin resultar muy convincente. Una vez más, se publicó la página de disculpas de AT&T en los periódicos, disculpas por *una inexcusable coincidencia de fallos humanos y mecánicos*. —Esta vez, sin embargo, AT&T no ofreció ningún descuento en llamadas—. Algunos crueles críticos sugirieron que AT&T no quería sentar un precedente, para la compensación de las pérdidas económicas causadas por los fallos en el servicio.

La prensa del sector preguntó públicamente, si AT&T se había quedado *dormida en la centralita*. La red telefónica, la supuesta maravilla americana de fiabilidad de alta tecnología, se había venido abajo tres veces en dieciocho meses. La revista 'Fortune' incluía el *fallo* del 17 de septiembre en la lista de «Las Mayores Pifias Empresariales de 1991», parodiando cruelmente la campaña publicitaria de AT&T en un artículo titulado 'AT&T Quiere Que Vuelvas... Al Suelo con Seguridad, Gracias a Dios'.

¿Por qué se habían quedado sin suministro eléctrico estos sistemas de centralitas de Nueva York?: Porque ningún humano había prestado atención al sistema de alarma.

¿Por qué los sistemas de alarma sonaron estruendosamente sin que ningún ser humano se diera cuenta?: Porque los tres técnicos de telecomunicaciones que *deberían* haber estado escuchando la alarma, se habían ausentado de sus puestos en la sala de suministro eléctrico, y estaban en otra planta del edificio, en una clase. ¡Una clase sobre el sistema de alarma de la sala de suministro eléctrico!

Reventar el Sistema dejó de ser algo *sin precedentes* a finales de 1991. Al contrario, dejó de parecer algo imposible. En 1991 estaba claro que ni todos los policías del mundo, podrían ya *proteger* de fallos al sistema telefónico. Los peores fallos que había tenido el sistema habían sido causados por el propio sistema. Y esta vez nadie dijo petulantemente, que esto era una anomalía, algo que nunca más volvería a ocurrir. En 1991, los defensores del sistema habían dado con su indefinido *enemigo* y el *enemigo* era el *sistema*.

PARTE 2

EL SUBMUNDO DIGITAL

El 9 de mayo de 1990 el Papa estaba de gira por la ciudad de México. Los mafiosos del cartel de Medellín intentaban comprar en el mercado negro de Florida misiles Stinger. En la sección de cómics, el personaje de *Doonesbury*, Andy, estaba muriendo de SIDA... Y, de repente, un tema realmente inusual por su actualidad y retórica calculada, ganó la perpleja atención de los periódicos en toda América.

El fiscal de distrito en Phoenix, Arizona, había enviado un comunicado de prensa anunciando una actuación nacional de las fuerzas de la ley contra *las actividades ilegales de hacking en ordenadores*. Esta *Caza* sería conocida oficialmente como «Operación Sundevil». Ocho párrafos del comunicado de prensa ofrecían los hechos desnudos: 27 registros llevados a cabo el 8 de mayo, con tres arrestos y un número de ciento cincuenta agentes, distribuidos en *doce* ciudades en toda América. —Otras cuentas en otros comunicados de prensa, hablaban de *trece, catorce y dieciséis* ciudades—. Los agentes estimaban, que las pérdidas de ingreso de las compañías telefónicas por actuaciones criminales, podrían ser *de millones de dólares*. El artífice principal de las investigaciones «Sundevil» parecía ser el Servicio Secreto de los Estados Unidos, el fiscal adjunto Tim Holtzen de Phoenix y la asistente de fiscal general de Arizona, Gail Thackeray.

Los comentarios elaborados por Garry M. Jenkins, que aparecieron en un comunicado de prensa del Departamento de Justicia, eran particularmente interesantes. El Sr. Jenkins, era el Director asociado del Servicio Secreto de los Estados Unidos y el funcionario federal de más alto rango que tuvo algún rol público en *La Caza de Hackers* de 1990.

Comunicado de Prensa:

«Hoy, el Servicio Secreto, está enviando un mensaje muy claro a todos aquellos hackers informáticos, que han decidido violar las leyes de esta nación, debido a la creencia errónea, de que pueden evitar ser

detectados escondiéndose en el relativo anonimato, de sus ordenadores.
(...)

Los grupos del submundo, se han formado con el propósito de intercambiar información relevante sobre sus actividades criminales. Estos grupos a menudo se comunican entre sí a través de sistemas de mensajería entre ordenadores conocidos como «bulletin boards».

Nuestra experiencia demuestra, que muchos sospechosos de ser hackers informáticos, ya no son adolescentes descarriados, jugando maliciosamente con sus computadoras en sus dormitorios. Algunos de ellos son operadores informáticos de alta tecnología y usan los ordenadores para llevar a cabo prácticas ilegales».

¿Quiénes eran estos *grupos del submundo* y los *operadores de alta tecnología?* ¿De dónde venían?, ¿qué querían?, ¿quiénes eran?, ¿eran *maliciosos?*, ¿cómo unos *adolescentes descarriados* habían conseguido alarmar al Servicio Secreto de los Estados Unidos? y ¿cómo había podido expandirse una cosa así?

De todos los jugadores principales de *La Caza de Hackers* —las compañías telefónicas, los defensores de la ley, los libertarios civiles y los propios *hackers*—, los *hackers* eran de lejos; los más misteriosos, los más difíciles de entender y los más *raros.*

No sólo son los *hackers* novedosos en sus actividades, también se presentan en una variedad extraña de subculturas, con una variedad de lenguajes, motivos y valores.

Los primeros *proto-hackers* fueron probablemente, aquellos chicos poco conocidos de los telegramas, que fueron expulsados por la compañía Bell en 1878.

Los *hackers* legítimos, aquellos entusiastas de los ordenadores que tienen una mente independiente pero que se pierden con las leyes, generalmente trazan sus antecesores espirituales a la *élite* de las universidades técnicas, especialmente MIT y Stanford en los años 60.

Pero las raíces genuinas del moderno *hacker submundo*, seguramente se pueden buscar de forma más exitosa en un tipo de movimiento hippy-anarquista, particularmente oscuro conocido como los yippies. Los yippies tomaron su nombre de un partido de ficción el «Youth International Party», o Partido Internacional de la Juventud, y llevaron a cabo una política escandalosa y surrealista de subversión, y una maldad política desproporcionada. Sus principios clave eran una promiscuidad sexual flagrante, un uso abierto y abundante de las drogas, el rechazo político a cualquier detentador de poder con más de treinta años, y un fin inmediato a la guerra de Vietnam, mediante cualquier medio necesario, incluyendo la levitación psíquica del Pentágono.

Los dos yippies más activos eran Abbie Hoffman y Jerry Rubin. Rubin acabó convirtiéndose en un broker de Wall Street. Hoffman, buscado vehementemente por las autoridades federales, estuvo escondido durante siete años en México, Francia y los Estados Unidos. Mientras estaba oculto, Hoffman continuó escribiendo y publicando, con la ayuda de simpatizantes en el *submundo* americano anarquista de izquierdas. Durante buena parte de su tiempo, Hoffman sobrevivió gracias a documentos de identidad falsos y extraños trabajos. Finalmente, se hizo la cirugía plástica facial y adoptó una personalidad totalmente nueva como *Barry Freed*. Después de entregarse a las autoridades en 1980, Hoffman pasó un año en la prisión por posesión de cocaína.

La visión del mundo de Hoffman, se fue haciendo más oscura según se desvanecían los días de gloria de los sesenta. En 1969, intentó —por lo visto— suicidarse en extrañas y sospechosas circunstancias.

Se dice que Abbie Hoffman ha provocado que el FBI haya recopilado el archivo de investigación más grande, abierto a un ciudadano americano: si ello es cierto, sigue siendo cuestionable que el FBI considerara a Abbie Hoffman como una amenaza pública seria. Seguramente, su fichero es grande porque Hoffman se convertía en una animada leyenda a dondequiera que fuera. Era un publicista con talento y consideraba los medios electrónicos tanto como un patio de juegos, como un arma. Le encantaba participar activamente en la manipulación de la televisión por cable y otros medios hambrientos de imágenes. Mediante mentiras estrambóticas, rumores alucinantes, suplantaciones de personalidad y otras siniestras distorsiones —con la garantía de que todas ellas molestarían a *la poli*, los candidatos presidenciales y los jueces federales.

El libro más famoso de Hoffman era el libro autorreferencialmente conocido como 'Roba este libro', que divulgaba un conjunto de métodos mediante el que los jóvenes agitadores *hippies* sin dinero, podrían buscarse la vida en un sistema mantenido por androides sin humor. 'Roba este libro', cuyo mismo título urgía a sus lectores a dañar el propio medio de distribución que lo había puesto en sus manos, podría describirse como el antecesor espiritual de un virus informático.

Hoffman, como muchos otros conspiradores rezagados, hizo extensivo el uso de teléfonos de pago para su campaña de agitación, en su caso, utilizando chapas baratas de metal como monedas falsas.

Durante la guerra del Vietnam, había un impuesto extra sobre el servicio telefónico; Hoffman y sus cohortes podían —y de hecho lo hacían— argumentar, que, al robar sistemáticamente servicio telefónico, estaban activamente implicados en desobediencia civil, negándose virtuosamente a financiar mediante los impuestos telefónicos una guerra inmoral e ilegal.

Pero este débil velo de decencia cayó rápidamente. Destripar al Sistema, encontró su propia justificación en la profunda alienación y la delincuencia básica que despreciaba los valores convencionales de la burguesía. Estos principios podrían describirse como *anarquía por conveniencia* y se hicieron muy populares entre el propio movimiento yippie. Y ya que destripar es tan útil, sobrevivió al propio movimiento yippie.

A principios de los años 60, se requería una experiencia bastante limitada e ingenuidad, para hacer trampa en los teléfonos de pago, obtener electricidad o gas *gratis,* o robar en máquinas distribuidoras o parquímetros, para tener algo de líquido. También se necesitaba una conspiración para extender ese movimiento y el valor y el nervio para cometer pequeños hurtos, pero los yippies poseían esos requisitos sobradamente. En junio de 1971, Abbie Hoffman y un entusiasta del teléfono conocido sarcásticamente como *Al Bell,* empezaron a publicar un boletín de noticias conocido como *Línea Telefónica de la Juventud Internacional.* Este boletín estaba dedicado a reunir y divulgar, las técnicas yippies de destripar, especialmente los teléfonos, ante la alegría del *submundo* de espíritu libre y la rabia insensata de la gente normal.

Como una táctica política, el robo de servicio telefónico aseguraba que los defensores de los yippies, siempre tendrían acceso inmediato a las llamadas de larga distancia, a pesar de la falta crónica de organización, disciplina o dinero de los yippies, por no decir de una dirección fija.

La *Línea Telefónica* estuvo dirigida desde Greenwich Village durante un par de años, pero entonces *Al Bell* desertó más o menos de las filas del yippismo y cambió el nombre del boletín por *Programa de Asistencia Técnica (PAT).* Una vez finalizada la guerra del Vietnam, la rabia empezó a evaporarse de la disidencia radical americana. Pero en aquel entonces *Bell,* y más o menos una docena de colaboradores habituales habían cogido el bit por los cuernos y habían empezado a generar una satisfacción interna tremenda ante la sensación de puro *poder técnico*.

Los artículos en el *PAT*, antes altamente politizados, se fueron convirtiendo en una jerigonza técnica, en homenaje o parodia a los propios documentos técnicos del sistema de Bell, que *PAT* estudiaba con detalle, interiorizaba y reproducía sin permiso. La *élite* de *PAT* estaba en posesión del conocimiento técnico necesario para golpear al sistema.

Al Bell dejó el juego a finales de los setenta y lo sustituyó *Tom Edison*; los lectores de *PAT* —unos 1400— empezaron a mostrar más interés en los interruptores del telex y el fenómeno creciente de sistemas de computadoras.

En 1983, a *Tom Edison* le robaron su ordenador y algún imbécil quemó su casa. Era un golpe mortal para *PAT* —aunque ese nombre legendario resucitó en 1990 gracias a un joven informático de Kentucky fuera de la ley, llamado *Predat0r*.

Desde el primer momento en el que los teléfonos empezaron a ser rentables, ha habido gente interesada en defraudar y robar a las compañías telefónicas. Existen legiones de insignificantes ladrones telefónicos, que superan con creces el número de *phreaks telefónicos* que *exploran el sistema*, por el simple reto intelectual. En el área metropolitana de Nueva York — desde siempre en la vanguardia del crimen en América— se denuncian unos 150.000 robos al año a cabinas telefónicas, realizados reventando el cajetín de monedas. Estudiándola con detenimiento, podemos ver una cabina moderna como una pequeña fortaleza, cuidadosamente diseñada y rediseñada a través de generaciones, para enfrentarse a monedas con un hilo atado, descargas de electricidad, pedazos de hielo con forma de moneda, palancas, imanes, ganzúas, petardos...

Las cabinas públicas han de sobrevivir en mundo lleno de gente hostil y cruel. En lo que a la defensa de estos bienes se refiere, las cabinas modernas han alcanzado un grado de desarrollo evolutivo similar al de un cactus.

Debido a que la red telefónica es anterior a las redes de computadoras, el colectivo formado por los *prehaks telefónicos* es anterior a los *hackers*. En la práctica, hoy en día la línea que separa el *phreaking* y el *hacking* está muy difuminada, al igual que la que separa a los teléfonos y los ordenadores. El sistema telefónico ha pasado a ser digital y las computadoras han aprendido a *hablar* a través de las líneas telefónicas. Y lo que es peor —y ésta era la clave de los argumentos defendidos por Mr. Jenkins, del Servicio Secreto— algunos *hackers* han aprendido a robar y algunos ladrones han aprendido a *hackear.*

A pesar de que casi han desaparecido las distinciones, aún se pueden señalar algunos aspectos de comportamiento que distinguen a los *phreaks* de los *hackers.* Los *hackers* están muy interesados en el sistema en sí mismo y disfrutan estando entre máquinas. Los *phreaks* tienen una vertiente más socializadora, y manipular el sistema es simplemente una manera directa de contactar con otros seres humanos de una manera rápida y barata.

Los *phreaks* disfrutan sobre todo con los *puentes*, conferencias telefónicas ilegales entre diez y veinte conspiradores charlatanes, de una punta a otra del país y que duran muchas horas —a cuenta, por supuesto, de otra persona, preferentemente alguna gran compañía.

A medida que una conferencia de *phreaks* se va desarrollando, hay gente que la abandona —o simplemente dejan el teléfono descolgado, mientras se van al trabajo, a clase, a cuidar a los hijos...— y se llama a más gente para que se incorpore, incluyendo si es posible a gente que viva en otros continentes. Se intercambian cuestiones técnicas, se fanfarronea con diversas hazañas, se difunden rumores y se cotillea libremente.

El nivel más bajo de *phreaking* es el robo de códigos de acceso a teléfonos. Pasar el coste de una llamada telefónica a la cuenta de otra persona, es una manera simple de robar un servicio telefónico, sin necesidad de grandes conocimientos técnicos. Esta práctica está muy difundida, especialmente entre gente solitaria sin muchos recursos y que viva lejos de casa. El robo de códigos ha florecido especialmente en colegios mayores, bases militares y curiosamente, entre la gente dedicada a transportar y montar los equipos de grupos musicales en gira. Actualmente, la técnica se ha extendido rápidamente entre inmigrantes residentes en los Estados Unidos, que evitan el enorme coste de las llamadas de larga distancia, al Caribe, Sudamérica, o Pakistán.

La manera más simple de robar un código telefónico, es mirar por encima del hombro de la víctima cuando introduce su código en una cabina telefónica. Esta técnica, conocida como *colgarse del hombro*, es muy común en aeropuertos y estaciones de tren o autobuses. El ladrón vende el código por unos pocos dólares. El comprador del código no es ningún experto en computadoras, pero puede llamar a su madre a Nueva York, Kingston o Caracas y gastar una gran cantidad de dinero impunemente. Las pérdidas causadas por esta modalidad tan simple de *phreaking* son muchísimo mayores que las causadas por los *hackers* que acceden a un ordenador ajeno.

En la segunda década de los ochenta, hasta la introducción de medidas de seguridad más fuertes en las telecomunicaciones, el robo de códigos utilizando ordenadores funcionó sin problemas, y fue algo casi omnipresente en el *submundo* digital formado por *phreaks y hackers*. Se realizaba con un ordenador probando aleatoriamente códigos en un teléfono hasta que se daba con uno correcto. Había a disposición de todo este *submundo* programas simples que podían hacer esto. Un ordenador que permaneciera funcionando durante toda la noche, podía obtener aproximadamente una docena de códigos correctos. Este proceso podía repetirse semana a semana hasta que se conseguía una gran biblioteca de códigos robados.

Hoy en día, puede detectarse y rastrearse en pocas horas, el marcado de centenares de números si se realizan utilizando un ordenador. También puede rastrearse en pocas horas, el uso con demasiada frecuencia de códigos robados. Pero durante años, en los años 80, la difusión de códigos robados fue una norma de etiqueta básica para los *hackers* novatos. La manera más simple de dejar clara tu *buena fe,* era robar un código utilizando el marcado aleatorio y ofrecerlo a la *comunidad* para que lo usara. Se podía robar y usar códigos de una manera simple desde el refugio seguro que es el hogar, sin miedo a ser detectado o castigado.

Antes de que los ordenadores y los módems llegaran masivamente a los hogares americanos, los *phreaks* disponían de su propio dispositivo de *hardware* especial, la famosa *caja azul*. Este dispositivo utilizado para el fraude —hoy en día cada vez menos útil, debido a la evolución digital del sistema telefónico— podía engañar a las centrales de conmutación consiguiendo acceso gratuito a las líneas de larga distancia. Lo hacía imitando una señal del propio sistema telefónico, un tono de 2600 hertzios.

Steven Jobs y Steve Wozniak, los fundadores de Apple Computer Inc., se dedicaron en su día a vender *cajas azules* en colegios mayores de California. Para muchos, en los primeros tiempos del *phreaking*, el uso de una caja azul era apenas considerado un robo y más bien como una manera divertida —si se hacía a escondidas— de utilizar el exceso de capacidad de las líneas, sin causar ningún daño. Después de todo, las líneas de larga distancia *estaban ahí...* ¿A quién se iba a causar daño realmente? Si no *dañas* el sistema y no están ocupando *recursos apreciables* y si nadie se da cuenta de lo que has hecho, entonces, ¿qué daño estás causando? A fin de cuentas, ¿qué has *robado* exactamente? Si un árbol cae en el bosque y nadie lo oye caer, ¿qué importancia tiene el ruido? Incluso hoy en día, esta cuestión sigue abierta.

Sin embargo, el uso de *cajas azules* no era una broma para las compañías telefónicas. De hecho, cuando la revista 'Ramparts' —*Murallas*—, una publicación radical de California, lanzó un número en el que se detallaban los esquemas de los circuitos necesarios para construir una *caja muda* en junio de 1972, la policía y empleados de la compañía telefónica Pacific Bell secuestraron la edición. La *caja muda*, una variante de la *caja azul*, permitía al que la usaba, recibir llamadas de larga distancia sin que le costara dinero a la persona que llamaba. Este dispositivo se mostraba con detalle en el artículo de 'Ramparts' irónicamente titulado «Cómo Regular a la Compañía Telefónica desde Casa». Se dictaminó que la publicación de dicho artículo era una violación de la sección 502.7 del Código Penal del Estado de California, que establece como delito, la posesión de dispositivos que permitan el fraude en las comunicaciones y la venta de *planos o instrucciones, para construir cualquier tipo de instrumento, aparato o dispositivo, diseñado para evitar pagar los costes de una comunicación telefónica.*

Se retiraron o secuestraron números de 'Ramparts' de los quioscos, y las pérdidas de ingresos resultantes hicieron que la revista quebrara. Éste fue un ominoso precedente en asuntos relacionados con la libertad de expresión, pero el aplastamiento por parte del sector de telecomunicaciones de una revista del sector radical, pasó desapercibido sin que nadie le plantara cara en aquel momento. Incluso en la alocada California de los setenta, estaba muy difundido un sentimiento de sacralización hacia lo que conocía la compañía telefónica; un sentimiento según el cual, los *telecos* tenían el derecho legal y moral de protegerse a sí mismos, interrumpiendo la circulación de dicha información ilegal. La mayoría de la información sobre telecomunicaciones era tan *especializada,* que difícilmente habría resultado comprensible por cualquier ciudadano honesto. Si no era publicada, nadie la echaría de menos. Publicar dicha información no parecía ser parte del papel legítimo de la prensa libre.

En 1990, tuvo lugar un ataque también inspirado desde el sector de las telecomunicaciones, contra la revista electrónica *PHRACK*, dedicada al *phreaking* y el *hacking*. El caso de *PHRACK* fue un asunto clave en *La Caza de Hackers* y provocó una gran controversia. Al final, *PHRACK* también sería cerrada, al menos durante un tiempo, pero esta vez tanto los *telecos* como sus aliados de la policía, pagaron un precio mucho más caro por sus acciones. Examinaremos el caso de *PHRACK* con detalle más adelante.

El *phreaking* es todavía una práctica social muy activa. Hoy en día, se desarrolla con mucha más fuerza que el mucho más conocido y temido *hacking*. Se están extendiendo rápidamente nuevas formas de *phreaking*, utilizando nuevos puntos débiles, existentes en diversos servicios telefónicos sofisticados.

Los teléfonos móviles son especialmente vulnerables; se puede reprogramar sus chips para que muestren un identificador falso y conseguir llamar gratis. Hacer esto también evita que la comunicación sea pinchada por la policía, por lo que el uso ilícito de teléfonos móviles es el favorito entre traficantes de droga. La venta de llamadas utilizando teléfonos móviles piratas, puede hacerse y se hace, desde el asiento trasero de un coche, cambiando de una estación repetidora a otra, vendiendo servicios de larga distancia robados y moviéndose de un lado a otro, como una loca versión electrónica del camión de los helados del vecindario.

Se puede entrar en los sistemas telefónicos privados de grandes compañías; los *phreaks* marcan un número de una compañía local, entran en su sistema telefónico interno, lo *hackean* y usan el sistema privado de la compañía para hacer llamadas a teléfonos de la red pública, haciendo que sea la compañía, la que reciba la correspondiente factura por llamadas a larga distancia. Esta técnica es conocida como *diverting* —distracción—. La técnica de *distracción* puede salir muy cara a la compañía, sobre todo porque los *phreaks* tienden a ir en grupos y nunca paran de hablar. Posiblemente el peor resultado de este tipo de fraude, es que las compañías afectadas y los *telecos,* se han reclamado mutuamente la responsabilidad financiera de las llamadas robadas, enriqueciendo así, no sólo a *phreaks* con pocos recursos, sino también a abogados bien remunerados.

También se pueden reventar los sistemas de *correo de voz*; los *phreaks* pueden hacerse con una parte de estos sofisticados contestadores electrónicos y utilizarlos para intercambiar códigos o técnicas ilegales. Este tipo de fraude no daña a la compañía directamente, pero el encontrarte con cartuchos supuestamente vacíos del contestador de tu compañía, repletos de *phreaks* charlando y gastándose bromas unos a otros utilizando un argot incomprensible, puede provocar una sensación de repulsión casi mística y terror.

Aún peor, se sabe que a veces los *phreaks* han reaccionado violentamente frente a los intentos por *limpiar* los sistemas de correo de voz. En lugar de aceptar humildemente que han sido expulsados de su patio de recreo, pueden llamar perfectamente a los empleados de la compañía al trabajo —o a casa— y reclamar a voz en grito direcciones de correo de voz gratuitas. Estas intimidaciones son tomadas muy en serio por sus atemorizadas víctimas.

Los actos de venganza *phreak* contra personas concretas son raros, pero los sistemas de correo de voz son tentadores y vulnerables, y una invasión de *phreaks* enfadados en tu sistema de correo de voz no es ninguna broma. Pueden borrar mensajes importantes; o curiosear en mensajes privados; o molestar a los usuarios grabando insultos y obscenidades. En algunos casos, incluso han tomado el control de la seguridad del sistema de correo de voz y han bloqueado usuarios, o incluso colapsado el sistema por completo.

Se pueden monitorizar llamadas de teléfonos móviles, de teléfonos inalámbricos y de teléfonos de servicio marítimo utilizando diversos sistemas de radio; esta clase de *monitorización pasiva* se está extendiendo con gran rapidez hoy en día. La interceptación de llamadas hechas con teléfonos móviles e inalámbricos, es el área de mayor crecimiento del *phreaking* hoy en día. Esta práctica satisface ansias de poder y proporciona una gratificante sensación de superioridad técnica sobre la víctima. La interceptación está llena de toda clase de tentadores males. La actividad más común es la simple escucha sin más. Pero si durante la comunicación se habla de números de tarjetas de crédito, estos números pueden ser anotados y usados. Y pinchar comunicaciones ajenas —utilizando sistemas activos o monitorización pasiva por radio— es una vía perfecta para la política sucia o para llevar a cabo actividades como el chantaje y el espionaje industrial.

Se debería insistir en que el fraude en telecomunicaciones, el robo de servicio telefónico, causa unas pérdidas mucho mayores que el acceso a ordenadores ajenos. Los *hackers* suelen ser jóvenes americanos de raza blanca y sexo masculino que viven en suburbios, y son unos cuantos centenares; pero los *phreaks* pertenecen a ambos sexos, proceden de multitud de países, tienen muy diversas edades, y son miles.

El término «*hacker*» ha tenido una historia adversa. Este libro, "La Caza de Hackers", tiene poco que contar sobre *hacking* en su sentido original más sutil. El término puede significar, la libre exploración intelectual del potencial más profundo y más grande de los sistemas informáticos.

El *hacking* se puede describir como la determinación para hacer el acceso a la información y los ordenadores tan libre y abierto como sea posible. El *hacking* puede implicar la convicción más sincera, de que la belleza puede ser hallada en los ordenadores, que la elegante estética de un programa perfecto puede liberar la mente y el espíritu. Esto es el *hacking* tal y como fue definido en la muy elogiada historia de Steven Levy sobre los pioneros en el mundo de la computadora, 'Hackers', publicado en 1984.

Hackers de todas las clases están absolutamente embebidos con heroicos sentimientos anti-burocráticos. Los *Hackers* anhelan el loable reconocimiento de un arquetipo cultural, el equivalente electrónico posmoderno de un vaquero y el trampero.

Si ellos merecen tal reputación es algo que le toca a la historia decidir. Pero muchos *hackers* —incluyendo esos *hackers* fuera de la ley, que son los intrusos de los ordenadores, y cuyas actividades son definidas como criminales— realmente intentan vivir con esta reputación tecno-vaquera. Y dado que la electrónica y las telecomunicaciones son aún territorio ampliamente inexplorado, simplemente no hay quien diga lo que los *hackers* podrían descubrir.

Para algunos, esta libertad es como la primera inhalación de aire, la espontaneidad ingeniosa que hace que la vida merezca la pena y eso abre de golpe las puertas a maravillosas posibilidades y facultades individuales. Pero para muchas personas —y cada vez más— el *hacker* es una figura siniestra, un sociópata inteligente, listo para salir repentinamente de su sótano de soledad y atacar las vidas de otras personas para su propia anárquica conveniencia.

Cualquier forma de poder sin responsabilidad, sin frenos y equilibrios directos y formales, es aterradora para la gente —y ciertamente razonablemente—. Con franqueza se debería admitir que los *hackers* son aterradores, y que la base de este temor no es irracional. El temor a los *hackers* va más allá del miedo a las actividades meramente criminales.

La subversión y la manipulación del sistema telefónico es un acto con inquietantes matices políticos. En América, los ordenadores y los teléfonos son poderosos símbolos de la autoridad organizada y de la *élite* tecnocrática de los negocios.

Pero hay un elemento en la cultura americana que se ha revelado siempre fuertemente contra esos símbolos; rebelado contra todas las grandes compañías de ordenadores y teléfonos. Una cierta anarquía, matiza hondamente las encantadas almas americanas al causar confusión y dolor a las burocracias, incluidas las tecnológicas.

A veces hay vandalismo y malicia en esta actitud, pero es una profunda y querida parte del carácter nacional americano. Los fuera de la ley, los rebeldes, los individuos duros, los exploradores, los pequeños y fuertes propietarios jeffersonianos, el ciudadano privado resistiendo intromisiones en su búsqueda de la felicidad —ésas son figuras que todos los americanos reconocen, y que muchos tenazmente aplaudirán y defenderán.

Muchos ciudadanos escrupulosamente decentes con la ley, realizan hoy su trabajo vanguardista con la electrónica —trabajo que ya ha tenido una tremenda influencia social y que tendrá mucha más en años venideros—. En verdad, esos talentosos, trabajadores, decentes, maduros, adultos, son mucho más perturbadores para la paz y el *status* que cualquier grupo burlador de la ley de románticos chicos adolescentes *punk*. Esos *hackers* decentes tienen el poder, la habilidad, y la voluntad, de influir en la vida de otras personas muy impredeciblemente. Tienen medios, motivos y oportunidad, de entrometerse drásticamente con el orden social americano. Cuando son encorralados en gobiernos, universidades, o grandes compañías multinacionales, y forzados a seguir reglas y usar traje y corbata, tienen al fin algún freno convencional en su libertad de acción, pero cuando se les deja solos, o en pequeños grupos, encendidos por la imaginación y el espíritu empresarial, pueden mover montañas, causando corrimientos de tierra que probablemente se estrellarán contra tu oficina y cuarto de estar.

Esas personas, como un estamento, instintivamente admiten que un ataque público politizado sobre los *hackers* finalmente se extenderá hacia ellos —que el término *hacker*, una vez demonizado, podría ser usado para expulsar violentamente sus manos fuera de las palancas del poder y ahogarlos hasta sacarlos de la existencia—. Hoy en día hay *hackers* que fiera y públicamente resisten cualquier mancillamiento al noble título de *hacker*. De forma natural y comprensible, se ofenden profundamente con el ataque a sus valores implícitos al usar la palabra *hacker* como un sinónimo de criminal informático.

Este libro, tristemente, pero en mi opinión inevitablemente, más bien se suma a la degradación del término. Tiene que ver en sí mismo más con *hacking* en su definición actual más común, esto es, intromisión en un sistema informático a escondidas y sin permiso. El término *hacking* se ha usado rutinariamente hoy en día por casi todos los policías, con algún interés profesional en el abuso y el fraude informático. La policía americana describe casi cualquier crimen cometido con, por, a través, o contra un ordenador, como *hacking*.

Más importante aún, *hacker* es lo que los asaltantes informáticos eligen para describirse a ellos mismos. Nadie que asalte un sistema de buena gana, se describe a él mismo —raramente a ella misma— como un *asaltante informático, intruso informático, cracker, wormer, hacker del reverso tenebroso o gángster callejero de alta tecnología*. Se han inventado algunos otros términos degradantes con la esperanza de que la prensa y el público dejarán el sentido original de la palabra sola. Pero en realidad pocas personas usan esos términos. (Excluyo el término *cyberpunk*, que usan algunos *hacker* y cumplidores de la ley). El término *cyberpunk* está extraído de la crítica literaria y tiene algunas extrañas e improbables resonancias, pero, al igual que *hacker*, *cyberpunk* también ha llegado a ser un nombre peyorativamente criminal hoy en día.

En cualquier caso, allanar sistemas informáticos era más bien extraño a la tradición *hacker* original. Los primeros sistemas poco seguros de los 60 exigían bastante cirugía simplemente para funcionar día a día. Sus usuarios *invadían* lo más profundo, los más arcanos escondrijos de su *software* operativo por costumbre. La *seguridad informática* en esos tempranos y primitivos sistemas era en el mejor de los casos una idea adicional. La seguridad que había, era enteramente física, pues se suponía que quien tuviera acceso a este caro y arcano *hardware* debería ser un profesional experto altamente cualificado.

En el entorno de un campus, sin embargo, esto significaba que los estudiantes graduados, asistentes de enseñanza, estudiantes, y finalmente todos los tipos de marginados y parásitos, terminaban accediendo y a menudo ejecutando programas.

Las universidades, incluso las universidades modernas, no están por la labor de mantener la seguridad sobre la información. Por el contrario, las universidades, como instituciones, son antecedentes de la *economía de la información* desde hace muchos siglos y no son entidades culturales sin ánimo de lucro, cuya razón de existencia —supuestamente— es descubrir la verdad, codificarla a través de técnicas de erudición, y luego enseñarla. Las universidades son medios de pasar *la antorcha de la civilización*, no sólo para grabar datos en los cerebros de los estudiantes, y los valores de la comunidad académica están fuertemente reñidos con los que podrían ser imperios de la información. Los profesores a todos los niveles, desde el jardín de infancia hacia arriba, han probado ser descarados y persistentes piratas de *software* y datos. Las universidades no son meramente *filtros de información*, sino que divulgan enérgicamente pensamientos libres.

Este choque de valores ha estado cargado de controversia. Muchos *hackers* de los 60, recuerdan su aprendizaje profesional como una gran y tensa guerra de guerrillas contra el ordenador central, *sacerdocio de información*. Esos jovencitos hambrientos de computadoras tenían que luchar duro para acceder al poder de la informática, y muchos no estaban por encima de ciertos... atajos. Pero, con los años, esta costumbre liberó a la informática de la reserva estéril de los tecnócratas con bata de laboratorio y fue en gran parte, responsable del crecimiento explosivo de la informática en la sociedad en general: especialmente, la informática *personal*.

El acceso al poder tecnológico tenía un poder irresistible sobre algunos de esos jovencitos. La mayoría de las técnicas básicas de intrusión por ordenador: *crackeo* de claves, trampas, puertas traseras, caballos de troya, etc., fueron inventadas en ambientes universitarios en los años 60, en los primeros días de la informática de redes. Algunas experiencias espontáneas en la intrusión por ordenador, deberían estar en el resumen informal de la mayoría de los *hackers* y muchos futuros gigantes de la industria. Fuera del débil culto de los entusiastas por los ordenadores, pocas personas pensaron mucho acerca de las implicaciones del *allanamiento* con ordenadores. Este tipo de actividades aún no había sido publicitado, y mucho menos criminalizado.

En los años 60, las definiciones de *propiedad* y *privacidad* no se habían extendido aún al *ciberespacio*. Los ordenadores no eran aún indispensables para la sociedad. No había enormes bancos de datos de información vulnerable y propietaria, que pudiera ser accedida, copiada sin permiso, borrada, alterada, o saboteada. Las oportunidades eran pocas en esos tempranos días —pero crecían cada año, exponencialmente, a medida que crecían los mismos ordenadores.

En los años 90, las presiones políticas y comerciales llegaron a ser abrumadoras, y rompieron los límites sociales de la subcultura *hacking*. El *hacking* ha llegado a ser demasiado importante para ser dejado a los *hackers*. La sociedad estaba ahora forzada a hacer frente a la naturaleza intangible del *ciberespacio* como propiedad, el *ciberespacio* como un estado-irreal, que es propiedad privada. En el nuevo, severo, responsable y fuerte contexto de la

Sociedad de la información de los años 90, el *hacking* fue puesto en entredicho.

¿Qué significó introducirse en un ordenador sin permiso y usar su poder computacional, o fisgonear dentro de sus ficheros sin robar nada? ¿Quiénes eran estos *hackers* que se introducían en los ordenadores? ¿Cómo deberían definir mejor la sociedad y la ley, sus acciones? ¿Eran solo navegadores, inofensivos exploradores intelectuales? ¿Eran mirones, fisgones, invasores de la privacidad? ¿Deberían ser tratados severamente como potenciales agentes de espionaje, o quizás como espías industriales? ¿O sería mejor definirlos como intrusos, un delito común entre adolescentes? ¿El *hacking* era robo o servicio? —Después de todo, los intrusos obtenían acceso al ordenador de alguien para consumar sus órdenes, sin permiso y sin pagar—. ¿Era el *hacking* un fraude? Seguramente, como mejor se puede describir es como imitación. El tipo más común de intrusión en ordenadores era —y es— hurtar o fisgonear la clave de alguien, y entrar en el ordenador con la apariencia de otra persona —a quien normalmente se le carga con las culpas y las facturas.

Quizás una metáfora médica fuera mejor: los *hackers* deberían ser definidos como *enfermos*, como adictos a las computadoras, incapaces de controlar su irresponsable comportamiento compulsivo.

Pero esos enjuiciamientos de peso significaron poco para las gentes que en realidad estaban siendo juzgadas. Desde dentro del mismo entorno del *submundo* del *hacking*, todas esas percepciones parecían curiosas, obstinadas, estúpidas, o sin sentido. La auto-percepción más importante de los *hackers* del *submundo* —desde los años 60 hasta hoy en día— es que ellos son una *élite*. La lucha del día a día en el *submundo* no es sobre definiciones sociológicas, —¿a quién le importa?— sino de poder, conocimiento y *status* entre los de tu mismo nivel.

Cuando eres un *hacker*, son tus propias convicciones internas de tu *status* de *élite* las que te capacitan para romper, o digamos *exceder*, las reglas. No es que todas las reglas sean abandonadas. Habitualmente las reglas rotas por los *hackers* no son reglas importantes —las reglas de los imbéciles, avariciosos burócratas de las compañías de telecomunicaciones y de la estúpida plaga de los gobernantes—. Los *hackers* tienen sus propias reglas, que separan el comportamiento que es cojonudo y de *élite*, del comportamiento ratonil, estúpido y de perdedor. Sin embargo, esas *reglas*, más bien no están escritas, están forzadas por presiones de nivel y sentimientos tribales. Como todas las reglas que dependen de convicciones no expresadas, que los demás son todos unos buenos chavales, esas reglas son susceptibles de abuso. Los mecanismos de presión que ejercen los compañeros del *hacker*, *teleprocesos* y el ostracismo, raramente son usados y raramente funcionan. Calumniosas puñaladas por la espalda, amenazas y acoso electrónico, también son ampliamente usadas en las decadentes disputas de los *intrahacker*, pero raramente esto fuerza al rival a dejar la escena por completo. La única solución real para el problema de un *hacker* completamente perdedor, traidor y rata es entregarlo a la policía. A diferencia de la mafia o el cartel de Medellín, la *élite* del *hacker* simplemente no puede ejecutar al soplón, rastrero y alborotador en medio de sus filas, de modo que los entregan con asombrosa frecuencia.

No hay tradición de silencio u *omertá* en los bajos fondos del *hacker*. Los *hackers* pueden ser tímidos, incluso reclusivos, pero cuando hablan, los *hackers* tienden a fanfarronear, ostentar y pavonearse. Casi cualquier cosa que los *hackers* hacen es invisible; si no fanfarronean, ostentan o se pavonean de ello, nadie lo sabrá. Si no tienen nada de lo que fanfarronear, ostentar o pavonearse, entonces nadie en el *submundo* le reconocerá y le favorecerá con cooperaciones vitales y respeto.

La manera de ganar una sólida reputación en el *submundo,* es contarle a otros *hackers* cosas que solo han podido ser aprendidas con una cautela y astucia excepcional. Sin embargo, el conocimiento prohibido es la moneda básica del *submundo* digital, como las conchas entre los Isleños de Trobiand. Los *hackers* acumulan su conocimiento y se explayan en él obsesivamente, y lo refinan, y regatean con él, y hablan y hablan sobre él. Muchos *hackers* incluso sufren de una extraña obsesión por enseñar —extender el carácter y el conocimiento del *submundo* digital—. Harán esto incluso cuando no les reporte ventaja alguna y represente un serio riesgo personal.

Y cuando el riesgo les alcance, van directos a la enseñanza y la predicación —esta vez a una nueva audiencia, sus interrogadores policiales—. Casi todos los *hackers* arrestados cuentan todo lo que saben - todo sobre sus amigos, sus mentores, sus discípulos- leyendas, amenazas, historias de horror, rumores de calamidades, chismes, alucinaciones. Por supuesto, esto es conveniente para los policías, excepto cuando el policía empieza a creer en el *hacker* legendario.

Los *phreaks* del teléfono son únicos entre los criminales, en su buena voluntad de llamar la atención de los policías —en la oficina, en sus casas— y darles un buen repaso de lo que piensan. Es difícil no interpretar esto como una súplica para que los arresten, y de hecho es un acto de una increíble temeridad. La policía está naturalmente irritada por los actos de estos caraduras y se pondrán en camino para arrestar a esos ostentosos idiotas. Pero también puede ser interpretado como el producto de una visión global tan elitista, tan cerrada y hermética, que la policía electrónica no es percibida como *policía*, sino más bien como enemigos de los *phreaks* del teléfono, quienes deberían ser reprendidos y comportarse *decentemente*.

Los *hackers* se perciben con grandilocuencia a sí mismos como una *élite* de exploradores de un nuevo mundo electrónico. Los intentos para hacer que obedezcan las leyes democráticamente establecidas de la sociedad americana contemporánea, son vistas como persecución y represión. Después de todo, argumentan, si Alexander Graham Bell hubiera seguido con las reglas de la compañía de telégrafos Western Union, no habría existido el teléfono. Si Jobs y Wozniak hubieran creído que IBM era lo que hay-que-tener y lo-último-para-todos, no hubieran existido ordenadores personales. Si Benjamin Franklin y Thomas Jefferson hubieran intentado *trabajar dentro del sistema* no hubieran existido los Estados Unidos.

Confidencialmente los *hackers* no solamente creen esto como un acto de fe, sino que han sido conocidos como escritores de ardientes manifiestos sobre ello. Aquí hay algunos extractos de un manifiesto *hacker* especialmente expresivo: «The TechnoRevolution» de *Dr. Crash*, que apareció en formato electrónico en *PHRACK* Volumen 1, Número 6, Phile 3.

«Para explicar completamente los verdaderos motivos detrás del *hacking*, debemos primero echar un rápido vistazo al pasado. En los sesenta, un grupo de estudiantes del MIT construyó el primer sistema informático moderno. Este grupo salvaje de jóvenes rebeldes fueron los primeros en llevar el nombre de hackers. Los sistemas que desarrollaron fueron pensados para ser usados para solucionar problemas mundiales y beneficiar a toda la humanidad.

Como podemos ver, éste no ha sido el caso. Los sistemas informáticos solamente han estado en las manos de las grandes empresas y el gobierno. El dispositivo maravilloso que pretendía enriquecer nuestras vidas se ha transformado en un arma que deshumaniza a las personas. Para el gobierno y las grandes empresas, las personas no son más que espacio en disco, y el gobierno no usa computadoras para disponer ayudas para los necesitados, sino para controlar mortíferas armas nucleares.

El americano medio solo tiene acceso a un microordenador que solo merece la pena en una fracción de lo que pagó por él. Las empresas mantienen el auténtico equipo más moderno, apartado de la gente, detrás de un muro de acero de burocracia y precios increíblemente altos. Es debido a este estado de cosas a que nació el hacking. (...)

Por supuesto, el gobierno no quiere que el monopolio de la tecnología se pierda, de modo que declaran ilegal el hacking y arrestan a cualquiera que sea localizado practicándolo. (...)

La compañía telefónica es otro ejemplo de abuso de tecnología y se mantuvo fuera del alcance de las gentes con precios altos. (...)

Los hackers encuentran a menudo que sus equipos actuales, debido a las maniobras monopolísticas de las empresas informáticas, son ineficientes para sus propósitos. Debido a los precios tan desorbitados, es imposible adquirir legalmente el equipo necesario. Más aún, esta necesidad ha creado otro segmento para la lucha: el Credit Carding. *El* Carding *es una forma de obtener los bienes necesarios sin pagar por ellos.*

De nuevo, es debido a la estupidez de las empresas el que el carding *sea tan fácil, y demuestra que el mundo de los negocios está en manos de ésos, con considerablemente menos conocimiento técnico y laboral de cómo hacer las cosas que nosotros, los hackers. (...)*

El hacking debe continuar. Debemos preparar a los recién llegados en el arte del hacking. (...)

Y en cualquier cosa que hagas, continúa con la lucha. Tanto si sabes como si no, si eres un hacker, eres un revolucionario. No te preocupes, estás en el lado correcto.»

La defensa del *carding* es rara. La mayoría de los *hackers* considera el robo de tarjetas de crédito como *veneno* para el *submundo*, una tentativa inmoral y asquerosa, peor aún, es duro salir impune. Sin embargo, manifiestos abogando por el robo de tarjetas de crédito, el *ataque* deliberado de sistemas informáticos, e incluso actos de violencia física destructiva como vandalismo e incendios, existen en el *submundo*. Esos alardes y amenazas son tenidos muy en cuenta por la policía. Y no todos los *hackers* son un abstracto platónico de los ordenadores. Unos cuantos son bastante expertos en la apertura de cerraduras, robar camiones de la compañía telefónica y allanamiento de moradas.

Los *hackers* se diferencian en su grado de odio a la autoridad y la violencia de su retórica. Pero, en el fondo, son unos burladores de la ley. No respetan las actuales leyes del comportamiento electrónico como esfuerzos respetables para preservar la ley y el orden y proteger la salud pública. Consideran esas leyes como las tentativas inmorales de desalmadas sociedades anónimas, para proteger sus márgenes de beneficio y aplastar disidentes.

La gente *estúpida*, incluyendo a policías, hombres de negocios, políticos y periodistas, simplemente no tienen derecho a juzgar las acciones de esos poseídos de genio, de metas tecno-revolucionarias y conocimientos técnicos.

Normalmente, los *hackers* son adolescentes y estudiantes universitarios que no han de trabajar para vivir. Normalmente provienen de ambientes de clase media y media-alta, y son claramente anti-materialistas —salvo que hablemos de equipo informático, claro está—. Cualquiera que esté motivado por avaricia de mero dinero —opuesto a la avaricia de poder, conocimiento y *status*— es rápidamente descrito como un cabeza hueca cuyos intereses no pueden ser sino corruptos. Al haber crecido en los años 70 y en los 80, estos jóvenes bohemios del *submundo* digital consideraban a la sociedad normal, hundida en la corrupción plutócrata, en la que todo el mundo, del presidente para abajo, están en venta y quienquiera que tenga el oro es el que decide las reglas.

Curiosamente, hay una imagen distorsionada en el espejo de feria de esta actitud al otro lado del conflicto. La policía también es uno de los grupos más marcadamente antimaterialista de la sociedad americana, motivada no por el mero dinero sino por ideales de servicio, justicia, camaradería y desde luego, su propia rama especializada de conocimiento y poder. Es remarcable, que la guerra propagandística entre la policía y los *hackers,* siempre implique airadas alegaciones de que el otro lado está intentando conseguir algo de dinero fácil. Los *hackers* siempre filtran de forma consistente, que los fiscales anti-*phreak* intentan encontrar trabajos mejores como abogados de los *telecos* y que la policía contra el crimen informático después se reconvierten en muy bien pagados consultores de seguridad en el sector privado.

Por lo que hace referencia al otro lado, la policía siempre compara los crímenes de *hackers* con robar cabinas telefónicas mediante palancas. Las alegaciones de *pérdidas monetarias* ante intrusiones en ordenadores están notablemente infladas. El acto de copiar ilícitamente un documento de un ordenador, se equipara moralmente a robar directamente a las compañías unos... —pongamos— medio millón de dólares. El intruso informático adolescente en posesión de este documento *propietario,* que ciertamente no ha sido vendido por tal suma, no tiene ni idea de donde podría venderlo y es bastante probable que no entienda lo que tiene. No ha conseguido ni un centavo por esta felonía pero se le sigue comparando moralmente con un ladrón que ha robado el cepillo de la iglesia y se ha fugado a Brasil.

La policía quiere creer que todos los *hackers* son ladrones. Es una acción tortuosa y casi insoportable por parte del sistema judicial americano, poner a la gente en la cárcel, simplemente porque quieren aprender cosas que les está prohibido saber. En un contexto americano, casi cualquier pretexto para el castigo, es mejor que meter a la gente en la cárcel para proteger ciertos tipos restringidos de información. De todas formas, *controlar la información,* es una parte y una parcela de la lucha contra los *hackers.*

Este dilema estaba muy bien ejemplificado por las remarcables actividades de Emmanuel Goldstein, editor de una revista impresa conocida como '2600: The Hacker Quaterly'. Goldstein se había licenciado en la universidad de Long Island, en Nueva York en los años 70, y allí se involucró la estación de radio de la universidad. Su creciente interés por la electrónica hizo que se desplazara a los círculos yippies de *TAP* y de ahí al *submundo* digital, donde se convirtió, según su propia confesión, en una tecno-rata. Su revista publicaba técnicas de intrusión en ordenadores y *exploración* telefónica así como denuncias de malas actuaciones por parte de los *telecos* y fracasos gubernamentales.

Goldstein vive plácidamente y de forma casi secreta en una gran mansión victoriana en Setauket, Nueva York. Esta casa costera está decorada con objetos de telecomunicaciones, conglomerados de restos traídos por la marea y los típicos artilugios del lugar de descanso de un hippie. No está casado y sobrevive a base de comida precocinada y relleno de pavo, comido directamente de la bolsa. Goldstein es una persona con un encanto considerable, con un habla muy fluida, una sonrisa breve pero desarmadora y una integridad a prueba de bomba que la policía electrónica de América encuentra realmente alarmante.

Goldstein tomó su pseudónimo de un personaje de '1984' de Orwell, lo cual puede considerarse, correctamente, como un síntoma de la gravedad de

71

su visión sociopolítica del mundo. Él no practica la intrusión en ordenadores, aunque defiende de forma vigorosa esas acciones, especialmente cuando se efectúan en contra de grandes corporaciones o agencias gubernamentales. Tampoco es un ladrón, pues desaprueba el mero robo de servicio telefónico, en favor de *explorar y manipular el sistema*. La mejor forma de describirlo y comprenderlo es, como un *disidente.*

Extrañamente, Goldstein vive en una América moderna bajo condiciones muy similares a las de los antiguos disidentes intelectuales de los países del Este de Europa. En otras palabras, está casado con un sistema de valores al que está profunda e irrevocablemente opuesto, al sistema de aquellos que están en el poder, así como la policía. Los valores de '2600' se expresan generalmente en términos irónicos, sarcásticos, paradójicos o simplemente confusos, pero no hay confusión en lo que respecta a su tono anti-autoritario. '2600' mantiene que el poder técnico y el conocimiento especializado, sea del tipo que sea, pertenece por derecho a aquellos individuos suficientemente valientes y atrevidos como para descubrirlo, por cualquier medio que sea necesario. Aparatos, leyes o sistemas que prohíban el acceso y la libre distribución del conocimiento, son provocaciones que cualquier *hacker* que se respete a sí mismo debería atacar sin dudar. La *privacidad* de los gobiernos, corporaciones y otras organizaciones tecnocráticas, no deberían estar protegidas a expensas de la libertad y las iniciativas libertarias de la tecno-rata individual.

Sin embargo, en nuestro mundo cotidiano contemporáneo, tanto los gobiernos como las corporaciones están realmente ansiosas de controlar la información que es secreta, propietaria, restringida, confidencial, protegida con copyright, patentada, peligrosa, ilegal, no ética, embarazosa o sensible de cualquier otra forma. Ello convierte a Goldstein en una persona *non-grata* y a su filosofía en una amenaza.

Muy poco de la vida diaria de *Goldstein* podría sorprender a Vaclav Havel —por poner un ejemplo. (Observemos, de pasada, que una vez la policía checoslovaca confiscó su procesador de texto al Presidente Havel). Goldstein vive como en un *samizdat*, actuando de forma semi-abierta como un centro de datos para el *submundo*, mientras reta a los poderes de todo tipo a vivir según sus propias normas: libertad de expresión y la Primera Enmienda.

Goldstein cumple a rajatabla su papel de tecno-rata, con unos rizos que le llegan hasta los hombros y una gorra negra de pirata inclinada sobre su cabeza. A menudo se aparece como el fantasma de Banquo en encuentros de profesionales de la informática, donde presta atención de forma relajada, con una media sonrisa y tomando muchas notas.

Los profesionales de la informática acostumbran a encontrarse de forma pública, y les resulta muy difícil librarse de Goldstein sin llevar a cabo acciones extralegales e inconstitucionales. Muchos de sus simpatizantes son gente responsable, con trabajos de responsabilidad, y admiran a Goldstein por su actitud. Y de forma soterrada, le pasan información. Un número desconocido seguramente grande de los más de 2000 lectores de Goldstein son profesionales de la seguridad para los *telecos*, así como para la policía, que está obligada a subscribirse a '2600' para estar enterados de lo último en *hacking*. Así descubren que están *pagando el sueldo de este tipo* mientras les rechinan los dientes de angustia, una situación que habría encantado a Abbie Hoffman —uno de los pocos ídolos de Goldstein.

Goldstein es seguramente el representante público más conocido del *submundo hacker* hoy por hoy, y sin duda es el más odiado. La policía lo considera un corruptor de menores, y hablan de él con una repugnancia nada disimulada. Es una verdadera mosca cojonera.

Tras la *caída del sistema* el día de Martin Luther King en 1990, Goldstein se dedicó a poner sal en la herida desde las páginas de '2600'. «*Pues sí, ha sido algo divertido para los* phreakers *telefónicos ver como la red se derrumbaba*», admitía de forma despreocupada. "*Pero también es un signo ominoso de lo que está por venir... Algunos tipos de AT&T, ayudados por unos medios bien intencionados, pero ignorantes, estuvieron extendiendo la idea de que muchas compañías tienen el mismo software y por tanto podrían enfrentarse con el mismo problema algún día—. Eso es un error. Se trata de una deficiencia exclusiva de AT&T. Desde luego, otras compañías podrían enfrentarse ante problemas enteramente diferentes con el software, pero claro, eso también le podría pasar a AT&T.* »

Después de una discusión técnica de los fallos de sistema, la tecno-rata de Long Island, empezó a presentar una crítica devastadora de los cientos de ingenieros cualificados de la gigantesca multinacional. «*Lo que no entendemos es cómo una fuerza de gran importancia en las telecomunicaciones como AT&T ha podido ser tan descuidada. ¿Qué ha pasado con las copias de seguridad? Desde luego, los sistemas se caen de tanto en cuanto, pero la gente que hace llamadas telefónicas, no es la misma que se* conecta a ordenadores. *Tenemos que hacer esa distinción. No es aceptable para el sistema telefónico o para cualquier otro servicio esencial que se caiga. Si continuamos confiando en la tecnología sin entenderla, podemos prever muchas variaciones sobre este tema. —AT&T debe a sus clientes el estar preparados para cambiar instantáneamente a otra red, si empieza a suceder algo extraño e impredecible—. La noticia no es la caída de un programa de computadora, sino el fallo de toda la estructura de AT&T.»*

La mera idea de esta... *persona*... ofreciendo sus *consejos* acerca de *toda la estructura de AT&T*, era más que lo que mucha gente estaba dispuesta a soportar. ¿Cómo se atreve este *cuasi-criminal* a dictar qué es y qué no es un comportamiento *aceptable* de AT&T? Sobre todo, cuando está publicando, en el mismo número, unos diagramas bastante detallados, acerca de cómo crear diversos tonos de señal para cambiar de red, que no son de dominio público.

«Mira lo que pasa, cuando dejas caer un par de tonos, desde una caja plateada en tu sistema de llamada local, o través de diferentes proveedores de servicio a larga distancia», —recomienda el articulista de '2600' *Mr. Upsetter* en 'Cómo construir una caja de señales'.

«Si experimentas de forma sistemática y mantienes un registro de todo lo que pasa, seguramente descubrirás algo interesante.»

Desde luego, se trata del método científico, normalmente considerado como una actividad digna de encomio y una de las flores de la civilización moderna. Uno puede realmente aprender mucho con este tipo de actividad intelectual estructurada. Los *telecos* consideran este modo de *exploración,* similar a meter cartuchos de dinamita en un estanque, para ver los seres vivos que hay en el fondo.

'2600' se viene publicando de forma continuada desde 1984. También dispone de una BBS, camisetas estampadas de '2600'... El número de primavera de 1991 contenía un anuncio interesante en la página 45:

«Acabamos de descubrir un conjunto extra de cables enganchados a nuestra línea de fax, dirigidos a un poste —así pues, les habían pinchado las líneas—. Los faxes que nos enviéis podrían ser monitorizados».

En la visión del mundo de '2600', el pequeño grupo de hermanos tecno-ratas —rara vez hermanas— son la vanguardia de los verdaderamente libres y honestos. El resto del mundo es un maestro del crimen corporativo y corrupción gubernamental de alto nivel, rebajada ocasionalmente con ignorancia bienintencionada. Leer unos cuantos números de una tirada, es entrar en una pesadilla similar a la de Solzhenitsyn, aunque rebajada por el hecho de que '2600' es muy divertida.

Goldstein no se convirtió en un objetivo de *La Caza de Hackers*, aunque protestó sonada, elocuente y públicamente acerca de ello, lo que permitió que su fama subiera muchos puntos.

No es que no se le considerara peligroso, pues sí que se le consideraba. Goldstein se había llevado unos cuantos arañazos en su lucha con la ley en el pasado: en 1985 un ordenador con una BBS de '2600' fue secuestrado por el FBI, y una parte del *software* que contenía fue declarado como *un instrumento de robo en la forma de programa informático*. Pero Goldstein escapó de la represión directa en 1990, pues su revista está impresa en papel, y por tanto sujeta a la libertad constitucional de la protección a la prensa. Aunque tal y como sucedió en el caso de 'Ramparts', eso no es una garantía absoluta. Así y todo, desde una perspectiva práctica, cerrar '2600' mediante una orden judicial, crearía tanto jaleo legal que sería simplemente imposible llevarlo a cabo, al menos en el presente.

Así pues, *La Caza* de 1990 tendría como objetivos la versión informatizada de los datos robados. La propia *Caza*, en primer y en mayor grado, se ocupaba de sistemas de tablón de anuncios[1]. Conocidos corrientemente con el acrónimo feo y no pluralizable de BBS, estos sistemas son la sangre del *submundo* digital. Las BBS también son centrales en las tácticas policiales y la estrategia en *La Caza de Hackers*.

Una BBS puede definirse formalmente como un ordenador que sirve como centro de información y mensajes para usuarios, que se conectan desde las líneas telefónicas mediante módems. Un *módem*, o *modulador-demodulador*,

---

[1] En inglés, Bulletin Board Systems "BBS". (Nota del Traductor)

es un aparato que traduce los impulsos digitales de los ordenadores en señales analógicas audibles de un teléfono, y viceversa. Los módems conectan a los ordenadores con los teléfonos y así pueden conectarse los unos con los otros.

Las grandes computadoras o *mainframes* han estado conectados entre sí desde los años 60, pero los ordenadores *personales*, manejados por individuos desde sus casas, empezaron a conectarse a finales de los años 70. La BBS creada por Ward Christenson y Randy Suess en febrero de 1978 en Chicago (Illinois), se considera generalmente como la primera BBS para ordenadores personales realmente merecedora de ese nombre.

Las BBS se implementan en máquinas muy diferentes, utilizando *software* también muy diferentes. Las primeras BBS eran muy arcaicas y llenas de errores y sus administradores conocidos como *operadores de sistema* o *sysops* eran expertos técnicos que trabajaban duro y escribían su propio *software*. Pero como casi cualquier cosa en el mundo de la electrónica, las BBS se hicieron más rápidas, más baratas, mejor diseñadas y en general mucho más sofisticadas durante los años 80. También empezaron a abandonar el regazo de los pioneros para ir con el público en general. En 1985 debería haber alrededor de 4000 BBS en América. En 1990 se calcula que, aproximadamente, debía de haber unos 30.000 en los Estados Unidos, y un número desconocido al otro lado del océano.

Las BBS son actividades no reguladas. Poner en marcha una es pan comido. Cualquiera con un ordenador, un módem y una línea telefónica puede empezar una BBS. Con un equipo de segunda mano y *software* de dominio público. El precio de una BBS puede ser muy pequeño, menos de lo que costaría publicar una revista o un panfleto decente.

Las BBS no son *imprentas*. No son revistas, ni bibliotecas, ni teléfonos, ni radios de banda civil, ni los tradicionales tablones de anuncios en la lavandería local, aunque tienen algunos parecidos con estas formas de comunicación. Las BBS son un nuevo medio, quizás hasta sean un *gran número* de nuevos medios.

Consideremos estas características únicas: las BBS son baratas, y sin embargo, pueden tener un alcance nacional, incluso global. Se puede tener acceso a una BBS desde cualquier parte de la red telefónica, *sin ningún coste* para la persona que mantiene la BBS —el que llama paga la cuenta telefónica, y si el que llama es local, la llamada es gratis[2]—. Las BBS no implican una *élite* editorial dirigiéndose a una audiencia masiva. El operador del sistema, o *sysop* de una BBS no es un editor exclusivo, está manteniendo una tertulia electrónica, en la que los individuos pueden dirigirse al público en general, y también intercambiar correo privado con otros individuos. La *conversación* en las BBS, aunque es fluida, rápida y altamente interactiva, no es hablada, sino escrita. También es relativamente anónima: a veces completamente.

Y cómo las BBS son baratas y ubicuas, las regulaciones y las licencias son prácticamente inaplicables. Sería más fácil *regular, inspeccionar y autorizar* el contenido de nuestro correo privado —ya que el sistema de correos está dirigido por el gobierno—. Las BBS están operadas por individuos, de forma independiente, a su propio antojo.

Para el operador de sistema, el coste de la operación no es el principal factor limitador. Una vez se ha hecho la inversión en un ordenador y un módem, el único coste estable es mantener la línea telefónica, o más de una.

Los principales límites para los operadores de sistemas son tiempo y energía. Las BBS requieren mantenimiento. Normalmente, hay que *validar* a los nuevos usuarios; hay que darles contraseñas y telefonearlos a casa, para determinar su identidad. También hay muchos usuarios repelentes y agresivos, a los que hay que hacer callar o purgar. Los mensajes que van proliferando hay que borrarlos según se van volviendo anticuados, de forma que no se acabe consumiendo toda la capacidad del sistema. Y los programas informáticos —si es que se mantienen en la BBS— se han de examinar a la búsqueda de posibles virus. Si hay que pagar para usar la BBS —algo cada vez más común, sobre todo en los sistemas más grandes y selectos—, entonces hay que mantener una contabilidad y hay que cobrar a los usuarios. Y cuando la BBS cae —algo muy común— hay que hacer reparaciones.

Las BBS pueden distinguirse por la cantidad de esfuerzo utilizado en regularlas. Primero tenemos la BBS completamente abierta, aquella cuyo operador de sistema se dedica a tomar y ver repeticiones de series televisivas, mientras sus usuarios van degenerando con el tiempo en una anarquía total hasta el silencio final. En segundo lugar, viene la BBS supervisada, en la que el operador de sistema aparece de vez en cuando para poner un poco de orden, calmar las peleas, lanzar anuncios y librar a la comunidad de repelentes y de *busca problemas*. En tercer lugar está la BBS altamente supervisada, en la que se pide una y otra vez un comportamiento

---

[2] En Estados Unidos, las llamadas locales son gratuitas. (N. del T.)

adulto y responsable, y donde se editan aquellos mensajes que se consideran ofensivos, impertinentes, ilegales o irrelevantes. Y finalmente viene la *publicación electrónica* completamente editada, que se presenta ante una audiencia silenciosa a la que no se la permite responder de ninguna forma.

Las BBS también se pueden agrupar por su grado de anonimato. Está la BBS completamente anónima, donde todo el mundo usa seudónimos —*nicks*— y ni siquiera el operador de sistema conoce la identidad real de los usuarios.

En segundo lugar, y de forma mucho más común, está la BBS en la que el operador de sistema sabe -o cree que sabe- los verdaderos nombres y direcciones de todos los usuarios, pero los usuarios no saben los nombres de los demás y quizás ni el del operador de sistema.

En tercer lugar está la BBS en la que todo el mundo usa sus nombres reales y el actuar como otra persona, o los seudónimos, están prohibidos.

Las BBS también se pueden agrupar por su inmediatez. *Las líneas de chat* son BBS que conectan varios usuarios a la vez, a través de diferentes líneas telefónicas de forma simultánea, de manera que los usuarios pueden intercambiarse mensajes en el mismo momento en que teclean —muchas BBS tienen capacidad de *chat* entre sus servicios—. Las BBS menos inmediatas, quizás con una sola línea telefónica, almacenan los mensajes de forma serial, uno a la vez. Y algunas BBS están solo abiertas en las horas de oficina o los fines de semana, con lo que la respuesta se ralentiza mucho. Una *red* de BBS, como *Fidonet* puede transmitir correo electrónico de BBS en BBS, de continente a continente, a través de enormes distancias, pero a la velocidad de un caracol, así que un mensaje puede tardar varios días en alcanzar su objetivo y provocar una réplica.

Las BBS pueden agruparse también por su grado de comunidad. Algunas BBS enfatizan el intercambio de correo electrónico privado, de persona a persona. Otras enfatizan los envíos públicos e incluso purgan aquellas personas que *acechan*, limitándose a leer mensajes pero negándose a participar activamente. Algunas BBS son íntimas y vecinales. Otras son glaciales y altamente técnicas. Algunas son poco más que vertederos de almacenamiento de *software*, donde los usuarios *suben* y *bajan* programas, pero prácticamente no interactúan.

Las BBS pueden agruparse por la facilidad de acceso. Algunas BBS son completamente públicas. Otras son privadas y restringidas a amigos personales del operador de sistema. Algunas BBS dividen a los usuarios por *status.* En estas BBS, algunos usuarios, sobre todo los principiantes, extraños o niños, quedarán restringidos a los temas generales, y quizás se les prohíba enviar mensajes.

A los usuarios con trato de favor, sin embargo, se les garantiza la habilidad de enviar mensajes según les apetezca, y a estar *conectados* todo el tiempo que quieran, incluso si impiden la conexión a otras personas que intentan acceder.

Los usuarios de alto *standing* pueden tener acceso a áreas secretas de la BBS, como pueden ser temas crípticos, discusiones privadas o *software* valioso. Los usuarios con trato de favor pueden llegar a convertirse en «operadores de sistemas remotos», con la capacidad de tomar el control remoto de la BBS mediante su ordenador personal. A menudo, los «operadores de sistemas remotos» acaban haciendo todo el trabajo, teniendo el control formal de la BBS, a pesar de estar físicamente situada en la casa de otro. A veces, diversos co-operadores de sistema comparten el poder.

Las BBS también se pueden agrupar por tamaño. Redes comerciales nacionales como CompuServe, Delphi, Genie y Prodigy, se ejecutan en supercomputadoras y generalmente no se consideran BBS, aunque tengan muchas de sus características, como puede ser el correo electrónico, temas de discusión, bibliotecas de *software*, y problemas persistentes y crecientes con cuestiones de derechos civiles. Algunas BBS privadas tienen hasta treinta líneas telefónicas y un *hardware* bastante sofisticado. También tenemos BBS diminutas.

Las BBS pueden variar en popularidad. Algunas BBS son enormes y están abarrotadas, en ellas los usuarios han de enfrentarse continuamente con una señal constante de *comunicando*. Otras son enormes y están vacías; hay pocas cosas más tristes que una BBS antiguamente floreciente en la que ya nadie envía mensajes, y las conversaciones muertas de usuarios desaparecidos languidecen recogiendo polvo digital. Algunas BBS son pequeñas e íntimas, sus números telefónicos se mantienen secretos a propósito, de forma que sólo un número pequeño de personas se puedan conectar.

Y algunas BBS pertenecen al *submundo.*

Las BBS pueden ser entidades misteriosas. Puede llegar a ser difícil diferenciar las conspiraciones de las actividades de sus usuarios. Algunas veces llegan a ser una conspiración. Las BBS han albergado, o han sido acusadas de albergar, a todo tipo de grupos marginales y han apoyado, o han sido acusadas de apoyar, todo tipo de actividades dudosas, de mala fama, radicales o criminales. Existen BBS satánicas. BBS nazis. BBS pornográficas. BBS de pedófilos. BBS que comercian con drogas. BBS anarquistas. BBS comunistas. BBS gays y lesbianas —estas existen en gran profusión, algunas de ellas bien establecidas—. BBS religiosas. BBS evangélicas. BBS que practican brujería, de *hippies*, *punkies*, de chavales que hacen *skateboard*. BBS de creyentes en los ovnis. Seguramente existirán BBS de asesinos en serie, terroristas aéreos y asesinos profesionales. No se pueden contar. Las BBS aparecen, florecen y desaparecen en grandes cantidades en la mayoría de los rincones del mundo desarrollado. Aparentemente inocuas, las BBS públicas pueden, y a veces lo hacen, albergar áreas secretas conocidas solo por unos pocos. Incluso en los extendidos servicios públicos comerciales, el correo es privado, y posiblemente con contenidos criminales.

Las BBS cubren la mayoría de temas imaginables y alguno que es incluso difícil de imaginar. Abarcan un vasto espectro de actividades sociales. Sin embargo, todos los miembros de una BBS tienen algo en común: la posesión de ordenadores y teléfonos. Naturalmente, ordenadores y teléfonos son temas de conversación en casi cualquier BBS.

Y los *hackers* y *phreakers*, esos devotos de los ordenadores y los teléfonos, viven por las BBS. Se arremolinan y reproducen en torno a ellas. A finales de los años 80, los grupos de *phreakers* y *hackers*, unidos en BBS, han proliferado fantásticamente.

Como evidencia de esto, lo que aquí sigue es una lista de grupos de *hackers* recopilada por los editores de la revista *PHRACK* el 8 de agosto de 1988.

La Administración. Telecomunicaciones Avanzadas SA. ALIAS. Los Viajeros del Tono Americano. Anarquía SA. Apple Mafia. La Asociación. Gremio de Piratas del Atlántico. Los Hijos de Puta de Culo Inquieto. Bellcore. Fuerza Bell Shock. La Bolsa Negra. Camorra. C&M Productions. Católicos Anónimos. Caos Computer Club. Directores Ejecutivos. El Círculo de la Muerte. El Círculo de Deneb. Club X. Coalición de Piratas de Alta Tecnología. De Costa a Costa. Informática Corrupta. El Culto a la Vaca Muerta. Venganzas a Medida. Daño, SA. D&B Communications. La banda Dange. Cazadores Dec. La Banda Digital. DPAK. Alianza del Este. Gremio de *Hackers* de Élite. Club de

Hackers y *Phreakers* de Élite. La Sociedad de Élite de América. EPG. Ejecutivos del Crimen. Élite Extasis. Fargo 4A. Los Granjeros del Juicio Final. La Federación. Nosotros Somos los Federales. Primera Clase. Cinco O. Cinco Estrellas. Fuerza *Hackers*. Los 414. Hackers Viajeros. *Hackers* de América. *Hackers* de Alta Montaña. Alta Sociedad. Los Autoestopistas. Sindicato IBM. Los Piratas de Hielo. Los Señores de la Guerra Imperial. Círculo Interior. Círculo Interior II. Locura SA. Bandidos Informáticos Alternativos Internacionales. Liga de la Justicia de América. Kaos SA. Caballeros de la Sombra. Caballeros de la Tabla Redonda. Liga de Adeptos. Legión del Mal. Legión de *Hackers*. Señores del Caos. Laboratorios Lunáticos Unlimited. Maestros *Hackers*. MAD! Los Merodeadores. MD/PhD. Comunicaciones Metálicas, SA. Puñetazos Metálicos SA. MBI. Metro Communications. Gremio de Piratas del Medio Oeste. NASA Elite. La Asociación OTAN. Caballeros de Neón. Orden Nihilista. Orden de la Rosa. OSS. Gremio de Piratas del Pacífico. Acceso Fantasma Asociados. PHido PHreaks. La Empresa. Phlash. Los Fantasmas de la Línea Telefónica. *Phreakers* de América. Fortuna 500. Delincuentes *Phreak Hack*. Destructores *Phreak Hack*. La Banda de los *Phreakers*, *Hackers* y Empleados de Lavandería. Phreaks Contra Geeks. *Phreaks* Contra *Phreaks* Contra Geeks. *Phreaks* y *Hackers* de América. *Phreaks* Anónimos del Todo el Mundo. Proyecto Génesis. La Mafia Punk Los Alborotadores. Archivos de Texto del Amanecer Rojo. La Banda Roscoe. SABRE. Círculo Secreto de Piratas. Servicio Secreto. 707 Club. Hermandad de la Sombra. Astutos SA. 65C02 Elite. Fuerza Espectral. Liga de las Estrellas. Polizones. Strata-Crackers. Equipo de *Hackers* 86. Equipo de *Hackers* 87. Equipo del Boletín TeleComputist. Tribunal del Conocimiento. Triple Convenio. Volver y Morir. Síndrome. TOADS. 300 Club. 1200 Club. 2300 Club. 2600 Club. 2601 Club. 2AF. La Fuerza Warez del Software Unido. *Submundo* Técnico Unido. Brigada Alerta. Los Señores del Mercado. WASP.

Contemplar esta lista es algo impresionante, casi humillante. Como producto cultural se aproxima a la poesía.

Los grupos clandestinos —las subculturas— se pueden distinguir de las culturas independientes por su hábito de referirse constantemente a sus culturas padre. La clandestinidad, por naturaleza, siempre mantiene un elemento diferenciador. La ropa distintiva y el peinado, el habla, los *guetos* en las ciudades, las horas de levantarse, trabajar, dormir... La clandestinidad digital, que se especializa en la información, se apoya fuertemente en el lenguaje para distinguirse. Como se puede ver en esta lista, hacen bastante uso de la parodia y la burla. Es curioso ver a quién eligen para burlarse.

Primero, grandes empresas. Tenemos a Phortune 500, Los Ejecutivos (Chief Executive Officers), Bellcore, Sindicato IBM (IBM Syndicate), SABRE —un servicio de reservas aéreas por computadora—. El uso normal de *S.A.* lo dice todo, ninguno de estos grupos son empresas, pero dejan claro a quién parodian.

Segundo, los gobiernos y la policía. Élite NASA (NASA Elite). Asociación OTAN (NATO Association). Nosotros Somos los Federales (Feds R Us) y Servicio Secreto (Secret Service), son ejemplos de burlas atrevidas. Los OSS (Oficina de Recursos Estratégicos) eran los precursores de la CIA.

Tercero, los criminales. El uso de palabras peyorativas como insignia honorífica es otra táctica de las subculturas: *punk*, banda (gang), delincuentes (delinquents), mafias, piratas (pirates), bandidos (bandits), alborotadores (racketeers).

El uso de ortografía especializada, especialmente el uso de «*ph*» por «*f*» y «*z*» para el plural en vez de «*s*» son símbolos de distinción. También lo es el uso del numeral «0» en vez de la letra «O» —el texto generado por computadora suele poner una barra inclinada en el cero para hacer obvia la distinción.

Algunos términos son poéticamente descriptivos de la intrusión en ordenadores: Los Polizones (The Stowaways), Los Autoestopistas (The Hitchhikers), Los Fantasmas de la Línea de Teléfono (The PhoneLine Phantoms), De Costa a Costa (Coast-To-Coast). Otros términos son simplemente chulerías para dar vanagloria a los nombres: Nótese el uso insistente de términos como *élite* o *master* [maestro]. Algunos términos son blasfemos, otros obscenos, otros crípticos. Cualquier cosa para intrigar, ofender y salirse de la raya.

Muchos grupos *hacker* re-encriptan sus nombres con el uso de siglas: United Technical *Submundo* es UTU, Farmers of Doom son FoD, The United SoftWareZ Force, a base de insistir mucho, *TuSwF*, y pobre de aquél que se equivoque con las mayúsculas.

Debería saberse que los miembros de estos grupos también tienen seudónimos. Tan sólo basta echar un vistazo a *Los Fantasmas de la Línea de Teléfono* (PhoneLine Phantoms), encontrarás que están formados por *Carrier Culprit* (Delincuente Ruidoso), El Ejecutor (*The Executioner*), *Blak*

Majik (Magia Negra), *Egyptian Lover* (Amante Egipcio), *Solid State* (Estado Sólido) y *Mr. Icom. Carrier Culprit* es conocido por sus amigos como «CC».

Es bastante posible que esta lista se refiera tan solo a unas mil personas. No es una lista completa de grupos del *submundo* —nunca ha existido una lista de ello y nunca existirá—. Los grupos nacen, florecen, declinan, comparten miembros y mantienen una nube de fans y aficionados enganchados. La gente entra y sale, son expulsados, se aburren, son capturados por la policía, son arrinconados por la seguridad de las empresas de telecomunicaciones y multados. Muchos *grupos submundo* son piratas de programas informáticos, *warez d00dz*, que rompen las protecciones de copia y piratean programas, pero que no se atreven a entrar en sistemas informáticos. Es difícil hacer una estimación de la población del *submundo* digital. Aumenta constantemente. La mayoría de los *hackers* empiezan de jóvenes, van y vienen, y lo dejan a los 22 años —la edad de la graduación escolar—. Y la mayoría de los *hackers* acceden a agrupaciones piratas, adoptan una postura, piratean *software* y quizás abusen de un código telefónico o dos, pero nunca entran en la *élite.*

Algunos confidentes profesionales, que se ganan la vida comercializando contenidos sacados de la clandestinidad digital a terceros en empresas de seguridad, han estimado que la población *hacker* llega a los cincuenta mil. Esto parece bastante exagerado, a menos que se cuenten todos y cada uno de los adolescentes piratas de *software* y los inofensivos ladrones de cabinas de teléfono. Mi mejor aproximación son unas 5.000 personas. De estos, conjeturo que sólo unos cientos son la verdadera *élite* —intrusos informáticos, activos, preparados lo suficiente como para entrar en sofisticados sistemas y comprometer de verdad a los cuerpos de seguridad y la ley.

Otra especulación interesante es si este grupo crece o no. Los *hackers* jóvenes están convencidos de que los *hackers* existen por todos sitios y que pronto dominarán el universo cibernético. Los más viejos y listos, los de 24 y 25 años, están convencidos de que los días de gloria ya pasaron, que *los polis* controlan el *submundo* y que los niños hoy día son tan estúpidos que sólo quieren jugar a la Nintendo.

Mi punto de vista es que la intromisión en sistemas informáticos como acto no lucrativo de exploración intelectual y maestría, está decayendo poco a poco, al menos en los Estados Unidos; pero el fraude electrónico, especialmente la delincuencia en las telecomunicaciones, está creciendo a pasos agigantados.

Se pueden encontrar paralelismos al *submundo* digital en los ambientes análogos de la droga. Había un tiempo, tampoco hace mucho, en que los bohemios compartían libremente sus porros en los conciertos, y los pequeños traficantes de marihuana *colocaban* a la gente sólo por el placer de mantener una conversación sobre los Doors y Allen Ginsberg. Ahora se rechaza cada vez más a la droga, excepto en el arriesgado mundo criminal de las drogas altamente adictivas. Durante años de desencanto y hostigamiento policial, un lento movimiento ideológico del *submundo* ha renunciado al negocio del comercio con drogas, para pasar a acciones más salvajes y criminales. No es un panorama muy alentador, pero la analogía es convincente.

¿A qué se parecen las BBS del *submundo*? ¿Qué las distingue de las otras? No es necesario discutirlo. Los *hackers* suelen hablar acerca de temas relacionados con las BBS, como *hardware*, *software*, sexo, ciencia ficción, noticias de actualidad, política, cine, cotilleos personales. Las BBS del *submundo* se distinguen mejor por sus ficheros, —o *philes*—, textos que muestran las técnicas y cultura *submundo*. Éstos son como valiosos depósitos de conocimiento prohibido. Algunos son anónimos, pero algunos llevan orgullosamente el sello del *hacker* que los creó y de su grupo, si lo tiene.

La siguiente lista es una relación parcial de contenidos de ficheros extraídos de una BBS *submundo*, en algún lugar del corazón de América alrededor de 1991.

La mayoría de las descripciones hablan por ellas mismas.

5406 06-11-91	*Hackear* el Banco de América BANKAMER.ZIP	
4481 06-11-91	*Hackear* Chilton CHHACK.ZIP	
4118 06-11-91	*Hackear* Citibank CITIBANK.ZIP	
3241 06-11-91	*Hackear* Mtc Credit Company CREDIMTC.ZIP	
5159 06-11-91	Boletín *Hacker* DIGEST.ZIP	
14031 06-11-91	Como *Hackear* HACK.ZIP	
5073 06-11-91	Principios de *Hacking* HACKBAS.ZIP	
42774 06-11-91	Diccionario *Hacker* HACKDICT.ZIP	
57938 06-11-91	Información *Hacker* HACKER.ZIP	
3148 06-11-91	Manual del *Hacker* HACKERME.ZIP	

4814 06-11-91	Manual del *Hacker* HACKHAND.ZIP
48290 06-11-91	Tesis *Hacker* HACKTHES.ZIP
4696 06-11-91	*Hackear* Sistemas Vms HACKVMS.ZIP
3830 06-11-91	*Hackear* Macdonalds MCDON.ZIP
15525 06-11-91	Guía de Unix de Phortune 500 P500UNIX.ZIP
8411 06-11-91	*Hacking* por radio RADHACK.ZIP
4096 12-25-89	Como buscar en la basura TAOTRASH.DOC
5063 06-11-91	*Hacking* Técnico TECHHACK.ZIP

Estos ficheros son manuales del tipo *hágalo usted mismo* para entrar en los ordenadores. Lo que sigue es una pequeña selección de una biblioteca mucho mayor de técnicas *hacking* y *phreaking* e historia. Nos movemos ahora a un área diferente y quizás sorprendente.

<u>Anarquía</u>

3641 06-11-91	Ficheros anarquistas ANARC.ZIP
63703 06-11-91	Libro del anarquista ANARCHST.ZIP
2076 06-11-91	Anarquía en casa ANARCHY.ZIP
6982 06-11-91	Anarquía Nº 3 ANARCHY3.ZIP
2361 06-11-91	Juguetes anarquistas ANARCTOY.ZIP
2877 06-11-91	Armas anti-modem ANTIMODM.ZIP
4494 06-11-91	Como fabricar una bomba atómica ATOM.ZIP
3982 06-11-91	Fórmula barbitúrica BARBITUA.ZIP
2810 06-11-91	Fórmula con pólvora BLCKPWDR.ZIP
3765 06-11-91	Como hacer bombas BOMB.ZIP
2036 06-11-91	Cosas que hacen ¡Boom! BOOM.ZIP
1926 06-11-91	Bomba de cloro CHLORINE.ZIP
1500 06-11-91	Libro de recetas anarquistas COOKBOOK.ZIP
3947 06-11-91	Material de destrucción DESTROY.ZIP

2576 06-11-91	Bomba de polvo DUSTBOMB.ZIP	
3230 06-11-91	Terror electrónico ELECTERR.ZIP	
2598 06-11-91	Explosivos 1 EXPLOS1.ZIP	
18051 06-11-91	Más explosivos EXPLOSIV.ZIP	
4521 06-11-91	Robo EZSTEAL.ZIP	
2240 06-11-91	Lanzallamas FLAME.ZIP	
2533 06-11-91	Bomba *Flash* FLASHLT.ZIP	
2906 06-11-91	Como ocultar un micrófono de FM FMBUG.ZIP	
2139 06-11-91	Explosivos caseros OMEEXPL.ZIP	
3332 06-11-91	Como entrar en... HOW2BRK.ZIP	
2990 06-11-91	Carta Bomba LETTER.ZIP	
2199 06-11-91	Como forzar candados LOCK.ZIP	
3991 06-11-91	Cerraduras de maletas MRSHIN.ZIP	
3563 06-11-91	Napalm en casa NAPALM.ZIP	
3158 06-11-91	Diversión con Nitroglicerina NITRO.ZIP	
2962 06-11-91	Información paramilitar PARAMIL.ZIP	
3398 06-11-91	Rompiendo candados PICKING.ZIP	
2137 06-11-91	Bomba con tuberías PIPEBOMB.ZIP	
3987 06-11-91	Fórmulas con potasio POTASS.ZIP	
11074 08-03-90	Más bromas para gastar a los idiotas PRANK.TXT	
4447 06-11-91	Tácticas de venganza REVENGE.ZIP	
2590 06-11-91	Diversión con cohetes ROCKET.ZIP	
3385 06-11-91	Como hacer contrabando SMUGGLE.ZIP	

—¡Dios Santo! ¡Ésto está lleno de material sobre bombas! ¿Qué vamos a hacer con todo esto?

Primero: hay que reconocer que difundir información sobre destrucción a los jóvenes es un acto deliberadamente antisocial. Sin embargo, no es ilegal.

Segundo: se debería reconocer que la mayoría de estos ficheros han sido escritos por adolescentes. La mayoría de los varones americanos que puedan recordar sus años de juventud se acordarán de cómo construir un lanzallamas en el garaje -aunque fuera difícil-. Rellenar de pólvora un recipiente con una lámpara dentro para arrancarle el brazo al subdirector del colegio puede ser algo perversamente bello de contemplar. Cometer tropelías con explosivos, en la actualidad, hará que se gane uno la atención del Comité Federal del Alcohol, Tabaco y Armas de Fuego.

Algunas personas, sin embargo, intentarán poner en marcha estos planes. Un atrevido adolescente americano podrá probablemente comprar o robar una pistola mucho más fácilmente que fabricar *napalm* en el fregadero de la cocina. No obstante, si la tentación se extiende, antes de que algunos sucumban en el intento, una pequeña minoría lo intentará. Una gran cantidad dentro de esa pequeña minoría fallará o lo más seguro, quedarán mutilados, ya que esos ficheros no han sido revisados para comprobar su exactitud, no son el resultado de la experiencia profesional, y a menudo están llenos de cosas inventadas. De todas formas, la amenaza real de estos ficheros no ha de ser menospreciada.

Los *hackers* no van en *serio* cuando se trata de bombas; si lo fueran, oiríamos más sobre explosiones, bazookas caseros y profesores de gimnasia envenenados por cloro y potasio. Sin embargo, los *hackers* sí son serios cuando se habla de conocimientos prohibidos. Están poseídos, no solamente por la curiosidad, sino por un positivo deseo de saber. El deseo de conocer lo que otros desconocen no es nuevo. Pero la intensidad de este deseo, tal como manifiestan estos jóvenes ciudadanos tecnófilos de la *Era de la Información*, es, de hecho, actual y representa un cambio básico en los valores sociales -un presagio de hacia dónde se dirige el mundo- tal y como la sociedad basa más y más sus valores en la posesión, asimilación y comercialización de la información como una comodidad más de la vida diaria.

Siempre han existido jóvenes con interés obsesivo en estos temas. Nunca antes, sin embargo, han tenido la oportunidad de estar conectados de manera tan fácil y extensa y de propagar sus intereses con tanta impunidad a otros iguales. Los profesores de instituto reconocerán que siempre es uno dentro del conjunto, pero cuando ese uno escapa al control entrando en las líneas telefónicas y llegando todos a ser cientos en las BBS, entonces el problema crece considerablemente. La urgencia de las autoridades para hacer algo, incluso algo drástico, es difícil de resistir. Y en 1990, la autoridad hizo algo. De hecho, la autoridad hizo de las suyas.

El proceso mediante el que una BBS engendra un *hacker* podría ser algo así: un chaval se interesa por los ordenadores -generalmente por los juegos-. Se entera por sus amigos de la existencia de *tableros de noticias* – BBS- donde se pueden obtener juegos gratis. (Muchos juegos de ordenador son de libre distribución, no están protegidos por las leyes de la propiedad intelectual; inventados simplemente por el placer de crearlos y regalarlos al público, algunos de estos juegos son bastante buenos). El chaval convence a sus padres para que le compren un módem, o lo más probable, use el propio módem de los padres. Finalmente alcanza el mundo de las BBS.

Los juegos de ordenador pueden ser muy caros, auténticas ruinas para un crío, pero los juegos pirateados y liberados de las protecciones contra el uso de copias no autorizadas son baratos o incluso gratis. También son ilegales -pero es rarísimo- y ni tan siquiera se escuchan noticias de persecución o captura de pequeñas redes de piratería.

Una vez *crackeada* la protección anti copia, el programa, tratándose de un soporte digital, se convierte en reproducible hasta el infinito. Incluso los manuales e instrucciones que lo acompañan pueden incluirse como archivos de texto o ser fotocopiados de los originales. Por otro lado, los usuarios de la BBS pueden aportar prácticos trucos o consejos en las tácticas a emplear en los juegos.

Un joven provisto de un aporte infinito de juegos gratis ciertamente dará la espalda a los amigos sin módem. Además, los tableros ofrecen la ventaja del anonimato, nadie necesita saber que tienes catorce años, con un poco de práctica en el subterfugio puedes hablar a los mayores sobre temas de adultos (¡siendo aceptado y tomado en serio!) Puedes incluso hacerte pasar por alguien del sexo opuesto, o por un anciano o por quien quieras que puedas imaginar. Si encuentras este tipo de engaño gratificante, existen amplias posibilidades de demostrar tu talento, aunque puedes agotar la oferta de entretenimiento de las BBS locales.

En las BBS se mantienen listas de números de teléfono hacia otras BBS, algunas lejanas, tentadoras y exóticas. ¿Quién sabe qué se encontrará uno en Oregón, Alaska...? Es muy fácil descubrirlo y conectarse -simplemente ordenándoselo al módem a través de su *software*, tecleando igual que lo harías con un juego-. La máquina reacciona velozmente y en pocos segundos estás hablando con un grupo de interesantes personas en otra BBS, al otro lado del océano. ¡Y mientras, las facturas por esta simple acción continúan creciendo y tambaleándose! Simplemente por teclear con tus dedos puedes haber hundido a tus padres con cuatrocientos *pavos* en cargos por conferencias a larga distancia y que se queden en los huesos. Que poco justo parece esto. Puede ser horroroso haber hecho amigos en otro estado y ser privado de su compañía -y de sus programas- ¡sólo porque las compañías de teléfono cobran incomprensibles cantidades de dinero!

Que doloroso es estar restringido a las BBS de tu distrito (¿qué puñetas es un *distrito*? ¿Qué lo hace tan especial?) Unas cuantas quejas, protestas e inocentes preguntas de este tipo acaban a menudo obteniendo la respuesta empática de otro usuario de la BBS -alguien con ciertos códigos robados en su posesión-. Tú dudas un momento, sabes que no está bien, después actualizas tu mente e intentas hacer funcionar los códigos -¡y funcionan!- De repente, estás haciendo algo que incluso tus padres no podrían hacer. Hace seis meses eras sólo un chico más, ¡y ahora eres el *Crimson Flash*, conocido criminal del distrito 512! ¡Eres malo, eres el enemigo de la nación! Puede que te detengas y quedes satisfecho con unos simples códigos robados. Puede que decidas, que después de todo, las BBS no son tan interesantes, puede que no te guste el riesgo, y puede que pienses que no está bien lo que haces, o... puede que no.

El siguiente paso es desarrollar tu propio programa de llamadas capaz de generar tus códigos *robados* personales. (Esto terminó muriendo hace menos de cinco años, hoy en día es mucho más difícil, pero aún no es imposible). Y esos programas de llamadas no son complejos, algunos apenas exceden de las veinte líneas de código fuente. Ahora, tú también puedes intercambiar códigos. Puedes dar tus códigos y aprender a cambio nuevas técnicas. Si eres lo suficientemente avispado para pillar las técnicas y lo suficientemente obsesivo y atrevido para romper las reglas, entonces te harás mejor, más rápido. Comenzarás a desarrollar una fama. Ascenderás hacia BBS de mayor nivel, BBS donde se respira un ambiente perverso, el tipo de BBS que ni tus compañeros, ni tú mismo, imaginabais que existieran. Adoptas la jerga *hacker* y *phreaker* de la BBS. Lees un poco sobre esta gente -y... ¡tío!, no habrías podido llegar a imaginar, estar fuera de la ley, sin ni tan siquiera salir del dormitorio. Sigues jugando a los juegos de ordenador, pero ahora tienes un nuevo juego más grande. Uno que te otorgará un *status* diferente al que obtendrías por aniquilar ocho millones de marcianos.

El *hacking* es percibido por los *hackers* como un juego. No es una concepción exclusivamente antisocial o irracional. Puedes ganar o perder con el *hacking*, acertar o fallar, pero nunca lo sientes *realmente*.

No se trata de que jovenzuelos imaginativos a veces tengan problemas en distinguir lo imaginario de la *vida real* -¡El *ciberespacio* no es real!-, son reales objetos físicos como los árboles, los zapatos y los coches. El *hacking* tiene lugar en una pantalla. Las palabras no son físicas, los números —

incluso los números de teléfono y de las tarjetas de crédito— no son materiales. Palos y piedras pueden romper mis huesos, pero los datos nunca me dañarán. El ordenador simula la realidad, igual que los juegos simulan batallas de tanques, aviones o naves espaciales. Las simulaciones son simplemente creíbles, y el material del que están hechos los ordenadores no es real.

Piensa en ello: si tomamos el *hacking* como algo serio, algo real y peligroso, ¿entonces, cómo es que un niño de nueve años, tiene un módem?, no le darías a un niño de nueve años su propio coche, su propio rifle o su propia sierra mecánica —esas cosas son *reales*—. La gente considerada como *subversiva* es perfectamente consciente, y desaprueba el poder y peligrosidad que pretenden atribuirle al *juego* del *hacking*.

Se habla mucho en los entornos subversivos, sobre las *cazas de hackers*. Anunciar estas *cazas* es una de las funciones prioritarias de las BBS pirata, pero no sólo las dan a conocer, sino que promulgan una actitud hacia ellas, basada en su particular idiosincrasia sobre la justicia. Los usuarios de estas BBS *subversivas* no se quejarán, si algún colega es atrapado por destrozar sistemas, distribuir virus, o robar dinero mediante un fraude electrónico. Puede que muestren una sonrisa cómplice, pero nunca defenderán abiertamente estas actividades.

Ahora bien, cuando un chico es multado con una suma, pongamos, de 233.846,14 dólares —por ejemplo— porque se coló en un ordenador y copió algo en un disco, que guarda en su casa, —eso sí es considerado por los *hackers* como un signo insano, por parte de los acusadores, un signo de que ellos han confundido el juego inmaterial del ciberespacio, con su material y real rutina, del rico pez gordo de alguna compañía—. Es como si esas grandes compañías y sus abogados pensaran que el mundo de la informática, de la información; les perteneciera, ¡fijándole un precio como si se tratara de cajas de jabón para la ropa! Pero poner precio a la información es como poner precio al aire o a los sueños.

Bien, cualquiera en una BBS pirata sabe lo que la información puede y debe ser, debe ser libre. Las BBS pirata son como pequeños mundos independientes en el *ciberespacio*, no pertenecen a nadie. Las BBS piratas no las ha traído Procter & Gamble.

Entrar en una BBS del *submundo* puede significar una experiencia de liberación, y es entrar en un mundo donde por una vez, el dinero no lo es todo, y los adultos no tienen todas las respuestas.

Permitidme daros una vívida muestra de otro manifiesto *hacker*. Aquí tenéis algunos extractos de «La Conciencia de un Hacker», escrito por *The Mentor* (Volumen 1, Capítulo 7, tercer párrafo):

«Hoy he hecho un descubrimiento. He encontrado un ordenador. Esperad, esto es lo mejor. El ordenador hacía lo que yo quería. Si cometía un error era porque yo me equivocaba. No porque yo no le gustara. (...) Y entonces ocurrió... una puerta se abrió al mundo, surcando la línea telefónica igual que la heroína surca las venas del adicto, el impulso eléctrico te envía a un refugio a salvo de las incompetencias del día a día... la BBS ha sido encontrada. Es... es a donde pertenezco. Conozco a todo el mundo aquí, incluso sin haberlos visto antes, sin haber hablado con ellos y puede que a algunos no vuelva a verlos jamás... Os conozco a todos... (...) Éste es nuestro mundo... el mundo del electrón y el conmutador, la belleza del baudio. Hacemos uso de un servicio ya existente sin pagar por lo que podría ser gratis si no estuviera en manos de unos glotones aprovechados, y tú nos llamas a nosotros criminales. Nosotros exploramos... y tú nos llamas criminales. Existimos sin color de piel, sin nacionalidad, sin inclinaciones religiosas... y tú nos llamas criminales. Tú que construyes bombas atómicas, tú que haces la guerra, tú asesino, nos engañas y mientes intentando hacernos creer que es por nuestro propio bien, sin embargo somos criminales. Sí, soy un criminal. Mi crimen es la curiosidad. Mi crimen es juzgar a la gente por que lo que ellos dicen y piensan, no por como ellos aparentan ser exteriormente. Mi crimen es ser más inteligente que tú, algo por lo que nunca me perdonarás.»

Han existido BBS pertenecientes al *submundo* casi desde el primer momento en el que hubo una BBS. Una de las primeras fue 8BBS, que se convirtió en la *fortaleza* de la *élite phreak* de la Costa Oeste. Desde que empezó a funcionar en marzo de 1980, fue el *hogar* de *Susan Thunder*, «*Tuc*» y sobre todo de *The Condor*. *The Condor* se ganó el dudoso honor de ser el *phreak* o *hacker* americano más vilipendiado de todos los tiempos. Diversas organizaciones del *submundo*, hartas del insoportable comportamiento de *The Condor*, acabaron denunciándole a la policía, que también iba a por él debido a su fama de *hacker* furioso con todo y todos. El resultado es que *The Condor* fue mantenido en una celda de aislamiento durante siete meses, por temor a que iniciara la Tercera Guerra Mundial, lanzando misiles nucleares a través del teléfono público de la prisión. Habiendo cumplido su condena,

The Condor vive tranquilo; y de esta forma se evitó la Tercera Guerra Mundial.

El administrador de 8BBS era un ardiente entusiasta de la libertad de expresión que consideraba que *cualquier* intento de restringir las conversaciones de sus usuarios era inconstitucional e inmoral. Durante un tiempo, grupos de personas interesadas en la técnica entraban en 8BBS y salían convertidos en *phreaks* y *hackers*, hasta que en 1982 un agradecido *alumno* de 8BBS le regaló al administrador un módem que había sido comprado utilizando fraudulentamente una tarjeta de crédito. La policía aprovechó la oportunidad que se le ofrecía para cerrar la BBS y eliminar así lo que consideraba un incordio demasiado atrayente.

Plovernet era una potente BBS pirata de la Costa Este a la que se podía acceder en Nueva York y Florida. Propiedad del *hacker* adolescente *Quasi Moto*, que además era el administrador, Plovernet atrajo a quinientos entusiastas usuarios en 1983. Emmanuel *Goldstein* fue durante un tiempo co-administrador de Plovernet, junto con *Lex Luthor*, fundador del grupo *Legion of Doom*. Plovernet se ganó el distinguido honor de ser el primer hogar de *Legion of Doom*, un grupo del que el lector verá hablar mucho en breve.

Pirate-80, o *P-80*, administrada por *Scan Man*, entró en el juego en los primeros tiempos, funcionando desde Charleston, y permaneció durante años. P-80 creció tan asombrosamente que incluso sus usuarios más habituales se pusieron nerviosos, y algunos especularon maliciosamente con la posibilidad de que *Scan Man* tuviera alguna relación con el mundo de la seguridad en empresas, una acusación que él siempre negó rotundamente.

414 *Private* era el hogar del primer *grupo* que se buscó problemas, los adolescentes de *414 Gang*, cuyas intrusiones en el Centro Sloan-Kettering del Cáncer y los ordenadores militares de Los Alamos asombraron a todos en 1982.

Aproximadamente por la misma época empezaron a crearse las primeras BBS dedicadas al pirateo de *software*, negociando con juegos desprotegidos para el Atari 800 y el Commodore C64. Lógicamente, estas BBS eran muy frecuentadas por adolescentes. Y con el estreno en 1983 de la película de *hackers, Juegos de Guerra*, la situación estalló. Parecía que todos los niños de América habían pedido un módem por Navidad y lo habían conseguido. Muchos de estos novatos acabaron mandando el módem al cuarto de los trastos después de unas pocas semanas, y la mayoría de los que siguieron usándolo fueron cautelosos y procuraron no adentrarse en terrenos peligrosos. Pero algunos otros, tenaces y con talento, consideraban al *hacker* de *Juegos de Guerra* un pardillo. No descansarían hasta que hubieran contactado con el *submundo* —o, en caso de no conseguirlo, hasta haber creado el suyo propio.

A mediados de los años 80, las BBS del *submundo* se expandieron como si fueran una versión digital de los hongos. ShadowSpan Elite. Sherwood Forest I, II y III. Digital Logic Data Service, de Florida, administrada por nada más y nada menos que por *Digital Logic; Lex Luthor*, de *Legion of Doom*, era un habitual de esta BBS, dado que estaba dentro del área de su prefijo telefónico. La BBS de Lex, *Legion of Doom*, empezó a funcionar en 1984. Neon Knights administraban una red de BBS de *hackers* especializados en Apple: Neon Knights Norte, Sur, Este y Oeste. Free World II era administrada por *Major Havoc*. En el momento en que se publicó originalmente este libro, Lunatic Labs todavía estaba en funcionamiento. Dr. Ripco, de Chicago, una BBS anarquista con una larga y escandalosa historia, fue cerrada por agentes del Servicio Secreto en 1990 durante la «Operación Sundevil», pero volvió a ser puesta en marcha al poco tiempo, con nuevos ordenadores y revigorizada.

La situación en Saint Louis no podía compararse con la de los grandes centros del *hacking* de América, como Nueva York y Los Ángeles. Pero en Saint Louis podían presumir de contar con *Knight Lightning* y con *Taran King*, dos de los más destacados *periodistas* pertenecientes al *submundo*. Las BBS de Missouri, como Metal Shop, Metal Shop Private o Metal Shop Brewery, puede que no fueran las BBS más importantes en términos de experiencia en actividades ilícitas. Pero se convirtieron en BBS donde los *hackers* podían enterarse de cotilleos y hacerse una idea de qué demonios estaba ocurriendo a nivel nacional —e internacional—. Los chats de Metal Shop se convirtieron en archivos de noticias, que a su vez crearon una revista electrónica, *PHRACK*. Los editores de *PHRACK* sentían una curiosidad por otros *hackers* tan obsesiva como la que sentían los *hackers* por las máquinas.

PHRACK, al ser gratuita y ser una lectura entretenida, empezó a circular por el *submundo*. A la vez que *Knight Lightning* y *Taran King* terminaron la secundaria y empezaron el bachillerato, *PHRACK* empezó a aparecer en mainframes conectados a BITnet, y a través de BITnet a Internet, esa insegura pero muy potente red sin fines lucrativos donde máquinas de universidades, del Gobierno y de empresas intercambiaban datos a través del protocolo TCP/IP de UNIX.

El *Gusano de Internet* que apareció entre el 2 y el 3 de noviembre de 1988, creado por el licenciado por Cornell, Robert Morris, iba a ser el mayor escándalo por intrusión informática con más repercusión en los medios hasta aquella fecha. Morris declaró que su ingenioso programa *gusano* estaba diseñado para explorar Internet sin causar daños, pero que debido a errores en la programación, el *gusano* empezó a copiarse a sí mismo sin control, y provocó la caída de unos seis mil servidores de Internet. Lo normal entre la *élite* del *submundo* era un *hacking* en Internet a menos escala y menos ambicioso.

Por entonces, casi en cualquier BBS del *submundo* se podía encontrar toda una serie de números de *PHRACK* —y a veces, otras publicaciones habituales del *submundo* menos conocidas: 'Legion of Doom Technical Journal', los obscenos y escándalos archivos de 'Cult Of The Dead Cow', la revista 'P/HUN', 'Pirate', 'Syndicate Reports', y quizás 'Activist Times Incorporated', con un fuerte contenido de anarquismo político.

La mera presencia de *PHRACK* en una BBS era ya considerada una evidencia indudable de malas intenciones. *PHRACK* estaba al parecer en todas partes, ayudando, alentando y difundiendo el ideal del *submundo*. Y esto no escapó a la atención de las agencias de seguridad de las empresas ni a la de la policía.

Entramos así en el delicado asunto de la policía y las BBS. La policía es la dueña de varias BBS. En 1989, había BBS financiadas por la policía en California, Colorado, Florida, Georgia, Idaho, Michigan, Missouri, Texas y Virginia: BBS como por ejemplo Crime Bytes, Crimestoppers, All Points y Bullet-N-Board. Varios agentes de policía entusiastas de la informática, administraban sus propias BBS en Arizona, California, Colorado, Connecticut, Florida, Missouri, Maryland, Nuevo México, Carolina del Norte, Ohio, Tennessee y Texas. Estas BBS de la policía han sido con frecuencia útiles en la relación policial con la comunidad. Algunas veces se ha informado de delitos en estas BBS.

Otras veces se han *cometido* delitos en BBS de la policía. Esto a veces ha ocurrido por accidente, como por ejemplo cuando *hackers* despistados han entrado en BBS de la policía y despreocupadamente han empezado a ofrecer códigos telefónicos. Sin embargo, es más frecuente que estos delitos ocurran en las denominadas *sting boards,* o BBS encubiertas. En 1985 se crearon las primeras BBS encubiertas de la policía*: Submundo Tunnel,* en Austin, Texas, —cuyo administrador, el sargento Robert Ansley, se hacía llamar *Pluto*— The Phone Company, en Phoenix, Arizona, —administrada por Ken MacLeod, de la oficina del Sheriff del Condado de Maricopa— y la BBS del sargento Dan Pasquale, en Fremont, California. Los administradores se hacían pasar por *hackers*, y rápidamente se ganaban la confianza de los usuarios, que enviaban códigos y *software* pirateado despreocupadamente.

Las BBS encubiertas, al igual que el resto de BBS, tienen un mantenimiento barato, muy barato para lo que suelen ser las operaciones policiales encubiertas. Una vez aceptados por el *submundo* local, será muy normal que se invite a los administradores a entrar en otras BBS piratas, donde podrán elaborar más informes. Y cuando se descubre la trampa y se detiene a los principales delincuentes, la publicidad conseguida es generalmente gratificante. La paranoia en el *submundo* producto de estas operaciones —que quizás sea mejor descrita como *efecto disuasorio*— tiende a hacer disminuir localmente el número de delitos durante un tiempo.

Obviamente, la policía no tiene por qué descubrir el pastel siempre y capturar a los *hackers*. Al contrario, las cosas pueden seguir sin que se descubra la verdad. Pueden coger a algunos e interrogarlos. Algunos pueden convertirse en útiles informadores. Pueden guiar a la policía hacia BBS piratas de todo el país.

Y las BBS de todo el país estaban repletas de las *huellas* de *PHRACK*, y del grupo del *submundo* que mostraba una actividad más flagrante, *Legion of Doom*.

El nombre *Legion of Doom* venía de los tebeos, y significa *La Legión del Juicio Final*. La *Legion of Doom*, una conspiración de súper-villanos dirigida por la mente criminal de *Lex Luthor*, causó a Supermán una gran cantidad de problemas, dibujados en cuatricromía durante décadas. Por supuesto, Supermán, ese modelo de Verdad, Justicia, y del *American Way of Life*, siempre venció en esta larga lucha. Esto no les importaba a los *hackers* del grupo —no habían escogido el nombre *Legion of Doom* como una referencia a la maldad, no estaba pensado para ser tomado en serio. *Legion of Doom* era un nombre que venía de los tebeos y se suponía que era divertido.

Legion of Doom era de todas maneras un nombre muy espectacular. Sonaba bien. Otros grupos, como *Farmers of Doom*, muy cercanos a *Legion of Doom*, reconocieron lo grandilocuente del nombre, e hicieron un chiste con él. Existió incluso un grupo de *hackers* llamado *Justice League of America*, por el nombre del club de superhéroes dirigido por Supermán.

Pero duraron poco tiempo; sin embargo, *Legion of Doom* sobrevivió.

El grupo original, procedente de la BBS Plovernet, de *Quasi Moto*, eran *phone phreaks*. No eran muy aficionados a los ordenadores. El propio *Lex Luthor* —que era menor de dieciocho años cuando fundó *Legion*— era un experto en COSMOS, siglas de *Sistema Central para el Manejo de Mainframes*, una red interna de ordenadores de las compañías de telecomunicaciones. *Lex Luthor* adquirió una gran habilidad en introducirse en mainframes de IBM, pero, aunque todos querían a *Lex Luthor* y le admiraban, no era considerado un verdadero intruso informático. Y tampoco era la *cabeza pensante* de *Legion of Doom* —nunca hubo en el grupo un liderazgo formal—. Como habitual usuario de Plovernet y administrador de *Legion of Doom* BBS, *Lex Luthor* era el animador y el oficial de reclutamiento de *Legion of Doom*.

Legion of Doom fue creado sobre los restos de un grupo de *phreaks* anterior, *The Knights of Shadow*. Más adelante, *Legion of Doom* recibió la incorporación del grupo de *hackers Tribunal of Knowledge*. Había gente entrando y saliendo de *Legion of Doom* constantemente; los grupos se separaban y se formaban nuevos.

Al poco de formarse, los *phreaks* de *Legion of Doom* se hicieron amigos de unos pocos aficionados a la intrusión informática, que formaron el grupo asociado *Legion of Hackers*. Entonces, los dos grupos se fusionaron y formaron *Legion of Doom*/Hackers, o *LoD*/H. Cuando el ala *hacker* original, *Compu-Phreak* y *Phucked Agent 04*, encontraron otras maneras de llenar su tiempo, la «/H» extra fue lentamente desapareciendo del nombre; pero por entonces, el ala *phreak*, *Lex Luthor*, *Blue Archer*, *Gary Seven*, *Kerrang Khan*, *Master of Impact*, *Silver SPy*, *The Marauder* y *The Videosmith*, habían alcanzado un grado de experiencia en intrusión informática muy alto y se habían convertido en una fuerza a tener en cuenta.

Los miembros de *Legion of Doom* parecían comprender casi instintivamente, que la manera de conseguir un poder real en el *submundo* era la publicidad encubierta. *Legion of Doom* era un grupo descarado. No sólo fue uno de los primeros grupos, sino que sus miembros dedicaron mucho tiempo a distribuir por todas partes sus conocimientos ilícitos. Algunos miembros de *Legion of Doom*, como *The Mentor*, incluso lo consideraban una misión divina. La publicación 'Legion of Doom Technical Journal' empezó a aparecer en BBS de todo el *submundo*.

Legion of Doom Technical Journal fue llamado así como una cruel parodia de la vieja y honorable revista "AT&T Technical Journal". El contenido de ambas publicaciones era muy similar —buena parte de él procedente de revistas de distribución pública y de discusiones de la comunidad de ingenieros de telecomunicaciones—. Y el estilo de *Legion of Doom* hacía que incluso la información más inocua pareciera siniestra; un escándalo y un peligro claro y real.

Para ver por qué ocurría esto, veamos los siguientes párrafos imaginarios como experimento.

> **(A)** «W. Fred Brown, Vicepresidente de Desarrollo Técnico Avanzado de AT&T, habló el 8 de mayo ante una audiencia en Washington de la Administración Nacional para las Telecomunicaciones y la Información (NTIA) sobre el proyecto GARDEN de Bellcore. GARDEN (Red Electrónica Distribuida Remota Automática y Generalizada) es una herramienta de programación de centrales de conmutación que hace posible desarrollar nuevos servicios de telecomunicaciones, incluyendo espera y transferencia de mensajes configurable, desde cualquier terminal con teclado, en segundos. El prototipo de GARDEN combina líneas centrex con un minicomputador utilizando el sistema operativo UNIX.»

> **(B)** *«Flash urgente de los informes de los Gángsters de las Líneas Centrex: ¡D00dz[3], no os vais a creer lo que se acaban de inventar los de esta mierda de GARDEN de Bellcore! Ahora ni siquiera necesitas un asqueroso Commodore para reprogramar un enlace de conmutación — basta con hacer login en GARDEN como técnico, ¡Y puedes reprogramarlo con el teclado de cualquier teléfono público! Puedes asignarte a ti mismo servicios de espera y transferencia de mensajes configurable, y lo mejor de todo, todo esto funciona en las —claramente inseguras— líneas centrex usando —atención a esto— ¡UNIX normal y corriente! ¡Ja, ja ja!»*

El mensaje (A), expresado con el típico lenguaje tecno-burocrático, da la impresión de ser aburrido y casi ilegible. El mensaje (B), por otro lado, es algo terrible, una clara evidencia de conspiración, decididamente cualquier cosa menos lo que debería leer tu hijo adolescente.

---

[3] Forma fonética de escribir en jerga hacker la expresión norteamericana "dude", "colega".(N. del T.)X

La *información*, sin embargo, es la misma. Es información *pública*, presentada ante el gobierno federal en una audiencia pública. No es un *secreto*. No es *propiedad* de nadie. Ni siquiera es *confidencial*. Al contrario, el desarrollo de sistemas avanzados de *software* es un asunto al que Bellcore le gusta dar publicidad.

Sin embargo, cuando Bellcore anuncia públicamente un proyecto de este tipo, espera una determinada actitud del público (algo del estilo de *¡Ooooh!, sois grandes, seguid trabajando así, sea lo que sea esto de lo que habláis*) y no espera parodias de sus textos, burlas sobre su trabajo y especulaciones sobre posibles agujeros de seguridad.

Ahora, póngase en el lugar de un policía que tiene que enfrentarse a un padre airado, o a un ingeniero de telecomunicaciones, que tiene una copia de la versión (B). Este ciudadano honrado ha descubierto horrorizado que una BBS local contiene textos escandalosos como (B), y que su hijo los estudia con un profundo y obsesivo interés. Si (B) fuera impreso en un libro o en una revista, usted, como agente de la ley americano, sabría que supondría una gran cantidad de problemas intentar hacer algo contra esto; pero no hace falta ser un genio para darse cuenta de que si en su zona hay un ordenador que alberga material como el de (B), va a haber problemas.

De hecho, si se dedica a preguntar a su alrededor, cualquier policía que sepa de ordenadores le dirá claramente que las BBS con información del estilo de (B) son la *fuente* de problemas. Y la peor *fuente* de problemas en las BBS son los cabecillas que elaboran y difunden cosas como (B). Si no fuera por esa gente, no *habría* ningún problema.

Y *Legion of Doom* estaba en más BBS que nadie. Plovernet. *Legion of Doom* Board. Farmers of Doom Board. Metal Shop. OSUNY. Blottoland. Private Sector. Atlantis. Digital Logic. Hell Phrozen Over.

Los miembros de *Legion of Doom* también tenían sus propias BBS. *Silver Spy* montó su propia BBS, Catch-22, considerada una de las más fuertes. Lo mismo hizo *The Mentor*, con su «Phoenix Project». Y si no se encargaban de una BBS, se presentaban en las BBS de otra gente para alardear y presumir. Y allí a donde no iban en persona, iban sus archivos, repletos de información perversa, y de un carácter aún más perverso.

Ya en 1986 la policía tenía la vaga impresión, de que *toda la gente* que pertenecía al *submundo* era de *Legion of Doom*. *Legion of Doom* nunca fue tan grande —incluso era un grupo mucho más pequeño que por ejemplo, *Metal Communications* o *The Administration*— pero *Legion of Doom* aparecía constantemente en la prensa. Especialmente en *PHRACK*, que a veces parecía una revista de fans de *Legion of Doom*; y *PHRACK* estaba en todas partes, especialmente en las oficinas de los especialistas en seguridad en telecomunicaciones. Era imposible que si la policía te cogía por ser un *phone phreak*, un *hacker*, o incluso por ser un simple *repartecódigos* o dedicarte al software gratuito, no te preguntaran si eras de *Legion of Doom*.

Era una acusación difícil de negar, dado que *Legion of Doom* nunca distribuyó carnets ni certificados de afiliación. Si lo hubieran hecho, en poco tiempo habrían dejado de servir para algo, dado que los miembros del grupo cambiaban constantemente. *Legion of Doom*, más que una banda callejera dedicada a la alta tecnología, era una forma de vida. *Legion of Doom* era la *banda que se negaba a morir*. Hacia 1990, *Legion of Doom* había *cumplido* ya diez años, y a la policía le resultaba *incomprensible* que el grupo estuviera formado constantemente por gente de dieciséis años. Todos estos adolescentes que estaban poco tiempo en el grupo seguían fielmente el lema *hacker* de *simple curiosidad, sin intenciones criminales*. En algún lugar en el centro de esta conspiración, tenía que haber varias mentes pensantes adultas y serias, no esta riada al parecer inacabable de chicos de raza blanca miopes y residentes en barrios de la periferia.

No se ponía en duda que prácticamente casi todos los *hackers* americanos arrestados tenían que *conocer* a los de *Legion of Doom*. Sabían los apodos de los redactores del 'Legion of Doom Technical Journal', y lo más probable es que hubieran adquirido sus conocimientos a través de las BBS y las actividades de *Legion of Doom*. Pero la verdad es que nunca llegaban a conocer personalmente a nadie de *Legion of Doom*. Incluso algunos de los que real y formalmente *estaban en Legion of Doom*, conocían al resto simplemente a través de los mensajes de la BBS y de los seudónimos. Se trataba de un perfil muy poco convencional para una conspiración criminal. Las redes de computación, y la rápida evolución del *submundo* digital, hacían que la situación fuera confusa y estuviera poco definida.

Más aún, tener una gran reputación en el *submundo* digital no coincidía con la voluntad de cometer un delito. La reputación se basaba en la inteligencia y la habilidad técnica. Como resultado, con frecuencia daba la impresión de que cuanto *más hábiles* eran los *hackers, menos probabilidades* había de que fueran a cometer cualquier clase de delito común y fácil de llevar a juicio. Algunos *hackers* podían realmente robar. Y algunos *hackers* podían realmente practicar *hacking*. Pero los dos grupos no parecían solaparse mucho, si es que realmente se solapaban. Por ejemplo, la mayoría de la gente del *submundo* consideraba a *Emmanuel Goldstein*, de la publicación '2600', una especie de semidiós *hacker*. Pero las publicaciones de *Goldstein* eran absolutamente legales —*Goldstein* simplemente imprimía información poco fiable y hablaba de política, pero no practicaba *hacking*. Cuando hablabas con él en persona, *Goldstein* se pasaba la mitad del tiempo quejándose de que la seguridad informática ¡*No era lo suficientemente fuerte y debía ser mejorada!*

Los verdaderos *hackers*, aquellos que poseían una gran habilidad técnica y se habían ganado el respeto del *submundo*, nunca robaban dinero o usaban fraudulentamente tarjetas de crédito. Algunas veces podían hacer un uso ilícito de códigos telefónicos —pero con frecuencia, parece ser que conseguían todo el uso gratuito de teléfono que querían sin dejar ninguna huella.

Los mejores *hackers*, los más poderosos y con mayores conocimientos, no eran profesionales del fraude. Entraban ilegalmente en computadoras con frecuencia, pero no tocaban ni estropeaban nada. Ni siquiera robaban equipos informáticos —la mayoría tenían trabajos en los que estaban en contacto con *hardware*, así que podían conseguir de segunda mano por poco dinero todo el equipo que necesitaran—. Los auténticos *hackers*, a diferencia de los novatos adolescentes, no eran unos *snobs* en el asunto del *hardware*. Sus máquinas, en lugar de ser caras o espectaculares, solían ser cacharros de segunda mano con todo tipo de añadidos y cubiertos por multitud de cables y chips de memoria. Algunos de ellos eran adultos que trabajaban diseñando *software* o como analistas, y que se ganaban la vida sobradamente con ello. Algunos de ellos incluso *trabajaban* para la compañía telefónica —y para estos últimos, los *hackers* que estaban bajo las faldas de *Mamá Bell*, no iba a haber piedad en 1990.

Durante mucho tiempo ha sido un artículo de fe en el *submundo* que a los *mejores hackers* nunca se les descubre. Supuestamente son muy listos. Nunca les cogen porque nunca presumen ni hacen alarde de sus habilidades. Estos semidioses puede que lean información de BBS del *submundo* —con una sonrisa condescendiente—, pero nunca dicen nada allí. Los *mejores hackers*, según la leyenda, son profesionales de la informática adultos, como por ejemplo administradores de sistemas de los servidores, que conocen de sobra las entradas y salidas de su sector de seguridad particular. Ni siquiera el *mejor hacker*, puede entrar en cualquier computadora aleatoriamente: el conocimiento de agujeros de seguridad es algo demasiado especializado, variando distintamente de un *software* a otro y de un *hardware* a otro. Pero si hay gente que trabaja manteniendo, por ejemplo, un servidor con UNIX o una máquina VAX/VMS, tienden a aprender sobre seguridad en su ambiente. Armados con este conocimiento, pueden echarle un vistazo a los UNIX o VMS del resto de la gente sin muchas dificultades si quieren. Y de acuerdo con la leyenda *hacker*, por supuesto, quieren hacerlo, así que lo hacen. Simplemente no presumen de lo que han hecho. Y así, nadie logra averiguarlo.

También es un dogma de fe en el *submundo* que los profesionales de las telecomunicaciones se dedican al *phreaking* como locos. *Por supuesto* pinchan las llamadas telefónicas de Madonna —quiero decir, *¿no lo haría usted en su lugar?* Por supuesto, hacen llamadas de larga distancia gratis. ¡Por qué demonios deberían pagar *ellos,* si son los que se encargan de todo el tinglado!

En tercer lugar, durante mucho tiempo ha sido un dogma de fe en el *submundo* que un *hacker* que sea detenido puede librarse de una pena dura si confiesa *cómo lo hizo.* Parece que los *hackers* creen, que las agencias gubernamentales y las grandes compañías vagan por el *ciberespacio* dejándose llevar, como peces ciegos o medusas. Creen que estas grandes, pero patéticamente estúpidas organizaciones, les estarán muy agradecidas por su labor, y que quizás incluso les darán un puesto de trabajo en seguridad con un buen sueldo, si les revelan el genio superior de su *modus operandi.*

En el caso del miembro veterano de *Legion of Doom, Control-C,* esto es realmente lo que sucedió más o menos. *Control-C* había hecho que Michigan Bell iniciara su persecución, y cuando le detuvieron en 1987, resultó ser un brillante y aparentemente inofensivo joven fascinado por los teléfonos. No había la más mínima posibilidad de que *Control-C* pagara las enormes sumas en servicio de larga distancia que le debía a Michigan Bell. Podría haber sido acusado por fraude o por acceso ilegal a un ordenador, pero parecía haber poca base en esto —no había dañado físicamente ningún ordenador—. Se había declarado culpable, y habría recibido el tirón de orejas correspondiente, pero llevar el caso adelante habría sido un enorme lío para Michigan Bell. Incorporándole a la plantilla, al menos mantendría fuera del sistema de Michigan Bell a sus compañeros.

Realmente era útil. Por ejemplo, se mostró a un arrepentido *Control-C* en los carteles de Michigan Bell que se ponían en las oficinas de la empresa, carteles en los que advertía a los empleados que rompieran los papeles que tiraran a la basura. Siempre consiguió la mejor información a través de la recogida de basura, buscando en los contenedores de la compañía datos útiles desechados sin precaución. Incluso firmaba estos carteles. *Control-C* se había convertido en una especie de mascota de Michigan Bell. Y de hecho, *Control-C mantenía* a raya a otros *hackers*. Los *hackers* pequeños temían a *Control-C* y a sus amigos de *Legion of Doom*. Y los grandes *hackers eran* sus amigos y nunca harían nada que le pusiera en una situación peor.

No importa lo que uno pueda decir de *Legion of Doom*, siempre hacían piña. Cuando *Wasp*, un *hacker* de New York con, al parecer, verdaderas malas intenciones empezó a reventar máquinas de Bellcore, *Control-C* recibió la rápida ayuda de *The Mentor* y del ala de Georgia de *Legion of Doom*, formada por *Prophet, Urvile* y *Leftist*. Utilizando la BBS de *The Mentor*, Phoenix Project, para coordinarse, los de *Legion of Doom* ayudaron a los de seguridad de la compañía a capturar a Wasp, conduciéndole hacia una máquina que tenía instalada un localizador. Wasp perdió. ¡*Legion of Doom* ganó! Y cómo presumieron de ello.

Urvile, Prophet y *Leftist* estaban altamente preparados para esta tarea, probablemente incluso más que el hábil *Control-C*. Los chicos de Georgia sabían todo sobre las centrales telefónicas de conmutación. Aunque eran relativamente nuevos en *Legion of Doom*, eran considerados como algunos de los miembros más capacitados del grupo. Tenían la suerte de vivir en el área de Atlanta o cerca de ésta. Y Atlanta era la sede de la adormilada y aparentemente tolerante RBOC BellSouth.

Según el nivel de seguridad de las otras RBOCs, BellSouth estaba en el nivel *pan comido*. Los de US West —que abarca Arizona, las Montañas Rocosas y el Pacífico Noroeste— eran duros y agresivos, posiblemente la RBOC más dura de todas. Los de Pacific Bell, de California, eran cuidadosos, poseían alta tecnología, y eran unos veteranos de las guerras con los *phreaks* de Los Ángeles. NYNEX tenía la desgracia de encargarse del área de Nueva York, así que estaban preparados para casi cualquier cosa. Incluso Michigan Bell, una división de la RBOC Ameritech, tuvo al menos el conocimiento suficiente para contratar a su propio *hacker* como un espantapájaros de lo más útil. Pero lo del BellSouth, aunque su presidente proclamara que tenían *Todo lo que Usted Espera de un Líder*, era patético.

Cuando los rumores sobre los grandes conocimientos que poseía *Legion of Doom* sobre la red de conmutación de Georgia, llegaron a oídos de BellSouth a través de Bellcore y de expertos en seguridad, al principio se negaron a creerlo. Si prestabas atención a todos los rumores que circulaban sobre esos chicos *hackers*, empezarías a oír todo tipo de tonterías conspiratorias: que la NSA vigilaba todas las llamadas telefónicas de América, que la CIA y la DEA controlaban el tráfico de información en las BBS con programas de análisis de palabras, que *The Condor* podría provocar la Tercera Guerra Mundial desde una cabina...

Si había *hackers* en las centrales de conmutación de BellSouth, ¿cómo es que no había ocurrido nada? Nadie había sido herido. Las máquinas de BellSouth no estaban cayendo. BellSouth no estaba sufriendo robos de llamadas fuera de lo normal. Los clientes de BellSouth no se quejaban. BellSouth tenía su sede en Atlanta, una metrópolis ambiciosa de la nueva Sunbelt, de alta tecnología; y BellSouth estaba actualizando su red a pasos agigantados, haciendo avanzar el trabajo por todos lados. Difícilmente se les podría haber considerado torpes o ingenuos. La experiencia técnica de BellSouth era de primera.

Pero entonces ocurrió lo de Florida.

El 13 de Junio de 1989, aquellos que llamaban al Departamento de Libertad Condicional de Palm Beach, se encontraron envueltos en una interesante conversación con una empleada de una línea de teléfono erótico llamada *Tina*, en el estado de Nueva York. De alguna forma, cualquier llamada a esta oficina de libertad condicional cercana a Miami era instantánea y mágicamente transportada sobre las líneas estatales, sin cargo adicional para el cliente, a una *línea caliente* pornográfica a cientos de kilómetros de distancia.

Esta broma pesada puede parecer de lo más divertida en un primer momento, y ciertamente hubo gran cantidad de risas ahogadas, en los círculos de *phone- phreakers*, incluido el ejemplar de Otoño de 1989 de '2600'. Pero para Southern Bell —la división del BellSouth RBOC, *Compañía Regional Operadora de Bell,* ofreciendo servicio local a Florida, Georgia, Carolina del Norte y Carolina del Sur— era una evidencia clara de peligro.

Por primera vez, un intruso informático había entrado en la estación de conmutación de la oficina central de BellSouth, ¡y la había reprogramado! O eso pensó BellSouth en Junio de 1989. En realidad, miembros de *Legion of Doom* habían estado enredando inofensivamente en los conmutadores de

BellSouth desde Septiembre de 1987. La proeza del 13 de junio —redireccionar un número mediante la manipulación de una estación de conmutación— fue un juego de niños, para *hackers* tan comprometidos como el ala de Georgia de *Legion of Doom*.

Conmutar llamadas entre estados parece algo grande, pero tan solo fueron necesarias cuatro líneas de código para llevarlo a cabo. Un sencillo truco, aunque más discreto, sería redireccionar otro número a tu propia casa: Si fueses cuidadoso, y cambiases el *software* posteriormente, ni un alma se enteraría. A excepción de ti. Y aquéllos ante los que te jactaras.

Como en el caso de BellSouth, lo que no sepan, no les hará daño. Excepto que esta vez alguien había sacado todo a la luz, y BellSouth lo sabía.

En aquel caluroso verano de 1989, BellSouth, ahora alerta y considerablemente paranoica, empezó a revisar conmutadores de cabo a rabo en busca de irregularidades. Al menos de cuarenta y dos empleados fueron asignados en turnos de doce horas, veinticuatro horas al día, durante dos meses completos, examinando registros y monitorizando ordenadores en búsqueda de cualquier signo de acceso sospechoso. Estos cuarenta y dos expertos sobrecargados de trabajo eran conocidos como el *Grupo Especial contra accesos informáticos ilegales* de BellSouth.

Lo que los investigadores encontraron les asombró. Bases de datos privadas, de compañías de telecomunicaciones, habían sido manipuladas: números de teléfono habían sido creados de la nada, sin nombres de usuario o direcciones. Y quizá lo peor de todo, sin cobros ni registros de uso.

La nueva utilidad digital de diagnóstico ReMOB —Observación Remota— había sido extensivamente modificada —los *hackers* habían aprendido a reprogramar el *software* ReMOB— ¡De forma que podían escuchar cualquier llamada conmutada a placer! ¡Estaban usando propiedad de compañías telefónicas para espiar!

Las emocionantes noticias se propagaron por todo el imperio de las fuerzas de seguridad en 1989. Nunca se le había ocurrido realmente a nadie de BellSouth que sus nuevas estaciones de conmutación digital, de primera clase, pudiesen ser reprogramadas. Por supuesto, estas estaciones de conmutación eran *ordenadores,* y todos sabían que a los *hackers* les gusta acceder ilegalmente a los ordenadores: pero los de la gente de telecomunicaciones eran diferentes que los de la gente normal. La razón exacta de ser *diferentes* era bastante indefinida.

Ciertamente, no era el alcance de su seguridad. La seguridad en esos ordenadores de BellSouth era desastrosa; las AIMSX, por ejemplo, ni siquiera tenían contraseñas. Pero no había duda de que BellSouth estaba profundamente convencida de que sus ordenadores eran realmente muy diferentes. Y si había criminales ahí fuera que no habían cogido el mensaje, BellSouth estaba determinada a asegurarse de que el mensaje fuera aprendido.

Después de todo, una estación de conmutación 5ESS no era un mero sistema de contabilidad para una cadena local de floristerías. El servicio público dependía de esas estaciones. La seguridad pública dependía de esas estaciones.

Cualquier *hacker*, ocultamente redireccionando llamadas o trasladándolas, ¡podría espiar a cualquiera en el área local! Podrían espiar a los funcionarios de telecomunicaciones. Podrían espiar las estaciones de policía. Podrían espiar las oficinas locales del Servicio Secreto...

En 1989, policías electrónicos y rastreadores de *hackers* comenzaron a usar secráfonos —teléfonos cifrados analógicamente— y líneas seguras. Era lógico. No se podía saber quién se había infiltrado en esos sistemas. Fuese quien fuese, causaba pavor.

Aquél era un nuevo nivel de atrevimiento antisocial. Podrían ser *hackers* de la Alemania del Oeste a sueldo de la KGB. Aquello también había parecido una teoría extravagante y exagerada, hasta que Clifford Stoll, había aguijoneado y removido la perezosa burocracia de imposición de la ley en Washington, para investigar un acceso ilegal informático, que resultó ser exactamente eso —¡*Hackers*, a sueldo de la KGB! —. Stoll, el administrador de sistemas de un laboratorio de Internet en Berkeley, California, acabó en la primera página del 'New York Times', proclamado héroe nacional en la primera historia real de espionaje informático internacional. Los esfuerzos de contraespionaje de Stoll, los cuales relata en su libro —éxito de ventas en 1989— 'The Cuckoo's', habían restablecido la credibilidad del *hacking* como una posible amenaza a la seguridad nacional. El Servicio Secreto de los Estados Unidos no pierde el tiempo en tonterías cuando sospecha una posible acción de un aparato de inteligencia extranjero. Los secráfonos y líneas seguras del Servicio Secreto, supusieron un serio freno a la capacidad del sistema en el cumplimiento de la ley para operar libremente; y para distribuir información, cooperar, evitar malentendidos. Pese a ello, 1989 difícilmente parecía el momento para medias soluciones. Si la policía y el Servicio Secreto no eran operacionalmente seguros, entonces ¿cómo podrían razonablemente pedir medidas de seguridad a empresas privadas? Al menos, la inconveniencia hizo a la gente consciente de la seriedad de la amenaza.

Si era necesario un nuevo estímulo para poner a la policía en movimiento, este fue el descubrimiento de que el sistema 911 de emergencia, era vulnerable. El sistema 911 tiene su propio *software* especializado y se ejecuta sobre los mismos sistemas digitales de conmutación que el resto de la red telefónica. El 911 no es físicamente diferente de la telefonía normal, pero sí *culturalmente diferente*, porque éste es el área del *ciberespacio* telefónico, reservado para la policía y los servicios de emergencia.

El policía medio puede no saber mucho sobre *hackers* y *phone-phreaks*. La gente de los ordenadores es extraña; incluso los policías informáticos son extraños; lo que hacen es difícil de entender. Pero una amenaza al sistema 911 no es en absoluto una amenaza abstracta. Si el sistema 911 se cae, la gente puede morir.

Imagina estar en un accidente de tráfico, tambalearte hasta la cabina de teléfono, marcar 911, ¡Y oír a *Tina* descolgando el teléfono de la línea erótica en algún lugar de Nueva York! De alguna forma, la situación deja de resultar divertida.

¿Y era posible algo así? Sin duda. Los *hackers* habían atacado sistemas 911 anteriormente. Los *phreaks* pueden saturar sistemas 911 simplemente dirigiendo un puñado de módems a ellos simultáneamente, marcando sus números una y otra vez hasta que se atasquen. Es algo bastante tosco y poco sofisticado, pero aún así un asunto serio.

Había llegado el momento de actuar. Era tiempo de tomar medidas severas contra el *submundo*. Era tiempo de recomenzar, atar los cabos sueltos, abandonar las falsas posturas de superioridad, era tiempo de ponerse en marcha y empezar a trabajar coordinadamente y con seriedad. Los *hackers* no eran *invisibles*. Ellos pensaban que sí, pero lo cierto era que simplemente habían sido tolerados demasiado tiempo.

Bajo continuada atención policial durante el verano del 89, el *submundo* digital comenzó a ser desentrañado como nunca antes.

El primer gran golpe en el caso llegó bastante pronto: en julio de 1989, al mes siguiente. El autor del incidente de *Tina* fue detenido, y confesó. Su nombre era *Fry Guy* un joven de 16 años en Indiana. *Fry Guy* había sido un joven muy perverso.

Fry Guy había ganado su mote a través de una proeza relacionada con las patatas fritas. *Fry Guy* había robado la clave de acceso de un gerente de un MacDonald´s local y se había introducido en el ordenador central de MacDonald's en el sistema Sprint Telenet. Actuando como gerente, *Fry Guy* había alterado los registros de MacDonald's y había dado generosos aumentos de sueldo a varios adolescentes amigos suyos, que trabajaban como empleados friendo hamburguesas. No fue detenido.

Envalentonado por el éxito, *Fry Guy* pasó al abuso de tarjetas de crédito. *Fry Guy* era un orador bastante efectivo; con talento para la *ingeniería social*. Si se es bueno en *ingeniería social* —charla fácil, engaños, hacerse pasar por otro, persuasión— entonces el abuso de tarjetas de crédito resulta fácil. No ser descubierto a la larga es otra cosa. *Fry Guy* había conocido a *Urvile* de la *Legion of Doom* en el foro de conversación ALTOS en Bonn, Alemania. ALTOS era un foro de conversación sofisticado, accesible a través de redes de extensión mundial como BITnet, Tymnet y Telenet. ALTOS era muy frecuentado por miembros del *Chaos Computer Club* alemán. Dos *hackers* del *Chaos* que participaban en ALTOS, *Jaeger* y *Pengo*, habían sido dos de los villanos principales del caso del *huevo de cuco* de Clifford Stoll: asociados en Berlín Este con un espía experto de la KGB, y que, a sueldo de esta, accedieron ilegalmente a ordenadores norteamericanos, a través de Internet.

Cuando miembros de *Legion of Doom* leyeron la historia del pillaje de Jaeger en el libro de Stoll, pero no quedaron especialmente impresionados técnicamente hablando. En el foro favorito de la *Legion of Doom* en aquel momento, *Black Ice*, miembros de *Legion of Doom* se jactaron de que ellos podrían haber realizado todos los ataques del *Chaos* ¡En una única semana! De cualquier forma, la *Legion of Doom* quedó impresionada, aunque de mala gana, por la reputación de *Chaos*, el puro atrevimiento de *hackers* anarquistas y fumadores de hachís que se habían codeado con los temibles chicos importantes del espionaje comunista internacional. Miembros de la *Legion of Doom* de vez en cuando intercambiaban información con hackers alemanes amistosos en ALTOS —números de teléfono de ordenadores VAX/VMS vulnerables en Georgia, por ejemplo—. *Phone phreaks* daneses y británicos, y la camarilla australiana *Phoenix*, *Nom* y *Electron*, también eran habituales de ALTOS. En círculos del *submundo* moverse por ALTOS era considerado signo de pertenecer a la *élite*, un *hacker* sofisticado de la jet-set digital internacional.

Fry Guy aprendía rápidamente cómo robar información de agencias de atención al usuario de tarjetas de crédito. Tenía más de cien números de tarjetas de crédito robadas en sus notas, y más de un millar de códigos de acceso a larga distancia, también sustraídos. Sabía cómo entrar en ALTOS y como hablar la lengua del *submundo* convincentemente.

Esta vez sacó a *Urvile* información sobre trucos relativos a estaciones de conmutación en ALTOS.

La combinación de esos dos tipos de información permitió a *Fry Guy* abrirse camino hacia una nueva forma de fraude electrónico.

Primero robó números de tarjetas de crédito de ordenadores de compañías de crédito. La información obtenida incluía nombres, direcciones y números de teléfono de usuarios de tarjetas.

Entonces, *Fry Guy*, haciéndose pasar por poseedor de una tarjeta, llamo a Western Union y solicitó un adelanto en metálico a cargo de *su* tarjeta de crédito. Western Union, como garantía de seguridad, devolvería la llamada al usuario, a su casa, para verificar la transacción.

Pero, tal y como había conmutado la Oficina de Libertad Condicional de Florida a *Tina* en Nueva York, *Fry Guy* redireccionó el número del propietario de la tarjeta a un teléfono público local.

Allí esperaría al acecho, embrollando sus huellas, direccionando y redireccionando la llamada a través de conmutadores tan lejanos como Canadá. Cuando la llamada llegase, practicaría descaradamente *ingeniería social*, es decir, persuadiría a la gente de Western Union de que era el dueño legítimo de la tarjeta. Puesto que había contestado al otro extremo del número de teléfono correcto, el engaño no era muy difícil. El dinero de Western Union era entonces enviado a un cómplice de *Fry Guy* en su ciudad en Indiana.

Fry Guy y su grupo de apoyo, usando técnicas de *Legion of Doom*, robaron seis mil dólares de Western Union entre diciembre de 1988 y julio de 1989. También hicieron sus pinitos encargando el envío de bienes robados mediante fraude de tarjetas. *Fry Guy* estaba intoxicado con el éxito. El chico de dieciséis años fantaseaba exageradamente frente a *hackers* rivales, alardeando de haber usado dinero estafado para alquilar una gran limusina, y haber conducido fuera del estado con un fan de su banda de heavy metal favorita, Motley Crue.

Armado con conocimiento, poder, y un gratificante flujo de dinero negro, *Fry Guy* llevó la situación más allá y llamó a los representantes locales de seguridad de Indiana Bell, pavoneándose, jactándose y profiriendo tormentosas advertencias, de que sus poderosos amigos en la notoria *Legion of Doom* podían hacer caer la red telefónica nacional.

Fry Guy incluso nombró una fecha para el acontecimiento: el 4 de julio, una fiesta nacional.

Este atroz ejemplo del síndrome *arrésteme por favor*, fue seguido por su pronto arresto. Después de que la compañía telefónica de Indiana descubriera quien era, el Servicio Secreto instaló DNRs -reconocedores de números marcados- en las líneas telefónicas de su casa. Estos aparatos no son escuchas y no pueden grabar el contenido de las llamadas, pero graban los números telefónicos de todas las llamadas, tanto salientes como entrantes.

Rastrear estos números demostró el fraude de códigos de larga distancia llevado a cabo por *Fry Guy*, sus extensas conexiones a BBS piratas, y numerosas llamadas personales a sus amigos de *Legion of Doom* en Atlanta. Para el 11 de Julio de 1989, el Servicio Secreto también había instalado grabadoras de números en las líneas de *Prophet, Urvile* y *Leftist*.

El Servicio Secreto se presentó en la casa de *Fry Guy* el 22 de julio de 1989, para el horror de sus padres, completamente ignorantes del asunto. Los agentes estaban comandados por un agente especial del Servicio Secreto de la oficina de Indianápolis. Sin embargo, fueron acompañados y aconsejados por Timothy M. Foley de la oficina del Servicio Secreto de Chicago (un caballero del que pronto escucharemos mucho).

Utilizando técnicas contra el crimen informático federal que habían sido estándar desde comienzos de los 80, el Servicio Secreto registró concienzudamente la casa y confiscó todo el equipo electrónico de *Fry Guy* y sus cuadernos de notas. Todo el equipamiento de *Fry Guy* salió por la puerta bajo custodia del Servicio Secreto, lo que puso un rápido fin a sus correrías.

El Servicio Secreto de los Estados Unidos interrogó largamente a *Fry Guy*. Su caso fue puesto a cargo de Deborah Daniels, la abogada federal de EE.UU. para el distrito sur de Indiana. A *Fry Guy* se le imputaron once cargos de fraude informático, acceso no autorizado a ordenadores, y fraude telefónico. La evidencia era exhaustiva e irrefutable. Por su parte, *Fry Guy* acusó de su corrupción a la *Legion of Doom* y se ofreció a testificar contra ellos.

Fry Guy insistía en que *Legion of Doom* pretendía tirar abajo el sistema telefónico durante una festividad nacional. Y cuando AT&T falló estrepitosamente durante el día de Martin Luther King en 1990, esto concedió cierta credibilidad a su denuncia, logrando alarmar de veras a la seguridad de la compañía telefónica y al Servicio Secreto. Finalmente, *Fry Guy* se declaró culpable el 31 de mayo de 1990. El 14 de septiembre fue sentenciado a cuarenta y ocho meses de libertad condicional y a cuatrocientas horas de servicio social.

Lo podría haber tenido mucho peor; pero era sensato por parte de los acusadores el ser suave con este adolescente menor de edad, y centrar la atención en los notorios miembros principales de *Legion of Doom*.

Pero el caso contra *Legion of Doom* tenía fallos muy aparatosos.

Pese a los mayores esfuerzos de los investigadores era imposible probar que *Legion of Doom* había tirado el sistema telefónico el 15 de enero, ya que ellos, de hecho, no lo habían hecho. Las investigaciones de 1989 sí que mostraron que ciertos miembros de la *Legion of Doom* habían obtenido un poder sin precedentes sobre las estaciones de conmutación de las compañías telefónicas, y que estaban activos conspirando para obtener todavía más poder. Privadamente, los investigadores estaban convencidos de que *Legion of Doom* pretendía hacer cosas horribles con su conocimiento, pero la mera intención de maldad no era suficiente para llevarles a la cárcel.

Y aunque los *tres de Atlanta* —*Prophet*, *Leftist*, y especialmente *Urvile*— habían enseñado mucho a *Fry Guy*, ellos mismos no cometían fraude con tarjetas de crédito. Lo único que habían *robado* era servicio de larga distancia —y puesto que habían hecho buena parte de ello mediante manipulación de la conmutación telefónica, no había forma sencilla de juzgar cuanto habían *robado*, o incluso si esta práctica era *robo* de algún tipo fácilmente clasificable.

El robo de códigos de larga distancia por parte de *Fry Guy* les salió muy caro a las compañías telefónicas. El robo de servicio a larga distancia puede ser una *pérdida* bastante teórica, pero cuesta dinero y tiempo reales para borrar todos aquellos códigos robados, y reasignar otros nuevos a los inocentes dueños de aquellos códigos corruptos. Los propios dueños de aquellos códigos se convierten en víctimas, y pierden tiempo y dinero y tranquilidad con el follón. Y luego, también había que tratar con las víctimas de tarjetas de crédito y Western Union. Cuando se trataba de estafa, *Fry Guy* era un ladrón mucho mayor que la *Legion of Doom*. Era solo cuando se trataba de verdadera habilidad informática, cuando *Fry Guy* resultaba ser insignificante.

La *Legion* de Atlanta pensaba que la mayor parte de las *reglas* del *ciberespacio* eran para perdedores y gente que acepta todo lo que le mandan sin cuestionarlo, pero ellos también tenían reglas. Ellos nunca tiraban abajo nada, y nunca cogían dinero. Estas eran simples reglas genéricas y principios bastante dudosos cuando se trata con sutilidades éticas del *ciberespacio*, pero permitían a los *tres de Atlanta* operar con una conciencia relativamente limpia —aunque nunca con tranquilidad de mente.

Si no hacías de *hacker* por dinero, si no robabas a la gente su dinero —dinero en el banco, se entiende— entonces nadie era realmente perjudicado, en opinión de *Legion of Doom*. *Robo de servicio* era una hipocresía, *propiedad intelectual,* un mal chiste. Pero la *Legion of Doom* tan solo sentía un desdén elitista hacia los artistas de la estafa y ladrones. A sí mismos se consideraban limpios.

En su opinión, si no desorganizabas ni tirabas sistemas —bueno, no intencionadamente, de cualquier forma, accidentes ocurren, pregunta a Robert Morris—, entonces era totalmente injusto llamarte *vándalo* o *cracker*. Cuando estabas dando una vuelta *on-line* con tus *camaradas* en el sistema de seguridad de las compañías de telecomunicaciones, podías mirarlos con superioridad desde el plano superior de moralidad *hacker*. Y podías burlar a la policía desde las alturas arrogantes de tu búsqueda, como *hacker*, del puro conocimiento.

Pero desde el punto de vista de la policía y los departamentos de seguridad de compañías de telecomunicaciones, sin embargo, *Fry Guy* no era realmente peligroso. Los *tres de Atlanta* eran peligrosos.

No eran los crímenes que estaban cometiendo, sino el peligro, el riesgo potencial, el poder técnico absoluto que la *Legion of Doom* había acumulado, lo que hacía la situación insostenible.

Fry Guy no pertenecía a la *Legion of Doom*. Nunca había visto personalmente a ningún miembro; sus únicos contactos con ellos habían sido electrónicos.

Los miembros del núcleo de la *Legion of Doom* solían reunirse físicamente en convenciones que tenían lugar aproximadamente cada año, para emborracharse, intercambiar el saludo de los *hackers*, encargar pizzas y arrasar habitaciones de hotel. *Fry Guy* nunca había participado. Deborah Daniels lo valoró con bastante exactitud como un *quiero y no puedo ser un Legion of Doom.*

En cualquier caso, los crímenes de *Fry Guy* fueron directamente atribuidos a *Legion of Doom* en buena parte de la futura propaganda policial. La *Legion of Doom* sería descrita como *un grupo realmente cerrado,* involucrado en *numerosas actividades ilegales* incluyendo *robar y modificar historiales de crédito de personas, y obtener dinero y bienes fraudulentamente.* *Fry Guy* lo hizo, pero no los *tres de Atlanta;* ellos simplemente no se dedicaron al robo, sino más bien al mero acceso ilegal. Esto causó un extraño giro en la estrategia de los acusadores. La *Legion of Doom* fue acusada de *diseminar información sobre el ataque a ordenadores a otros hackers informáticos, con la intención de desplazar el esfuerzo del sistema judicial hacia esos otros hackers y lejos de* Legion of Doom.

Esta última acusación —tomada directamente de una rueda de prensa del Grupo Especial de Chicago contra el Abuso y Fraude Informático— suena particularmente cogida por los pelos. Se podría concluir en este punto, que los investigadores habían sido aconsejados que siguieran adelante y *desplazaran su esfuerzo* apartándolo de la *Legion of Doom.* Quizá deberían concentrarse en *esos otros hackers* —aquellos que realmente robaban dinero y bienes materiales.

Pero la *Caza de Hackers* de 1990 no era una simple acción policial.

Pretendía simplemente hacerse notar en el *ciberespacio* (era una caza, un intento deliberado de dejar en claro el núcleo de la operación) de enviar un mensaje potente y fatal, que pusiera freno al incontrolado *submundo* digital.

Según este razonamiento, *Fry Guy* no era mucho más que el equivalente electrónico a un camello barato en una esquina. Mientras los cerebros de *Legion of Doom* siguieran operando flagrantemente, amontonando sin límites su conocimiento ilícito, y fomentando entusiasmo por infringir incuestionablemente la ley, habría un suministro infinito de *Fry Guys.*

Legion of Doom había dejado huellas por todas partes, que serían seguidas por el sistema legal en Nueva York, Indiana, Florida, Texas, Arizona, Missouri, incluso Australia.

Pero la guerra de 1990 contra *Legion of Doom* fue dirigida desde Illinois, por el Grupo Especial de Chicago contra el Abuso y Fraude Informático.

El grupo especial de fraude y abuso informático, liderado por el fiscal federal William J. Cook, comenzó su andadura en 1987 y fulgurantemente se convirtió en una de las más agresivas unidades locales de crímenes informáticos. Chicago era el hogar más natural para un grupo como ese. El primer sistema de BBS se inventó en Illinois. El estado de Illinois tenía una de las primeras y más rigurosas leyes para crímenes informáticos de toda la nación. La policía estatal de Illinois estaba bajo una notable alerta sobre posibles delitos de guante blanco y fraudes electrónicos.

Y William J. Cook, particularmente, era una joven promesa entre los perseguidores del delito electrónico. Él y sus colegas fiscales federales en la oficina del fiscal en Chicago, tenían una estrecha relación con el Servicio Secreto, especialmente con el agresivo agente de base en Chicago, Timothy Foley.

Mientras While Cook y sus colegas del departamento de justicia planeaban la estrategia, Foley era su hombre en la calle.

A lo largo de los años 80, el gobierno federal dio a los fiscales un arsenal de nuevas herramientas legales nuevas y nunca probadas, destinadas a la lucha contra el crimen informático. Cook y sus colegas fueron pioneros en la aplicación a la vida real, de esos nuevos estatutos gestados en los juzgados federales.

El 2 de octubre de 1986, el senado de los Estados Unidos aprobó, tristemente por unanimidad, el acta «Fraude y Abuso informático» aunque había pocos convencidos acerca de la utilidad de este estatuto. El grupo de Cook tomó su nombre de esta acta, ya que estaban decididos a transformar esa poderosa, pero teórica acta del Congreso, en un auténtico motor legal de destrucción contra defraudadores y criminales informáticos.

No era solo un asunto meramente de descubrir delitos, investigarlos y tratar de castigar a sus perpetradores. El grupo de Chicago, como la mayoría de los implicados en el asunto, ya sabían quiénes eran los chicos malos: la *Legion of Doom* y los escritores y editores de *PHRACK*. El trabajo que tenían que hacer era encontrar alguna forma legal de encerrar a esas personas.

Esta aproximación, pudiera parecer un tanto dudosa a alguien que no estuviese muy al tanto de la dura realidad del trabajo fiscal. Sin embargo, los fiscales no mandan a la gente la cárcel por delitos que han cometido; sino que mandan a gente a la cárcel por delitos que pueden probar que han cometido. La policía federal de Chicago encarceló a Al Capone simplemente por evasión de impuestos.

Chicago es una gran ciudad con una tradición de rápidas acusaciones y mano dura en ambos lados de la ley.

Fry Guy mantuvo el caso al aire libre y alertó a la seguridad de la compañía telefónica del alcance del problema. Pero los delitos de *Fry Guy* no colocaron a los tres de Atlanta detrás de los barrotes y mucho menos al excéntrico submundo de los redactores de *PHRACK*. Así, el 22 de Julio de 1989, el mismo día que *Fry Guy* fue cazado en Indiana, el Servicio Secreto fue a por los tres de Atlanta.

Era prácticamente inevitable. En el verano de 1989, servidores de la ley se estaban acercando a los tres de Atlanta, por lo menos desde seis direcciones a la vez. Primero, tenían las pistas que les había dado *Fry Guy*, el cual había permitido que se instalasen registradores de DNR en las líneas de los tres de Atlanta. Solamente las pruebas que aportaba el DNR hubieran acabado con ellos tarde temprano. En segundo lugar, los colegas de Atlanta eran ya bien conocidos por *Control-C* y sus patrocinadores en la seguridad de la compañía telefónica. Los contactos de *Legion of Doom* con la gente de seguridad de la compañía telefónica se hicieron de manera poco segura e incluso más orgullosamente de lo que era habitual; ellos creían que tenían poderosas amistadas en las altas esferas, y que eran ampliamente tolerados por la gente de seguridad telefónica. Pero la unidad de intrusión de BellSouth estaba tras *Legion of Doom,* sin reparar en esfuerzos ni gastos.

Los nombres de los tres de Atlanta habían sido identificados e incluidos en los exhaustivos ficheros anti-*hacker* mantenidos y vendidos por John Maxfield, detective de seguridad privada de Chicago. Maxfield, que tenía extensos contactos dentro de la seguridad de la compañía telefónica y otros soplones del *submundo* era la bestia negra de la gente de *PHRACK*, y el desagrado era mutuo.

Los tres de Atlanta habían escrito artículos para *PHRACK*. Este acto de provocación no podía escapar a la atención de los *telecos* y de los agentes de la ley.

Knightmare, un *hacker* de Arizona que aún iba al instituto, era un amigo cercano y discípulo de la *Legion of Doom* de Atlanta, había sido capturado por la formidable unidad para la lucha contra el crimen organizado y la extorsión. *Knightmare* frecuentaba una de las BBS favoritas de *Legion of Doom*, *Black Ice*, y estaba al tanto de sus secretos. Y tener a Gail Thackeray, el ayudante del fiscal general de Arizona, en tu busca, era un terrible riesgo para cualquier *hacker*.

Y quizás lo peor de todo, *Prophet* había cometido un gran error al pasar una copia ilícita de un fichero de BellSouth a *Knight Lightning*, que lo publicó en *PHRACK*. Ésto, tal como veremos, fue un acto que trajo consecuencias directas a casi todos los relacionados en el caso.

El 22 de Julio de 1989, el Servicio Secreto apareció en la casa de *Leftist*, donde vivía con sus padres. Una enorme patrulla de veinte oficiales rodearon el edificio: El Servicio Secreto, los comisarios federales, la policía local, posiblemente la seguridad telefónica de BellSouth; era difícil de saber en medio del ataque. El padre de *Leftist*, mientras trabajaba en su oficina del sótano de la casa, notó, para empezar, cómo un extraño musculoso, vestido con ropa normal cruzaba por el patio trasero amartillando una pistola. Conforme más extraños fueron entrando en la casa, el padre de *Leftist* asumió, naturalmente, que se trataba de un robo a mano armada.

Como muchos de los padres de *hackers*, el padre y la madre de *Leftist* solo tenían una muy vaga noción de lo que *Leftist* había estado haciendo todo ese tiempo. *Leftist* tenía un trabajo diurno reparando ordenadores. Su obsesión por éstos parecía un poco rara, pero en absoluto dañina, e incluso destinada a terminar en una bien pagada carrera. La repentina y abrumadora incursión dejó traumatizados a los padres de *Leftist*.

Leftist había estado tomando un par de margaritas con los compañeros después del trabajo. Según sus pies, anestesiados por el tequila, le iban transportando por la calle, transportando una bolsa llena de disquetes, advirtió un gran número de coches sin distintivos aparcados en su calle. Todos los coches tenían pequeñas antenas de microondas.

El Servicio Secreto había arrancado la puerta principal de sus bisagras casi aplastando a su madre.

Dentro, *Leftist* fue arrestado por James Cool, agente especial del Servicio Secreto, oficina de Atlanta. *Leftist* estaba alucinado. Nunca antes se había encontrado con un agente del Servicio Secreto. No podía imaginar que hubiera hecho algo que mereciera la atención federal. Él siempre había creído que si sus actividades llegaban a ser intolerables, uno de sus contactos en seguridad telefónica le haría una llamada privada y le diría que lo dejase.

Pero lo cierto era que *Leftist* estaba siendo registrado por curtidos profesionales, y su bolsa de disquetes fue rápidamente confiscada. Él y sus padres fueron conducidos a habitaciones separadas y esposados, mientras un equipo de oficiales buscaba en la casa cualquier cosa electrónica.

Leftist se horrorizó cuando su preciado PC, un IBM AT con sus 40 megas de RAM y su recientemente comprado 80386 clónico, con un descomunal disco duro de 100 megas, fueron rápidamente transportados fuera de la casa custodiados por el Servicio Secreto. También confiscaron todos sus discos, todas sus libretas de notas, y un enorme botín de desgastados documentos de la compañía telefónica que *Leftist* había rescatado de los contenedores de basura.

Leftist pensaba que se trataba de una gran equivocación. Él nunca había entrado en ordenadores militares. No era un espía ni un comunista. Simplemente era uno de los viejos y buenos *hackers* de Georgia, y solo quería ver a toda aquella gente fuera de su casa. Pero parecía que eso no iba a ocurrir hasta que aceptase alguna clase de acuerdo.

De esta manera colaboró con ellos. Y según diría más tarde desde la prisión federal de Talladega, Alabama, fue un gran error.

Atlanta era una zona única, en la que tres miembros de *Legion of Doom* vivían más o menos en la misma localidad. A diferencia del resto de *Legion of Doom*, que tendía a asociarse por teléfono y ordenador, La *Legion of Doom* de Atlanta estaba estrechamente unida. No fue ninguna sorpresa que los agentes del Servicio Secreto que detuvieron a *Urvile* en el laboratorio de ordenadores de Georgia Tech, también encontraran a *Prophet* junto él.

Urvile de 21 años, un estudiante de química de polímeros en Georgia Tech, se convirtió en un caso problemático para los agentes de la ley. *Urvile* también conocido como *Necron 99* y otros alias que solía cambiar cada mes, era tanto un experto *hacker* como un fanático de los juegos de rol.

Los juegos de rol no son un hobby muy habitual, pero los *hackers* son gente poco habitual, y sus pasatiempos favoritos tienden a ser algo fuera de lo normal. El juego de rol más conocido en Estados Unidos es probablemente *Dungeons & Dragons*, un juego multijugador que se juega con papel, mapas, lápices, tablas estadísticas y una gran variedad de dados de formas extrañas. Los jugadores representan personajes heroicos explorando un mundo de fantasía completamente inventado. Los mundos de fantasía de los juegos de rol son normalmente escenarios pseudomedievales de espada y brujería, magos lanzadores de hechizos, caballeros con armadura, unicornios y dragones, demonios y goblins.

Urvile y sus compañeros de juego preferían fantasías altamente técnicas. Ellos usaban un juego basado en *GURPS* (Sistema Genérico de Juegos de Rol), editado por una compañía llamada Steve Jackson Games «SJG».

GURPS funciona como una superestructura para crear una gran variedad de mundos fantásticos artificiales. Steve Jackson Games, Inc. publicó una estantería de libros, llenos de detallada información y sugerencias, que eran usados para completar la estructura básica de GURPS con muchos trasfondos fantásticos.

Urvile hizo uso extensivo de dos libros de SJG llamados «*GURPS High-Tech*» y «*GURPS Special Ops*».

En el artificial mundo de fantasía de «*GURPS Special Ops*», los jugadores vivían un contemporáneo mundo de intrigas fantásticas y espionaje internacional. Al principio del juego, los jugadores comienzan siendo pequeños e inofensivos, quizás agentes de la CIA de segunda división, o vendedores de armas de tres al cuarto. Pero si los jugadores persisten a través de una serie de sesiones —las sesiones de juego duran generalmente varias horas, o más aún: se elaboran campañas que para terminarse necesitan meses— entonces pueden adquirir nuevas habilidades, nuevos conocimientos, nuevo poder. Podrían llegar a dominar nuevas habilidades como francotirador, kárate, pinchar líneas o apertura de puertas. También llegan a adquirir muchos tipos diferentes de botines imaginarios, como Berettas, cocteleras de martini, o deportivos con asientos eyectables y ametralladoras en los faros. Como se puede imaginar dada la complejidad de este juego, las notas de *Urvile* eran muy detalladas y extensas.

Urvile era un *director de juego*, que inventaba escenarios; gigantescas simulaciones de aventuras con enigmas, que sus compañeros de juego y amigos debían desvelar.

Las notas de juego de *Urvile* abarcaban docenas de páginas con todo tipo de exóticas locuras, repletas de raids ninja a Libia y rupturas de cifrados de superordenadores de la China comunista. Sus notas estaban escritas en papel de desecho y guardadas en archivadores de hojas sueltas.

El papel de desecho más accesible eran los muchos kilos de documentos e impresos, propiedad de BellSouth, que había robado de las papeleras de la compañía telefónica. Sus notas estaban escritas en el reverso, de propiedad privada de la compañía telefónica. Por si esto no fuera suficientemente malo, las notas del juego estaban mezcladas caóticamente con notas garabateadas de *Urvile* acerca de las intrusiones informáticas que había cometido.

No sólo era prácticamente imposible separar las notas del juego de *Urvile* de la realidad *ciberespacial*, sino que el propio *Urvile* no tenía muy clara la distinción entre ambos mundos. No es exagerado decir que para *Urvile* todo era un juego. *Urvile* era muy inteligente, altamente imaginativo, y poco al tanto de las nociones de otras personas sobre la propiedad privada. Su conexión con la *realidad* no era algo que le preocupase demasiado. *Hackear* era un juego para *Urvile*. Era una diversión más, algo que hacía por divertirse. Y *Urvile* era un joven obsesionado. Él no podía dejar de hackear, tanto como no podía dejar a mitad un puzle o parar en mitad de la lectura de una trilogía de fantasía de Stephen Donaldson (el nombre *Urvile* esta sacado de una de las novelas de Donaldson más vendidas).

A los interrogadores de *Urvile* les molestó mucho la irreal y a prueba de balas, actitud de *Urvile*. Para empezar, él no consideraba que hubiese hecho nada malo. No había ni la más ligera sombra de remordimiento en él. Por el contrario, estaba convencido que los interrogatorios policiales eran parte de un demente mundo de fantasía de su propiedad. Se podría afirmar con toda seguridad que era así, ya que *Urvile* se comportaba de un modo demasiado educado y cooperante.

Por ejemplo, la habilidad de la *Legion of Doom* para monitorizar las llamadas telefónicas del Servicio Secreto y la policía. *Urvile* estaba de acuerdo que era posible hacerlas y que no era gran problema para la *Legion of Doom*. De hecho, él y sus amigos habían lanzado la idea en el tablón de *Black Ice* igual que otras muchas ideas atrayentes, tales como construir lanzallamas portátiles y granadas caseras. Tenían cientos de números de acceso informático a agencias gubernamentales, que había obtenido muestreando teléfonos de Atlanta o que había extraído de mainframes VAX/VMS asaltados.

En realidad, nunca habían intentado escuchar a los *polis* porque la idea no era lo suficientemente interesante como para molestarse en ello. Además, si ellos hubieran pinchado las llamadas del Servicio Secreto, obviamente nunca habrían sido capturados, ¿no?

El Servicio Secreto estaba poco satisfecho con esa caballeresca lógica *hacker*. Sin embargo, el asunto de la *caída del sistema* telefónico, era real. No hubo problemas, *Urvile* lo admitió claramente. La *Legion of Doom* de Atlanta podía echar abajo todo el sistema telefónico del estado cuando quisiera.

—¿Incluso el servicio 911?

—No hay nada especial en eso, explico *Urvile* pacientemente.

Poniendo el interruptor sobre sus rodillas, —que significa *usando el bug makedir de UNIX*— y el 911 deja de funcionar también con toda seguridad. El sistema 911 no era algo muy interesante, francamente. Era tremendamente interesante para la policía, —por oscuras razones de su exclusiva incumbencia— pero como desafío técnico, el servicio del 911 era algo aburrido. De esa forma, los tres de Atlanta habrían podido bloquear el servicio y haberlo desactivado a todo lo largo del territorio BellSouth, si hubiesen trabajado un poco sobre ello. Pero la *Legion of Doom* de Atlanta no eran *crashers*. Solo los perdedores y ratas eran *crashers*. *Legion of Doom* era la *élite*.

Urvile estaba íntimamente convencido que compartir su experiencia técnica le dejaría libre de todo tipo de problemas. Por lo que a él le correspondía, el *status* de *élite* en el *submundo* digital, le había colocado permanentemente detrás de la morralla intelectual de policías y gente común. *Urvile* tenía mucho que aprender.

De los tres de la *Legion of Doom*, *Prophet* era el que tenía problemas más importantes.

Prophet era un experto en programación UNIX que huroneaba dentro y fuera de Internet de forma habitual. Empezó su carrera como *hacker* alrededor de los catorce años, interfiriendo con un mainframe UNIX de la Universidad de Carolina del Norte.

Prophet escribió el fichero de *Legion of Doom* llamado *UNIX, uso y seguridad de principio a fin*. UNIX —pronunciado como «you-nicks»— es un potente y flexible sistema operativo, para máquinas multiusuario y multitarea. En 1969, cuando nació UNIX en los laboratorios Bell, esas computadoras eran exclusividad de grandes corporaciones y universidades, pero hoy UNIX es ejecutado en miles de potentes ordenadores personales. UNIX está particularmente adaptado a la programación de telecomunicaciones y se ha convertido en un estándar de ese campo. Naturalmente, UNIX también se convirtió en un estándar de la *élite hacker* y *phreaker*.

Últimamente, *Prophet* no había sido tan activo como *Leftist* y *Urvile*, pero *Prophet* era reincidente. En 1986, cuando tenía dieciocho años, *Prophet* fue declarado culpable de *acceso no autorizado a una red de ordenadores* en Carolina del Norte. Fue descubierto entrando ilegalmente en la red de datos de Southern Bell, una red interna UNIX supuestamente cerrada al público. Obtuvo una típica sentencia *hacker*: seis meses de suspensión, 120 horas de servicios comunitarios y tres años de libertad condicional.

Después de esa humillación, *Prophet* se deshizo de la mayoría de sus toneladas de datos ilícitos *phreak* y *hacker*, e intentó actuar honradamente. Estaba en libertad condicional después de todo. Pero, en el otoño de 1988 la tentación del *ciberespacio* demostró ser demasiado para el joven *Prophet*, y trabajó hombro con hombro con *Urvile* y *Leftist* en los más arriesgados sistemas a los que tenían acceso.

A principios de septiembre de 1988, entró en el sistema centralizado y automático de BellSouth, AIMSX o *Advanced Information Management System*[4].

AIMSX era una red interna de negocios perteneciente a BellSouth, donde los empleados de la compañía almacenaban su correo electrónico, bases de datos, notas, calendarios, y también donde construían sus documentos de texto. Como AIMSX no tenía accesos telemáticos públicos, se consideraba que era desconocido y por eso no estaba bien asegurado, nunca requirió passwords. *Prophet* se hizo con una cuenta creada conocida como *waa1*, la cuenta personal de un desadvertido empleado de la compañía. Disfrazado como el dueño de *waa1*, *Prophet* hizo alrededor de una decena de visitas a AIMSX.

---

[4] Sistema avanzado de proceso de información. (N. del T.)

Prophet no hizo daño ni borró nada del sistema. Su presencia en AIMSX fue inofensiva y casi invisible. Pero no se conformó con eso.

Una parte del texto procesado en AIMSX fue un documento de la compañía conocido como 'Bell South Standard Practice 660-225-104SV Control Office Administration of Enhanced 911 Services for Special Services and Major Account Centers dates March 1988'[5]

Prophet no estaba buscando ese documento. Simplemente era uno entre cientos de documentos similares y con impenetrables títulos. Sin embargo, habiéndolo conseguido en el curso de uno de sus ilícitos vagabundeos en AIMSX, decidió llevárselo como un trofeo. Demostró ser bastante útil en futuras sesiones de vanagloria. Así, una vez en septiembre del 1988, *Prophet* ordenó al mainframe de AIMSX que copiase y transfiriese a la computadora de su casa, el documento —llamado a partir de ahora *el documento E911.*

Nadie se dio cuenta que *Prophet* hizo eso. De alguna manera había robado el *documento E911*, pero la noción de propiedad en el *ciberespacio* es algo dificultosa. BellSouth no advirtió nada raro, porque BellSouth mantenía todavía la copia original. Él no había *robado* el documento en sí mismo. Muchas personas supuestamente copiaron el documento, gente que trabajaba para alguno de los diecinueve *servicios especiales y centros de cuentas grandes BellSouth* repartidos a lo largo y ancho del sudeste de los Estados Unidos. Esto fue posible porque estaba ubicado en una red de ordenadores: para que fuera copiado y leído por los empleados de la compañía. En aquella ocasión los datos habían sido copiados por alguien que se suponía no podía leerlo.

Prophet obtuvo su trofeo. Después decidió almacenar otra copia del *documento E911* en el ordenador de otra persona. Esta persona inocente era un entusiasta de los ordenadores llamado Richard Andrews que vivía cerca de Joliet, Illinois.

Richard Andrews era un programador profesional en UNIX, y administraba una potente BBS UNIX llamada *Jolnet* instalada en el sótano de su casa.

---

[5] Manual de normas practicas BellSouth 660-225-104SV de la administracion de oficinas del servicio mejorado 911 para servicios especiales y centros de cuentas, fecha marzo del 1988. (N. del T.)

Prophet, usando el alias Robert Johnson obtuvo una cuenta en el ordenador de Richard Andrews. Y allí, en su sección privada del ordenador de Andrew, escondió una copia del *documento E911.*

¿Por qué hizo *Prophet* eso? Si *Prophet* hubiera eliminado el *documento E911* de su propio ordenador, y guardado este a cientos de millas de distancia, en otra máquina y bajo un alias, entonces hubiera estado razonablemente seguro de que no lo persiguieran y descubrieran, aunque esta acción poco ética hubiera puesto en peligro al confiado Richard Andrews.

Pero, como muchos *hackers, Prophet* era un vicioso de los datos ilícitos. Cuando los comprimió para almacenarlos no pudo apartarlo de su trofeo. Cuando la casa de *Prophet* en Decatur, Georgia, fue asaltada en Julio de 1989, encontraron el *documento E911,* una evidencia condenatoria. Y allí estaba Prophet, en las manos del Servicio Secreto, haciendo lo mejor que podía para explicarlo.

Nuestra historia nos lleva ahora lejos de los tres de Atlanta y sus asaltos en el verano de 1989. Debemos dejar a los tres de Atlanta *cooperando plenamente* con sus numerosos investigadores. Y los tres cooperaron, tal como explicaba el memorándum de la sentencia del juzgado del distrito del norte de Georgia, justo antes de que los tres fuesen condenados a varias prisiones federales en noviembre de 1990.

Debemos ahora encontrar los otros aspectos de la guerra de *Legion of Doom.* La guerra de la *Legion* era una guerra en una red, de hecho, una red compuesta de tres redes, las cuales se entrelazaban e interrelacionaban de una manera muy compleja. La *Legion* en sí misma, incluida la *Legion of Doom* de Atalanta, y su añadido de *Fry Guy* se movían en la primera red. La segunda red era la revista *PHRACK* y sus editores y colaboradores. La tercera red involucrada era el círculo electrónico cercano a un *hacker* conocido como *Terminus.*

La guerra contra las redes de este *hacker* se llevó a cabo por una red de fuerzas policiales. *Legion of Doom* de Atalanta y *Fry Guy* fueron perseguidos por agentes de los Servicios Secretos de los Estados Unidos y fiscales federales de Atlanta, Indiana y Chicago. *Terminus* se encontró acosado por el Servicio Secreto y los fiscales federales de Baltimore y Chicago. Y la guerra contra *PHRACK* era casi completamente, una operación de Chicago.

La investigación de *Terminus* involucró una gran cantidad de energía, la mayoría procedente del grupo de Chicago, pero esto es la parte menos conocida y publicitada de las operaciones contra *hackers*. *Terminus*, que vivía en Maryland, era un programador en UNIX y un consultor bastante conocido —bajo su nombre real— en la comunidad UNIX, como un reconocido experto en miniordenadores AT&T. *Terminus* idolatraba AT&T, especialmente Bellcore, y mucho más que su reconocimiento como un experto en UNIX, su mayor ambición era trabajar para los Bell Labs.

Pero *Terminus* tenía amigos oscuros y una historia oculta. *Terminus* fue una vez el protagonista de una admirativa entrevista en *PHRACK* (volumen II, ejemplar 14, Phile 2- marzo 1987). En este artículo, el coeditor de *PHRACK Taran King* describió a *Terminus* como un ingeniero electrónico, de 1,75 m., de pelo castaño, nacido en 1959 con 28 años de edad y bastante maduro para ser un *hacker*.

Terminus fue una vez el *sysop* de una BBS *phreak*/hack llamada *MetroNet*, que funcionaba en un Apple II. Después reemplazó *MetroNet* por una BBS *underground* llamada MegaNet especializada en IBMs. En sus días jóvenes, *Terminus* había escrito uno de los primeros y más elegantes programas buscadores de códigos para PC de IBM. Este programa se había extendido ampliamente entre la comunidad del *submundo*. Centenares de poseedores de un PC, *phreakers* y *hackers* usaron el rastreador de *Terminus* para romper los códigos de las compañías telefónicas. Este hecho no escapó de la atención de la seguridad de las compañías telefónicas; cosa lógica, ya que el primer alias que *Terminus* empezó a manejar, *Terminal Technician*[6], estaba orgullosamente escrito en el programa.

Cuando llegó a ser un profesional a tiempo completo —especializado en programación de telecomunicaciones— adoptó el alias *Terminus*, indicando que *había alcanzado la cima del hacker eficiente*. Cambió a Netsys, una BBS basada en UNIX sobre ordenadores AT&T, con cuatro líneas telefónicas y unos impresionantes 240 Mb de capacidad. *Netsys* almacenaba los ejemplares completos de *PHRACK*, y *Terminus* estaba familiarizado con sus editores, *Taran King* y *Knight Lightning*.

A principios de los ochenta, *Terminus* era un visitante regular en Plovernet, Pirate-80, Sherwood Forest y Shadowland, todas BBS piratas bien conocidas, todas muy frecuentadas por la *Legion of Doom*. Como así ocurrió, *Terminus* nunca estuvo oficialmente en *Legion of Doom*, porque nunca se le

---

[6] Literalmente "Técnico Terminal". (N. del T.)

había dado la alta insignia oficial de *Legion of Doom* y formalmente investido por el experto de la *Legion, Lex Luthor*. *Terminus* nunca se encontró físicamente con *Legion of Doom*. Pero eso no importaba demasiado: ninguno de los tres de Atlanta, fueron oficialmente sancionados. *Terminus* era un profesional a tiempo completo y adulto con habilidades propias en *software* y *hardware* de AT&T, aunque *Terminus* pertenecía en cuerpo y alma a la *Legion of Doom* y al *submundo*.

El uno de febrero de 1990, medio mes después de la *caída del sistema* el día de Martin Luther King los agentes del Servicio Secreto Tim Foley de Chicago y Jack Lewis de la oficina de Baltimore, acompañados por el oficial de seguridad de AT&T Jerry Dalton, viajaron hasta Middle Town, Maryland. Allí esposaron a *Terminus* en su domicilio (ante el terror de su mujer y sus hijos pequeños) y, de la forma habitual, sacaron sus ordenadores de la casa.

La máquina de Netsys demostró contener una profusión de enigmáticos programas UNIX, código fuente oficialmente propiedad de AT&T. *Software* tal como: UNIX SV release 3.2; UNIX SV release 3.1; *software* de comunicaciones UUCP; Shell KORN; RFS; IWB; WWB; DWB; el lenguaje de programación C++; PMON; TOOL CHEST; QUEST; DACT; y S FIND.

En la antigua tradición pirata del *submundo*, *Terminus* había estado comerciando con su *software*, ilícitamente copiado dentro de un pequeño círculo de amigos programadores de UNIX. Muy desafortunadamente, en su máquina Netsys, había almacenado siete años de su correo electrónico, en el que documentaba todos los acuerdos amistosos que había hecho con sus variados colegas. *Terminus* no había bloqueado el sistema telefónico de AT&T el 15 de enero. Sin embargo, descuidadamente había creado un altruista circulo de piratería de *software* AT&T. No era una actividad que AT&T encontrase divertida. El oficial de seguridad de AT&T Jerry Dalton valoró esa propiedad *robada* por encima de trescientos mil dólares.

La entrada de AT&T en el entramado de la empresa privada se complicó por las nuevas y vagas reglas de la economía de la información. Hasta la división de *Ma Bell*[7], AT&T tenía prohibido vender *hardware* o *software* de ordenadores. *Ma Bell* era la compañía telefónica; a *Ma Bell* no le estaba permitido el uso de sus enormes ingresos provenientes del servicio telefónico para financiar el mercado de ordenadores.

---

[7] Nombre irónico por el que se conoce a la compañía telefónica Bell Telephone Systems. (N. del T.)

AT&T, sin embargo, inventó el sistema operativo UNIX. Y de alguna manera AT&T encontró la manera de hacer de UNIX una fuente menor de ingresos.

Asombrosamente UNIX no era vendido como *software*, entraba en los catálogos como una oscura excepción que permitía la venta de chatarra y material de subasta. Cualquier intento de promocionar la venta de UNIX hubiera producido una furiosa oposición legal por parte de las compañías de *software*.

En vez de eso, se concedieron licencias de UNIX para universidades, en pequeñas cantidades, donde el ácido de la libertad académica ataba firmemente los derechos de propiedad de AT&T.

Al llegar la división, AT&T se dio cuenta que UNIX era una mina de oro en potencia. En ese momento grandes pedazos del código de UNIX no habían sido creados por AT&T y era vendido por otros. Un sistema operativo UNIX completo, rival, había aparecido en Berkley, California —una de las mayores fuentes de ideología sobre el mundo *hacker*—. Hoy en día los *hackers* consideran que *Berkeley UNIX* es técnicamente superior al AT&T *System V UNIX*, pero AT&T no iba a permitir, que la mera elegancia técnica, se tuviese en cuenta en el mundo real de la venta de *software* de negocios de carácter privado. AT&T había construido su propio código de forma deliberadamente incompatible con el UNIX de los demás, y había escrito el código de forma que se pudiese probar su *Copyright*, incluso si el código hacía algo insignificante. Las licencias de usuario del UNIX AT&T, eran acuerdos comerciales muy serios, repletos de declaraciones y cláusulas de rescisión muy claras.

AT&T no consiguió arrimar el ascua del UNIX a su sardina, pero mantuvo el control en el tema con cierto éxito. Para los estándares rampantes y explosivos de la piratería del *software*, el código fuente del *software* UNIX AT&T estaba lleno de derechos y licencias, bien protegido. UNIX ha funcionado tradicionalmente solo en mainframes propiedad de grandes grupos de profesionales de traje y corbata, en vez de en ordenadores de dormitorio donde la gente pudiese actuar malignamente.

Y el código fuente del UNIX de AT&T es programación seria, de alto nivel. El número de programadores expertos en UNIX, con motivos para robar el código fuente UNIX es pequeño. Ridículo, comparado con las decenas de miles, listos para destripar juegos de entretenimiento para PC tales como *Leisure Suit Larry.*

Pero en 1989, los tipos del *submundo*, representados por *Terminus* y sus amigos estaban trasteando con AT&T UNIX. Y la propiedad en cuestión no se había vendido por veinte dólares en el mostrador de Babbage's or Egghead's; se trataba de un código corporativo masivo, sofisticado, con multilíneas y multiautores que valía cientos de miles de dólares.

Hay que reconocer en este punto, que la supuesta red de piratas de programas UNIX de *Terminus* nunca había obtenido dinero por sus supuestos crímenes. La cifra de 300.000 dólares esgrimida, en relación a los contenidos de la computadora de *Terminus* no significaba que *Terminus* tuviera de hecho una posesión ilícita de trescientos mil dólares de AT&T. *Terminus* enviaba *software* arriba y abajo, de forma privada, de persona a persona, gratis. No estaba llevando a cabo un negocio, ni tampoco pirateaba. No había pedido dinero, no recibía dinero. Vivía de forma modesta.

Los empleados de AT&T, así como los trabajadores *freelance* como *Terminus*, trabajaban normalmente con *software propietario* de AT&T, tanto en la oficina como en casa, en sus máquinas privadas. AT&T rara vez enviaba agentes de seguridad a registrar los discos duros de sus empleados. Los trabajadores *freelance* baratos de UNIX eran muy útiles para AT&T; no tenían que pagar seguridad social o pensión, por no hablar de afiliarse al Sindicato de Comunicaciones de América. Eran humildes conserjes digitales, paseando con su cubo y fregona por el Gran Templo Tecnológico de AT&T; pero cuando el Servicio Secreto llegó a su casa, ¡Parecía que estuvieran comiendo con los cubiertos de plata de la compañía y durmiendo en las sábanas de la compañía! De forma insultante, se comportaban como si... ¡las cosas con las que trabajaban cada día, les pertenecieran!

Y no hablamos de meros *hackers* adolescentes, con sus manos llenas de papel de la basura y sus narices apretadas a las ventanas corporativas. Estos tipos eran magos del UNIX, y no sólo tenían datos de AT&T en sus máquinas y sus cabezas, sino que los transmitían también por red, a máquinas —en manos privadas—, mucho más poderosas que cualquier cosa imaginada antes. ¿Cómo tener gente disponible y al mismo tiempo asegurarte de que respetan de forma absoluta, tu propiedad? Se trataba de un dilema.

Buena parte del código UNIX es de dominio público, gratis. Buena parte del UNIX *propietario* había sido reescrito de forma extensa, quizás tan alterado que se había convertido en un nuevo producto —o quizás no. Los derechos a la propiedad intelectual de los desarrolladores de *software* eran, y son, extraordinariamente complejos y confusos. Y la piratería de *software*, al igual que la copia privada de videos, es uno de los *crímenes* más practicados en la actualidad en el mundo.

El Servicio Secreto no era experto en UNIX o en cómo usarlo. El Servicio Secreto de los Estados Unidos, considerado como un todo, no disponía de una una sola persona que supiera programar en entorno UNIX. No, ni uno. El Servicio Secreto *estaba haciendo* un uso extensivo de ayuda externa, pero los *expertos* que había escogido eran agentes de seguridad de AT&T y Bellcore, las víctimas de los supuestos crímenes de la investigación, la misma gente que tenía un interés más pronunciado en el *software privado*.

El seis de febrero de 1990, *Terminus* fue arrestado por el agente Lewis. Finalmente, *Terminus* iba a ser enviado a la prisión por su uso ilícito de *software* de AT&T.

El tema del *software* pirateado a AT&T dio todavía que hablar durante la batalla con la *Legion of Doom*. Una media docena de los conocidos de *Terminus*, incluyendo gente en Illinois, Texas y California habían acabado detenidos por el Servicio Secreto en conexión con la copia ilícita de *software*. Con la excepción de *Terminus*, ninguno había sido acusado de ningún crimen. Ninguno de ellos compartía su peculiar prominencia en el *submundo* de los *hackers*.

Pero ello no quería decir que esta gente no acabara teniendo problemas. La transferencia de datos ilícitos en el *ciberespacio* es una práctica nebulosa y poco definida, con peligros paradójicos para todo el que estuviera relacionado: *hackers*, transmisores de señal, propietarios de BBS, polis, fiscales, incluso peatones desprevenidos. A veces, intentos bienintencionados de evitar los problemas o castigar lo mal hecho, traían más problemas que la simple ignorancia, indiferencia o impropiedad.

La BBS de *Terminus* Netsys, no era la típica BBS, aunque tenía la mayoría de las funciones típicas de una BBS. Netsys no era una sola máquina, sino parte de la red cooperativa UUCP que se extendía por el globo. La red UUCP utilizaba un conjunto de programas de *software* UNIX llamados *Unix-to-Unix Copy*, que permitía a los usuarios de UNIX enviarse datos entre sí a altas velocidades a través de la red telefónica pública. UUCP es una red descentralizada radicalmente, sin ánimo de lucro, de ordenadores en UNIX. Hay decenas de millares de estas máquinas UNIX. Algunas son pequeñas, pero muchas son poderosas y también se conectan a otras redes. UUCP tiene ciertos enlaces misteriosos a redes importantes como JANET, EasyNet, BITnet, JUNET, VNET, DASnet, PeaceNet y FidoNet, así como a la gigantesca

Internet. —La llamada *Internet* no es una red en sí misma, sino más bien una *InterRed* de conexiones, que permite que varias redes mundiales de ordenadores se comuniquen entre sí. Los lectores fascinados por la singularidad y complejidad de las modernas redes de información, pueden disfrutar de la autorizada descripción de John S. Quarterman de 719 páginas en 'The Matrix', Digital Press 1990.

Un usuario habilidoso de la máquina UNIX de *Terminus* podría enviar y recibir correo de casi cualquier red de computadoras del mundo. Netsys no era conocida como una *BBS* per se, sino más bien como un *nodo*. Los *nodos* son más grandes, rápidos y sofisticados que las simples *BBS*, y para los *hackers*, dejarse caer por un *nodo* era un avance importante en relación a dejarse caer por *BBS locales*.

El nodo Netsys de *Terminus* en Maryland tenía una serie de conexiones directas a otros nodos similares de la UUCP, mantenidos por gente que compartía sus intereses y algo de su actitud libertaria. Uno de estos nodos era Jolnet, propiedad de Richard Andrews, quien al igual que *Terminus*, era un consultor UNIX independiente. Jolnet también se ejecutaba sobre UNIX, y podía contactarse a alta velocidad desde mainframes de todo el mundo. Jolnet era una obra bastante sofisticada, técnicamente hablando, pero seguía siendo mantenida por un individuo, como un hobby privado sin ánimo de lucro. Jolnet usada principalmente por otros usuarios de UNIX, para correo, almacenamiento y acceso a otras redes. Jolnet ofrecía acceso a redes para unas doscientas personas, más o menos como un instituto local.

Entre sus diversas características y servicios, Jolnet también almacenaba la revista *PHRACK*.

Siguiendo su instinto, Richard Andrews sospechaba de un nuevo usuario llamado Robert Johnson. Richard Andrews inmediatamente echó un vistazo a ver qué estaba almacenando Robert Johnson en Jolnet. Y así Andrews encontró el *documento E911*.

Robert Johnson era *Prophet* de la *Legion of Doom*, y el *documento E911* eran datos copiados de forma ilícita tras el asalto de *Prophet* a los ordenadores de BellSouth.

El *documento E911*, un fragmento particularmente ilícito de propiedad digital estaba listo para reasumir su larga, compleja y desastrosa carrera.

A Andrews le pareció muy sospechoso que alguien que no fuera un empleado de telefónica tuviera un documento sobre el 'Sistema Ampliado del 911'. Además, el documento en sí mismo contenía una advertencia obvia:

«ATENCIÓN: NO SE USE O MUESTRE FUERA DE BELLSOUTH O UNA DE SUS SUBSIDIARIAS A MENOS QUE EXISTA UN ACUERDO ESCRITO.»

Este tipo de etiquetados de no mostrar fuera, se añaden a menudo a todo tipo de material corporativo. Los *telecos* como especie, son particularmente famosos por ponerle el sello de *no se use o muestre* a cualquier cosa que esté a la vista. Sin embargo, este tipo específico de datos se refería al sistema *911*. Ello le sonó muy mal a Richard Andrews.

Andrews no estaba preparado para ignorar un problema así. Pensó que sería inteligente pasar el documento a un amigo de la red UNIX para consultarle. Así, en septiembre de 1988, Andrews envió una copia más del *documento E911* electrónicamente a un empleado de la AT&T, un tal Charles Boykin, que mantenía un nodo llamado «Attctc» en Dallas, Texas.

«Attctc» era propiedad de AT&T y se dirigía desde el Centro de Tecnología para el Usuario de AT&T, de ahí el nombre de «Attctc»[8]. «Attctc» era más conocida como Killer, el nombre de la máquina que ejecutaba el sistema. Killer era una máquina poderosa, modelo AT&T 3B2 500, multiusuario, multitarea y con unos 3.2 alucinantes gigabytes de almacenamiento. Cuando Killer llegó por primera vez a Texas en 1985, la 3B2 había sido la gran esperanza blanca de AT&T para ponerse a la par con IBM, en el mercado corporativo de *hardware* informático. Killer había sido enviada desde el Centro de Tecnología para el Usuario en el Infomart de Dallas, básicamente un centro comercial de alta tecnología, y allí reposaba; un modelo de demostración.

Charles Boykin, un veterano en el *hardware* de AT&T y un experto en comunicaciones digitales, era un técnico local de repuesto para el sistema 3B2 de AT&T. En tanto que modelo en exposición en el centro comercial de Infomart, tenía poco que hacer, y resultaba vergonzoso desperdiciar la capacidad del sistema. Así pues, Boykin escribió un ingenioso *software* tipo BBS para Killer y conectó la máquina a la red telefónica local. El debut de Killer hacia finales de 1985 la convirtió en la primera máquina UNIX de

---

[8] Siglas de AT&T Costumer Technology Center. (N. del T.)

alcance público en el estado de Texas. Cualquiera que quisiera jugar era bienvenido.

Inmediatamente, la máquina atrajo a la comunidad electrónica. Se unió a la red UUCP, y ofrecía conexiones en red a más de 80 computadoras, todas las cuales dependían de Killer para conectarse al gran mundo del *ciberespacio*. Y no se trataba sólo de los peces gordos; los ordenadores personales también almacenan programas *freeware* para Amiga, Apple, IBM y Macintosh en los vastos 3200 megas de espacio. En un cierto momento, Killer tuvo la biblioteca más grande de *software* de dominio público para Macintosh, en Texas.

Finalmente, Killer atrajo a unos 1.500 usuarios, todos muy ocupados comunicándose, cargando y descargando, recibiendo mail, cotilleando y conectándose a redes misteriosas y distantes.

Boykin no recibió ninguna paga por mantener Killer. Consideraba que era una buena publicidad para el sistema 3B2 de AT&T —cuyas ventas eran un poco menos que estelares—, pero lo cierto es que también disfrutaba de la vibrante comunidad que su habilidad había creado. Regaló el *software* para BBS en UNIX que había creado, sin ninguna ganancia.

En la comunidad de programadores de UNIX, Charlie Boykin tenía la reputación de ser un tipo cálido, abierto y estable. En 1989, un grupo de profesionales de UNIX tejanos votó por Boykin como el *administrador de sistemas del año*. Se le consideraba como un tipo en el que podías confiar.

En septiembre de 1988, sin avisar, el *documento E911* aterrizó en la vida de Boykin, reenviado por Richard Andrews. Boykin se dio cuenta inmediatamente que el documento era una patata caliente. No era un hombre dado a la comunicación por voz, y sabía muy poco de las idas y venidas de las Baby Bells, pero sin duda sabía qué era el sistema *911* y le enfurecía ver datos confidenciales en manos de un don nadie. Sin duda se trataba de un caso de seguridad entre *telecos*. Así, el 2 de septiembre de 1988, Boykin hizo *una copia más* del *documento E911* y se lo pasó a un conocido suyo por temas profesionales, un tal Jerome Dalton, del servicio de Seguridad Informativa de AT&T. Jerry Dalton era el mismo tipo que más tarde llevaría a cabo el registro en la casa de *Terminus*.

Desde la división de seguridad de AT&T, el documento fue a parar a Bellcore.

Bellcore o (BELL COmmunications REsearch[9]) fue una vez el laboratorio central del sistema de Bell. Los trabajadores en los laboratorios de Bell habían inventado el sistema operativo UNIX. Ahora Bellcore era casi independiente, y actuaba como el brazo investigador de las siete Baby Bells. Bellcore estaba en buena posición para coordinar las tecnologías en seguridad y para actuar de consultor, y el hombre a cargo de todo este esfuerzo era Henry M. Kluepfel, un veterano de los sistemas Bell que había trabajado en ellos durante 24 años.

El 13 de octubre de 1988, Dalton pasó el *documento E911* a Henry M. Kluepfel. Kluepfel, un veterano experto en fraude de las telecomunicaciones, se había encontrado ciertamente ante problemas mucho más graves que éste. Reconoció que el documento era, en realidad, un trofeo de una intrusión de *hackers*.

Sin embargo, cualquiera que fuera el daño causado por la intrusión, sin duda era agua pasada. En este momento parecía que no había gran cosa que hacer. Kluepfel tomo nota cuidadosa de las circunstancias y archivó el problema para otro momento.

Pasaron meses enteros.

Llegó febrero de 1989. Los tres de Atlanta seguían trasteando con los interruptores de Bell South, y aún no habían encontrado la horma de su zapato. Pasaron unos seis meses muy buenos desde la intrusión de *Prophet* al AIMSX. A *Prophet*, como suele sucederles a los *hackers*, empezaron a subírsele los laureles. *Knight Lightning* y *Taran King*, los editores de *PHRACK*, estaban siempre pidiendo a *Prophet* material para publicar. *Prophet* decidió que los ánimos ya se debían haber calmado y que podía volver a chulear de forma segura.

Así pues envió una copia del *documento E911* —otra más— desde la máquina Jolnet de Richard Andrews a la cuenta BITnet de *Knight Lightning* en la Universidad de Missouri.

Revisemos el destino del documento hasta aquí.

0. El *documento E911* original. Se encuentra en el sistema AIMSX en una computadora mainframe en Atlanta, al alcance de cientos de

---

[9] Es decir, Investigación de Comunicaciones de Bell. (N. del T.)

personas, pero todos ellos, presumiblemente, son empleados de BellSouth. Un número desconocido de ellos tiene sus propias copias del documento, pero todos son profesionales y la compañía telefónica confía en ellos.

1. La copia ilícita de *Prophet*, en su casa, en su propia computadora en Decatur, Georgia.

2. La copia de seguridad de *Prophet*, almacenada en la máquina Jolnet de Rich Andrews, que se encuentra en el sótano de la casa de Rich Andrews cerca de Joliet, Illinois.

3. La copia de Charles Boykin en la máquina Killer en Dallas, Texas, enviada por Richard Andrews desde Joliet.

4. La copia de Jerry Dalton en Seguridad informática de AT&T en New Jersey, enviado por Charles Boykin en Dallas, Texas.

5. La copia de Henry M. Kluepfel en Seguridad, en el cuartel general de en New Jersey, enviado por Dalton.

6. La copia de *Knight Lightning*, enviada por *Prophet* desde la máquina de Richard Andrews y ahora en Columbia, Missouri.

Podemos ver que la situación en lo que se refiere a la *seguridad* del documento, una vez extraído del AIMSX, resultó ser bastante bizarra. Sin que haya habido dinero circulando, sin ningún esfuerzo especial, estos datos han sido reproducidos al menos seis veces y se han extendido por todo el continente. Pero lo peor aún estaba por venir.

En febrero de 1989, *Prophet* y *Knight Lightning* empezaron a realizar un regateo electrónico en relación al destino de su trofeo. *Prophet* quería presumir, pero, al mismo tiempo, no tenía ningún interés especial en que lo atraparan.

Por su lado, *Knight Lightning* se moría de ganas de publicar el documento. *Knight Lightning* estaba licenciado en ciencias políticas y sentía un especial interés en cuestiones relacionadas con la libertad de información. Publicaría alegremente cualquier cosa que reflejara la gloria del *submundo* y ridiculizara a los *telecos*. Sin embargo, el propio *Knight Lightning* tenía contacto con la seguridad de los *telecos*, y a veces les consultaba sobre material que recibía y sobre lo que él dudaba a la hora de publicarlo.

Prophet y *Knight Lightning* decidieron editar el *documento E911* para borrar cualquier rastro identificativo. En primer lugar, había que quitar la advertencia *«NO SE USE O MUESTRE»*. Luego había otras cuestiones. Por ejemplo, se listaban los teléfonos de diversos especialistas en el 911 de BellSouth en Florida. Si esos números de teléfono se publicaran en *PHRACK*, seguramente los empleados implicados serían molestados por los *phone phreaks*, y ello conseguiría molestar enormemente a BellSouth, y representaría un claro peligro operacional para *Prophet* y *PHRACK*.

Así pues, *Knight Lightning* cortó el documento casi por la mitad, retirando los números de teléfono y las informaciones más sensibles y específicas. Se lo volvió a enviar electrónicamente a *Prophet*; *Prophet* todavía estaba nervioso, así que *Knight Lightning* recortó un poquito más. Finalmente decidieron que ya estaba listo, y que se publicaría en *PHRACK* bajo el seudónimo de *El Escucha*.

Y todo esto se hizo el 25 de febrero de 1989.

El número 24 de *PHRACK* ofrecía una entrevista verbal con el co-editor y *phone-phreak Chanda Leir*, tres artículos sobre BITnet y sus conexiones a otras redes de computadoras y un artículo sobre los números 800 y 900 escrito por *Usuario desconocido*. Un artículo de *VaxCat* sobre cuestiones básicas de *telecos* —mordazmente titulado «Levantado el velo secreto a *Ma Bell*»— y las típicas *Noticias Mundiales de PHRACK*

La sección de noticias, con dolorosa ironía, ofrecía una descripción detallada de la sentencia para *Shadowhawk*, un *hacker* de dieciocho años de Chicago que había acabado en prisión gracias al mismo William J. Cook.

Y entonces aparecieron los dos artículos de *El Escucha*. El primero era el *documento E911* editado, ahora titulado «Oficina de control y administración de los servicios 911 mejorados, para servicios especiales y grandes centros de contabilidad». El segundo artículo de era un glosario de términos, explicando los crípticos acrónimos *telecos* y las palabras técnicas del *documento E911*.

El documento había sido distribuido, según la usual rutina de *PHRACK*, a unos ciento cincuenta *sitios*. No a ciento cincuenta *personas* —¡atención!— sino a ciento cincuenta *sitios*, algunos de los cuales estaban conectados a nodos UNIX o BBS, los cuales a su vez tenían decenas, docenas o incluso centenares de lectores.

Estamos en febrero de 1989. De momento no sucedió nada. Llegó el verano, y el grupo de Atlanta fue cazado por el Servicio Secreto. Se detuvo a

Fry Guy. Pero nada sucedía todavía con *PHRACK*. Salieron seis números más de *PHRACK*, 30 en total, más o menos según una periodicidad mensual. Ni a *Knight Lightning* ni al co-editor *Taran King* se les tocó ni un pelo.

PHRACK tendía a agacharse y cubrirse siempre que las cosas se caldeaban. Durante las detenciones de *hackers* en el verano de 1987 —las detenciones de *hackers* tienden a ser en verano, quizás porque es más fácil encontrarlos en casa que en el instituto o la universidad— *PHRACK* dejó de publicar durante varios meses, y permaneció oculto. Algunos miembros de la *Legion of Doom* habían sido arrestados, pero nada había sucedido a la gente de *PHRACK*, los más famosos del *submundo*. En 1988, *PHRACK* tenía un nuevo editor *Crimson Death,* un joven aficionado a los ficheros anarquistas.

1989, sin embargo, parecía el año de obtener un buen botín para el *submundo*. *Knight Lightning* y su co-editor *Taran King* volvieron a tomar las riendas y *PHRACK* floreció a lo largo del verano de 1989. La *Legion of Doom* de Atlanta sufrió unos golpes duros el verano de 1989, pero *PHRACK* continuó su curso felizmente. El *documento E911* de *Prophet* no parecía que pudiera causar ningún daño a *PHRACK*. Para enero de 1990, ya llevaba casi un año al alcance de cualquiera. Kluepfel y Dalton, oficiales de seguridad Bellcore y AT&T habían tenido el documento en sus manos desde hacía dieciséis meses; de hecho, lo habían conseguido incluso antes que *Knight Lightning* y no habían hecho nada en particular para detener su distribución. Ni siquiera les habían dicho a Richard Andrews o a Charles Boykin que borraran las copias de sus nodos UNIX, Jolnet y Killer.

Pero entonces llegó el monstruo de la *caída del sistema* el día de Martin Luther King, el 15 de enero de 1990.

Sólo tres días después, el 18 de enero, cuatro agentes aparecieron en la residencia de *Knight Lightning*. Uno era Timothy Foley, el otro Barbara Golden, los dos eran agentes del Servicio Secreto de la sede en Chicago. También estaba un oficial de seguridad de la universidad de Missouri, y Reed Newlin, un agente de seguridad de la SouthWestern Bell, la compañía con jurisdicción sobre Missouri.

Foley acusó a *Knight Lightning* de provocar la caída nacional del sistema telefónico.

Knight Lightning alucinó ante tal alegación. A primera vista, la sospecha no era totalmente imposible, aunque *Knight Lightning* sabía perfectamente que él no había sido. Un montón de *hackers* como *hot-dog*, sin embargo, habían presumido de que podrían haberlo hecho. Por ejemplo,

Shadowhawk, el *hacker* de Chicago que William J. Cook había metido recientemente entre rejas, había alardeado varias veces en BBS de que él podría *hacer caer todo el sistema público de AT&T.*

Y ahora resultaba que este evento, o algo que se le parecía mucho, acaba de suceder. La *caída* había encendido una hoguera bajo los pies del Grupo de Chicago. El consenso entre la seguridad de los *telecos* —que ya estaban aterrorizados ante la habilidad de los intrusos en BellSouth— era que el *submundo* digital se había salido de madre. *Legion of Doom* y *PHRACK* tenían que desaparecer.

Y al publicar el *documento E911* de *Prophet*, *PHRACK* había ofrecido al brazo de la ley lo que parecía ser una poderosa arma legal.

Foley interrogó a *Knight Lightning* acerca del *documento E911*.

Knight Lightning se acobardó. Empezó a *cooperar de forma completa*, según la típica tradición del *submundo* digital.

Dio a Foley una colección impresa completa de *PHRACK*. Le ofreció la lista completa de los suscriptores a la lista electrónica de *PHRACK*. *Knight Lightning* recibió el tercer grado por Foley y su gente. *Knight Lightning* admitió que *Prophet* le había pasado el *documento E911*, y admitió que sabía que era botín robado de un asalto de *hackers* a la compañía telefónica. *Knight Lightning* firmó una declaración en relación a estas cuestiones, y aceptó, por escrito, a cooperar con los investigadores.

Al día siguiente —19 de enero de 1990, un viernes— el Servicio Secreto volvió con una orden de registro y buscó por todo el apartamento de *Knight Lightning* en la residencia de estudiantes. Se llevaron todos sus *disquetes,* aunque, curiosamente, le dejaron en posesión de su computadora y su módem. —La computadora no tenía disco duro, y según el criterio de Foley, no contenía pruebas—. Pero esto era sólo un pequeño rayo de luz entre los problemas que se iban acumulando en la vida de *Knight Lightning*. Estaba metido en un buen lío, y no sólo con la policía federal, fiscales, investigadores de *telecos* y la seguridad de la universidad, sino también con sus colegas de más edad en el campus, que se sentían ultrajados al saber que habían estado conviviendo con un criminal federal informático.

El lunes llevaron a *Knight Lightning* a Chicago, donde volvió a ser interrogado por Foley y la veterana agente del Servicio Secreto, Barbara Golden, esta vez delante de un abogado. Y el martes fue llevado formalmente a juicio ante el gran jurado.

El juicio a *Knight Lightning* tuvo lugar entre el 24 y el 27 de julio de 1990, y fue el juicio más crucial de *La Caza de Hackers*. Examinaremos ese juicio con detalle en el capítulo cuatro de este libro.

Mientras tanto, tenemos que continuar con nuestra búsqueda del *documento E911*.

Para enero de 1990 tenía que estar claro que el *documento E911*, en la forma en que *PHRACK* lo había publicado en febrero de 1989, se debía haber desplazado a la velocidad de luz en al menos ciento cincuenta direcciones diferentes. Intentar volver a meter este genio electrónico en la botella era claramente imposible.

Y, sin embargo, el *documento E911 seguía* siendo propiedad robada, tanto legal como formalmente. Cualquier transferencia electrónica de este documento, por cualquier persona no autorizada a tenerlo, podría interpretarse como un acto de fraude electrónico. La transferencia interestatal de mercancía robada, incluyendo la propiedad electrónica, era un crimen federal.

El Grupo de Chicago para la investigación en fraude informático, había recibido la información de que el *documento E911* valía una enorme suma de dinero. De hecho, su valor había sido estimado por el personal de seguridad de BellSouth en 79.449 dólares. Una suma así debería garantizar una persecución vigorosa. Incluso si no se pudiera deshacer el daño, al menos una suma tal, ofrecería un buen pretexto legal para dar un castigo ejemplar a los ladrones. Desde luego impresionaría a los jueces y a los jurados. Y podría usarse en el tribunal para barrer a la *Legion of Doom*.

El grupo de Atlanta ya estaba en el saco en el momento en que el Grupo de Chicago dedicaba su atención a *PHRACK*. Pero la *Legion of Doom* era una hidra de muchas cabezas. A finales del 1989 un nuevo equipo director de la *Legion of Doom* «Proyecto Fénix» había aparecido en Austin, Texas. «Proyecto Fénix» tenía como operador de sistema nada más y nada menos que al propio *The Mentor*, asistido por un estudiante de la Universidad de Texas y ardiente seguidor de la *Legión of Doom*, *Erik Bloodaxe*.

Tal y como hemos visto en su manifiesto en *PHRACK*, *The Mentor* era un *hacker* zelote, que consideraba que la intrusión en ordenadores era prácticamente una obligación moral. El «Proyecto Fénix» era un esfuerzo ambicioso, que intentaba revivir el *submundo* digital que *The Mentor* consideraba floreciente a principios de los ochenta. El equipo directo de Fénix también intentaría encarar a la *élite hacker* con la oposición *teleco*. En «Proyecto Fénix», los *hackers* más inteligentes, supuestamente, pondrían en ridículo a esos cabezas cuadradas y sus actitudes inmovilistas, y quizás los convencerían de que la *élite* de la *Legion of Doom* eran unos tipos legales. La premiere del ««Proyecto Fénix» fue anunciada a bombo y platillo por *PHRACK*, y el «Proyecto Fénix» incluía la colección completa de los números de *PHRACK*, incluyendo el *documento E911* según lo había publicado *PHRACK*.

El «Proyecto Fénix» era uno de los muchos —posiblemente centenares— de nodos y BBS que por toda América poseían el *documento E911*, pero «Proyecto Fénix» era una desvergonzada BBS de la *Legion of Doom*. Bajo la dirección de *The Mentor*, se reían en la cara del personal de seguridad de los *telecos*. Aún peor, intentaba activamente *atraerlos* a la causa de la *élite* del *submundo* digital. Fénix no tenía ni tarjetas ni códigos. La *élite hacker* lo consideraba al menos técnicamente legal. Pero «Proyecto Fénix» era una influencia corruptora, en la que la anarquía *hacker* se iba comiendo poco a poco, como un ácido digital, a los cimientos de la propiedad corporativa.

El Grupo de Chicago contra el fraude informático estaba preparado para bajar a Austin, Texas.

Curiosamente, no había un sólo rastro, sino dos, apuntando a Austin. La ciudad de Austin, como la de Atlanta, formaba parte del Cinturón del Sol de la Era de la Información, y tenía una fuerte presencia de investigación universitaria, y un buen número de compañías electrónicas innovadoras, incluyendo Motorola, Dell, CompuAdd, IBM, Sematech y MCC.

Allí donde hay máquinas informáticas, normalmente los *hackers* van detrás. Austin no sólo contenía el «Proyecto Fénix», en esos momentos la BBS del *submundo* más flagrante, sino además un buen número de nodos UNIX.

Uno de estos nodos era Elephant, mantenido por el consultor de UNIX Robert Izenberg. Izenberg, buscando un estilo de vida sureño y relajado y con menor coste de vida, había migrado recientemente a Austin desde Nueva Jersey. En Nueva Jersey, Izenberg había trabajado para una compañía de forma independiente, programando código UNIX para la propia AT&T. *Terminus* había sido un usuario frecuente del nodo Elephant, mantenido de forma privada por Izenberg.

Habiendo entrevistado a *Terminus* y examinado los registros de Netsys, el grupo de Chicago estaba convencido, de que habían descubierto una banda del *submundo* de piratas de *software* para UNIX, de los que se podía demostrar que eran culpables en traficar interestatalmente con código fuente copiado ilícitamente a AT&T. Izenberg fue arrastrado a la red alrededor de *Terminus*, el autoproclamado *hacker* definitivo.

Izenberg, en Austin, tenía un trabajo relacionado con el UNIX en la rama tejana de IBM, Izenberg ya no trabajaba para AT&T, pero tenía amigos en Nueva Jersey, y todavía se conectaba a computadoras UNIX de AT&T en Nueva Jersey, más o menos cuando le apetecía. Las actividades de Izenberg resultaban bastante sospechosas para el Grupo. Izenberg podría estar entrando ilegalmente en computadoras de AT&T, copiando *software* de AT&T y pasándoselo a *Terminus* y otros posibles colegas, a través del nodo en red de UNIX. Y sus datos no valían solamente 79.499 dólares, ¡Sino centenares de miles!

El 21 de febrero de 1990, Robert Izenberg llegó a casa desde su trabajo en IBM, y se encontró con que todos los ordenadores habían desaparecido de forma misteriosa de su apartamento en Austin. Naturalmente, supuso que se los habían robado. Su nodo Elephant, las otras máquinas, sus blocs de notas, sus *disquetes*, sus cintas, ¡Todo había desaparecido! Sin embargo, nada aparecía desordenado. Su apartamento no había sido saqueado.

El enigma aún se volvió más extraño cinco minutos más tarde. El agente del Servicio Secreto de los Estados unidos Al Soliz, acompañado por el oficial de seguridad del campus de la Universidad de Texas, Larry Coutorie y el ubicuo Tim Foley aparecían ante la puerta de Izenberg. Vestían de manera casual: cazadoras, polos. Entraron, y Tim Foley acusó a Izenberg de pertenecer a la *Legion of Doom*.

Izenberg les dijo que nunca había oído hablar de la *Legion of Doom*. ¿Y qué sabía de cierto *documento E911* robado, que representaba una amenaza directa a las líneas policiales de emergencia? —Izenberg afirmó que tampoco había oído hablar de él. Sus interrogadores lo encontraron difícil de creer.

—¿No conocía a *Terminus*?

—¿A quién?

Le dijeron el verdadero nombre de *Terminus*.

—¡Ah!, sí, —dijo Izenberg. Conocía a *ese* tipo. Era el líder en las discusiones en Internet sobre ordenadores AT&T, especialmente el 3B2 de AT&T.

AT&T había confiado en tener éxito al poner esta máquina en el mercado, pero como muchos otros intentos de entrar en la arena de la computación, el proyecto 3B2 no fue precisamente un éxito. El mismo Izenberg, había sido contratado por la división de AT&T que se encargaba del 3B2. Toda la división se había ido al garete.

En aquellos momentos, la forma más barata y rápida de obtener ayuda con esa desfasada pieza de *hardware*, era unirse a uno de los grupos de discusión de *Terminus* en Internet, en la que *hackers* amigables y con conocimiento, te ayudaban gratis. Desde luego, los comentarios dentro de este grupo, no eran precisamente amables en relación a la Estrella de la Muerte[10]. ¿Era *ese* el problema?

Foley le dijo a Izenberg, que *Terminus* había estado obteniendo *software* a través de su máquina.

Izenberg se encogió de hombros. En su *site* de UUCP, pasaban cada día sus buenos 8 megabytes. Los nodos de UUCP, despedían datos como si fueran mangueras de bombero. Elephant estaba directamente conectado a Netsys, —lo cual no es sorprendente, pues *Terminus* era un experto en 3B2 e Izenberg había trabajado para el proyecto 3B2.

Izenberg también estaba conectado con «Attctc» y con la Universidad de Texas. *Terminus* era un experto en UNIX bien conocido. Podría haber hecho cualquier cosa en Elephant, y no había nada que Izenberg pudiera hacer para remediarlo. Era físicamente imposible. Como encontrar una aguja en un pajar.

En un interrogatorio de cuatro horas, Foley urgía a Izenberg a que limpiara su conciencia, y admitiera que formaba parte de la conspiración con *Terminus*, y que era un miembro de la *Legion of Doom*.

Izenberg lo negó. No era ningún *hacker* adolescente colgado. Tenía treinta y dos años, y ni siquiera tenía un *nick*. Izenberg, había sido un técnico en televisores y especialista en electrónica, que se había decantado por la consultoría en UNIX cuando ya era un adulto. Nunca se había encontrado

---

[10] Es decir, AT&T, por la similitud entre el logo de esta compañía y la nave de la película *La Guerra de las Galaxias*. (N. del T.)

personalmente con *Terminus*. Sin embargo, una vez le compró un módem de alta velocidad a buen precio.

Foley le dijo que ese módem —un Telenet T2500— con una velocidad de 19,2 Kbps que acabada de desaparecer de la casa de Izenberg, para quedar bajo la custodia del Servicio Secreto, era seguramente una propiedad *caliente*. Izenberg se sorprendió al oír esto, pero de hecho, la mayoría del equipo de Izenberg —como les pasa a casi todos los profesionales *freelance* de esta industria— procedía del *mercado negro*, donde iba pasando de mano en mano después de varios regateos. No había ninguna prueba de que el módem fuera robado, y si la hubiera habido, Izenberg no podía entender como eso les daba derecho, a llevarse de su casa todo el equipo electrónico.

Así y todo, si el Servicio Secreto de los Estados Unidos consideraba que necesitaban su ordenador por razones de seguridad nacional —o vaya usted a saber qué—, entonces Izenberg se tenía que callar. Le pareció que, de alguna forma, tendría que sacrificar sus veinte mil dólares en equipo profesional, en aras de la cooperación absoluta y en ser un buen ciudadano.

Robert Izenberg no fue arrestado. No se le acusó de ningún crimen. Su nodo UUCP, lleno con 140 megabytes de ficheros correo y datos, tanto suyos como de su docena de usuarios, todos absolutamente inocentes, salieron por la puerta como *evidencia*. Entre los *disquetes* y las cintas, Izenberg había perdido unos 800 megas de datos.

Pasaron seis meses hasta que Izenberg decidió llamar al Servicio Secreto y preguntarles cómo iba el caso. Esta fue la primera vez, que Robert Izenberg oyó el nombre de William J. Cook. En enero de 1992, dos años después de la apropiación, Izenberg, sin estar todavía acusado de ningún crimen, aún estaba luchando en el tribunal, con la esperanza de recuperar los miles de dólares de su equipo retenido.

El caso de Izenberg no tuvo ningún eco en la prensa. El Servicio Secreto había entrado en una casa de Austin, se había llevado una BBS en UNIX y no había tenido ninguna dificultad para hacerlo.

Con la excepción de que el rumor de *una caza* se estaba distribuyendo por *Legion of Doom*, *The Mentor* de forma voluntaria cerró el «Proyecto Fénix». La verdad es que era una lástima, especialmente porque empleados en seguridad de *telecos* habían aparecido por «Proyecto Fénix», tal y como él había esperado, junto a los típicos duros de *Legion of Doom*, *phreaks*, *hackers* y novatos. Estaba Sandy Sandquist de la seguridad de US SPRINT y un tipo llamado Henry M. Kluepfel, ¡De la misma Bellcore! Kluepfel había sido amistoso con los *hackers* en «Proyecto Fénix» desde el 30 de enero —dos semanas después de la *caída del sistema* el día de Martin Luther King—. La presencia estelar de un oficial *teleco,* parecía el empuje que necesitaba el «Proyecto Fénix».

Así y todo, *The Mentor* podía observar el ambiente. Atlanta en ruinas, *PHRACK* con graves problemas, algo raro sucedía en los nodos UNIX. Lo más recomendable era la discreción. El «Proyecto Fénix» fue desconectado.

Desde luego, Kluepfel había estado monitorizando esta BBS de la *Legion of Doom* por motivaciones propias, y las del Grupo de Chicago. Al menos desde 1987, Kluepfel se había estado conectando a una BBS del *submundo* de Texas llamada Phreak Klass 2600. Allí descubrió a un jovenzuelo llamado *Shadowhawk,* presumiendo sobre obtener ficheros informáticos de AT&T y presumiendo de sus intenciones de sabotear computadoras de Bellcore con Troyanos. Kluepfel le pasó las noticias a Cook en Chicago, y los ordenadores de *Shadowhawk* salieron por la puerta hacia la custodia del Servicio Secreto, y el mismo *Shadowhawk* acabando entre rejas.

Ahora era el turno del «Proyecto Fénix». El «Proyecto Fénix» afirma basarse en la *legalidad* y en un *mero interés intelectual.* Dentro estaba *PHRACK.* Contenía el *documento E911.* Había mucha conversación acerca de irrumpir en sistemas, incluyendo toda una serie de comentarios atrevidos y malignos acerca de un supuesto *servicio de descifrado* que *The Mentor* y sus amigos planeaban poner en marcha, para ayudar a *crackear* contraseñas cifradas en sistemas *hackeados.*

The Mentor era una persona adulta. Había una BBS también en su lugar de trabajo. Kleupfel se conectó a esa BBS, y descubrió algo llamado Illuminati. Estaba dirigido por una compañía llamada Steve Jackson Games, Inc.

El 1 de marzo de 1990 *La Caza* en Austin puso la quinta marcha.

La mañana del 1 de marzo —un jueves— el estudiante de 21 años de la Universidad de Texas *Erik Bloodaxe,* co-operador de sistemas del «Proyecto Fénix» y miembro de la *Legion of Doom,* se despertó con un revolver policial apuntado a su cabeza.

Bloodaxe observó, desamparado, como los agentes del Servicio Secreto se apropiaban de su terminal de 300 baudios y, rebuscando entre sus ficheros, descubrieron su preciado código fuente del gusano de Internet de Robert Morris. Pero *Bloodaxe,* un operador astuto, sospechaba que una cosa así podría pasar. Su mejor equipo estaba escondido en otro lado. Sin embargo, los saqueadores se llevaron todo el equipo electrónico, incluyendo su teléfono. Les entró pereza al ver su máquina de marcianitos a lo comecocos y la dejaron en su sitio. Era demasiado pesada como para moverla.

Bloodaxe no fue arrestado. No fue acusado de ningún crimen. Dos años después, sin embargo, la policía seguía custodiando lo que se llevaron.

The Mentor no tuvo tanta suerte. El registro al amanecer les cogió a él y a su mujer en paños menores, y seis agentes del Servicio Secreto, acompañados por un policía de Austin y el mismo Henry M. Kluepfel, llevaron a cabo un buen requisamiento. Todo acabó en la minivan Chevrolet blanca de los agentes: un clónico de IBM PC-AT con 4 megas de RAM y un disco duro de 120 megas: una impresora Hewlett-Packard LaserJet II, un sistema operativo Xenix 286 completamente legítimo y muy caro, *disquetes* y documentación de Pagemaker y el procesador de textos Word de Microsoft. La mujer de *The Mentor* tenía su tesis doctoral inacabada almacenada en el disco duro, y de allí se fue, junto al teléfono de la pareja. Dos años después todas estas propiedades seguían en custodia de la policía.

The Mentor permaneció bajo arresto en su apartamento mientras los agentes se preparaban para asaltar Steve Jackson Games, Inc. El hecho de que el cuartel general de este negocio no fuera una residencia privada no detuvo a los agentes. Todavía era muy temprano. No había nadie trabajando aún. Los agentes ya estaban preparados para romper la puerta, pero *The Mentor*, escuchando a hurtadillas las conversaciones por el walkie-talkie, les pidió que no lo hicieran, y les ofreció su llave del edificio.

Los detalles exactos siguen sin estar claros. Los agentes no dejaron que nadie más entrara en el edificio. Su orden de registro, cuando se mostró, no estaba firmada. Por lo visto desayunaron en el *Whataburger* local, pues se encontraron restos de las hamburguesas en el interior del edificio. También se apoderaron de los caramelos de un empleado de SJG. Alguien arrancó de la pared un adhesivo de *Dukakis for President*.

Los empleados de SJG, dirigiéndose de forma diligente al trabajo, se encontraron en la puerta con agentes del Servicio Secreto de los Estados Unidos que los interrogaron brevemente. Los empleados observaron asombrados como los agentes sacaban llaves inglesas y destornilladores, y empezaban a surgir con máquinas confiscadas. Atacaron almacenamientos exteriores con cutters. Los agentes llevaban anoraks con las letras de *Servicio Secreto* en la espalda, calzados con zapatillas de deporte y vistiendo tejanos.

La compañía de Jackson perdió tres computadoras, varios discos duros, cientos de *disquetes*, dos monitores, tres módems, una impresora láser, varios cables y adaptadores —y, curiosamente una pequeña bolsa con tornillos y tuercas—. La requisación de la BBS Illuminati dejó a SJG sin programas, ficheros de texto y correo electrónico privado de la BBS. La pérdida de otras dos computadoras de SJG fue también un duro golpe, pues había causado la pérdida de contratos almacenados electrónicamente, proyecciones financieras, direcciones, listas de correo, ficheros personales, correspondencia comercial y, no menos importante, los bosquejos de nuevos juegos y libros de juego.

No se arrestó a nadie de Steve Jackson Games, Inc. Nadie fue acusado de ningún crimen. No se presentaron cargos. Todo lo requisado fue guardado oficialmente como *evidencia* de crímenes que nunca fueron especificados.

Después de la vista de *PHRACK,* el escándalo de Steve Jackson Games, Inc. fue el más estrambótico incidente de *La Caza de Hackers* de 1990. Este asalto del Grupo de Chicago contra el editor de juegos de ciencia-ficción, iba a activar una horda de cuestiones sobre derechos civiles, y generó una controversia que se iba complicando cada vez más, creciendo según aumentaban sus implicaciones, unos dos años después.

La búsqueda del *documento E911* terminó con el asalto a Steve Jackson Games, Inc. Tal y como hemos visto, había cientos, quizás miles de usuarios de ordenadores en Estados Unidos que habían tenido entre sus manos el *documento E911.* Teóricamente, el grupo de Chicago tenía todo el derecho legal a asaltar a cualquiera de estas personas y podrían haber requisado las máquinas de cualquiera que hubiera estado subscrito a *PHRACK.* Sin embargo, no había ninguna copia del *documento E911* en la BBS de Illuminati de Jackson. Y allí los asaltantes de Chicago se quedaron detenidos; ya no han asaltado a nadie más desde entonces.

Podría suponerse que Richard Andrews y Charlie Boykin que habían presentado el *documento E911* ante la seguridad de los *telecos,* se podrían haber ahorrado cualquier sospecha oficial. Pero, tal y como hemos visto, el deseo de *cooperar completamente* no ofrece mucha —por no decir ninguna— seguridad contra una persecución federal anti-*hackers.*

Richard Andrews se encontró ante graves problemas, gracias al *documento E911.* Andrews vivía en Illinois, los pastos nativos del Grupo de

Chicago. El 3 y el 6 de febrero, su casa y el lugar de trabajo fueron registrados por el Servicio Secreto. Sus máquinas también se fueron por la puerta y le aplicaron el tercer grado un buen rato —aunque no fue arrestado—. Andrews demostró ser culpable de estar en posesión de: UNIX SVR 3.2; UNIX SVR 3.1; UUCP; PMON; WWB; IWB; DWB; NROFF; KORN SHELL '88; C++; y QUEST, entre otros.

Andrews había recibido este código propietario —que AT&T valoraba oficialmente en más de 250.000 dólares— a través de la red UNIX, buena parte de la cual suministrada como favor personal por *Terminus*, probablemente. Aún peor, Andrews admitió haberle devuelto el favor, al pasarle a *Terminus* una copia del código fuente propietario de STARLAN.

Hasta el mismo Charles Boykin, un empleado de AT&T, se metió en problemas hasta las orejas. En 1990 ya casi se había olvidado del problema del *E911* que él había denunciado en septiembre del 88. De hecho, desde esa fecha, había pasado dos alertas de seguridad más a Jerry Dalton, en relación a temas que Boykin consideraba peores que el *documento E911*.

Pero en 1990, el año de *La Caza de Hackers*, el Servicio de Seguridad Informativa Corporativa de AT&T estaba harta ya de Killer. Esta máquina no daba dividendos a AT&T, y proveía de ayuda y confort a una nube de colgados sospechosos de fuera de la compañía, algunos de los cuales eran conspiraban activamente contra AT&T, su propiedad y sus intereses como corporación. Sin importar ya la buena voluntad y la publicidad que se hubiera podido ganar con Killer, sus 1500 usuarios devotos eran un riesgo de seguridad, demasiado importante como para seguir haciendo la vista gorda. El 20 de febrero de 1990, Jerry Dalton llegó a Dallas y simplemente desconectó los cables telefónicos, ante la sorpresa y alarma de muchos de los usuarios tejanos de Killer. Killer quedó permanentemente desconectada, con la enorme pérdida de archivos de programas y una enorme cantidad de correo electrónico. El servicio nunca se restauró. AT&T no mostró ningún interés por la *propiedad* de esas 1500 personas.

Cualquiera que fuera la *propiedad* que los usuarios habían estado almacenando en la computadora de AT&T lo cierto es que se desvaneció completamente.

Boykin, quien había denunciado el problema del *documento E911* se encontró también bajo una nube de sospecha. En una repetición de la jugada de las apropiaciones del Servicio Secreto, pero con seguridad privada, la gente de seguridad de AT&T Security visitó la casa de Boykin y sus máquinas salieron también por la puerta.

Sin embargo, había unas características especiales bien marcadas en el caso de Boykin. Los *disquetes* de Boykin y sus ordenadores personales fueron detalladamente examinados por empleados corporativos y devueltos amablemente al cabo de dos días —al contrario del Servicio Secreto, que normalmente tarda meses, incluso años—. Boykin no fue acusado de ningún crimen o actividad incorrecta y siguió con su trabajo en AT&T —aunque se retiró de AT&T en septiembre de 1991, a la edad de 52 años.

Es interesante observar que el Servicio Secreto de los Estados Unidos de alguna forma no pudo requisar el nodo Killer y sacar por la puerta las computadoras de AT&T. Ni tampoco pudieron asaltar la casa de Boykin. Parecía que aceptaban la palabra de la seguridad de AT&T de que el empleado de AT&T y el nodo Killer de AT&T estaban libres de contrabando de *hackers* y con todo en orden.

Ahora ya todo es agua pasada, pues los 3.200 megas de Killer, propiedad de la comunidad electrónica tejana, fueron borrados en 1990, y Killer fue enviado fuera del estado.

Pero las experiencias de Andrews y Boykin, y de los usuarios de sus sistemas, continuaron siendo cuestiones menores. No asumieron la importancia social, política y legal que habían obtenido, lenta pero inexorablemente, en relación al tema del asalto a Steve Jackson Games, Inc.

Ahora debemos dirigir nuestra atención a la compañía de Juegos Steve Jackson Games, Inc. (SJG), y explicar ¿qué fue lo que hizo en realidad? ¿Cómo estuvo manejado el asunto, este conflictivo e irónico problema? El lector puede recordar que esta no es la primera vez sino la segunda, que la compañía es nombrada en esta narración, Steve Jackson Games, Inc. comercializa GURPS, el pasatiempo favorito de los grupos de *Hackers* en Atlanta y jugadores de ciencia ficción, confundiendo y dándoles doble sentido a las intrusiones en ordenadores.

Lo primero que hay que decir es que Steve Jackson Games, Inc., no era una empresa creadora de juegos para ordenador, si no que SJG creaba juegos de rol; juegos de salón para jugar en papel, utilizando lápices, dados, manuales de instrucciones que contenían diferentes reglas de juego y tablas para jugar en ellas. No había ningún ordenador involucrado en estos juegos. Cuando usted compraba a SJG, usted no recibía ningún disquete de *Software* para instalar. Lo que usted recibía era una bolsa plástica con algunas tablas de juegos, fichas y posiblemente algunos mapas o cartas. La mayoría de sus productos eran libros.

Sea como sea, los ordenadores se fueron utilizando en el negocio de SJG, como en casi todos los modernos creadores de juegos; Steve Jackson y sus quince empleados usaron ordenadores para escribir textos, almacenar las cuentas y para casi todas las operaciones de la empresa. También usaron un ordenador para ejecutar su sistema oficial de BBS para SJG, una BBS llamada Illuminati. Cualquier jugador que tuviera un ordenador y un módem podía conectarse y negociar, debatir la teoría y práctica de los juegos y a su vez se podía trasmitir las noticias de la compañía y anuncios de sus productos.

Illuminati fue una BBS modestamente popular, se ejecutaba en un pequeño ordenador con capacidad limitada, solamente una línea telefónica y no tenía conexiones para grandes ordenadores de trabajo en red. De todas formas, tenía cientos de usuarios, muchos de los cuales eran jugadores a tiempo completo, que intentaban llamar desde fuera del estado.

Illuminati no fue un juego clandestino. Este no daba insinuaciones para tener acceso ilegal a ordenadores, archivos, correos, tarjetas de crédito, o códigos de acceso. Algunos de los usuarios de Illuminati eran miembros de la *Legion of Doom* y también uno de ellos fue un antiguo empleado de Steve Jackson: *The Mentor*. *The Mentor* escribía también para *PHRACK*, e hizo una BBS clandestina para el «Proyecto Fénix», pero *The Mentor* no era un profesional de los ordenadores.

The Mentor trabajaba como editor para la compañía SJG y era un diseñador profesional de juegos para comercializarlos. Los miembros de *Legion of Doom* no usaban Illuminati para facilitar sus actividades como *hackers*, sino para sus actividades como jugadores, de hecho, se dedicaron más a simular juegos que en actividades de *hackers*.

Illuminati tenía este nombre por un juego de cartas de SJG, inventado y creado por ellos mismos. Este juego de cartas con múltiples jugadores fue la creación más conocida, exitosa y tecnológicamente más innovadora de Jackson. Illuminati era un juego de conspiración paranoica, en el cual varios cultos secretamente antisociales, querían dominar al mundo. Illuminati era un juego alegre y divertido, en el cual había platillos volantes, la CIA, la KGB, compañías de teléfonos, el Ku Klux Klan, la mafia de Sudamérica, los cárteles de la cocaína, los Boy Scouts y unas decenas más de grupos disidentes, surgidos de la mente retorcida y la ardorosa imaginación de Jackson. Para el inexperimentado público, la discusión del juego Illuminati sonaba completamente amenazadora o completamente loca.

Y aquí se ubica la *Guerra de Coches* de SJG donde había vehículos fuertemente blindados, con lanzacohetes y ametralladoras pesadas, peleándose en las carreteras americanas del futuro. En la excitante discusión de la *Guerra de Coches* en la BBS Illuminati, se insinuaban meticulosas y cuidadosas informaciones acerca del efecto de los explosivos, minas de tierra, lanzallamas y napalm. Parecía como un archivo ilegal de *hackers* pero aún más bestia.

Jackson y sus colaboradores se ganaban el pan de cada día creando aventuras fantásticas e ideas extrañas. Cuanto más extrañas, mejor.

Los juegos de simulación son un pasatiempo raro, pero los jugadores no han tenido que pedir el permiso del Servicio Secreto para poder jugar. Los juegos de guerra y de rol son viejos pasatiempos, muy defendidos por adultos honrados y por estrategas profesionales y belicosos. Actualmente los juegan centenares de miles de entusiastas en toda Norteamérica, Europa y Japón.

Los libros de juego dejaron de ser un pasatiempo restringido, a ser populares para venderse enérgicamente en franquicias como de B. Dalton y Waldenbooks.

Steve Jackson Games, Inc., de Austin, Texas, era una compañía de juegos dentro de la media. En 1989, SJG ganó alrededor de un millón de dólares. Jackson, obtuvo una buena reputación en su industria, como un talentoso e innovador diseñador de juegos más bien poco convencionales, pero su compañía fue algo menos que un titán del campo, sin comparación con la compañía multimillonaria TSR, o el gigante británico *Games Workshop*.

El cuartel general de SJG en Austin, era un modesto bloque de oficinas de dos pisos de ladrillo, atestada de teléfonos, fotocopiadoras, máquinas de fax y computadoras. Mostraba una actividad semi-organizada y llena de carteles promocionales y novelitas de ciencia ficción. Junto a las oficinas, había un almacén de techo metálico con una pila de hasta tres metros de cajas de cartón llenas de juegos y libros. A pesar de todas las invenciones calenturientas que corrían por allí, el cuartel general de SJG era un lugar bastante cotidiano. Parecía lo que era, el espacio de un editor.

Tanto *Guerras de Coches* como Illuminati eran juegos bien conocidos y populares, pero lo principal de la organización de Jackson era su Sistema de

Juego de Rol Genérico Universal[11]. El sistema GURPS se consideraba como algo sólido y bien diseñado. Pero quizás el rasgo más popular de GURPS era que permitía que los directores del juego pudieran diseñar escenarios que recordaran de cerca libros, películas y otras obras de fantasía bien conocidas. Jackson había obtenido las licencias y adaptado obras de muchos autores de ciencia ficción y fantasía. Había un GURPS *Conan,* un GURPS *Mundo del Río,* un GURPS *los Clanes del Caballo*, un *GURPS Mundo de las brujas*, nombres perfectamente familiares para los lectores de ciencia-ficción. Y también había un GURPS *Operaciones Especiales*, sobre el mundo del espionaje fantástico y la guerra no convencional.

Y también había un *GURPS Cyberpunk.*

Cyberpunk es un término que se usa para describir a ciertos escritores de ciencia-ficción que entraron en el género hacia los años 80. *Cyberpunk*, tal y como implica la etiqueta, tiene dos características diferenciadas: en primer lugar, los escritores tienen un gran interés por las tecnologías de la información, un interés muy cercano a la fascinación que sentían los primeros escritores de ciencia-ficción con el viaje espacial. Y, en segundo lugar, esos escritores eran *punks*, con todos los rasgos distintivos que ello implica: bohemios, aficionados al arte, jóvenes desmadrados y un aire deliberado de rebelión, ropas y pelo curiosos, unas ideas políticas peculiares, cierta afición por el rock and roll duro. En una palabra: problemas.

Los escritores de 'Cyberpunk' eran un pequeño grupo de personas, la mayoría de las cuales tenían educación universitaria, blancos de clase media alta y distribuidos por los Estados Unidos y Canadá. Sólo uno, Rudy Rucker, un profesor de ciencias de la computación en Silicon Valley, podría acercarse a ser un humilde *hacker* informático. Pero con la excepción del profesor Rucker, los autores *cyberpunk* no eran ni programadores ni expertos en *hardware*; ellos se consideran artistas —y también el profesor Rucker—. Sin embargo, todos estos escritores son propietarios de ordenadores y tienen un interés público notorio en las ramificaciones sociales de las industrias de la información.

Los *ciberpunks* tenían muchos seguidores entre la generación global que había crecido en un mundo de ordenadores, redes multinacionales y televisión por cable. Su perspectiva se considera mórbida, cínica y oscura,

---

[11] GURPS son sus siglas en inglés, y la expresión que utilizaremos para referirnos a este juego a partir de ahora. (N. del T.)

pero, de todas formas, también es la perspectiva de sus compañeros de generación. Los *ciberpunks*, como cualquier otra generación, maduró y aumentó en fuerza e influencia. Por lo que respecta a su trabajo como escritores de ciencia-ficción, lo cierto es que les iba bastante bien. Hacia finales de los años 80, su trabajo había atraído la atención de las compañías de juegos, incluyendo Steve Jackson Games, Inc., que planeaba una simulación de *cyberpunk* para el floreciente sistema de juego GURPS.

Parecía que los tiempos ya estaban maduros para un proyecto así, que ya había sido probado en el mercado. Ya había una primera compañía, con un producto atrevidamente novedoso, llamado *cyberpunk*, como desafiando posibles violaciones de propiedad intelectual. Se trata de un grupo que acababa de empezar, llamado R. Talsorian. El *Cyberpunk* de Talsorian era un juego bastante decente, pero los mecanismos de simulación dejaban mucho que desear. De todas formas, comercialmente, al juego le fue bien.

El siguiente juego *cyberpunk* todavía tuvo más éxito. Se trataba de *Shadowrun* de la FASA Corporation. Los mecanismos de este juego no estaban mal, pero el escenario se había estupidizado al incluir elementos de fantasía casposa como elfos, trolls, magos y dragones, algo ideológicamente muy incorrecto, según los estándares duros y de alta tecnología de la ciencia-ficción *cyberpunk*.

Otros diseñadores de juegos estaban interesados en el mercado. Entre ellos resultaba prominente *The Mentor*, un caballero, que al igual que la mayoría de sus amigos de la *Legion of Doom*, era un auténtico devoto del *cyberpunk*. *The Mentor* creía que ya había llegado la hora para un libro-juego *cyberpunk real*, uno en el que los príncipes de la maldad informática de la *Legion of Doom* pudieran jugar sin morirse de risa. Este libro, 'GURPS Cyberpunk', tendría autenticidad cultural on-line.

The Mentor estaba particularmente bien cualificado para una tarea así. Desde luego, sabía mucho más de intrusión en computadoras que cualquier otro autor de *cyberpunk*. No sólo eso, además era bueno en su trabajo. Una imaginación vívida, combinada con una afinidad instintiva con los sistemas y, especialmente, con los bucles que hay en ellos, son excelentes cualidades para el diseñador profesional de juegos

Hacia el 1 de marzo, 'GURPS Cyberpunk' ya estaba prácticamente listo, preparado para ir a la imprenta y empezar a distribuirse. Steve Jackson esperaba que se vendiera muy bien, lo cual permitiría mantener a su compañía a flote durante varios meses. 'GURPS Cyberpunk', como los otros *módulos* GURPS, no era un *juego* como el Monopoly, sino un *libro*. Un libro con el tamaño de una revista, con portada en color y páginas llenas de texto, ilustraciones, tablas y notas. Se anunciaba como un juego, y se usaba como ayuda para jugar, pero era un libro con su número de ISBN, publicado en Texas, con *Copyright* y que se vendía en librerías.

Y ahora, este libro, que estaba almacenado en una computadora, se había ido por la puerta, custodiado por el Servicio Secreto.

El día después del registro, Steve Jackson visitó los cuarteles generales del Servicio Secreto local con un abogado. Allí se enfrentaron con Tim Foley —que todavía estaba en Austin por aquel entonces— y pidió que le devolvieran su libro. Pero hubo problemas. 'GURPS Cyberpunk' —según alegaba un agente del Servicio Secreto ante el atónito hombre de negocios, Steve Jackson— era un *manual para el crimen informático*.

—¡Es sólo ciencia-ficción! —dijo Jackson.

—¡No!, es real.

Esta frase fue repetida varias veces, por diferentes agentes. El ominosamente correcto juego de Jackson, había pasado de ser una fantasía a baja escala, pura y oscura, para convertirse en la fantasía impura, ampliamente comentada y a gran escala, de *La Caza de Hackers*.

No se hizo ninguna mención a las razones reales de la investigación. Según la orden de registro, los asaltantes esperaban encontrar el *documento E911* en la BBS de Jackson. Pero la orden de registro estaba sellada, un procedimiento que la mayoría de agencias del orden usarían sólo cuando claramente hay vidas en peligro. Los verdaderos motivos de los asaltantes, no se descubrieron hasta que los abogados de Jackson consiguieron retirarle el sello a la orden de registro. El Servicio Secreto y el Grupo de Abuso y Fraude Informático de Chicago, no dijeron nada a Steve Jackson de una amenaza al sistema policial del 911. No dijeron nada de los tres de Atlanta, nada acerca de *PHRACK* o de *Knight Lightning*, nada sobre *Terminus*.

Se dejó a Jackson que creyera que sus computadoras habían sido incautadas, porque intentaba publicar un libro de ciencia-ficción que la policía consideraba demasiado peligroso como para publicarse.

Esta confusión se repitió una y otra vez, durante meses, ante una audiencia cada vez más grande. No se trataba del verdadero caso, pero según pasaban los meses, y esta confusión se imprimía para el público una y otra vez, se iba convirtiendo en uno de los *hechos* conocidos públicamente acerca de la misteriosa *Caza de Hackers*. El Servicio Secreto había incautado una computadora para detener la publicación de un libro de ciencia-ficción *cyberpunk*.

📂

El segundo capítulo de este libro, **El *Submundo* Digital**, está ya casi acabado. Hemos conocido a las figuras principales de este caso, que realmente pertenecían al meollo de la intrusión informática. Ya sabemos algo de su historia, sus motivos, el *modus operandi* general. Ahora sabemos, o al menos eso espero, quienes son, de donde vienen, y más o menos lo que quieren. En el siguiente capítulo de este libro, **Ley y Orden**, dejaremos ese meollo y entraremos directamente en el mundo de la policía de crímenes informáticos de América.

Pero en este momento hay otro personaje que quiero presentar: yo mismo.

Me llamo Bruce Sterling. Vivo en Austin, Texas, donde trabajo como escritor de ciencia-ficción. Más específicamente: un escritor de ciencia-ficción *cyberpunk*.

Como mis colegas *cyberpunk* en los Estados Unidos y Canadá, nunca me he sentido completamente feliz con esta etiqueta literaria, sobre todo al convertirse en un sinónimo de criminal informático. Pero una vez edité un libro con cuentos de mis colegas, llamado 'MIRRORSHADES: the Cyberpunk Anthology' y me he dedicado durante un tiempo a escribir manifiestos de crítica literaria sobre *ciberpunks*. No soy un *hacker* en ninguno de sus sentidos, aunque tengo lectores dentro del *submundo* digital.

Cuando tuvo lugar el asalto a Steve Jackson Games, Inc., evidentemente me interesó inmensamente. Si los libros *cyberpunk* eran prohibidos por la policía federal, en la ciudad donde vivía, empecé a preguntarme si yo mismo podría ser el siguiente. ¿Se incautaría el Servicio Secreto de mis ordenadores? En aquel momento estaba en posesión de un anciano Apple II que ni tenía disco duro. Si me asaltaban, acusándome de ser un autor de manuales de crimen informático, la pérdida de mi procesador de texto tampoco generaría muchas simpatías.

Conocía desde hacía años a Steve Jackson, como colegas, pues frecuentábamos las mismas convenciones de ciencia-ficción. He jugado con los juegos de Jackson y reconozco su inteligencia, pero desde luego nunca me había dado la impresión de ser una mente criminal especializada en la informática.

También sabía un poquito de las BBS. A mediados de los años 80 había tenido un papel activo en una BBS de Austin llamada SMOF-BBS, una de las primeras BBS dedicadas a la ciencia-ficción. Tenía un módem, y en alguna ocasión me había conectado a Illuminati, que siempre me había parecido como algo muy colgado, pero también inofensivo.

En el momento del registro de Jackson, no tenía ninguna experiencia en BBS del *submundo*. Pero sabía que nadie de Illuminati hablaba de entrar ilegalmente en sistemas, o de robar a las compañías telefónicas. Illuminati ni siquiera ofrecía juegos de ordenador pirateados. Steve Jackson, como muchos otros artistas creativos, era muy sensible al tema de robo de propiedad intelectual.

Me parecía que, o bien Jackson era claramente sospechoso de un crimen —en cuyo caso le acusarían pronto y tendría que ir a los tribunales—, o bien era inocente, en cuyo caso el Servicio Secreto le devolvería enseguida su equipo, y todos nos echaríamos unas risas. Esperaba más bien las risas. La situación no dejaba de tener su lado cómico. La incursión, conocida como *el asalto cyberpunk* en la comunidad de la ciencia-ficción, estaba ganando mucha publicidad a nivel nacional, tanto por el mismo Jackson como por los otros escritores de ciencia-ficción *cyberpunk*.

Además, es típico malinterpretar a la gente de la ciencia-ficción. La ciencia-ficción es una ocupación colorista, llena de aspectos extraños y, desde luego, por eso nos gusta. Las idas de olla pueden ser un accidente de trabajo en nuestra profesión. La gente que lleva disfraces de Halloween a veces se confunden con monstruos.

Érase una vez, allá por 1939 en Nueva York, los escritores de ciencia-ficción y el Servicio Secreto de los Estados Unidos chocaron en un caso cómico de confusión de identidad. Este extraño incidente implicaba un grupo literario bastante famoso en la ciencia-ficción, conocido como los *futurianos*, entre cuyos miembros figuraban futuros genios del género como Isaac Asimov, Frederik Pohl y Damon Knight. Los futurianos eran tan raros y flipados como cualquiera de sus descendientes espirituales, incluyendo a los *ciberpunks*, y se dedicaban a la vida en común, actuaciones espontáneas de opereta y exhibiciones nocturnas de esgrima en el césped. Los futurianos no tenían BBS, pero tenían el equivalente tecnológico de 1939, mimeogramas y una imprenta privada. Las usaban continuamente, produciendo un río de fanzines de ciencia-ficción, manifiestos literarios, y artículos raros, que recogían de lugares grasientos extraños jovenzuelos con gabardinas.

Los vecinos se empezaron a alarmar ante el comportamiento de los futurianos y los denunciaron al Servicio Secreto como posibles falsificadores. Era el invierno de 1939 y una patrulla de agentes del Servicio Secreto de los Estados Unidos con las pistolas desenfundadas asaltaron la *Casa Futuriana*, preparados para confiscar los billetes falsos y las imprentas ilegales. Allí descubrieron un fan de la ciencia-ficción llamado George Hahn, un invitado de la comuna futuriana que acababa de llegar a Nueva York. George Hahn intentó explicar lo que él y sus compañeros hacían, y el Servicio Secreto decidió dejar a los futurianos en paz a partir de entonces. Desafortunadamente, Hahn murió en 1991, justo antes de que descubriera este sorprendente paralelo, así que no pude entrevistarle para este libro.

Pero el caso de Jackson no llegó a un final cómico. No llegaron respuestas rápidas ni para mí, ni para él, en ningún momento se nos tranquilizó diciendo que todo iba bien en el mundo digital. En mi papel alternativo de periodista de ciencia popular, entrevisté a Jackson y su equipo para un artículo en una revista británica. Los detalles extraños de la incursión me dejaron aún más preocupado que antes. Sin sus computadoras, la compañía está indefensa, financiera y operacionalmente. La mitad de la fuerza de trabajo de SJG, un grupo de personas completamente inocentes, habían tenido que ser despedidas, perdiendo su modo de vida tras la incautación. Empezó a apuntar en mi cabeza la sospecha, de que los autores —los escritores americanos— podrían perder sus ordenadores, al incautarlas mediante órdenes de registro, sin ningún cargo criminal y eso, como Steve Jackson había descubierto, no tenía una solución fácil. No era ninguna broma; no era ciencia-ficción: era real.

Decidí dejar a un lado la ciencia-ficción hasta que descubriera qué había pasado y de dónde venían los problemas. Era el momento de entrar en el mundo real de la libertad de expresión electrónica y del crimen informático. De ahí este libro. De ahí el mundo de los *telecos*, el mundo del *submundo* digital y, después el mundo de la policía.

PARTE 3

LEY Y ORDEN

De las varias actividades anti-*hacker* de 1990, la «*Operación Diablo del Sol*» fue la que recibió la mayor difusión pública. Las incautaciones de ordenadores en todo el territorio nacional no tenían precedente de tal envergadura, y fueron —aunque selectivamente— muy divulgadas.

Al contrario de los operativos efectuados por el Grupo de Tareas Contra el Fraude y el Abuso Informático de Chicago, la «*Operación Diablo del Sol*» no se propuso combatir la actividad de los *hackers* en cuanto a intrusiones informáticas o incursiones sofisticadas contra los conmutadores. Tampoco tenía que ver con las fechorías cometidas con el *software* de AT&T ni con documentos de propiedad de Southern Bell.

Más bien, la «*Operación Diablo del Sol*» fue un castigo severo al azote del bajo mundo digital: el robo de tarjetas de crédito y el abuso de códigos telefónicos. Las ambiciosas actividades en Chicago y las menos conocidas pero vigorosas acciones anti-*hacker* de la policía estatal de Nueva York en 1990 no fueron nunca parte de la «*Operación Diablo del Sol*» como tal, que tenía su base en Arizona.

Sin embargo, después de las espectaculares operaciones del 8 de mayo, el público, engañado por el secreto policial, el pánico de los *hackers* y la perplejidad de la prensa nacional, configuró todos los aspectos del acoso policial en todo el territorio estadounidense, bajo el nombre universal de «*Operación Diablo del Sol*». «*Diablo del Sol*» todavía es el sinónimo más conocido para *La Caza de Hackers* de 1990. Pero los organizadores de «*Diablo del Sol*» de Arizona no se merecían esa reputación, como tampoco todos los *hackers* se merecen la reputación de *hacker*.

Sin embargo, hubo algo de justicia en esta confusa percepción del público. Por ejemplo, la confusión fue promovida por la división de Washington del Servicio Secreto, que respondió a aquéllos, que bajo la ley por la Libertad de Información solicitaron información, refiriéndoles a los casos públicamente conocidos de *Knight Lightning* y los Tres de Atlanta. Y, además, «*Diablo del Sol*» fue sin duda el aspecto más amplio de la operación de castigo, el más deliberado y el mejor organizado. En su función de castigo al fraude electrónico, «*Diablo del Sol*» careció del ritmo frenético de la guerra contra la *Legion of Doom*; los objetivos de «*Diablo del Sol*» fueron elegidos con fría deliberación a lo largo de una compleja investigación que duró 2 años completos.

Y una vez más los objetivos fueron los sistemas de BBS, que pueden ser de mucha utilidad en el fraude organizado. En las BBS clandestinas circulan *discusiones* extensas, detalladas y a veces bastante flagrantes de técnicas y actividades ilegales. La *discusión* sobre crímenes en abstracto o sobre los detalles de casos criminales no es ilegal, pero existen severas leyes federales y estatales contra la conspiración para delinquir a sangre fría por parte de estos grupos.

A los ojos de la policía, la gente que conspira abiertamente para cometer delitos no se consideran ni *clubes* ni *salones de debate*; ni *grupos de usuarios* ni *amigos de la libertad de expresión*. Los fiscales tienden más bien a acusar a esa gente de formar *pandillas, organizaciones corruptas*; o tal vez de ser *chantajistas* o *personajes del crimen organizado*.

Además, la información ilícita que aparece en las BBS fuera de la ley, va mucho más allá de configurar simples actos de expresión y/o posible conspiración criminal. Como hemos visto, era normal en el submundo digital facilitar a través de las BBS códigos telefónicos robados, para que cualquier *phreak* o *hacker* abusara de ellos. ¿Hay que suponer que el hecho de facilitar un botín digital de esta condición, caiga bajo la protección de la Primera Enmienda? Difícil, aunque esta cuestión, como muchas otras del *ciberespacio*, no está enteramente resuelta. Algunos teóricos argumentan que el simple *recitado* de un número en público no es ilegal —sólo su *uso* es ilegal. Pero la policía anti-*hacker* señala, que revistas y periódicos, las formas más tradicionales de la libre expresión— nunca publican códigos telefónicos robados, aunque hacerlo pudiera muy bien aumentar su circulación.

Los números robados de tarjetas de crédito, más arriesgados y valiosos, se ponían con menos frecuencia en las BBS, pero no hay duda de que algunas BBS clandestinas ponían en circulación números de tarjetas, generalmente intercambiados por correo privado.

Las BBS clandestinas también contenían útiles programas para explorar velozmente códigos telefónicos y para incursionar en las compañías emisoras de tarjetas de crédito, además de la de por sí, molesta galaxia de *software* pirateado, claves violadas, esquemas para *cajas azules*, manuales de invasión electrónica, archivos anarquistas, pornográficos, etc.

Pero además del molesto potencial para extender el conocimiento ilícito, las BBS tienen otro aspecto vitalmente interesante para el investigador profesional. Están repletos de *evidencias*. Todo ese ajetreado intercambio de correo electrónico, todas esas fanfarronadas, jactancias y despliegues de vanidad del *hacker*, aún todos los códigos y tarjetas robados, pueden muy bien convertirse en esmerada evidencia electrónica de actividad criminal recogida en tiempo real. El investigador que incauta una BBS pirata, ha dado un golpe tan efectivo como intervenir teléfonos o interceptar correo, sin haber, sin embargo, intervenido ningún teléfono o interceptado ninguna carta. Las reglas sobre la obtención de evidencia a través del pinchazo telefónico o la interceptación de cartas son antiguas, estrictas y bien conocidas tanto por la policía, como por los fiscales y la defensa. Las reglas sobre las BBS son nuevas, confusas y nadie las conoce.

«*Diablo del Sol*» fue el acoso a las BBS, más grande de la historia mundial. El 7, 8 y 9 de mayo de 1990 se incautaron alrededor de cuarenta y dos sistemas informáticos. De esos cuarenta y dos ordenadores, unos veinticinco contenían una BBS. —La vaguedad de esta estimación se debe a la vaguedad de (a) lo que es un *sistema informático* y (b) lo que significa *contener una BBS* en uno, dos o tres ordenadores.

Cerca de veinticinco BBS se esfumaron, al caer bajo custodia policíaca en mayo de 1990. Como hemos visto, en EE.UU. hay aproximadamente 30.000 BBS hoy. Si suponemos que uno de cada cien tiene malas intenciones respecto a códigos y tarjetas —porcentaje que halaga la honradez de la comunidad de usuarios de BBS—, eso significaría que quedaron 2.975 BBS que el operativo «*Diablo del Sol*» no tocó. «*Diablo del Sol*» confiscó aproximadamente la décima parte del uno por ciento de todas las BBS de EE.UU. Visto objetivamente, este ataque no es muy comprensible. En 1990 los organizadores de «*Diablo del Sol*» —el equipo del Servicio Secreto en Phoenix, y el despacho del Fiscal General del Estado de Arizona— tenían una lista de por lo menos trescientas BBS que consideraban merecedoras de órdenes de registro e incautación. Las veinticinco BBS que fueron realmente incautadas figuraban entre las más obvias y notorias de esta lista de candidatas mucho más grande. Todas ellas habían sido examinadas con anterioridad, ya sea por soplones, que habían pasado impresiones en papel al Servicio Secreto, o por los mismos agentes del Servicio Secreto, que no sólo estaban equipados con módem, sino que sabían usarlo.

«*Diablo del Sol*» tuvo varias motivaciones. En primer lugar, ofreció una oportunidad de cortarle el paso al crimen de tipo fraude electrónico. Rastrear los fraudes de tarjeta de crédito hasta llegar a los culpables puede ser espantosamente difícil. Si los culpables tienen un mínimo de sofisticación electrónica, pueden enredar sus pistas en la red telefónica dejando sólo una maraña imposible de rastrear, pero arreglándoselas para *estirar la mano y robarle a alguien*. Las BBS, sin embargo, llenas de códigos, tarjetas, fanfarronadas e hipérboles, ofrecen evidencia en un formato muy conveniente.

La incautación misma —el solo acto físico de retirar las máquinas— tiende a descargar la presión. Durante el operativo, un gran número de muchachos adictos a los códigos, vendedores de *software* pirateado y ladrones de tarjetas de crédito se encontrarían despojados de sus BBS —su medio de establecer su comunidad y de conspirar— de un solo golpe. En cuanto a los mismos operadores de las BBS, que con frecuencia eran los criminales más peligrosos, quedarían despojados de su equipo y digitalmente enmudecidos y ciegos.

Y este aspecto de «Diablo del Sol» se llevó a cabo con gran éxito. «Diablo del Sol» parece haber sido una sorpresa táctica completa —lo contrario de las confiscaciones fragmentadas y continuadas en la guerra contra la *Legion of Doom*, «Diablo del Sol» fue ejecutada en el momento perfecto y fue totalmente arrolladora. Por lo menos cuarenta ordenadores fueron confiscados durante el 7, 8 y 9 de mayo de 1990, en Cincinnati, Detroit, Los Angeles, Miami, Newark, Phoenix, Tucson, Richmond, San Diego, San José, Pittsburgh y San Francisco. En algunas ciudades hubo incursiones múltiples, como las cinco incursiones separadas en los alrededores de Nueva York. En Plano, Texas —básicamente un barrio de las afueras del complejo formado por las dos ciudades de Dallas y Fort Worth, y eje de la industria de telecomunicaciones— hubo cuatro confiscaciones.

Chicago, siempre en la delantera, tuvo su propia confiscación, llevada a cabo por Timothy Foley y Barbara Golden, agentes del Servicio Secreto.

Muchas de estas acciones no tuvieron lugar en las mismas ciudades, sino en los barrios residenciales de la clase media blanca de las afueras; lugares como Mount Lebanon en Pennsylvania y Clark Lake en Michigan. Unas cuantas se efectuaron en oficinas, pero la mayoría se hicieron en viviendas privadas, en los clásicos sótanos y dormitorios de los *hackers*.

Las acciones de «Diablo del Sol» fueron registros e incautaciones, no una serie de detenciones masivas. Sólo hubo cuatro detenciones durante «Diablo del Sol». *Tony, el Basurero*, un adolescente considerado bestia negra mucho tiempo atrás por la unidad de Fraudes de Arizona, fue detenido en Tucson el 9 de mayo. *Dr. Ripco*, administrador de sistema de una BBS ilegal que desgraciadamente funcionaba en el mismo Chicago, también fue arrestado (por posesión ilegal de armas). Unidades a nivel local también detuvieron a una *phreak* de diecinueve años llamada *Electra* en Pennsylvania, y a otro joven en California. Los agentes federales, sin embargo, no buscaban detenciones sino ordenadores.

Los *hackers* por lo general no son encausados —si es que algún día lo van a ser— hasta que se evalúa la evidencia en sus ordenadores incautados —un proceso que puede tardar semanas, meses y hasta años. Cuando son detenidos in situ generalmente es por otras razones. En un buen tercio de las incautaciones anti-*hacker* de computadoras —aunque no durante *«Diablo del Sol»*— aparecen drogas y/o armas ilegales.

Que adolescentes al filo del delito —o sus padres— tengan marihuana en casa, probablemente no es una apabullante revelación, pero sí inquieta un poco la sorprendentemente común presencia de armas de fuego ilegales en las guaridas de los *hackers*. Un ordenador personal puede ser una gran justiciera para el tecnovaquero —parecido al más tradicional *Gran Justiciero* norteamericano, es decir, el revólver personal. Tal vez no sea tan sorprendente, que un hombre obsesionado por el poder por medio de tecnología ilícita, también tenga a mano unos cuantos dispositivos de impacto de gran velocidad. Hay una parte del submundo digital que adora a estos *archivoanarquistas* y esa parte vibra en armonía con el mundillo desquiciado de los aventureros, los chiflados armados, los anarcoizquierdistas y los ultraliberales de la derecha.

Esto no quiere decir que las acciones contra los *hackers* hayan puesto al descubierto alguna importante guarida de *crack* o algún arsenal ilegal; pero el Servicio Secreto no piensa que los *hackers* sean *sólo unos chicos*. Los considera gente imprevisible, inteligente y escurridiza. No importa si el *hacker* se ha *escondido detrás del teclado* todo este tiempo. En general la policía no tiene idea de cómo se los ve —a los *hackers*—. Lo que los convierte en una entidad desconocida, alguien a quien hay que tratar con la correspondiente cautela.

Hasta el momento, ningún *hacker* ha salido de su casa disparando, aunque a veces se ufanen de que lo van a hacer en las BBS. Amenazas de ese tipo se toman en serio. Las incursiones del Servicio Secreto tienden a ser rápidas, bien pensadas y ejecutadas con abundante personal —hasta demasiado abundante—; los agentes generalmente revientan todas las puertas de la casa simultáneamente, a veces pistola en mano. Toda posible resistencia es rápidamente suprimida. Las incursiones contra *hackers* usualmente tienen lugar en viviendas familiares. Puede ser muy peligroso invadir un hogar estadounidense; la gente puede reaccionar por pánico al ver su santuario invadido por extraños. Estadísticamente hablando, lo más peligroso que un policía puede hacer es entrar a una casa, (lo segundo más peligroso es parar un coche en circulación). La gente tiene armas de fuego en sus hogares. Más policías resultan heridos en hogares familiares que en tabernas de motoristas o en salones de masaje.

Pero en todo caso, nadie resultó herido durante el operativo *«Diablo del Sol»* ni en realidad durante toda *La Caza de Hackers*. Tampoco hubo alegaciones de maltratos físicos a sospechosos. Se desenfundaron pistolas, los interrogatorios fueron prolongados y ásperos, pero nadie en 1990 reclamó por actos de brutalidad por parte de algún participante en *La Caza*.

Además de los alrededor de cuarenta ordenadores, *«Diablo del Sol»* también cosechó disquetes en gran abundancia —se estima que unos 23.000—, que incluían toda suerte de datos ilegítimos: juegos pirateados, códigos robados, números de tarjetas robados, el texto y el *software* completo de BBS piratas. Estos disquetes, que siguen en poder de la policía hasta la fecha, ofrecen una fuente gigantesca, casi embarazosamente rica, de posibles procesamientos criminales. También existen en esos 23.000 disquetes una cantidad desconocida hasta ahora de juegos y programas legítimos, correo supuestamente *privado* de las BBS, archivos comerciales y correspondencia personal de todo tipo.

Las órdenes estándar de registro, en crímenes informáticos subrayan la incautación de documentos escritos además de ordenadores; se incluyen específicamente fotocopias, impresos informáticos, cuentas de teléfono, libretas de direcciones, registros, apuntes, memorándums y correspondencia.

En la práctica, esto ha significado que diarios, revistas de juegos, documentación de *software*, libros de no-ficción sobre *hacking* y seguridad informática, y a veces incluso novelas de ciencia ficción, han desaparecido por la puerta bajo custodia policial. También se han esfumado una gran variedad de artículos electrónicos que incluyen teléfonos, televisores, contestadores, Walkmans Sony, impresoras de mesa, discos compactos y cintas de audio.

No menos de 150 miembros del Servicio Secreto entraron en acción durante *«Diablo del Sol»*, normalmente acompañados de brigadas de policía estatal y/o local. La mayoría de ellos —especialmente de los locales— nunca habían participado en un operativo anti-*hacker*. Por esa misma buena razón, se los había invitado a participar. Además, la presencia de policías uniformados asegura a las víctimas de un operativo que la gente que invade sus hogares son policías de verdad. Los agentes del Servicio Secreto van casi siempre de paisano. Lo mismo vale para los expertos en seguridad de telecomunicaciones, que generalmente acompañan al Servicio Secreto en estos operativos —y que no hacen ningún esfuerzo por identificarse como simples empleados de la compañía telefónica.

Un operativo anti-*hacker* típico se hace más o menos así. Primero, la policía entra al asalto con gran rapidez, por todas las entradas, avasallando, con la teoría de que con esta táctica se reducen las bajas a un mínimo. Segundo, los posibles sospechosos son alejados de todos los sistemas informáticos, para que no puedan limpiar o destruir evidencia informática. Se lleva a los sospechosos a una habitación despojada de ordenadores, generalmente el salón, y se los mantiene bajo vigilancia —no bajo vigilancia *armada* porque las armas han vuelto a las pistoleras rápidamente, pero sí bajo guardia. Se les presenta la orden de registro y se les previene de que cualquier cosa que digan podrá ser usada contra ellos. Lo normal es que tengan mucho que decir, especialmente si son padres sorprendidos.

En algún lugar de la casa está el *punto caliente* —un ordenador conectado a una línea telefónica (tal vez varias computadoras y varias líneas)—. Por lo general, es el dormitorio de un adolescente, pero puede ser cualquier lugar de la casa; puede haber varios lugares. Este *punto caliente* se pone a cargo de un equipo de dos agentes, el *buscador* y el *registrador*. El *buscador* tiene formación en informática y es normalmente el agente que lleva el caso y que consiguió la orden judicial de registro. Él o ella sabe qué es lo que se busca y es la persona que de verdad realiza las incautaciones: desenchufa las máquinas, abre cajones, escritorios, ficheros, disqueteras, etc. El *registrador* hace fotos del equipo tal como está —en especial la maraña de cables conectados atrás, que de otra manera puede ser una pesadilla reconstruir. Habitualmente el registrador también fotografía todas las habitaciones de la casa, para evitar que algún criminal astuto denuncie que la policía le ha robado durante el registro. Algunos registradores llevan videocámaras o grabadoras; sin embargo, es mucho más corriente que el registrador tome apuntes. Describe y numera los objetos conforme el descubridor los incauta, generalmente en formularios estándar de inventario policial.

Los agentes del Servicio Secreto no eran, y no son, expertos en informática. No han pasado, y no pasan, juicios rápidos sobre la posible amenaza constituida por las diferentes partes del equipo informático; pueden dejarle a papá su ordenador, por ejemplo, pero no están *obligados* a hacerlo. Las órdenes normales de registro usadas para crímenes informáticos, que datan de principios de los años 80, usan un lenguaje dramático cuyo objetivo son los ordenadores, casi cualquier cosa conectada a ellas, casi cualquier cosa utilizada para manejarlos —casi cualquier cosa que remotamente parezca un ordenador— y casi cualquier documento que aparezca cerca de los mismos. Los investigadores de delitos informáticos urgen a los agentes a confiscarlo todo.

En este sentido, el operativo *«Diablo del Sol»* parece haber sido un éxito completo. Las BBS se apagaron por todos los EE.UU. y fueron enviadas masivamente al laboratorio de investigación informática del Servicio Secreto, en la ciudad de Washington DC, junto con los 23.000 disquetes y una cantidad desconocida de material impreso.

Pero la incautación de veinticinco BBS y las montañas digitales de posible evidencia útil contenidas en esas BBS —y en los otros ordenadores-es de sus dueños, que igualmente desaparecieron por la puerta-, estaban muy lejos de ser los únicos motivos del operativo *«Diablo del Sol»*. Como acción sin precedentes, de gran ambición y enorme alcance, el operativo *«Diablo del Sol»* tenía motivos que sólo pueden llamarse políticos. Fue un esfuerzo de relaciones públicas diseñado para enviar ciertos mensajes y para aclarar ciertas situaciones: tanto en la mente del público en general como en la mente de miembros de ciertas áreas de la comunidad electrónica.

En primer lugar se quiso —y esta motivación era vital— enviar un *mensaje* de los organismos de policía al submundo digital. Este mensaje lo articuló explícitamente Garry M. Jenkins, Subdirector del Servicio Secreto de EE.UU. en la conferencia de prensa sobre *«Diablo del Sol»* en Phoenix, el 9 de mayo de 1990, inmediatamente tras las incursiones.

En pocas palabras, los *hackers* se equivocaban en su infantil creencia de que se podían ocultar detrás del *relativo anonimato de sus terminales informáticos*. Al contrario, deberían comprender totalmente que los policías federales y estatales patrullaban enérgicamente el *ciberespacio* —que vigilaban todas partes, incluso esos antros sórdidos y sigilosos del vicio cibernético, las BBS del submundo digital.

Este mensaje de la policía a los delincuentes no es inusual. El mensaje es común, sólo el contexto es nuevo. En este contexto, los operativos de «Diablo del Sol» fueron el equivalente digital, al acoso normal que las brigadas contra el vicio lanzan contra los salones de masaje, las librerías porno, los puntos de venta de parafernalia asociada con drogas, y los juegos flotantes de dados. Puede no haber ninguna o muy pocas detenciones en ese tipo de acciones, ni condenas, ni juicios, ni interrogatorios. En casos de este tipo, la policía puede muy bien salir por la puerta con varios kilos de revistas pornográficas, casetes de videos porno, juguetes sexuales, equipo de juego, bolsitas de marihuana...

Por supuesto que si algo verdaderamente horrible se descubre, hay detenciones y procesamientos. Mucho más probable, sin embargo, es que simplemente haya una breve pero áspera interrupción de los servicios secretos. Habrá *acoso callejero. La poli. Disuasión.* Y por supuesto, la pérdida inmediata de los bienes confiscados. Es muy improbable que algún material incautado sea devuelto. Ya sean acusados o no, condenados o no, los delincuentes carecen del ánimo para pedir que se les devuelvan sus cosas.

Detenciones y juicios —es decir encarcelar a la gente— ponen en juego toda suerte de formalidades legales; pero ocuparse del sistema de justicia está muy lejos de ser la única tarea de la policía. La policía no solamente mete en la cárcel a la gente. No es así como la policía ve su trabajo. La policía *protege y sirve.* Los policías son los *guardianes de la paz y del orden público.* Como otras formas de relaciones públicas, guardar el orden público no es una ciencia exacta. Guardar el orden público es algo así como un arte.

Si un grupo de matones adolescentes con aspecto de violentos rondara alguna esquina, a nadie le sorprendería ver llegar a un policía a ordenarles que se *separen y circulen.* Al contrario, la sorpresa vendría si uno de estos fracasados se acercara a una cabina de teléfonos, llamara a un abogado de derechos civiles y estableciera una demanda judicial en defensa de sus derechos constitucionales de libre expresión y libre asamblea. Sin embargo algo muy parecido fue uno de los anormales resultados de *La Caza de Hackers*

«Diablo del Sol» también difundió *mensajes* útiles a otros grupos constituyentes de la comunidad electrónica. Estos mensajes pueden no haberse dicho en voz alta desde el podio de Phoenix frente a la prensa, pero su significado quedó clarísimo. Había un mensaje de reasegurar a las víctimas primarias del robo de códigos telefónicos y de números de tarjetas de crédito: las compañías de telecomunicación y las de crédito.

«Diablo del Sol» fue recibida con júbilo por los encargados de seguridad de la comunidad de negocios electrónicos. Después de años de sufrir acoso altamente tecnológico y pérdidas de ingresos en continuo aumento, vieron que el brazo de la ley se tomaba en serio sus quejas sobre la delincuencia desbocada. La policía ya no se limitaba a rascarse la cabeza y a encogerse de hombros; ya no había débiles excusas de *falta de policías competentes en informática* o de la baja prioridad de los delitos de cuello blanco, *sin víctimas,* en telecomunicaciones.

Los expertos en delitos informáticos, siempre han creído que las infracciones informáticas son sistemáticamente subdenunciadas. Esto les parece un escándalo de grandes proporciones en su campo. Algunas víctimas no se presentan porque creen que la policía y los fiscales no saben de informática y no pueden ni van a hacer nada. A otros les abochorna su vulnerabilidad y se esfuerzan mucho por evitar toda publicidad; esto es especialmente verdad para los bancos, que temen la pérdida de confianza de los inversores si aparece un caso de fraude o de desfalco. Y algunas víctimas están tan perplejas por su propia alta tecnología, que ni siquiera se dan cuenta de que ha ocurrido un delito —aunque hayan sido esquilmados.

Los resultados de esta situación pueden ser calamitosos. Los criminales evaden captura y castigo. Las unidades de delitos informáticos que sí existen, no encuentran empleo. El verdadero tamaño del crimen informático: su dimensión, su naturaleza real, el alcance de sus amenazas y los remedios legales —todo sigue confuso—. Otro problema recibe poca publicidad, pero causa verdadera preocupación. Donde hay crimen persistente, pero sin protección policíaca efectiva, se puede producir un clima de vigilancia. Las compañías de telecomunicaciones, los bancos, las compañías de crédito, las grandes corporaciones que mantienen redes informáticas extensas y vulnerables al *hacking* —estas organizaciones son poderosas, ricas y tienen mucha influencia política. No sienten ninguna inclinación a dejarse intimidar por delincuentes (en realidad por casi nadie) con frecuencia mantienen fuerzas de seguridad privadas muy bien organizadas, dirigidas normalmente por ex militares o ex policías de mucha experiencia, que han abandonado el servicio público a favor del pasto más verde del sector privado. Para la policía, el director de seguridad de una corporación, puede ser un aliado muy poderoso; pero si ese caballero no encuentra aliados en la policía, y se siente suficientemente presionado por su consejo directivo, puede silenciosamente tomarse la justicia por su mano.

Tampoco falta personal contratable en el negocio de la seguridad corporativa. Las agencias de seguridad privada —el *negocio de la seguridad en general*— creció asombrosamente en los años 80. Hoy hay ejércitos enteros con botas de goma, de *consultores de seguridad, alquile un poli, detectives privados, expertos externos* —y toda variedad de oscuro operador que vende *resultados* y discreción. Desde luego, muchos de esos caballeros y damas pueden ser modelos de rectitud moral y profesional. Pero, como cualquiera que haya leído una novela realista de detectives, sabe, la policía por lo general abriga poco cariño por esa competencia del sector privado.

Se ha sabido de compañías que buscando seguridad informática han dado empleo a *hackers*. La policía se estremece ante ese escenario.

La policía cuida mucho sus buenas relaciones con la comunidad de negocios. Pocas veces se ve a un policía tan indiscreto como para declarar públicamente que un fuerte empleador de su estado o ciudad haya sucumbido a la paranoia y se haya descarriado. Sin embargo, la policía —y la policía informática en particular— reconoce esa posibilidad. Ellos pasan hasta la mitad de sus horas de trabajo haciendo de relaciones públicas: organizan seminarios, sesiones de demostración y exhibición, a veces con grupos de padres o de usuarios, pero generalmente con su público objetivo: las probables víctimas de delitos de *hacking*. Y estos son, por supuesto, compañías de telecomunicaciones, de tarjetas de crédito y grandes corporaciones informatizadas. La policía los apremia a que, como buenos ciudadanos, denuncien las infracciones y presenten acusaciones formales; pasan el mensaje de que hay alguien con autoridad que entiende y que, sobre todo, tomará medidas si ocurriera un delito informático. Pero las palabras de una charla tranquilizadora se las lleva el viento. *«Diablo del Sol»* fue una acción concreta.

El mensaje final de *«Diablo del Sol»* estaba destinado al consumo interno de las fuerzas policiales. Se ofreció a *«Diablo del Sol»* como prueba de que la comunidad de la policía de delitos informáticos había madurado. *«Diablo del Sol»* fue prueba de que algo tan enorme como el mismo *«Diablo del Sol»* hubiera podido organizarse. *«Diablo del Sol»* fue prueba de que el Servicio Secreto y sus aliados de las fuerzas policiales locales podían actuar como una máquina bien engrasada —a pesar del estorbo que significaban esos teléfonos cifrados—. También fue prueba de que la Unidad de Arizona contra el Crimen Organizado y el Chantaje —la chispa de *«Diablo del Sol»*—

se clasificaba entre las mejores del mundo en ambición, organización y en mera osadía conceptual.

Y, como estímulo final, «*Diablo del Sol*» fue un mensaje del Servicio Secreto (USSS) a sus rivales de siempre en el FBI. Por decreto del Congreso los dos, el USSS y el FBI, comparten formalmente la jurisdicción sobre operativos federales contra los delitos informáticos. Ninguno de esos grupos ha quedado nunca ni remotamente satisfecho con esa indecisa situación. Parece sugerir que el Congreso no puede decidirse sobre cuál de esos grupos está más capacitado. Y no hay ningún agente del FBI o del USSS que no tenga una opinión firme sobre el tema.

Para el neófito, uno de los aspectos más enigmáticos de *La Caza de Hackers* es que el Servicio Secreto de los Estados Unidos tiene que ver con este tema.

El Servicio Secreto es mejor conocido por su principal papel público: sus agentes protegen al Presidente de los Estados Unidos. También protegen a la familia del Presidente, al Vicepresidente y a su familia, a Presidentes anteriores y a los candidatos presidenciales. Algunas veces protegen dignatarios extranjeros que visitan los Estados Unidos, especialmente jefes de estado extranjeros, y se ha sabido que acompañan oficiales norteamericanos en misiones diplomáticas en el extranjero.

Los agentes especiales del Servicio Secreto no usan uniforme, sin embargo, el Servicio Secreto también tiene dos agencias policiacas que usan uniforme. Una es la antigua policía de la Casa Blanca —ahora conocida como División Uniformada del Servicio Secreto, desde que empezaron a proteger embajadas extranjeras en Washington, así como la misma Casa Blanca—. La otra uniformada es la Fuerza Policíaca de la Tesorería.

El Congreso le ha dado al Servicio Secreto un número de deberes poco conocidos. Ellos protegen los metales preciosos en las bóvedas de la tesorería. Protegen los documentos históricos más valiosos de los Estados Unidos: originales de la Constitución, la Declaración de la independencia, el segundo discurso de apertura de Lincoln, una copia norteamericana de la Carta Magna etc... Un día les fue asignado proteger a la Mona Lisa, en su viaje por EE.UU. en los años 60.

El Servicio Secreto entero es una división del departamento de tesorería. Los agentes especiales del Servicio Secreto —hay aproximadamente 1900— son guardaespaldas del Presidente y de otros, pero todos ellos trabajan para la tesorería. Y la tesorería —a través de sus divisiones de la Moneda y la Oficina de Grabado e Impresión— imprime el dinero del país.

Como policía de la Tesorería, el Servicio Secreto protege el dinero del país; es la única agencia federal que tiene jurisdicción directa sobre la falsificación. Analiza la autenticidad de documentos, y su lucha contra la falsificación de dinero está muy vigente —especialmente desde que los hábiles falsificadores de Medellín, Colombia, entraron en acción—, cheques del gobierno, bonos y otras obligaciones, que existen en un sinfín de millones y que valen un sinfín de billones, son blancos comunes para la falsificación que el Servicio Secreto también combate.

Se encarga hasta de la falsificación de sellos postales. Pero ahora, se está desvaneciendo la importancia del dinero en efectivo, porque el dinero se ha vuelto electrónico. Como la necesidad lo requería, el Servicio Secreto cambió la lucha contra la falsificación de billetes y la fragua de cheques, por la protección de fondos transferidos por cable.

Del fraude de cable, fue un pequeño paso a lo que es formalmente conocido como *fraude mediante un dispositivo de acceso* mencionado en el artículo 18 del código de los Estados Unidos —código de las EE.UU. Sección 1029—. El termino *dispositivo de acceso* parece intuitivamente sencillo. Es algún tipo de dispositivo de alta tecnología con el que se puede conseguir dinero. Es lógico poner este tipo de cosa en manos de los expertos del combate de la falsificación y del fraude electrónico.

Sin embargo, en la sección 1029, el término *dispositivo de acceso* está muy generosamente definido.

Un dispositivo de acceso es:

«Cualquier tarjeta, lamina, código, número de cuenta, u otros medios de acceso a cuentas que puedan ser usados solo o en conjunto con otro dispositivo de acceso para obtener dinero, bienes, servicios, o cualquier otra cosa de valor, o que pueda ser usado para iniciar una transferencia de fondos.»

Por lo tanto, *dispositivo de acceso* puede ser interpretado para incluir las mismas tarjetas de crédito —un objeto de falsificación popular en estos días—. También incluye los *números* de cuenta de las tarjetas de crédito, esos clásicos del mundo digital clandestino. Lo mismo vale para las tarjetas telefónicas —un objeto cada vez más popular en las compañías de teléfono que están cansadas de ser robadas de sus monedas por ladrones de cabinas de teléfono—. Y también *códigos* de acceso telefónico, estos *otros* clásicos del mundo clandestino digital. —puede que los códigos de teléfono robados no *den dinero*, pero sí dan *servicios* de valor, lo que está prohibido por la sección 1029.

Ahora podemos ver que la sección 1029 pone al Servicio Secreto en contra del mundo clandestino digital sin ninguna mención de la palabra *ordenador*. Clásicos aparatos del *phreaking*, como las *cajas azules*, usadas para robar servicio telefónico de los interruptores mecánicos antiguos, son sin duda *dispositivos de acceso falsificados*. Gracias a la sección 1029, no solo es ilegal *usar* los dispositivos de acceso falsificados, sino también es ilegal *construirlos*. *Producir, diseñar, duplicar, o construir* cajas azules, son todos, crímenes federales hoy, y si usted lo hace, el Congreso le ha encargado al Servicio Secreto perseguirlo.

Los cajeros automáticos que se reprodujeron por toda Norteamérica durante los años 80, son definitivamente también *dispositivos de acceso*, y un intento de falsificar un código PIN o una tarjeta de plástico cae directamente bajo la sección 1029. La sección 1029 es notablemente elástica. Supongamos que usted encuentra una contraseña de ordenador en la basura de alguien. Esa contraseña puede ser un *código,* en todo caso es *un medio de acceso a una cuenta*. Ahora suponga que usted accede a un ordenador y copia unos programas para usted mismo. Usted claramente ha obtenido un *servicio —* servicio informático— y una *cosa de valor* —el *software*—. Supongamos que usted le habla a una docena de amigos acerca de su contraseña robada, y les permite que la usen, también. Ahora usted está *traficando medios de acceso no autorizado*. Y cuando *Prophet*, un miembro de la *Legion of Doom*, le pasó un documento robado de la compañía de teléfonos a *Knight Lightning* en la revista *PHRACK*, los dos fueron acusados bajo la sección 1029.

Hay dos limitaciones en la sección 1029. Primero, el delito debe *afectar el comercio interestatal o internacional* para convertirse en un caso de jurisdicción federal. El término *afectar el comercio* no está bien definido; pero usted puede tomar como un hecho, que el Servicio Secreto puede interesarse si usted ha hecho cualquier cosa que cruce una línea de estado. La policía local y la estatal pueden ser quisquillosas en sus jurisdicciones y puede algunas veces ser testaruda cuando aparecen los federales.

Pero cuando se trata de delitos informáticos, los policías locales le están enternecedoramente agradecidos a la ayuda federal, de hecho, se quejan diciendo que precisan más. Si usted está robando servicio de larga distancia, está casi seguro cruzando líneas estatales y definitivamente está *afectado el comercio interestatal* de las compañías telefónicas. Y si abusa de tarjetas de crédito comprando artículos, de brillantes catálogos de, digamos Vermont, usted llama la atención.

La segunda limitación es el dinero. Como regla, los federales no persiguen ladrones de calderilla. Los jueces federales eliminarán los casos que parecen hacerles perder su tiempo. Los crímenes federales deben ser importantes, la sección 1029 especifica una perdida mínima de mil dólares.

Ahora continuamos con la sección siguiente del artículo 18, que es la sección 1030, *fraude y actividades relacionadas con referencia a los ordenadores.* Está sección le da al Servicio Secreto, jurisdicción directa sobre los actos de invasión a ordenadores. Aparentemente, el Servicio Secreto parecería tener el mando en el tema. Sin embargo, la sección 1030 no es para nada tan dúctil como la sección 1030(d), que dice:

«(d) El Servicio Secreto de los Estados Unidos tendrá *además de cualquier otra agencia que tenga dicha autoridad,* la autoridad de investigar delitos bajo esta sección. Dicha autoridad del Servicio Secreto de los Estados Unidos será ejercida de acuerdo con un arreglo que será establecido por el secretario de la Tesorería *y el Fiscal General».* (Las cursivas son del autor).

El Secretario del Tesoro es el titular a cargo del Servicio Secreto, mientras que el Fiscal General está encargado del FBI. En la Sección (d), el Congreso se lavó las manos en la batalla entre el Servicio Secreto y el FBI por la lucha contra el crimen informático, y los dejó luchar entre ellos mismos. El resultado fue bastante calamitoso para el Servicio Secreto, ya que el FBI terminó con una jurisdicción exclusiva sobre las invasiones informáticas que tengan que ver con la seguridad nacional, espionaje extranjero, bancos federalmente asegurados, y bases militares estadounidenses, manteniendo jurisdicción compartida sobre otros tipos de invasiones informáticas.

Esencialmente, según la Sección 1030, al FBI no solo le compiten los casos mediáticos, sino también puede seguir metiendo la nariz en los casos del Servicio Secreto cuando le dé la gana. El segundo problema tiene que ver con el peligroso término *computadoras de interés federal.*

La Sección 1030 (a)(2) establece que es ilegal *acceder a una computadora sin autorización*, si esta computadora pertenece a una institución financiera o a una emisora de tarjetas de crédito —casos de fraude, en otras palabras—, el Congreso no tenía problema en darle al Servicio Secreto la jurisdicción sobre los ordenadores que transfieren dinero, pero no quiso permitirle que investigara cualquier tipo de intrusiones. El USSS tuvo que contentarse con las máquinas para retirar dinero y las *computadoras de interés federal*. Una *computadora de interés federal*, es una computadora que el gobierno posee, o está usando. Grandes redes interestatales de computadoras, unidas por líneas que atraviesan estados, también son consideradas de *interés federal*. — El concepto de *interés federal* es legalmente muy vago y nunca ha sido claramente definido en los juzgados. El Servicio Secreto nunca ha sido llamado al orden, por investigar intrusiones de ordenadores que *no* fueran de *interés federal*, pero es probable que eso un día pase.

Así que la autoridad del Servicio Secreto sobre *el acceso no autorizado* a computadoras cubre un gran terreno, pero de ningún modo toda la cancha ciberespacial. Si usted es, por ejemplo, un minorista *local* de ordenadores o dueño de una BBS *local*, entonces un intruso *local* malicioso puede forzar la entrada, tirar su sistema abajo, poner basura en sus archivos, esparcir virus y el Servicio Secreto de los EE.UU. no puede hacer nada al respecto. Por lo menos no puede hacer nada *directamente*. Pero el Servicio Secreto hará muchísimo para ayudar a las personas locales que sí pueden hacer algo.

Quizás el FBI ganó una batalla en cuanto a Sección 1030, pero no ganó la guerra. Lo que piensa el Congreso es una cosa, la situación en la calle es otra. Además, no sería la primera vez que el Congreso cambia de opinión. La *verdadera* lucha se libra fuera, en las calles donde todo está sucediendo. Si usted es un policía de la calle con un problema informático, el Servicio Secreto quiere que usted sepa dónde puede encontrar al verdadero especialista. Mientras que la gente del FBI está fuera haciéndose limpiar sus zapatos favoritos, —SCHOENEN de ala punta— y haciendo burla de los zapatos favoritos del Servicio Secreto —*pansy-ass-tassels*—, el Servicio Secreto, tiene listo en la capital de cada estado de los EE.UU., un equipo competente de rastreadores de *hackers*. ¿Necesita un consejo? Ellos le darán consejo, o por lo menos lo pondrán en la dirección correcta. ¿Necesita capacitación? Ellos pueden organizarla también.

Si usted es un policía local y llama al FBI, el FBI —como es amplia y abiertamente conocido— le hará dar más vueltas que un camarero, le robará el crédito por todos sus arrestos y eliminará cualquier huella de gloria que le pueda haber quedado.

Por otro lado, en Servicio Secreto no se jacta mucho. Ellos son del tipo silencioso. *Muy* silenciosos. Muy tranquilos. Eficientes. Alta tecnología. Gafas de sol oscuras, miradas fijas, radio escondida en la oreja, un revólver UZI automático escondido en algún lugar de su chaqueta de moda. Son los samuráis norteamericanos, que juraron dar sus vidas para proteger a nuestro Presidente.

Los agentes duros de matar. Capacitados en artes marciales, completamente temerarios. Cada uno de ellos tiene la aprobación, para acceder a secretos de estado. Si algo anda un poco mal, usted no va a oír ninguna queja, ningún gemido, ningún intento de excusa política de estos tipos. La fachada del agente de granito no es, por supuesto, la realidad. Los agentes del Servicio Secreto son seres humanos y la verdadera gloria en el trabajo del Servicio Secreto, no es luchar contra el crimen informático —todavía no, por lo menos— pero si proteger al Presidente. La gloria del trabajo en el Servicio Secreto está en la guardia de la Casa Blanca. Estar al lado del Presidente, que la esposa y los hijos lo vean en la televisión; rozar los hombros de la gente más poderosa del mundo. Esa es la verdadera misión del Servicio Secreto, la prioridad número uno.

Más de una investigación informática murió, cuando los agentes del Servicio Secreto se esfumaron por la necesidad del Presidente.

Hay glamour en el trabajo del Servicio Secreto. El acceso íntimo a los círculos de gran poder, el espíritu de los cuerpos muy capacitados y de una disciplina especial, la gran responsabilidad de defender al comandante en jefe; el cumplimiento de un deber de patriota. Y cuando toca trabajo policíaco, la paga no es mala. Pero también hay miseria en el trabajo del Servicio Secreto. Puede que le escupan unos manifestantes gritando "abuso" —y si se ponen violentos, si llegan demasiado cerca, a veces tienen que golpear a uno de ellos, discretamente.

Pero la verdadera miseria en el trabajo del Servicio Secreto es la monotonía de por ejemplo *las trimestralidades*, salir a la calle cuatro veces al año, año tras año, entrevistar a varios miserables patéticos, muchos de ellos en prisiones y asilos, que han sido identificados como amenaza para el Presidente. Y después está el estrés mortal de buscar entre esas caras de las interminables y bulliciosas multitudes, buscar odio, buscar psicosis, buscar el hermético y nervioso rostro de un Arthur Bremer, un Squeaky Fromme, un

Lee Harvey Oswald. Es observar todas esas manos, moviéndose, saludando para detectar algún movimiento repentino, mientras que tus oídos esperan, tensos, escuchar en el auricular el grito tantas veces ensayado de ¡*Arma!* Es estudiar, con mucho detalle, las biografías de cada estúpido perdedor que alguna vez ha disparado a un Presidente. Es el nunca comentado trabajo de la Sección de Investigación de Protección, que estudia a velocidad de caracol, las amenazas de muerte anónimas, mediante todas las herramientas meticulosas de las técnicas antifalsificadoras. Y es mantener actualizados, los enormes archivos computerizados de cualquiera que haya amenazado la vida del Presidente.

Los defensores de los derechos civiles, están cada vez más preocupados por el uso de archivos informáticos por parte del gobierno, para seguir la pista de ciudadanos norteamericanos, pero los archivos del Servicio Secreto, con potenciales asesinos presidenciales, que tiene más de veinte mil nombres, raramente causa algún tipo de protesta. Si usted alguna vez *en su vida* dice que tiene intenciones de matar al Presidente, el Servicio Secreto querrá saber y anotar quien es usted, donde vive, en que trabaja y qué planes tiene. Si usted es una amenaza seria —si usted es oficialmente considerado de *interés protectivo*— entonces el Servicio Secreto es capaz de pincharle el teléfono el resto de su vida.

Proteger al Presidente siempre tiene prioridad en los recursos del Servicio Secreto. Pero hay mucho más en las tradiciones e historia del Servicio Secreto, que montar guardia fuera del despacho del Presidente. El Servicio Secreto, es la agencia más antigua, totalmente federal, de la policía. Comparado con el Servicio Secreto, los del FBI son nuevos y los de la CIA son suplentes. El Servicio Secreto fue fundado allá en 1865 a sugerencia de Hugh McCulloch, el secretario del tesorero de Abraham Lincoln. McCulloch quería una policía especializada en Tesorería, para combatir la falsificación.

Abraham Lincoln lo aprobó. Dijo que le parecía una buena idea, y con terrible ironía, Abraham Lincoln fue asesinado esa misma noche por John Wilkes Booth.

Originalmente el Servicio Secreto no tenía nada que ver con la protección de los Presidentes. Ellos no tomaron esa tarea como una de sus obligaciones, hasta después del asesinato de Garfield en 1881. Y el Congreso no le destinó un presupuesto, hasta el asesinato del presidente McKingley en 1901. Originalmente el Servicio Secreto fue creado con un objetivo: destruir a los falsificadores.

Hay paralelismos interesantes entre el primer contacto del Servicio Secreto con la falsificación del siglo XIX y el primer contacto de los EE.UU. con el crimen informático en el siglo XX.

En 1865, los billetes norteamericanos eran un desastre. La Seguridad era horriblemente mala. Los billetes eran impresos por los bancos locales, en el propio banco, con —literalmente— centenares de diseños diferentes. Nadie sabía cómo diablos se suponía que era un billete de dólar. Los billetes falsos circulaban fácilmente. Si algún *payaso* le decía, que un billete de un dólar del Banco del Ferrocarril de Lowell, Massachusetts, tenía una mujer inclinada sobre un escudo con una locomotora, una cornucopia, una brújula, diversos artículos agrícolas, un puente de ferrocarril y algunas fábricas, entonces a usted no le quedaba más remedio que creérselo. ¡De hecho decía la verdad!

Mil seiscientos bancos locales estadounidenses, diseñaban e imprimían sus propios billetes, y no había normas generales de seguridad. Tal como un nodo mal protegido en una red de computadoras, los billetes mal diseñados, también eran fáciles de falsificar, y significaban, por supuesto, un riesgo de seguridad para el sistema monetario.

Nadie sabía el alcance exacto de la amenaza al dinero. Había estimaciones aterradoras de que hasta un tercio del dinero nacional era falso. Los falsificadores —conocidos como *fabricantes* en el argot subterráneo de la época— eran principalmente trabajadores gráficos, con gran pericia técnica, que se habían pasado a la delincuencia. Muchos, habían trabajado antes en imprentas —de dinero— legítimas. Los fabricantes operaban en círculos y bandas. Técnicos expertos grababan las chapas falsas, usualmente en sótanos en Nueva York. Hombres refinados, de confianza, pasaban grandes fajos falsos de alta calidad, alta denominación, incluyendo cosas realmente sofisticadas —bonos del gobierno, certificados de valores y acciones del ferrocarril-. Las falsificaciones mal hechas, se vendían más baratas a falsificadores de bajo nivel o se prestaban durante un tiempo —por un módico precio— las planchas defectuosas, a los aspirantes a ser fabricantes.

Los falsificadores de bajo nivel, simplemente alteraban los billetes reales, cambiando el valor; hacían cinco de uno, cien de diez etc.

Las técnicas de falsificación eran poco conocidas, y vistas con cierto temor por el público de mediados del siglo XIX. La capacidad para manipular el sistema para la estafa, parecía diabólicamente inteligente. A medida que la habilidad y osadía de los fabricantes aumentaba, la situación se volvía intolerable. El gobierno federal intervino, y comenzó a ofrecer su propia moneda federal, que se imprimía con una hermosa tinta verde, pero solo al dorso: los famosos *greenbacks* o espaldas verdes.

Al comienzo de la seguridad mejorada, del bien diseñado y bien impreso papel moneda federal, pareció resolverse el problema, sin embargo, los falsificadores se adelantaron otra vez. Algunos años después, las cosas estaban peor que nunca: un sistema *centralizado*, donde *toda* la seguridad ¡era mala! La policía local estaba sola. El gobierno intentó ofrecer dinero a informadores potenciales, pero tuvo poco éxito. Los bancos, plagados de falsificaciones, abandonaron la esperanza de que la policía los ayudara y decidieron contratar empresas de seguridad privadas. Los comerciantes y los banqueros hicieron cola a miles, para comprar manuales sobre la seguridad del dinero, —impresos por iniciativa privada— libros pequeños y delgados, como el de Laban Heath 'Detector Infalible de Falsificaciones de Documentos Gubernamentales'. El dorso del libro ofrecía el microscopio patentado por Laban Heath, por cinco dólares.

Entonces el Servicio Secreto entró en escena. Los primeros agentes eran un grupo ordinario. Su jefe era William P. Wood, un ex guerrillero en la Guerra Mexicana, quien había ganado gran reputación deteniendo contratistas fraudulentos para el Departamento de Guerra, durante la guerra civil. Wood, que también era Guardián de la Prisión de la capital, tenía, como experto en falsificación, un trabajo extra, encerrando falsificadores a cambio de la recompensa federal.

Wood fue nombrado Jefe del nuevo Servicio Secreto en Julio de 1865. El Servicio Secreto contaba con solo 10 agentes en total: eran el mismo Wood, un puñado de personas que habían trabajado para él en el Departamento de Guerra, y un par de ex detectives privados —expertos en falsificaciones— que Wood pudo convencer para trabajar en el servicio público. El Servicio Secreto de 1865 fue casi del tamaño de la fuerza contra el fraude informático de Chicago o la unidad contra el crimen organizado de 1990. Estos diez *operativos*, tenían unos veinte *Operativos Auxiliares* e *Informadores* adicionales. Además del sueldo y el jornal, cada empleado del Servicio Secreto percibía un premio de veinticinco dólares, por cada falsificador que capturara.

Wood estimó públicamente que por lo menos *la mitad* del dinero estadounidense era falso, una percepción quizás perdonable. En un año el Servicio Secreto había arrestado más de 200 falsificadores. Detuvieron a unos doscientos falsificadores por año, durante los primeros cuatro años.

Wood atribuyó su éxito a viajar rápido y ligero, golpear duro a los chicos malos, y evitar trámites burocráticos.

—*«Yo sorprendía a los falsificadores profesionales, porque mis incursiones se hacían sin acompañamiento militar y no pedía asistencia de funcionarios estatales». —*decía Wood.

El mensaje social de Wood a los anteriormente impunes falsificadores tenía el mismo tono que el de *«Diablo del Sol»*:

—*«Era también mi propósito convencer a estos individuos, de que ya no podían ejercer su vocación sin ser tratados con dureza, un hecho que ellos pronto descubrieron.»*

William P. Wood, el pionero de la guerrilla del Servicio Secreto, no terminó bien. Sucumbió en el intento de ganar *un dinero fácil*. La famosa banda Brockway de la ciudad de Nueva York, dirigida por William E. Brockway, el *rey de los falsificadores*, había falsificado una cantidad de bonos del gobierno. Ellos habían pasado estas brillantes falsificaciones a la prestigiosa firma de Inversionistas de Jay Cooke y Compañía, de Wall Street. La firma Cooke se desesperó y ofreció una gratificación enorme por las planchas falsas.

Trabajando diligentemente, Wood confiscó las planchas —no al Sr. Brockway— y reclamó la recompensa. Pero la compañía Cooke dio marcha atrás alevosamente. Wood se vio implicado en una baja y sucia demanda contra los capitalistas de Cooke. El jefe de Wood, el Secretario de la tesorería McCulloch, estimó que la demanda de Wood por el dinero y la gloria, era injustificada, y aún cuando el dinero de la recompensa llegó finalmente, McCulloch rehusó pagarle algo a Wood. Wood se encontró inmerso en una aparentemente, ronda interminable, de procesos judiciales federales e intrigas en el Congreso. Wood nunca consiguió su dinero. Y perdió su trabajo. Renunció en 1869.

Los agentes de Wood también sufrieron. El 12 de mayo de 1869, el segundo Jefe del Servicio Secreto asumió la dirección, y casi inmediatamente, despidió a la mayoría de los agentes de Wood pioneros del Servicio Secreto: operativos, asistentes y los informadores. La práctica de recibir 25 dólares por malhechor se abolió. Y el Servicio Secreto comenzó el largo e incierto proceso de completa profesionalización.

Wood terminó mal. Debió sentirse apuñalado por la espalda. De hecho, su organización entera fue destrozada.

Por otra parte, William P. Wood *fue* el primer jefe del Servicio Secreto. William P. Wood fue el pionero. La gente todavía honra su nombre. ¿Quién recuerda el nombre del *segundo* jefe del Servicio Secreto?

En lo que concierne a William Brockway —también conocido como *El Coronel Spencer* —, finalmente fue arrestado por el Servicio Secreto en 1880. Estuvo cinco años en prisión. Salió libre y todavía seguía falsificando a los setenta cuatro años.

Cualquiera con un mínimo interés en la *«Operación Diablo del Sol»* —o en el crimen informático en los Estados Unidos en general— se dio cuenta de la presencia de Gail Thackeray, asistente del Fiscal General del estado de Arizona. Los manuales sobre crimen informático citan a menudo al grupo de Thackeray y su trabajo; ella era el agente de rango más alto, especializada en los crímenes relacionados con ordenadores.

Su nombre había aparecido en los comunicados de prensa de la *«Operación Diablo del Sol»*, aunque siempre modestamente, después del fiscal local de Arizona y el jefe de la oficina del Servicio Secreto de Phoenix. Cuando empezó la discusión pública y la controversia, en relación a *La Caza de Hackers*, esta funcionaria del estado de Arizona, empezó a tener cada vez más notoriedad pública. Aunque no decía nada específico acerca de la *«Operación Diablo del Sol»* en sí, ella acuñó algunas de las citas más sorprendentes de la creciente propaganda de guerra:

—*«Los agentes actúan de buena fe, y no creo que se pueda decir lo mismo de la comunidad de los hackers»*, —era una de ellas.

Otra fue la memorable:

—*«Yo no soy una fiscal rabiosa»*. 'Houston Chronicle' 2 de sept. 1990.

Mientras tanto, el Servicio Secreto mantenía su típica extrema discreción; la unidad de Chicago, que ya había aprendido algo, tras el fiasco con el escándalo de Steve Jackson, había vuelto a poner los pies en el suelo. Mientras iba ordenando la creciente pila de recortes de prensa, Gail Thackeray me ascendió a fuente de conocimiento público de operaciones policiales. Decidí, que tenía que conocer a Gail Thackeray. Le escribí a la Oficina del Fiscal General. No sólo me respondió de forma muy amable, sino que, para mi gran sorpresa, sabía muy bien lo que era la ciencia ficción *Cyberpunk*.

Poco después, Gail Thackeray perdió su trabajo, y yo cambié temporalmente mi carrera de escritor de ciencia ficción, por la de periodista sobre crímenes informáticos a tiempo completo.

A principios de marzo de 1991, volé hasta Phoenix, Arizona, para entrevistar a Gail Thackeray para mi libro sobre *La Caza de Hackers.*

«Las tarjetas de crédito solían ser gratis», —*dice Gail Thackeray. Ahora cuestan 40 dólares y eso es solamente para cubrir los costes de los estafadores...*

Los criminales electrónicos son parásitos, uno solo no hace mucho daño, no hace gran cosa, pero nunca viene uno solo, vienen en manadas, en hordas, en legiones, a veces en subculturas enteras, y muerden. Cada vez que compramos con una tarjeta de crédito hoy día, perdemos un poquito de vitalidad financiera, a favor de una especie particular de chupasangres.

—*¿Cuáles son, en su experta opinión, las peores formas del crimen electrónico?, —pregunto, consultando mis notas.*

»¿Es el fraude de tarjetas de crédito?, ¿es robar dinero de las ATM?, ¿la estafa telefónica?, ¿la intrusión en ordenadores?, ¿los virus informáticos?, ¿el robo de códigos de acceso?, ¿la alteración ilegal de archivos?, ¿la piratería de software?, ¿las BBS pornográficas?, ¿la piratería de televisión vía satélite?, ¿el robo de televisión por cable? Es una lista muy larga. Cuando llego al final me siento bastante deprimido.

—¡Oh! no, —dice Gail Thackeray, inclinándose sobre la mesa, y poniéndose rígida por indignación.

»El daño más grande es el fraude telefónico. Concursos fraudulentos, acciones de caridad falsas. Las estafas de la Sala de operaciones. Se podría pagar la deuda nacional con lo que estos tipos roban... Se aprovechan de gente mayor, logran obtener cifras demográficas, estadísticas de consumo de tarjetas de crédito y despojan a los viejos y a los débiles. —Las palabras le salen como una cascada.

»Son artimañas nada sofisticadas, la estafa de la Sala de Operaciones de antes, es un fraude barato. Hace décadas, que existen sinvergüenzas despojando a la gente de su dinero por teléfono. La palabra phony[12], ¡nació así! Solo que ahora es mucho más sencillo, horriblemente fácil, debido a los avances en la tecnología y a la estructura bizantina del sistema telefónico moderno. Los mismos estafadores profesionales, lo hacen una y otra vez, —me dice Thackeray— escondiéndose detrás de la densa cobertura de compañías falsas...

»Falsas corporaciones que tienen nueve o diez niveles de jerarquía y que están registradas por todo el país. Obtienen una instalación telefónica con un nombre falso, en una casa vacía y segura. Luego llaman a todas partes desde ese aparato, -pero a través de otra línea que puede que esté en otro estado-. Ni siquiera pagan la factura de esos teléfonos; después de un mes, simplemente dejan de existir. La misma banda de viejos estafadores, se instala en una ciudad cualquiera. Roban o compran informes comerciales de tarjetas de crédito, los procesan en el ordenador y a través de un programa, escogen a las personas de más de 65 años, que acostumbran participar en acciones caritativas. Es así como existe una completa subcultura, que vive despiadadamente de estas personas sin defensa.

»Son los que venden bombillas eléctricas a los ciegos, —dice Thackeray, con especial desdén.

---

[12] De phone o teléfono, que significa falso. (N. del T.)

—Es una lista interminable.

Estamos sentados en un restaurante en el centro de Phoenix, Arizona. Es una ciudad dura. Una capital del Estado que está pasando tiempos difíciles. — Aún para un tejano como yo, las políticas del estado de Arizona me parecen bastante barrocas—. Había y aún se mantiene, un inacabable problema acerca del día festivo de Martin Luther King, una suerte de tonto incidente, por el cual los políticos de Arizona, parecen haberse vuelto famosos.

También tenemos a Evan Mecham, el excéntrico y millonario Gobernador republicano, que fue destituido de su cargo, por haber convertido el gobierno estatal en una sucesión de negocios oscuros. Después tuvimos el escándalo nacional del caso Keating, que involucró los ahorros y préstamos de Arizona, en el cual los dos senadores de Arizona, DeConcini y McCain, jugaron papeles tristemente importantes.

Y lo último es el caso extraño de AzScam, en el cual, legisladores del Estado fueron grabados en vídeo, aceptando con muchas ganas, dinero de un informador de la policía de Phoenix, que estaba fingiendo ser un mafioso de Las Vegas.

—¡Oh!, —dice animosamente Thackeray.

»Esta gente de aquí son unos aficionados, pensaban que ya que estaban jugando con los chicos grandes. ¡No tienen la más mínima idea de cómo aceptar un soborno! No se trata de corrupción institucional. No es como en Filadelfia.

Gail Thackeray anteriormente, era fiscal en Filadelfia. Ahora, ella es ex asistente del Fiscal General del estado de Arizona. Desde que se mudó a Arizona en 1986, había trabajado bajo el amparo de Steve Twist, su jefe en la oficina del Fiscal General. Steve Twist escribió las leyes pioneras de Arizona respecto al crimen informático, y naturalmente tuvo mucho interés en verlas aplicadas. Estaba en el lugar apropiado. La unidad contra el crimen organizado y delincuencia electrónica de Thackeray ganó gran reputación nacional por su ambición y capacidad técnica... hasta las últimas elecciones en Arizona. El jefe de Thackeray se postuló para el cargo más alto, y perdió. El ganador, el nuevo Fiscal General, realizó aparentemente algunos esfuerzos para eliminar los rastros burocráticos de su rival, incluyendo su *grupito favorito* —el grupo de Thackeray—. Doce personas terminaron en la calle.

Ahora, el laboratorio de informática, que tanto trabajo le costó montar a Thackeray, está en alguna parte llenándose de polvo en el cuartel general del Fiscal General, en la calle Washington, 1275. Sus libros sobre el crimen informático y sus revistas de *hackers* y *phreaks* —todas compradas por su propia cuenta— minuciosamente recopiladas, están en alguna parte apiladas en cajas. El estado de Arizona, simplemente no está particularmente interesado por la delincuencia electrónica, por ahora.

En el momento de nuestra entrevista, —oficialmente desempleada— está trabajando en la oficina del Sheriff del condado, viviendo de sus ahorros, y continua trabajando en varios casos, —trabajando al ritmo de 60 horas semanales, como antes— sin paga alguna.

—Estoy tratando de capacitar a la gente —murmura.

La mitad de su vida, parece haberla utilizado dando formación a la gente, simplemente señalando a los incrédulos e inocentes —como yo—, que esto *está pasando realmente ahí fuera*. Es un mundo pequeño, el crimen informático. Un mundo joven. Gail Thackeray es una rubia en buena forma, nacida en los años sesenta y tantos, que le gusta navegar un poco por los rápidos del Gran Cañón, en su tiempo libre. Es de las más veteranas *cazahackers*. Su mentor fue Donn Parker, el teórico de California que inició todo a mediados de los años 70, y que es a su vez *el abuelo de la especialidad, el gran águila calva, del crimen informático*.

Y lo que ella aprendió es lo que está enseñando. Sin cesar. Sin cansarse. A cualquiera. A los agentes del Servicio Secreto y de la policía estatal en el Centro Federal de Entrenamiento de Glynco, en Georgia. A la policía local, en *giras de demostraciones* con su proyector de diapositivas y su ordenador portátil. Al personal de empresas de seguridad. A periodistas. A padres.

Hasta los delincuentes, la buscan para pedirle consejos. Los *hackers* telefónicos la llaman a su oficina. Saben muy bien quién es ella y tratan de sacarle información sobre lo que está haciendo la policía y lo que saben ahora. Algunas veces, algunos *phreakers* la llaman, la ridiculizan. Y como siempre, alardean. Los verdaderos *phreakers*, los que tienen años en el oficio, simplemente *no se pueden callar*, hablan y hablan durante horas.

Si se les deja hablar, la mayoría de ellos hablan de los detalles de las estafas telefónicas; esto es tan interesante, como escuchar a los que hacen carreras de coches en la calle, hablar de suspensiones y distribuidores. También cotillean cruelmente acerca de uno y de otro. Y cuando hablan a Gail Thackeray, se incriminan ellos mismos.

—Tengo grabaciones, —dice Thackeray.

Los *phreakers* hablan como locos. *Tono de Marcar* en Alabama, se pasa media hora simplemente leyendo en voz alta, códigos telefónicos robados en contestadores. Cientos, miles de números, recitados monótonamente, sin parar —¡Vaya fenómeno! —. Cuando se les arresta, es raro el *phreaker* que no habla sin parar de todos los que conoce. Y los *hackers* no son mejores.

—¿Qué otros grupos de criminales publican boletines y llevan a cabo convenciones? —pregunta ella retóricamente.

Está profundamente molesta por este comportamiento descarado, si bien uno que esta fuera de esta actividad, se podría cuestionar, si realmente los *hackers* deben o no, ser considerados *criminales* después de todo. Los patinadores tienen revistas, y violan propiedades a montones. Los aficionados a los coches también tienen revistas y violan los límites de velocidad, y a veces hasta matan personas....

—Le pregunto, si realmente sería una perdida para la sociedad, que los *hackers* y los *phreakers* simplemente dejaran su afición, y terminaran poco a poco secándose y desapareciendo, de modo que a nadie más le interese hacerlo otra vez. Y ella parece sorprendida.

— ¡No! —dice rápidamente—, quizás un poquito... en los viejos tiempos... las cosas del MIT, pero hoy en día, hay mucho material legal maravilloso y cosas estupendas que se pueden hacer con los ordenadores, y no hay necesidad de invadir el de otro para aprender. Ya no se tiene esa excusa. Uno puede aprender todo lo que quiera.

—¿Alguna vez has logrado entrometerte en un sistema?, —le pregunto.

—Los alumnos lo hacen en Glynco. Solo para demostrar la vulnerabilidad del sistema. —No se altera lo más mínimo, la noción le es genuinamente indiferente.

—¿Qué tipo de ordenador tienes?

—Un Compaq 286LE, —dice.

—¿Cuál te *gustaría* tener?

Ante esta pregunta, la innegable luz de la verdadera afición al mundo del *hacker* brilla en los ojos de Gail Thackeray. Se pone tensa, animada y dice rápidamente:

—Un Amiga 2000 con una tarjeta IBM y emulación de MAC. Las máquinas más usadas por los *hackers* son Amigas y Commodores. Y Apples.

Si ella tuviera una Amiga 2000 —dice—, podría acceder a una infinidad de evidencias de disquetes incautados. Todo en una máquina multifuncional apropiada y también barata. No como en el antiguo laboratorio de la fiscalía, donde tenían una antiquísima máquina CP/M, varios modelos de Amigas, de Apples y un par de IBM, todas con programas de utilidad... pero ningún Commodore. Las estaciones de trabajo que había en la oficina de trabajo del Fiscal General, no son más que máquinas Wang con procesador de textos. Máquinas lentas, atadas a una red de oficina, aunque por lo menos están línea, con los servicios de datos legales de Lexis y Westlaw. Yo no digo nada. Pero reconozco el síndrome.

Esta fiebre informática, ha estado años, esparciéndose por segmentos en nuestra sociedad. Es una extraña forma de ambición: un hambre de kilobytes, un hambre de megas; pero es un malestar compartido; puede matar a los compañeros, como una conversación en espiral, cada vez más y más profunda, y en el *caro* mercado de *software* y *hardware*, los precios están bajando... «La marca de la bestia *hacker*». Yo también la tengo. Toda la *comunidad electrónica* quien quiera que sea, la tiene. Gail Thackeray la tiene.

Gail Thackeray es un policía *hacker*. Mi inmediata reacción es una fuerte indignación y piedad: ¿Por qué nadie le compra a esta mujer un Amiga 2000? ¡No es que ella esté pidiendo una súper computadora mainframe Cray X-MP! Un Amiga 2000 es como una pequeña caja de galletas. Estamos perdiendo trillones, en el fraude organizado. La persecución y defensa de un caso de un simple *hacker* en el juzgado, puede costar cien mil dólares fácilmente. ¿Cómo es que nadie puede darle unos miserables cuatro mil dólares, para que esta mujer pueda hacer su trabajo? Por cien mil dólares podríamos comprarle a cada Policía Informático en EE.UU. Un Amiga 2000. ¡No son tantos!

Ordenadores. La lujuria, el hambre de los ordenadores. La lealtad que inspiran, la intensa sensación de posesión. La cultura que han creado. —Yo mismo estoy sentado en este banco del centro de Phoenix, Arizona, porque se me ocurrió que la policía quizás, solamente *quizás*— fuera a robarme mi ordenador—. La perspectiva de esto, la mera *amenaza implicada*, era insoportable. Literalmente cambió mi vida. Y estaba cambiando la vida de muchos otros. Eventualmente cambiaría la vida de todos.

Gail Thackeray era una de las principales investigadoras de crímenes informáticos en EE.UU. y yo, un simple escritor de novelas, tenía un ordenador mejor el de ella. *Prácticamente todos los que conocía* tenían uno mejor que el de Gail Thackeray, con su pobre Laptop 286. Era, como enviar al Sheriff para que acabe con los criminales de Dodge City, armado con una honda cortada de un viejo neumático.

Pero tampoco se necesita un armamento de primera para imponer la ley. Se puede hacer mucho, simplemente con una placa de policía. Básicamente, con una placa de policía, uno puede contener un gran disturbio y reprimir a los delincuentes. El noventa por ciento de la *investigación de crímenes informáticos* es solamente *investigación criminal*: nombres, lugares, archivos, modus operandi, permisos de búsqueda, víctimas, informadores...

—¿Cómo se verá el crimen informático en 10 años?, ¿será mejor aún? o ¿«Diablo del Sol» les dio un golpe que los hizo retroceder, llenos de confusión?

—Será como es ahora, solo que peor, —me dice ella con perfecta convicción. Siempre allí, escondido, cambiando con los tiempos: *el submundo criminal*. Será como ahora con las drogas. Como los problemas que tenemos con el alcohol. Todos los policías y leyes en el mundo, nunca han resuelto los problemas con el alcohol. Si hay algo que *quiere* la gente, un cierto porcentaje simplemente lo robará. El 15 por ciento de la población, nunca robará. Otro 15 por ciento robará todo lo que no está clavado al suelo. La batalla, es por los corazones y las mentes del 70 por ciento restante.

Los criminales se ponen al día rápidamente. Si no hay *una curva de aprendizaje muy inclinada*, —si no requiere una sorprendente cantidad de capacidad y práctica— los criminales, generalmente son los primeros en pasar por la puerta de una nueva tecnología. Especialmente si les ayuda a esconderse. Tienen toneladas de efectivo. Los usuarios *pioneros* de las nuevas tecnologías de la comunicación, —como los *buscas,* los teléfonos móviles, faxes y *Federal Express*— fueron los ricos empresarios y los criminales. En los años iniciales de los *pagers* y los *beepers,* los traficantes de drogas estaban tan entusiasmados con esta tecnología, que poseer un *busca* era prácticamente, una prueba evidente de ser traficante de cocaína.

Las comunicaciones por radio en Banda Ciudadana (CB), se expandieron explosivamente, cuando el límite de velocidad llegó a 55 millas por hora, y romper esta ley se convirtió en un pasatiempo nacional. Los traficantes de drogas envían efectivo por medio de *Federal Express* —a pesar de, o quizás *por eso*, las precauciones y advertencias en las oficinas de *FedEx*, dicen que nunca lo haga—. *FedEx* usa rayos-X y perros, para detectar los embarques de drogas en las sacas de correo. No funciona muy bien.

A los traficantes de drogas les encantaron los teléfonos móviles. Hay métodos muy simples para fingir una identidad en los teléfonos móviles, haciendo que la localización de la llamada sea móvil, libre de cargos, y efectivamente imposible de ubicar. Ahora, las empresas de telefonía móvil, rutinariamente son víctimas, de enormes facturas de llamadas a Colombia y Pakistán.

La fragmentación de las compañías telefónicas impuesta por el juez Greene, vuelve loca a la policía. Cuatro mil compañías de telecomunicaciones. El fraude sube como un cohete. Todas las tentaciones del mundo al alcance, con un teléfono móvil y un número de tarjeta de crédito. Delincuentes indetectables. Una galaxia de nuevas y hermosas cosas, listas para pudrirlas.

Si hay una cosa que a Thackeray le gustaría tener, sería un pasaje legal a través del fragmentado y nuevo campo de minas. Sería, una nueva forma de orden de registro electrónica, una *carta electrónica de marca* emitida por un juez. Podría crearse una nueva categoría de *emergencia electrónica*. Como una intervención de la línea telefónica, su uso sería raro, pero atravesaría los estados e impondría la cooperación veloz de todos los implicados. Teléfono móvil, teléfono fijo, láser, red de computadoras, PBX, AT&T, Baby Bells, servicios de larga distancia, radio en paquetes. Este documento sería una poderosa orden, que atravesaría cuatro mil secretos empresariales y la llevaría directamente hasta la fuente de las llamadas, la fuente de amenazas por correo electrónico, de virus, de amenazas de bomba y de secuestro.

—De ahora en adelante, —dice—, *el bebé Lindberg morirá siempre.* Algo que dejaría la red quieta, aunque sólo fuera por un momento. Algo que la haría alcanzar una velocidad fantástica. Un par de botas de siete leguas. —Eso es, lo que realmente necesita.

»Esos tipos están moviéndose a velocidad de nanosegundos y yo viajo en pony. Y entonces, también, llega por ahí el aspecto internacional. El crimen electrónico nunca ha sido fácil de localizar, de hacerlo entrar a una jurisdicción física. Y los *phreaks* y los *hackers* odian las fronteras, se las saltan cuantas veces pueden. Los ingleses, los holandeses, los australianos y los alemanes, sobre todo el omnipresente *Chaos Computer Club*. Todos lo aprendieron en EE.UU. Es una industria de la fechoría, en crecimiento.

Las redes multinacionales son globales, pero los gobiernos y la policía simplemente no lo son. Ninguna ley lo es tampoco. Ni los marcos legales para proteger al ciudadano. Un idioma sí es global: el inglés. Los *phone phreaks* hablan inglés; es su lengua nativa aún cuando son alemanes. El inglés es originario de Inglaterra, pero ahora es el idioma de la red; por analogía con el portugués y el holandés lo podríamos llamar el *CNNés*.

Los asiáticos no están mucho en el *phone-phreaking*. Son los amos mundiales de la piratería del *software*, organizada. Los franceses tampoco están en el *phone-phreaking*. Los franceses están en el espionaje industrial informatizado.

En los viejos días del virtuoso reino de los *hackers* del MIT, los sistemas que se *caían* no causaban daño a nadie —bueno, no daños permanentes—. Ahora los jugadores son más inmorales. Ahora las consecuencias son peores. Los *hackers* empezarán pronto a matar personas. Ya hay métodos de envío masivo de llamadas hacia los teléfonos de emergencia, molestando a la policía, y posiblemente, causando la muerte de alguna persona, que está intentando llamar con una verdadera emergencia. *Hackers* en los ordenadores de las compañías de ferrocarriles, o en los ordenadores del control de tráfico aéreo, matarán a alguien algún día. Quizá a muchas personas. Gail Thackeray lo asume.

Y los virus son cada vez peores. El virus *Scud* es el último que salió. Borra discos duros.

Según Thackeray, la idea de que los *phone phreaks* son unos *Robin Hood,* es un engaño. No merecen esa reputación. Básicamente, viven del más débil. Ahora AT&T se protege con la temible ANI (Identificación del Número Automático) una capacidad para rastrear la llamada. Cuando AT&T incrementó la seguridad general, los *phreaks* se dirigieron hacia las Baby Bells. Las Baby Bells los echaron fuera entre 1989 y 1990, así los *phreakers* se cambiaron a empresas de la larga distancia, más pequeñas. Hoy, se mueven en PBX (Private Branch Exchange) de dueños locales y sistemas de correo de voz, que están llenos de agujeros de seguridad, muy fáciles de invadir. Estas víctimas no son el rico Sheriff de Nottingham o el malo Rey John, sino pequeños grupos de personas inocentes, para quienes es muy difícil protegerse y quienes realmente sufren estas depredaciones. Los *phone phreaks* viven del más débil. Lo hacen por poder. Si fuese legal no lo harían. No quieren dar servicio, ni conocimiento, buscan la emoción de un *viaje de poder*. Hay suficiente conocimiento o servicio alrededor, si estás dispuesto a pagar. Los *phone phreaks* no pagan, roban. Se sienten poderosos, porque hacen algo ilegal que satisface su vanidad.

Saludo a Gail Thackeray con un apretón de manos en la puerta del edificio de su oficina, un gran edificio de estilo internacional situado en el centro de la ciudad. La oficina del jefe de policía tiene alquilado parte de él. Tengo la vaga impresión de que mucha parte del edificio está vacío: quiebra de bienes raíces.

En una tienda de ropa de Phoenix, en un centro comercial del centro de la ciudad, encuentro al «Diablo del Sol» en persona. Es la mascota de la Universidad del Estado de Arizona, cuyo estadio de fútbol, «Diablo del Sol», está cerca del cuartel general del Servicio Secreto —de ahí el nombre de la *«Operación Diablo del Sol»*. El «Diablo del Sol» se llama *Chispita*, es castaño con amarillo fluorescente, los colores de la universidad. *Chispita* lleva una horca amarilla de tres puntas. Tiene un bigote pequeño, orejas puntiagudas, una cola armada de púas, y salta hacia delante pinchando el aire con la horca, con una expresión de alegría diabólica.

Phoenix era el hogar de la *«Operación Diablo del Sol»*. La *Legion of Doom* tuvo una BBS *hacker* llamada «Proyecto Fénix». Un *hacker* australiano llamado *Phoenix*, una vez realizó un ataque por Internet a Cliff Stoll, y se jactó y alardeó de ello en el 'New York Times'. Esta coincidencia entre ambos es extraña y sin sentido.

La oficina principal del Fiscal General de Arizona, donde Gail Thackeray trabajaba antes, está en la Avenida Washington 1275. Muchas de las calles céntricas de Phoenix se llaman como prominentes Presidentes americanos: Washington, Jefferson, Madison...

Después de oscurecer, los empleados van a sus casas de los suburbios. Las calles Washington, Jefferson y Madison —lo que sería el corazón de Phoenix, si esta ciudad del interior, nacida de la industria del automóvil, tuviera corazón— se convierte en un lugar abandonado, en ruinas, frecuentado por transeúntes y los *sin techo*.

Se dibujan las aceras a lo largo de la calle Washington, en compañía de naranjos. La fruta madura cae y queda esparcida como bolas de criquet en las aceras y cunetas. Nadie parece comerlos. Pruebo uno fresco. Sabe insoportablemente amargo.

La oficina del Fiscal General, construida en 1981 durante la Administración de Babbitt, es un edificio largo y bajo, de dos pisos, hecho de cemento blanco y enormes paredes de vidrio. Detrás de cada pared de vidrio hay una oficina de un fiscal, bastante abierta y visible a quien pase por allí.

Al otro lado de la calle, hay un edificio del gobierno, que tiene un austero cartel que pone simplemente «SEGURIDAD ECONOMICA», algo de lo que no hubo mucho en el Sudoeste de los EE.UU. últimamente.

Las oficinas son aproximadamente de cuatro metros cuadrados. Tienen grandes estanterías de madera llenas de libros de leyes con lomo rojo, monitores de ordenadores Wang, teléfonos, notas Post-it por todos lados. También hay diplomas de abogado enmarcados, y un exceso general de arte de paisaje occidental, horrible —las fotos de Ansel Adams son muy populares, quizás para compensar el aspecto triste del estacionamiento—, dos áreas de asfalto negro rayado, ajardinados con rasgos de arena gruesa y algunos cactus barril enfermizos.

Ha oscurecido. Gail Thackeray me ha dicho que las personas que trabajan aquí, hasta tarde, tienen miedo a ser de asaltadas en el estacionamiento. Parece cruelmente irónico, que una mujer capaz de perseguir a ladrones electrónicos por el laberinto interestatal del *ciberespacio*, deba temer un ataque por un delincuente *sin techo*, en el estacionamiento de su propio lugar de trabajo. Quizás esto no sea pura coincidencia. Quizás estos dos mundos, —a primera vista tan dispares— de alguna forma se generan el uno al otro. El pobre y privado de derechos, reina en las calles, mientras, el rico, seguro en su habitación y equipado con ordenador, charla por módem. Con bastante frecuencia, estos marginales rompen alguna de estas ventanas y entran a las oficinas de los fiscales, si ven algo que precisan o que desean lo suficiente.

Cruzo el estacionamiento a la calle de atrás de la oficina del Fiscal General. Un par de vagabundos se están acostando sobre una *sábana* de cartón aplastado, en un nicho a lo largo de la acera. Un vagabundo lleva puesta una reluciente camiseta que dice «*California*», diseñada con el tipo de letra cursiva de la Coca-Cola. Su nariz y mejillas parecen irritadas e hinchadas, brillan con algo que parece vaselina. El otro vagabundo, tiene una camisa larga con mangas y cabellos ásperos, lacios, de color castaño, separados en el medio. Ambos llevan pantalones vaqueros usados con una capa de mugre. Ambos están borrachos.

—¿Ustedes están mucho por aquí?, —les pregunto.

Me miran confusos. Llevo pantalones vaqueros negros, una chaqueta rayada de traje negro y una corbata de seda negra. Tengo zapatos extraños y un corte de cabello cómico.

—Es la primera vez que venimos por aquí, —dice poco convincente el vagabundo de la nariz roja.

—Hay mucho cartón apilado aquí. Más de lo que dos personas podrían usar.

—Usualmente nos quedamos en lo de Vinnie, calle abajo, —dice el vagabundo castaño, echando una bocanada de Marlboro con un aire meditativo, mientras se extiende sobre una mochila de nylon azul.

—Le señalo «El San Vicente».

—¿Sabe quién trabaja en ese edificio de allí?, —pregunto—. El vagabundo castaño se encoge de hombros.

—Algún tipo de abogado, —dice.

Con un ¡cuídate! mutuo, nos despedimos. Les doy cinco dólares.

Una manzana calle abajo, encuentro un trabajador que está tirando de algún tipo de vagoneta industrial; tiene algo que parece ser un tanque de propano en él. Hacemos contacto visual. Nos saludamos inclinando la cabezada. Nos cruzamos.

—¡Eh! ¡Disculpe señor!, —dice.

—¿Sí? —digo, deteniéndome y volviéndome.

—¿No vio a un hombre negro de 1,90 vagando por aquí?, —dice el tipo rápidamente— tenía cicatrices en ambas mejillas, así, —gesticula— usa una gorra negra de béisbol hacia atrás.

—Parece alguien con el que realmente *no me gustaría* encontrarme —digo.

—Me quitó la cartera, —me dice mi nuevo conocido—. Me la quitó esta mañana. Sé que algunas personas *se asustarían* de un tipo como ese. Pero yo no me asusto. Soy de Chicago. Voy a cazarlo. Eso es lo que hacemos allá en Chicago.

—¿Sí? —digo.

—Fui a la policía y ahora están buscando su trasero por todos lados, —dice con satisfacción— Si se tropieza con él, hágamelo saber.

—Bien, —le digo.

—¿Cómo se llama usted, señor? —le pregunto.

—Stanley...

—¿Y cómo puedo encontrarlo?

—¡Oh!, —dice Stanley, con la misma rápida voz— no tiene que encontrarme. Sólo llame a la policía. Vaya directamente a la policía. —De un bolsillo saca un pedazo grasiento de cartulina.

—Mire, este es mi informe sobre él —miro *el informe*, del tamaño de una tarjeta de índice. Está encabezado por la palabra PRO-ACT (en inglés, las primeras letras de Residentes de Phoenix se Oponen a la Amenaza Activa del Crimen... ¿o que se Organizan Contra la Amenaza del Crimen? —En la calle, cada vez más oscura, es difícil leer— ¿algún tipo de grupo de vigilantes? ¿Vigilantes del barrio?). —Me siento muy confundido.

—¿Es usted policía, señor? —Sonríe, parece sentirse a gusto con la pregunta.

—No, —digo— ¿pero, es usted *residente de Phoenix*?

—¿Podría creer que soy un *sin techo*?, —dice Stanley.

—¿Ah sí? Pero que es un... —Por primera vez miro de cerca la vagoneta de Stanley. Es un carrito de metal industrial con ruedas de caucho. Lo que antes había confundido con un tanque de propano, es de un tanque refrigerador. Stanley también tiene un bolso del ejército llenísimo, —apretado como una salchicha— con ropa o quizás una tienda, y en el bajo de su vagoneta, una caja de cartón y una maltrecha cartera de piel.

—Ya lo veo, —digo, *realmente es una pérdida*. Por primera vez me doy cuenta de que Stanley sí tiene una cartera. No ha perdido su cartera en absoluto. Está en su bolsillo trasero y la lleva encadenada a su cinturón. No es una cartera nueva. Parece haber tenido mucho uso.

—Pues, ¿sabes qué, hermano? —dice Stanley—. Ahora sé, qué es un *sin techo, una posible amenaza* —mi percepción de él ha cambiado totalmente en un instante. Su lenguaje, que parecía brillante y entusiasta, ahora parece tener un sonido peligroso, de obsesión.

—¡Tengo que hacer esto! —me asegura—, «*rastrear a ese tipo... es una cosa que hago... ya sabes... ¡para mantenerme entero!*». Sonríe, asiente con la cabeza, levanta su vagoneta por la deteriorada asa de goma.

—¡Hay que colaborar, sabes! —grita Stanley—. Su cara se ilumina con alegría *¡La policía no puede hacerlo todo sola!*

Los caballeros que encontré en mi paseo por el centro de Phoenix, son los únicos analfabetos informáticos de este libro. Sin embargo, pensar que no son importantes sería un grave error.

A medida que la informatización se extiende en la sociedad, el pueblo sufre continuamente oleadas de choques con el futuro. Pero como necesariamente, la *comunidad electrónica* quiere convertir a los demás, por lo tanto, está sometida continuamente a oleadas de analfabetos informáticos. ¿Cómo tratarán, cómo mirarán, los que actualmente gozan el tesoro digital, a estos mares de gente que aspiran a respirar la libertad?, ¿la frontera electrónica será otra tierra de oportunidades? ¿O un armado y supervisado enclave, donde el privado de derechos, se acurruca en su cartulina, frente a las puertas cerradas de nuestras instituciones de justicia?

Algunas personas, sencillamente no se llevan bien con los ordenadores. No saben leer. No saben teclear. Las misteriosas instrucciones de los manuales simplemente, no les entran en la cabeza. En algún momento, el proceso de informatización del pueblo alcanzará su límite.

Algunas personas —personas bastante decentes quizá, quienes pueden haber prosperado en cualquier otra situación— quedarán irremediablemente marginadas. ¿Qué habrá que hacer con estas personas, en el nuevo y reluciente mundo electrónico? ¿Cómo serán mirados, por los magos del ratón del *ciberespacio*? ¿Con desprecio?, ¿con indiferencia?, ¿con miedo?

En una mirada retrospectiva, me asombra lo rápidamente que el pobre Stanley se convirtió en una amenaza percibida. La sorpresa y el temor son sentimientos estrechamente vinculados. Y el mundo de la informática está lleno de sorpresas.

Encontré un personaje en las calles de Phoenix, cuyo papel en este libro es soberana y directamente relevante. Ese personaje, era *el fantasma gigante con cicatrices* de Stanley. Este *fantasma* está por todas partes en el libro. Es el espectro que ronda el *ciberespacio*. A veces, es un vándalo maníaco dispuesto a romper el sistema telefónico, por alguna insana razón. A veces es un agente federal fascista, que fríamente programa sus potentes computadoras, para destruir nuestros derechos constitucionales. A veces es un burócrata de la compañía de telecomunicaciones, que conspira secretamente, registrando todos los módems, al servicio de un régimen vigilante al estilo de Orwell. Pero la mayoría de las veces, este fantasma temeroso es un *hacker*. Es un extraño, ni pertenece, ni está autorizado, ni huele a justicia, no está en su lugar, no es uno de nosotros. El centro del miedo es el *hacker*, por muchas de las mismas razones que Stanley se imaginó que el asaltante era negro. El demonio de Stanley no puede irse, porque no existe.

A pesar de su disposición y tremendo esfuerzo, no se le puede arrestar, demandar, encarcelar o despedir. Sólo hay una forma constructiva, de hacer *algo* en contra, y es aprender más acerca de Stanley. Este proceso de aprendizaje puede ser repelente, desagradable, puede contener elementos de grave y confusa paranoia, pero es necesario. Conocer a Stanley requiere algo más que condescendencia entre clases. Requiere, más que una objetividad legal de acero. Requiere compasión humana y simpatía. Conocer a Stanley es conocer a su demonio. Si conoces al demonio de otro, quizá conozcas a algunos de los tuyos. Serás capaz de separar la realidad de la ilusión. Y entonces no harás a tu causa, más daño que bien, como el pobre Stanley lo hacía.

EL FCIC (Comité Federal para la Investigación Informática) es la organización más importante e influyente en el reino del crimen informático estadounidense. Puesto que las policías de otros países, han obtenido su conocimiento sobre crímenes informáticos, de métodos americanos, el FCIC podría llamarse perfectamente el más importante grupo de crímenes informáticos del mundo.

Además, para los estándares federales, es una organización muy poco ortodoxa. Investigadores estatales y locales se mezclan con agentes federales. Abogados, auditores financieros y programadores de seguridad informática, intercambian notas con policías de la calle. Gente de la industria y de la seguridad en las telecomunicaciones, aparece para explicar cómo funcionan sus juguetes y defender su protección y la Justicia. Investigadores privados, creativos de la tecnología y genios de la industria, ponen también su granito de arena.

El FCIC es la antítesis de la burocracia formal. Los miembros del FCIC están extrañamente orgullosos de este hecho; reconocen que su grupo es aberrante, pero están convencidos de que para ellos, ese comportamiento *raro,* es de todas formas, *absolutamente necesario* para poder llevar sus operaciones a buen término.

Los habituales del FCIC —provienen del Servicio Secreto, del FBI, del departamento de impuestos, del departamento de trabajo, de las oficinas de los fiscales federales, de la policía estatal, de la fuerza aérea y de la inteligencia militar—, asisten a menudo a conferencias a lo largo y ancho del país, pagando ellos mismos los gastos. El FCIC no recibe becas. No cobra por ser miembro. No tiene jefe. No tiene cuartel general, sólo un buzón en Washington, en la división de fraudes del Servicio Secreto. No tiene presupuesto. No tiene horarios. Se reúne tres veces al año, más o menos. A veces publica informes, pero el FCIC no tiene un editor regular, ni tesorero; ni tan siquiera una secretaria. No hay apuntes de reuniones del FCIC. La gente que no es federal, está considerada como *miembros sin derecho a voto*, no hay nada parecido a unas elecciones. No hay placas, pins o certificados de socios. Todo el mundo allí, se conoce por el nombre de pila. Son unos cuarenta. Nadie sabe cuántos, exactamente. La gente entra y sale... a veces *se va* oficialmente, pero igual se queda por allí. Nadie sabe exactamente a qué obliga ser *miembro* de este *comité.* Aunque algunos lo encuentren extraño, cualquier persona familiarizada con los aspectos sociales de la informática, no vería nada raro en la *organización* del FCIC.

Desde hace años, los economistas y teóricos del mundo empresarial, han especulado, acerca de que la gran ola de la revolución de la información, destruiría las rígidas burocracias piramidales, donde todo va de arriba a abajo y está centralizado. Los *empleados* altamente cualificados tendrían mucha más autonomía, con iniciativa y motivación propias, moviéndose de un sitio a otro, de una tarea a otra, con gran velocidad y fluidez. La *adhocracia* gobernaría, con grupos de gente, reuniéndose de forma espontánea a través de líneas organizativas, tratando los problemas del momento, aplicándoles su intensa experiencia con la ayuda informática, para desvanecerse después. Eso es lo que más o menos ha sucedido en el mundo de la investigación federal de los ordenadores. Con la conspicua excepción de las compañías telefónicas, —que después de todo ya tienen más de cien años—. Prácticamente *todas* las organizaciones que tienen un papel importante en este libro, funcionan como el FCIC. La Fuerza de Operaciones de Chicago, la Unidad de Fraude de Arizona, la *Legion of Doom*, la gente de *PHRACK*, la Electronic Frontier Foundation. *Todos* tienen el *aspecto de* y actúan como *equipos tigre* o *grupos de usuarios*. Todos son *adhocracias* electrónicas, surgiendo espontáneamente para resolver un problema.

Algunos son policías. Otros son, —en una definición estricta— criminales. Algunos son grupos con intereses políticos. Pero todos y cada uno de estos grupos, tienen la misma característica de espontaneidad manifiesta.

—«¡Hey, gente! Mi tío tiene un local. ¡Vamos a montar una actuación!».

Todos estos grupos, sienten vergüenza por su *amateurismo*, y en aras de su imagen ante la gente externa al mundo de la informática, todos intentan parecer los más serios, formales y unidos que puedan. Estos residentes de la frontera electrónica, se parecen a los grupos de pioneros del siglo XIX anhelando la respetabilidad del Estado. Sin embargo, hay dos diferencias cruciales en las experiencias históricas de estos pioneros del siglo XIX y los del siglo XXI.

En primer lugar, las poderosas tecnologías de la información son *realmente* efectivas, en manos de grupos pequeños, fluidos y levemente organizados. Siempre ha habido *pioneros, aficionados, amateurs, diletantes, voluntarios, movimientos, grupos de usuarios y paneles de expertos.* Pero un grupo de este tipo, cuando está técnicamente equipado, para transmitir enormes cantidades de información especializada a la velocidad de luz, a sus miembros, al gobierno y a la prensa, se trata simplemente de un *animalito* diferente. Es como la diferencia entre una anguila y una anguila eléctrica.

La segunda deferencia crucial es que la sociedad estadounidense, está ya en un estado de *revolución tecnológica*, casi permanente. Especialmente, en el mundo de los ordenadores, es imposible *dejar* de ser un *pionero*, a menos que mueras o saltes del tren deliberadamente. La escena nunca se ha enlentecido lo suficiente como para institucionalizarse. Y tras veinte, treinta, cuarenta años, la *revolución informática* continúa extendiéndose. Llegando a nuevos rincones de nuestra sociedad. Cualquier cosa que funciona realmente, ya está obsoleta.

Si te pasas toda la vida siendo un *pionero*, la palabra *pionero* pierde su significado. Tu forma de vida, se parece cada vez menos, a la introducción a *algo más* estable y organizado, y cada vez más a *las cosas simplemente son así*.

Una *revolución permanente* es realmente una contradicción en sí misma. Si la confusión dura lo suficiente, se convierte en *un nuevo tipo de sociedad*. El mismo juego de la historia, pero con nuevos jugadores y nuevas reglas.

Apliquemos esto, al mundo de la acción policial de finales del siglo XX y las implicaciones son novedosas y realmente sorprendentes. Cualquier libro de reglas burocráticas que escribas acerca del crimen informático, tendrá errores al escribirlo, y será casi una antigüedad en el momento en que sea impreso. La fluidez y las reacciones rápidas del FCIC les dan una gran ventaja en relación a esto, lo que explica su éxito. Incluso con la mejor voluntad del mundo —que, dicho sea de paso, no posee— es imposible, para una organización como el FBI ponerse al corriente en la teoría y en la práctica del crimen informático. Si intentaran capacitar a sus agentes, hacerlo sería *suicida*, porque nunca *podrían hacer nada más*.

Al igual que el FBI intenta entrenar a sus agentes, en las bases del crimen electrónico, en su cuartel general de Quantico, Virginia, el Servicio Secreto, junto a muchos otros grupos policiales, ofrecen seminarios acerca del fraude por cable, crímenes en el mundo de los negocios e intrusión en ordenadores, en el FLETC, es decir el Centro de Capacitación para la Imposición de la Ley Federal, situado en Glynco, Georgia. Pero los mejores esfuerzos de estas burocracias, no eliminan la necesidad absoluta de una *confusión altamente tecnológica* como la del FCIC.

Verán, los miembros del FCIC *son* los entrenadores del resto de los agentes. Práctica y literalmente, ellos son la *Facultad del Crimen Informático* de Glynco, pero con otro nombre. Si el autobús del FCIC se cayera por un acantilado, la comunidad policial de los Estados Unidos se volvería sorda, muda y ciega, ante el mundo del crimen informático, y sentiría rápidamente una necesidad desesperada de reinventarlo. Y lo cierto es, que no estamos en una buena época para empezar desde cero.

El 11 de junio de 1991 llegué a Phoenix, Arizona, para el último encuentro del FCIC. Este debía ser más o menos, el encuentro número veinte de este grupo estelar. La cuenta es dudosa, pues nadie es capaz de decidir si hay que incluir o no los encuentros de *El Coloquio* —así se llamaba el FCIC a mediados de los años 80—, antes de tener la dignidad de un acrónimo propio.

Desde mi última visita a Arizona, en mayo, el escándalo local del AzScam se había resuelto espontáneamente, en medio de un clima de humillación. El jefe de policía de Phoenix, cuyos agentes, habían grabado en vídeo a nueve legisladores del estado haciendo cosas malas, había dimitido de su cargo tras un enfrentamiento con el ayuntamiento, acerca de la responsabilidad de sus operaciones secretas.

El jefe de policía de Phoenix, se unía ahora a Gail Thackeray y once de sus más cercanos colaboradores, en la experiencia compartida de desempleo por motivos políticos. En junio seguían llegando las dimisiones desde la oficina del Fiscal General de Arizona, —que podía interpretarse— tanto como una nueva limpieza, como una *noche de los cuchillos largos* segunda parte, — dependiendo del punto de vista de cada uno.

El encuentro del FCIC, tuvo lugar en el Hilton Resort, de Scottsdale. Scottsdale es un rico suburbio de Phoenix, conocido como *Scottsdull*[13] entre la *gente guapa* del lugar, equipado con lujosos, y algo cursis, centros comerciales y céspedes, a los que casi se les había hecho la manicura; además, estaba notoriamente mal abastecido de vagabundos y *sin techo*.

El Hilton Resort era un hotel impresionante, de estilo cripto-Southwestern posmoderno. Incluía un *campanario* recubierto de azulejos que recordaba vagamente a un minarete árabe.

El interior, era de un estilo Santa Fe, bárbaramente estriado. Había un *jacuzzi* en el sótano y una piscina de extrañas formas, en el patio. Un quiosco cubierto por una sombrilla, ofrecía los helados —políticamente correctos— de la Paz, de Ben y Jerry, una cadena de helados *progres*, de diseño psicodélico y cuyos beneficios se destinan parcialmente a obras benéficas. Me registré como miembro del FCIC, —consiguiendo un buen descuento— y fui en busca de los federales. Sin lugar a dudas, de la parte posterior del hotel llegaba la inconfundible voz de Gail Thackeray.

Puesto que también había asistido a la conferencia del CFP (Privacidad y Libertad en las Computadoras) —evento del que hablaremos más adelante—, esta era la segunda vez que veía a Thackeray con sus colegas defensores de la ley. Volví a sorprenderme por lo felices que parecían todos al verla. Era natural que le dedicaran *algo* de atención, puesto que Gail era

---

[13] Dull, significa literalmente significa aburrido o monótono. (N. del T.)

una de las dos mujeres en un grupo de más de treinta hombres. Pero tenía que haber algo más.

Gail Thackeray, personifica el *aglomerante social* del FCIC. Les importaba un pito que hubiera perdido su trabajo en la oficina del Fiscal General. Lo sentían, desde luego, pero, ¡qué más da!... todos habían perdido algún trabajo. Si fueran el tipo de personas a las que les gustan los trabajos aburridos y estables, nunca se habrían puesto a trabajar con ordenadores.

Me paseé entre el grupo e inmediatamente me presentaron a cinco desconocidos. Repasamos las condiciones de mi visita al FCIC. No citaría a nadie directamente. No asociaría las opiniones de los asistentes a sus agencias. No podría, un ejemplo puramente hipotético, describir la conversación de alguien del Servicio Secreto hablando de forma civilizada con alguien del FBI, pues esas agencias *nunca* hablan entre ellas, y el IRS, también presente, también hipotético, *nunca habla con nadie*.

Aún peor, se me prohibió asistir a la primera conferencia. Y no asistí, claro. No tenía ni idea de qué trataba el FCIC esa tarde, tras aquellas puertas cerradas. Sospecho que debía tratarse de una confesión franca y detallada de sus errores, patinazos y confusiones, pues ello ha sido una constante en todos y cada uno de los encuentros del FCIC desde la legendaria fiesta cervecera en Memphis, en 1986.

Quizás la mayor y más singular atracción del FCIC es que uno puede ir, soltarse el pelo, e integrarse con una gente que realmente sabe de qué estás hablando. Y no sólo te entienden, sino que *te prestan atención*, te están *agradecidos por tu visión* y *te perdonan*. Lo cual es una cosa que nueve de cada diez veces, ni tu jefe puede hacer, pues cuando empiezas a hablar de *ROM*, *BBS* o *Línea T-1* sus ojos se quedan en blanco.

No tenía gran cosa que hacer aquella tarde. El FCIC estaba reunido en la sala de conferencias. Las puertas estaban firmemente cerradas, y las ventanas eran demasiado oscuras para poder echar un vistazo. Me pregunté lo qué podría hacer un *hacker* auténtico, un intruso de las computadoras, con una reunión así.

La respuesta me vino de repente. Escarbaría en la basura y en las papeleras del lugar. No se trataba de ensuciar el lugar en una orgía de vandalismo. Ese no es el uso *to trash*[14] en los ambientes *hackers*. No, lo que

---

[14] El verbo "trash" significa "tirar a la basura" o "deshechar" (N. del T.)

haría sería *vaciar las papeleras* y apoderarme de cualquier dato valioso que hubiera sido arrojado por descuido.

Los periodistas son famosos por hacer estas cosas, de hecho, los periodistas en búsqueda de información, son conocidos por hacer todas y cada una de las cosas no éticas, que los *hackers* pueden haber hecho. También tienen unas cuantas y horribles técnicas propias.

La legalidad de *basurear* es como mínimo dudosa, pero tampoco es flagrantemente ilegal. Sin embargo, era absurdo pensar en *basurear* en el FCIC. Esta gente ya sabe que es *basurear*. Si me descubrieran, no duraría ni quince segundos.

Sin embargo, la idea me parecía interesante. Últimamente había oído mucho sobre este tipo de prácticas. Con la emoción del momento, decidí intentar *basurear* en la oficina del FCIC, en un área que no tenía nada que ver con los investigadores.

La oficina era diminuta, seis sillas, una mesa... De todas formas, estaba abierta, así que me puse a escarbar en la papelera de plástico. Para mi sorpresa, encontré fragmentos retorcidos de una factura telefónica de larga distancia de Sprint. Un poco más de búsqueda me proporcionó un estado de cuentas bancario y una carta manuscrita, junto con chicles, colillas, envoltorios de caramelos y un ejemplar el día anterior del 'USA Today'.

La basura volvió a su papelera, mientras que los fragmentarios datos acabaron en mi bolsa de viaje. Me detuve en la tienda de *souvenirs* del hotel, para comprar un rollo de cinta adhesiva y me dirigí hacia mi habitación.

Coincidencia o no, era verdad. Un alma inocente había tirado una cuenta de Sprint entre la basura del hotel. Estaba fechada en mayo de 1991. Valor total. 252,36 dólares. No era un teléfono de negocios, sino una cuenta particular, a nombre de alguien llamada Evelyn —que no es su nombre real—. Los registros de Evelyn mostraban una *cuenta anterior*. Allí había un número de identificación de nueve dígitos. A su lado había una advertencia impresa por ordenador:

· *Dele a su tarjeta telefónica el mismo trato que le daría a una tarjeta de crédito, para evitar fraudes.*

· *Nunca dé el número de su tarjeta telefónica por teléfono, a no ser que haya realizado usted la llamada.*

- *Si recibiera llamadas telefónicas no deseadas, por favor llame a nuestro servicio de atención a clientes*

Le eché un vistazo a mi reloj. El FCIC todavía tenía mucho tiempo por delante para continuar. Recogí los pedazos de la cuenta de Sprint de Evelyn y los uní con la cinta adhesiva. Ya tenía su número de tarjeta telefónica de diez dígitos. Pero no tenía su número de identificación, —necesario para realizar un verdadero fraude—. Sin embargo, ya tenía el teléfono particular de Evelyn. Y los teléfonos de larga distancia de un montón de amigos y conocidos de Evelyn, en San Diego, Folsom, Redondo, Las Vegas, La Jolla, Topeka, Northampton, Massachussets y ¡hasta de alguien en Australia!

Examiné otros documentos. Un estado de cuentas de un banco. Era una cuenta de Evelyn en un banco en San Mateo, California —total: 1877,20 dólares—. Había un cargo a su tarjeta de crédito por 382,64 dólares. Lo estaba pagando a plazos.

Guiado por motivos que eran completamente antiéticos y lujuriosos, examiné las notas manuscritas. Estaban bastante retorcidas. Me llevó casi cinco minutos reordenarlas.

Eran borradores de una carta de amor. Habían sido escritos en el papel de la empresa donde estaba empleada Evelyn, una compañía biomédica. Escritas probablemente en el trabajo, cuando debería haber estado haciendo otra cosa.

«*Querido Bob,* —no es su nombre real— *supongo que en la vida de todos, siempre llega un momento en que hay que tomar decisiones duras, y esta es difícil para mí, para volverme loca. Puesto que no me has llamado, y no puedo entender por qué no, sólo puedo imaginar que no quieres hacerlo. Pensé que tendría noticias tuyas el viernes. Tuve algunos problemas inusuales con el teléfono y quizás lo intentaste. Eso espero. Robert, me pediste que dejara...*»

Así acababa la nota.

—¿Problemas inusuales con su teléfono? Le eché un vistazo a la segunda nota.

«Bob, no saber de ti durante todo el fin de semana me ha dejado muy perpleja...»

El siguiente borrador:

«Querido Bob, hay muchas cosas que no entiendo, y que me gustaría entender. Querría hablar contigo, pero por razones desconocidas has decidido no llamar. Es tan difícil para mí entenderlo...»

Lo intentó otra vez:

«Bob, puesto que siempre te he tenido en muy alta estima, tenía la esperanza de que pudiéramos continuar siendo buenos amigos, pero ahora falta un ingrediente esencial: respeto. Tu habilidad para abandonar a la gente cuando ha servido a tu propósito se me ha mostrado claramente. Lo mejor que podrías hacer por mí ahora mismo es dejarme en paz. Ya no eres bienvenido ni en mi corazón ni en mi casa.»

Lo intenta de nuevo:

«Bob, te escribí una nota para decirte que te he perdido el respeto, por tu forma de tratar a la gente, y a mí en particular, tan antipática y fría. Lo mejor que podrías hacer por mí es dejarme en paz del todo, ya no eres bienvenido en mi corazón ni en mi casa. Apreciaría mucho que cancelaras la deuda que tienes conmigo lo antes posible. Ya no quiero ningún contacto contigo. Sinceramente, Evelyn.»

¡Cielos!, pensé, el cabrón éste hasta le debe dinero. Pasé la página.

«Bob: muy simple. ¡ADIÓS! Estoy harta de juegos mentales, se acabó la fascinación, y tu distancia. Se acabó. Finis Evie.»

Había dos versiones de la despedida final, pero venían a decir lo mismo. Quizás no la envió. El final de mi asalto ilegítimo y vergonzante era un sobre dirigido a Bob, a su dirección particular, pero no tenía sello y no había sido enviado.

Quizás simplemente, había estado desfogándose porque el canalla de su novio había olvidado llamarla un fin de semana. —¡No veas! —. Quizás ya se habían besado y lo habían arreglado todo. Hasta podría ser, que ella y Bob estuvieran en la cafetería ahora, tomándose algo. Podría ser.

Era fácil de descubrir. Todo lo que tenía que hacer era llamar por teléfono a Evelyn. Con una historia mínimamente creíble y un poco de caradura, seguramente podría sacarle la verdad.

Los *phone-phreaks* y los *hackers* engañan a la gente por teléfono siempre que tienen oportunidad. A eso se le llama *ingeniería social*. La ingeniería social es una práctica muy común en el *submundo*, y tiene una efectividad casi mágica. Los seres humanos son casi siempre el eslabón más débil de la seguridad informática. La forma más simple de conocer *cosas que no deberías saber* es llamando por teléfono y abusar de la gente que tiene la información. Con la *ingeniería social*, puedes usar los fragmentos de información especializada que ya posees, como llave para manipular a la gente y hacerles creer que estás legitimado, que obras de buena fe. Entonces puedes engatusarlos, adularlos o asustarlos para que revelen casi cualquier cosa que desees saber. Engañar a la gente —especialmente por teléfono— es fácil y divertido. Explotar su credulidad es gratificante, te hace sentir superior a ellos.

Si hubiera sido un *hacker* malicioso en una incursión basurera, tendría ahora a Evelyn en mi poder. Con todos esos datos no habría sido muy difícil inventar una mentira convincente. Si fuera suficientemente despiadado y cínico, y suficientemente listo, esa indiscreción momentánea por su parte, quizás cometida bajo los efectos del llanto, quién sabe, podría haberle causado todo un mundo de confusión y sufrimiento.

Ni siquiera tenía que tener un motivo malicioso. Quizás podría estar *de su parte* y haber llamado a Bob, amenazándole con romperle las piernas si no sacaba a Evelyn a cenar, ¡y pronto! De todas formas, no era asunto mío. Disponer de esa información era un acto sórdido, y usarla habría sido infligir un ataque despreciable.

Para hacer todas estas cosas horribles, no había necesitado un conocimiento técnico. Todo lo que me hizo falta fueron las ganas de hacerlo y algo de imaginación retorcida.

Me fui hacia abajo. Los duros trabajadores del FCIC, que habían estado reunidos cuarenta y cinco minutos más de lo previsto, habían acabado por hoy y se habían reunido en el bar del hotel. Me uní a ellos y me tomé una cerveza.

Estuve charlando con un tipo acerca de Isis o mejor dicho IACIS, la Asociación Internacional de Especialistas en Investigación Informática. Se ocupan de la *informática forense*, de las técnicas para desconectar las defensas de un ordenador sin destruir información vital. IACIS, actualmente en Oregón, dispone de investigadores de los EE.UU., Canadá, Taiwán e Irlanda.

—¿Taiwán e Irlanda? —dije ¿están realmente Taiwán e Irlanda en primera línea en relación a estos temas?

—Bueno, exactamente no —admitió mi informante—. Lo que pasa es que están entre los primeros que hemos contactado mediante el *boca-oreja*. Sin embargo, la vertiente internacional sigue siendo válida, pues se trata de un problema internacional. Las líneas telefónicas llegan a todas partes.

También había un policía montado de Canadá. Parecía estar pasándoselo en grande. Nadie había echado a este canadiense porque fuera un extranjero que pusiera en peligro la seguridad. Son policías del *ciberespacio*. Les preocupan mucho las *jurisdicciones*, pero el espacio geográfico es el menor de sus problemas.

La NASA, al final no apareció. La NASA sufre muchas intrusiones en sus computadoras, especialmente de atacantes australianos y sobre todo del *Chaos Computer Club:* caso propagado a los cuatro vientos. En 1990 hubo un gran revuelo periodístico al revelarse que uno de los intercambios del ramal de Houston de la NASA, había sido sistemáticamente interceptado por una banda de *phone-phreaks*. Pero como la NASA tenía su propia financiación, lo estaban desmontando todo.

La Oficina de las Investigaciones Especiales de las Fuerzas Aéreas (Air Force OSI) es la única entidad federal, que se ocupa a tiempo completo de la seguridad informática. Se esperaba que vendrían bastantes de ellos, pero algunos se habían retirado: un corte de financiación del Pentágono.

Mientras se iban apilando las jarras vacías, empezaron a bromear y a contar batallitas.

—*Son polis*, —dijo Thackeray de forma tolerante—. *Si no hablan del trabajo, hablan de mujeres y de cerveza.*

Oí la historia de alguien, al que se le pidió *una copia* de un disquete de ordenador y *fotocopió la etiqueta que tenía pegada encima*. Puso el disquete sobre la bandeja de cristal de la fotocopiadora y al ponerse en marcha la fotocopiadora, la electricidad estática borró toda la información del disco.

Otra alma cándida e ignorante, arrojó una bolsa de disquetes confiscados en un furgón policial, junto a la emisora de radiofrecuencia. La intensa señal de radio borró todos los datos.

Oímos algunas cosas de Dave Geneson, el primer fiscal informático. —Un administrador de *mainframe* en Dade County, que se había convertido en abogado—. Dave Geneson era un personaje, que «cayó al suelo, ya corriendo». Una virtud capital para hacer la transición al mundo del crimen informático.

Está ampliamente aceptado, que es más fácil aprender primero cómo funciona el mundo de los ordenadores, y luego aprender el trabajo judicial o policial. Puedes coger algunas personas del mundo de la informática y entrenarlas para hacer un buen trabajo policial, pero desde luego, han de tener *mentalidad de policía*. Han de conocer las calles. Han de tener paciencia, persistencia y discreción. Has de asegurarte que no son fanfarrones, exhibicionistas, cowboys.

La mayoría de los reunidos en el bar tenían conocimientos básicos de inteligencia militar, drogas, u homicidio. Con grosería, se opina que inteligencia *militar* es una expresión contradictoria en sí misma, mientras que, hasta el tenebroso ámbito del homicidio, es más claro que el de la policía de narcóticos. Un policía que había estado haciendo de infiltrado en asuntos de drogas durante cuatro años en Europa, afirmaba con seriedad *Ahora, casi estoy recuperado*, —con el ácido humor negro que es la esencia del policía.

—¡Hey!, ahora puedo decir *puta* sin poner *hijo de*, delante.

En el mundo de los policías, —decía otro— todo es bueno o malo, blanco o negro. En el mundo de los ordenadores todo es gris.

Un fundador de FCIC, que había estado con el grupo desde los tiempos en que sólo era *El Coloquio*, describió cómo se metió en el asunto. Era un policía de homicidios en Washington DC, al que se llamó para un caso de *hackers*. Ante la palabra *hacker*, —que en inglés, literalmente, quiere decir «*alguien que corta troncos con un hacha*»— supuso que estaba tras la pista de un asesino, cuchillo en ristre, y fue al centro de informática esperando encontrar sangre y un cuerpo.

Cuando finalmente descubrió lo que había pasado, —tras pedir en voz alta, aunque en vano, que los programadores *hablaran inglés*— llamó al cuartel general y les dijo que no tenía ni idea de ordenadores. Le dijeron que allí nadie sabía nada tampoco, y que volviera «*¡de una puta vez!*» al trabajo. Así pues, —dijo—, procedió mediante comparaciones. Por analogía. Mediante metáforas.

—Alguien ha entrado ilegalmente en tu ordenador, ¿no? Allanamiento de morada. Eso lo entiendo.

—¿Y cómo entró?, ¿por la línea telefónica? Utilización fraudulenta de las líneas telefónicas. Eso lo entiendo.

—¡Lo que necesitamos es pinchar la línea y localizar la llamada!

Funcionó. Era mejor que nada. Y funcionó mucho más rápido, cuando entró en contacto con otro policía que había hecho algo similar. Y los dos encontraron a otro, y a otro, y rápidamente se creó *El Coloquio*. Ayudó mucho el hecho que todos parecían conocer a Carlton Fitzpatrick, el entrenador en procesamiento de datos en Glynco.

El hielo se rompió a lo grande en Memphis, en 1986. *El Coloquio* había atraído una colección de personajes nuevos, Servicio Secreto, FBI, militares, otros federales, tipos duros. Nadie quería decir nada a nadie. Sospechaban que, si se corría la voz por sus oficinas, los echarían a todos. Pasaron una tarde muy incómoda. Las formalidades no los llevaban a ningún sitio. Pero una vez finalizó la sesión formal, los organizadores trajeron una caja de cervezas; una vez los participantes derribaron las barreras burocráticas todo cambió.

—*Desnudé mi alma* —recordaba orgullosamente un veterano.

Al caer la noche estaban construyendo pirámides con latas de cerveza vacías e hicieron de todo, excepto un concurso de canto por equipos.

El FCIC no eran los únicos dedicados al crimen informático. Estaba también la DATTA (Asociación de Fiscales de Distrito contra el Robo Tecnológico) que estaban especializados en el robo de *chips*, propiedad intelectual y casos de mercado negro. Estaba también el HTCIA (Asociación de Investigadores en Alta Tecnología y Ordenadores), también surgidos de Silicon Valley, un año más antiguo que el FCIC y con gente tan brillante como

Donald Ingraham. Estaba también la LEETAC (Comité para la Asistencia en el Mantenimiento de la Ley en la Tecnología Electrónica) en Florida, y las unidades de crímenes informáticos en Illinois, Maryland, Texas, Ohio, Colorado y Pennsylvania. (Pero estos eran grupos locales). El FCIC era el primero en tener una red nacional y actuar a nivel federal.

La gente del FCIC *vive* en las líneas telefónicas. No en las BBS. Conocen las BBS, y saben que no son seguras. Todo el mundo en el FCIC tiene una cuenta telefónica. El FCIC está en estrecho contacto con la gente de las telecomunicaciones desde hace mucho tiempo. El *ciberespacio* telefónico es su hábitat natural.

El FCIC tiene tres subgrupos básicos: los profesores, el personal de seguridad y los investigadores. Por eso se llama *Comité de Investigación*, sin emplear el término *Crimen Informático*, esa odiada *palabra que empieza con C*. Oficialmente, el FCIC *es una asociación de agencias y no de individuos*. De forma no oficial, la influencia de los individuos y de la experiencia individual, es vital. La asistencia a sus reuniones sólo es posible por invitación, y casi todo el mundo en el FCIC se aplica la máxima de *no ser profetas en su tierra*.

Una y otra vez escuché eso, con expresiones diferentes, pero con el mismo significado:

—*¡He estado sentado en el desierto, hablando conmigo mismo!*

—*¡Estaba totalmente aislado!*

—*¡Estaba desesperado!*

—*¡FCIC es lo mejor sobre crimen informático en América!*

—*¡FCIC es algo, que realmente funciona!*

—*¡Aquí es!, donde puedes escuchar a gente real, diciéndote lo que realmente pasa ahí afuera, y no abogados haciendo comentarios.*

—*¡Todo lo que sabemos, nos lo hemos enseñado entre nosotros!*

La sinceridad de estas declaraciones, me convencen de que es verdad: el FCIC es lo mejor y no tiene precio. También es verdad, que está enfrentado con el resto de las tradiciones y estructuras de poder de la policía estadounidense. Seguramente no ha habido un alboroto similar al creado por el FCIC, desde la creación del Servicio Secreto estadounidense, en 1860. La gente del FCIC viven como personas del siglo XXI, en un entorno del siglo XX, y aunque hay mucho que decir en favor de eso, también hay mucho que decir en contra, y los que están en contra, son los que controlan los presupuestos.

Escuché como dos tipos del FCIC de Jersey, comparaban sus biografías. Uno de ellos había sido motorista en una banda, en los años 60.

—¡Ah!, ¿Y conociste a tal y cuál? —dijo el primero—.

—¿Uno duro, que los tenía bien puestos? Sí, le conocí.

—Pues mira, era uno de los nuestros. Era nuestro infiltrado en la banda.

—¿De verdad?, ¡Vaya!, Pues sí le conocía, ¡Una pasada de tío!

Thackeray recordaba con detalle, haber sido casi cegada con gases lacrimógenos en las protestas de 1969 contra la guerra del Vietnam, en el Washington Circle, cubriéndose con una publicación de la universidad.

—¡Ah, vaya! Pues yo estaba allí, —dijo uno que era policía. —Estoy contento de saber que el gas alcanzó a alguien.

Él mismo, estaba tan ciego, —confesó— que más adelante, aquel mismo día, arrestó un arbolito.

El FCIC es un grupo extraño, sus componentes, unidos por coincidencia y necesidad, se han convertido en un nuevo tipo de policía. Hay un montón de policías especializados en el mundo: antivicio, narcóticos, impuestos, pero el único grupo que se parece al FCIC, en su completa soledad, es seguramente la gente del *porno infantil*. Ello se debe, a que ambos tratan con conspiradores que están desesperados por intercambiar datos prohibidos y también desesperados por esconderse y, sobre todo, porque nadie más del estamento policial quiere oír hablar de ello.

La gente del FCIC tiende a cambiar mucho de trabajo. Normalmente no tienen todo el equipo de entrenamiento que necesitan. Y son demandados muy a menudo.

A medida que pasaba la noche y un grupo se puso a tocar en el bar, la conversación se fue oscureciendo.

—¡El gobierno nunca hace nada, —opinó alguien— hasta que hay un *desastre*!

Los *desastres* con ordenadores son horribles, pero no se puede negar que ayudan en gran medida a aumentar la credibilidad de la gente del FCIC. El *Gusano de Internet*, por ejemplo. *Durante años, hemos estado advirtiendo sobre eso, pero no es nada comparado con lo que va a venir.* Esta gente espera horrores. Saben que nadie hace nada, hasta que algo horrible sucede.

Al día siguiente, oímos un extenso resumen de alguien que había sido de la policía informática, y había estado implicado en un asunto con el ayuntamiento de una ciudad de Arizona, después se dedicó a instalar redes de ordenadores —con un considerable aumento de sueldo—. Habló sobre desmontar redes de fibra óptica. Incluso un único ordenador con suficientes periféricos es, literalmente, una *red*, un puñado de máquinas cableadas juntas, generalmente con una complejidad, que pondría en ridículo a un equipo musical estéreo.

La gente del FCIC inventa y publica métodos, para incautar ordenadores y conservar las evidencias. Recomendaciones sencillas a veces, pero que son vitales reglas empíricas para el policía de la calle, ya que hoy día, se topa a menudo con computadoras intervenidas, en el curso de investigaciones sobre drogas o robos de *guante blanco*. Por ejemplo:

· Fotografía el sistema antes de tocar nada.

· Etiqueta los extremos de los cables antes de desconectar nada.

· *Aparca* los cabezales de las unidades de disco duro antes de moverlas.

· Requisa los disquetes.

· No expongas los disquetes a campos magnéticos.

· No escribas sobre un disquete con bolígrafos de punta dura.

· Requisa los manuales.

· Requisa los listados de impresora.

· Requisa las notas escritas a mano.

· Copia los datos antes de estudiarlos, y luego examina la copia en lugar del original.

En ese momento, nuestro conferenciante repartió copias de unos diagramas de una típica LAN[15] situada fuera de Connecticut. Eran ciento cincuenta y nueve ordenadores de sobremesa, cada uno con sus propios periféricos. Tres *servidores de ficheros*. Cinco *acopladores en estrella* cada uno de ellos con 32 puntos. Un acoplador de dieciséis puertos de la oficina de la esquina. Todas estas máquinas comunicándose unas con otras, distribuyendo correo electrónico, *software* y muy posiblemente, evidencias criminales. Todas unidas por cable de fibra óptica de alta capacidad. Un *chico malo* —los policías hablan mucho de *chicos malos*— podría estar acechando en el

---

[15] Red de Área Local, o *Local Area Network*. (N. del T.)

ordenador número 47 o 123 y compartiendo sus malas acciones, con la máquina *personal* de algún colega en otra oficina —o en otro lugar—, probablemente a tres o cuatro kilómetros de distancia. O presumiblemente, la evidencia podría ser *troceada*, dividida en fragmentos sin sentido y almacenada por separado, en una gran cantidad de unidades de disco, diferentes.

El conferenciante nos desafió a que encontráramos soluciones. Por mi parte, no tenía ni idea. Tal y como yo lo veía, los cosacos estaban ante la puerta; probablemente había más discos en este edificio de los que habían sido confiscados en toda la «Operación Sundevil».

—¡Un *topo!*, —dijo alguien.

—¡Correcto!

Siempre está *el factor humano*, algo fácil de olvidar cuando se contemplan las misteriosas interioridades de la tecnología. Los policías son muy habilidosos haciendo hablar a la gente, y los informáticos, si se les da una silla y se les presta atención durante algún tiempo, hablarán sobre sus ordenadores hasta tener la garganta enrojecida.

Existe un precedente en el cual la simple pregunta "¿Cómo lo hiciste?" Motivó una confesión de 45 minutos, grabada en vídeo, de un delincuente informático que no sólo se incriminó completamente, sino que también dibujó útiles diagramas.

Los informáticos hablan. Los *hackers* fanfarronean. Los *phone-phreaks* hablan patológicamente. ¿Por qué robarían códigos telefónicos si no fuese para parlotear diez horas seguidas con sus amigos en una BBS al otro lado del océano?

La gente ilustrada, en términos de informática, posee de hecho un arsenal de hábiles recursos y técnicas que les permitirían ocultar toda clase de trampas exóticas y, si pudieran cerrar la boca sobre ello, podrían probablemente escapar de toda clase de asombrosos delitos informáticos. Pero las cosas no funcionan así, o al menos no funcionaban así hasta aquel momento.

Casi todos los *phone-phreaks* detenidos hasta ahora han implicado rápidamente a sus mentores, sus discípulos y sus amigos. Casi todos los delincuentes informáticos de *guante blanco*, convencidos presuntuosamente de que su ingenioso plan era seguro por completo, rápidamente aprenden lo contrario cuando por primera vez en su vida un policía de verdad y sin ganas de bromas los coge por las solapas mirándoles a los ojos y les dice:

—¡Muy bien, *gilipollas, tú y yo nos vamos a la comisaria!*

Todo el *hardware* del mundo no te aislará de estas sensaciones de terror y culpabilidad en el mundo real.

Los policías conocen maneras de ir de la A a la Z sin pasar por todas letras del alfabeto de algunos delincuentes listillos. Los policías saben cómo ir al grano. Los policías saben un montón de cosas que la gente normal no sabe.

Los *hackers* también saben muchas cosas que otras personas no saben. Los *hackers* saben, por ejemplo, introducirse en tu ordenador a través de las líneas telefónicas. Pero los policías pueden aparecer ante tu puerta y llevarte a ti y a tu ordenador en cajas de acero separadas. Un policía interesado en los *hackers* puede cogerlos y freírlos a preguntas. Un *hacker* interesado en los policías tiene que depender de rumores, de leyendas clandestinas y de lo que los policías quieran revelar al público. Y los *Servicios Secretos* no se llaman así por ser unos cotillas.

Algunas personas, nos informó nuestro conferenciante, tenían la idea equivocada de que era *imposible* pinchar un cable de fibra óptica. Bueno, anunció, él y su hijo habían preparado un cable de fibra óptica pinchado en su taller casero. Pasó el cable a la audiencia junto con una tarjeta adaptadora de LAN para que pudiéramos reconocerla si la veíamos en algún ordenador. Todos echamos un vistazo.

El pinchazo era un clásico *prototipo de Goofy*, un cilindro metálico de la longitud de mi pulgar con un par de abrazaderas de plástico. De un extremo colocaban tres delgados cables negros, cada uno de los cuales terminaba en una diminuta cubierta de plástico. Cuando quitabas la cubierta de seguridad del final del cable podías ver la fibra de vidrio, no más gruesa que la cabeza de un alfiler.

Nuestro conferenciante nos informó que el cilindro metálico era un multiplexor por división de longitud de onda. Aparentemente, lo que se hacía era cortar el cable de fibra óptica, insertar dos de las ramas para cerrar la red de nuevo y, luego, leer cualquier dato que pasara por la línea, simplemente conectando la tercera rama a algún tipo de monitor. Parecía bastante sencillo. Me pregunté por qué nadie lo habría pensado antes. También me pregunté si el hijo de aquel tipo, de vuelta al taller tendría algunos amigos adolescentes.

Hicimos un descanso. El hombre que estaba a mi lado llevaba puesta una gorra anunciando el subfusil Uzi. Charlamos un rato sobre las ventajas de los Uzi. Fueron durante mucho tiempo las armas favoritas de los Servicios Secretos, hasta que pasaron de moda a raíz de la guerra del golfo Pérsico: los aliados árabes de los EE.UU. se sintieron ofendidos porque los estadounidenses llevaban armas israelíes. Además, otro experto me informó que los Uzi se encasquillan. El arma equivalente que se elige hoy día es la Heckler & Koch, fabricada en Alemania.

El tipo con la gorra de Uzi era fotógrafo forense. También hacía vigilancia fotográfica en casos de delincuencia informática. Solía hacerlo hasta los tiroteos de Phoenix, claro. En aquel momento era investigador privado y tenía con su mujer, un estudio fotográfico especializado en reportajes de boda y retratos. Debía repartirse, había incrementado considerablemente sus ingresos. Todavía era FCIC. Si tú eras FCIC y necesitabas hablar con un experto sobre fotografía forense, allí estaba él, siempre dispuesto y experimentado. Si no se hubiese hecho notar, lo hubieran echado de menos.

Nuestro conferenciante suscitó la cuestión de que la investigación preliminar de un sistema informático es vital antes de llevar a cabo una confiscación. Es vital saber cuántas máquinas hay, qué clase de sistemas operativos usan, cuánta gente las utiliza y dónde se almacenan los datos propiamente dichos. Irrumpir simplemente en la oficina pidiendo *todos los ordenadores* es una receta para un fracaso inmediato. Esto requiere que previamente se realicen algunas discretas averiguaciones. De hecho, lo que requiere es, básicamente, algo de trabajo encubierto. Una operación de espionaje, para decirlo claramente. En una charla después de la conferencia pregunté a un ayudante si rebuscar en la basura podría ser útil.

Recibí un rápido resumen sobre la teoría y práctica de *rebuscar en la basura a escondidas*. Cuando la policía recoge la basura a escondidas, interviene el correo o el teléfono, necesita el permiso de un juez. Una vez obtenido, el trabajo de los policías con la basura es igual al de los *hackers* sólo que mucho mejor organizado. Tanto es así, me informaron, que los gángsters en Phoenix hicieron amplio uso de cubos de basura sellados, retirados por una empresa de alta seguridad, especializada en recogida de basura.

En un caso, un equipo de especialistas de policías de Arizona había registrado la basura de una residencia local durante cuatro meses. Cada semana llegaban con el camión municipal de la basura, disfrazados de basureros, y se llevaban los contenidos de los cubos sospechosos bajo un árbol, donde *peinaban* la basura; una tarea desagradable, sobre todo si se tiene en cuenta que uno de los residentes estaba bajo tratamiento de diálisis de riñón. Todos los documentos útiles se limpiaban, secaban y examinaban. Una cinta desechada de máquina de escribir fue una fuente especialmente útil de datos, ya que contenía todas las cartas que se habían escrito en la casa. Las cartas fueron pulcramente reescritas por la secretaria de la policía, equipada con una gran lupa montada sobre el escritorio.

Hay algo extraño e inquietante sobre todo el asunto de *rebuscar en la basura*, un modo insospechado, y de hecho bastante desagradable, de suscitar una profunda vulnerabilidad personal. Cosas junto a las que pasamos cada día y que damos por hecho que son absolutamente inofensivas, pueden ser explotadas con tan poco trabajo... Una vez descubiertas, el conocimiento de estas vulnerabilidades tiende a diseminarse.

Tomemos como ejemplo el insignificante asunto de las tapas de alcantarillas o registros. La humilde tapa de alcantarilla reproduce, en miniatura, muchos de los problemas de la seguridad informática. Las tapas de alcantarilla son, por supuesto, artefactos tecnológicos, puntos de acceso a nuestra infraestructura urbana subterránea. Para la inmensa mayoría de nosotros, las tapas de alcantarilla son invisibles (aunque están ahí delante). Son también vulnerables. Ya hace muchos años que el Servicio Secreto ha tenido en cuenta sellar todas las tapas a lo largo de las rutas de la comitiva presidencial. Esto es, por supuesto, para impedir que los terroristas aparezcan repentinamente desde un escondite subterráneo o, más posiblemente, que coloquen bombas con control remoto bajo la calle.

Últimamente las tapas de registros y alcantarillas han sido objeto de más y más explotación criminal, especialmente en la ciudad de Nueva York. Recientemente, un empleado de telecomunicaciones de Nueva York descubrió que un servicio de televisión por cable había estado colándose subrepticiamente en los registros telefónicos e instalando servicios de cable junto con las líneas telefónicas y sin pagar los derechos correspondientes. En esa misma ciudad, el alcantarillado ha estado también sufriendo una plaga generalizada de robo de cable de cobre subterráneo, vaciado de basura, y precipitadas descargas de víctimas de asesinatos.

Las quejas de la industria alcanzaron los oídos de una innovadora empresa de seguridad industrial en Nueva Inglaterra, y el resultado fue un nuevo producto conocido como *el intimidador*, un grueso tornillo de titanio y acero con una cabeza especial que requiere una llave también especial para desatornillarlo. Todas esas *llaves* llevan números de serie, registrados en un fichero por el fabricante. Hay ahora algunos miles de esos *intimidadores* hundidos en los pavimentos estadounidenses por dondequiera que pasa el presidente, como una macabra parodia de flores esparcidas. También se difunden rápidamente, como acerados dientes de león, alrededor de las bases militares estadounidenses y muchos centros de la industria privada.

Probablemente nunca se le haya ocurrido fisgar bajo la tapa de un registro de alcantarilla, quizás bajar y darse un paseo con la linterna sólo para ver cómo es. Formalmente hablando, eso podría ser intrusión, pero si no se perjudica a nadie, y no lo convierte en un hábito, a nadie le importaría mucho. La libertad de colarse bajo las alcantarillas es, probablemente, una libertad que nunca pensaba ejercer.

Ahora es menos probable que tenga dicha libertad. Puede que nunca la haya echado de menos hasta que lo ha leído aquí, pero si está en Nueva York esa libertad ha desaparecido, y probablemente lo haga en los demás sitios también. Esta es una de las cosas que el crimen y las reacciones contra el crimen nos han hecho.

El tono de la reunión cambió al llegar la Fundación Fronteras Electrónicas. La EFF, cuyo personal e historia se examinarán en detalle en el siguiente capítulo, son pioneros de un grupo de defensores de las libertades civiles que surgió como una respuesta directa a *La Caza de Hackers* en 1990.

En esa época, Mitchell Kapor, el presidente de la fundación y Michael Godwin, su principal abogado, estaban enfrentándose personalmente a la ley por primera vez. Siempre alertas a los múltiples usos de la publicidad, Mitchell Kapor y Mike Godwin habían llevado su propio periodista: Robert Drapper, de Austin, cuyo reciente y bien recibido libro sobre la revista 'Rolling Stone' estaba aún en las librerías. Draper iba enviado por 'Texas Monthly'.

El proceso civil Steve Jackson/EFF contra la Comisión de Chicago contra el Abuso y Fraude Informático era un asunto de considerable interés en Texas. Había dos periodistas de Austin siguiendo el caso. De hecho, contando a Godwin —que vivía en Austin y era ex periodista— éramos tres. La cena era como una reunión familiar.

Más tarde llevé a Drapper a la habitación de mi hotel. Tuvimos una larga y sincera charla sobre el caso, discutiendo ardorosamente, como si fuéramos una versión de periodistas independientes en una FCIC en miniatura, en privado, confesando las numerosas meteduras de pata de los periodistas que cubrían la historia, intentando imaginar quién era quién y qué demonios estaba realmente pasando allí. Mostré a Drapper todo lo que había sacado del cubo de basura del Hilton. Ponderamos la moralidad de rebuscar en la basura durante un rato y acordamos que era muy negativa. También estuvimos de acuerdo en que encontrar una factura de Sprint la primera vez era toda una coincidencia.

Primero había rebuscado en la basura y ahora, sólo unas horas más tarde, estaba cotilleando sobre ello con otra persona. Habiendo entrado en la forma de vida *hacker*, estaba ahora, naturalmente siguiendo su lógica. Había descubierto algo llamativo por medio de una acción subrepticia, y por supuesto tenía que fanfarronear y arrastrar a Drapper, que estaba de paso, hacia mis iniquidades. Sentí que necesitaba un testigo. De otro modo nadie creería lo que había descubierto.

De vuelta en la reunión, Thackeray, aunque con algo de vacilación, presentó a Kapor y Godwin a sus colegas. Se distribuyeron los documentos. Kapor ocupó el centro del escenario. Un brillante bostoniano, empresario de altas tecnologías, normalmente el halcón de su propia administración y un orador bastante efectivo, parecía visiblemente nervioso y lo admitió francamente. Comenzó diciendo que consideraba la intrusión en ordenadores es inmoral, y que la EFF no era un fondo para defender *hackers* a pesar de lo que había aparecido en la prensa. Kapor charló un poco sobre las motivaciones básicas de su grupo, enfatizando su buena fe, su voluntad de escuchar y de buscar puntos en común con las fuerzas del orden... cuando fuera posible.

Luego, a petición de Godwin, Kapor señaló que el propio ordenador con conexión a Internet de la EFF había sido *hackeado* recientemente, y que la EFF no consideraba dicho acontecimiento divertido. Después de esta sorprendente confesión el ambiente comenzó a relajarse con rapidez. Pronto Kapor estaba recibiendo preguntas, rechazando objeciones, cuestionando definiciones y haciendo juegos malabares con los paradigmas con algo semejante a su habitual entusiasmo. Kapor pareció hacer un notable efecto con su perspicaz y escéptico análisis de los méritos de los servicios de identificación, de quien inicia una llamada —sobre este punto, FCIC y la EFF nunca han estado enfrentados, y no tienen establecidas barricadas para defenderse—. La identificación de quien llama, generalmente, se ha presentado como un servicio dirigido hacia la protección de la privacidad de los usuarios, una presentación que Kapor calificó como *cortina de humo*, ya que el verdadero propósito sería, que grandes compañías elaborasen enormes bases de datos comerciales con cualquiera que les llame o mande un fax. Se hizo evidente que pocas personas en la habitación habían considerado esta posibilidad excepto, quizás, dos personas de seguridad de US WEST RBOC que llegaron tarde y reían entre dientes nerviosamente.

Mike Godwin hizo entonces una extensa disertación sobre *Implicaciones en las Libertades Civiles de la Búsqueda e Incautación de Computadoras*. Ahora, por fin, llegábamos al meollo del asunto, el toma y daca real de los políticos. La audiencia escuchaba atentamente, aunque se oían algunos murmullos de enfado ocasional.

—¡Nos intenta enseñar nuestro trabajo! ¡Hemos estado pensando en esto muchos años! ¡Pensamos en estos asuntos a diario! ¡Si no lo incautara todo, las víctimas del delincuente me demandarían! ¡Estoy violando la ley si dejo 10.000 discos llenos de *software* pirata y códigos robados! ¡Es nuestro trabajo que la gente no destroce la Constitución, somos los defensores de la Constitución! ¡Confiscamos cosas cuando sabemos que serán incautadas de todas formas como compensación para la víctima!

—Si es decomisable no pidan una orden de registro, pidan una orden de decomiso, sugirió Godwin fríamente.

Él recalcó, además, que la mayoría de los sospechosos de delitos informáticos no quiere ver desaparecer sus ordenadores por la puerta, llevados Dios sabe dónde y durante quién sabe cuánto tiempo. Puede que no les importara sufrir un registro, incluso un registro minucioso, pero quieren que sus máquinas sean registradas *in situ*.

—¿Y nos van a dar de comer?, preguntó alguien irónicamente.

—¿Y si hacen copia de los datos?, —dijo Godwin, eludiendo la pregunta—. ¿Eso nunca servirá en un juicio?

—¡Vale!, hagan copias, se las entregan y se llevan los originales.

Godwin lideraba las BBS como depositarias de la libre expresión garantizada por la Primera Enmienda. Se quejó de que los manuales de formación contra el delito informático daban a las BBS mala prensa, sugiriendo que eran un semillero de criminales frecuentadas por pedófilos y delincuentes mientras que la inmensa mayoría de las miles de BBS de la nación son completamente inocuas, y ni por asomo tan románticamente sospechosas.

La gente que lleva una BBS la cierra bruscamente cuando sus sistemas son confiscados, sus docenas —o cientos— de usuarios lo sufren horrorizados. Sus derechos a la libre expresión son cortados en seco. Su derecho a asociarse con otras personas es infringido. Y se viola su privacidad cuando su correo electrónico pasa a ser propiedad de la policía

Ni un alma habló para defender la práctica de cerrar las BBS. Dejamos pasar el asunto en un sumiso silencio. Dejando a un lado los principios legales —y esos principios no pueden ser establecidos sin que se apruebe una ley o haya precedentes en los tribunales— cerrar BBS se ha convertido en veneno para la imagen de la policía estadounidense especializada en delitos informáticos. Y de todas maneras no es completamente necesario. Si eres un policía, puedes obtener la mayor parte de lo que necesitas de una BBS pirata, simplemente usando un infiltrado dentro de ella.

Muchos vigilantes, bueno, ciudadanos preocupados, informarán a la policía en el momento en que vean que una BBS pirata se establece en su zona —y le contarán a la policía todo lo que sepan sobre ella, con tal detalle técnico, que desearías que cerraran la boca—. Alegremente proporcionarán a la policía grandes cantidades de *software* o listados. Es imposible mantener esta fluida información electrónica lejos del alcance de las manos de la policía. Algunas personas de la comunidad electrónica se enfurecen ante la posibilidad de que la policía *monitorice* las BBS. Esto tiene algo de quisquilloso, pues la gente del Servicio Secreto en particular examina las BBS con alguna regularidad. Pero esperar que la policía electrónica sea sorda, muda y ciega respecto a este medio en particular no es de sentido común. La policía ve la televisión, escucha la radio, lee los periódicos y las revistas; ¿Por qué deberían ser diferentes los nuevos medios? Los policías pueden ejercer el derecho a la información electrónica igual que cualquier otra persona. Como hemos visto, bastantes policías informáticos mantienen sus propias BBS, incluyendo algunas *de cebo antihackers* que han demostrado ser bastante efectivas.

Como remate, sus amigos de la policía montada del Canadá —y los colegas de Irlanda y Taiwán— no tienen la Primera Enmienda o las restricciones constitucionales estadounidenses, pero tienen líneas telefónicas y pueden llamar a cualquier BBS cuando quieran. Los mismos determinantes tecnológicos que usan *hackers, phone-phreaks* y piratas de *software* pueden ser usados por la policía. Los *determinantes tecnológicos* no tienen lealtades hacia los humanos, no son blancos, ni negros, ni del poder establecido, ni de la clandestinidad, no están a favor ni en contra de nada.

Godwin se explayó quejándose de lo que llamó *la hipótesis del aficionado inteligente*, la asunción de que el *hacker* que estás deteniendo es claramente un genio de la técnica y debe ser, por tanto, registrado con suma rudeza. Así que, desde el punto de vista de la ley, ¿por qué arriesgarse a pasar algo por alto? Confisca todo lo que haya hecho. Confisca su ordenador. Confisca sus libros. Confisca sus cuadernos. Confisca los borradores de sus cartas de amor. Confisca su radiocasete portátil. Confisca el ordenador de su mujer. Confisca el de su padre, el de su hermana, el de su jefe. Confisca sus discos compactos —podrían ser CD-ROM astutamente disfrazados como música pop—. Confisca su impresora láser, —podría haber escondido algo vital en sus 5 Mb de memoria—. Confisca los manuales de los programas y la documentación del *hardware*. Confisca sus novelas de ficción y sus libros de juegos de rol. Confisca su contestador telefónico y desenchufa el teléfono de la pared. Confisca cualquier cosa remotamente sospechosa.

Godwin señaló que la mayoría de los *hackers* no son, de hecho, aficionados geniales. Bastantes de ellos son maleantes y estafadores que no poseen mucha sofisticación tecnológica, simplemente conocen algunos trucos prácticos copiados de algún sitio. Lo mismo ocurre con la mayoría de los chicos de quince años que se han *bajado* un programa escaneador de códigos de una BBS pirata. No hay necesidad real de confiscar todo lo que esté a la vista. No se requiere un sistema informático completo y diez mil discos para ganar un caso en los tribunales.

—¿Y si el ordenador es el instrumento de un delito? —preguntó alguien.

Godwin admitió tranquilamente que la doctrina de requisar el instrumento del crimen estaba bastante bien establecida en el sistema legal estadounidense.

La reunión se disolvió. Godwin y Kapor tenían que irse. Kapor testificaba al día siguiente ante el departamento de utilidad pública de Massachusetts sobre redes e ISDN de banda estrecha en grandes áreas. Tan pronto como se fueron Thackeray pareció satisfecha. Había tomado un gran riesgo con ellos. Sus colegas no habían cortado las cabezas de Kapor y Godwin. Estaba muy orgullosa de ellos y así se lo dijo.

—¿No oíste lo que dijo Godwin sobre el instrumento del delito? —dijo exultante, a nadie en particular.

—*Eso significa que Mitch no va a demandarme.*

El cuerpo de policía de informática de los EE.UU. es un grupo interesante. Como fenómeno social, ellos son más interesantes y más importantes que los adolescentes marrulleros de líneas telefónicas y que los atacantes de sistemas informáticos. Primero, son más viejos y más sabios, no son aficionados mareados con debilidades morales, sino que son profesionales adultos con todas las responsabilidades de los servidores públicos. Y segundo, al contrario que los atacantes, poseen no solamente potencia tecnológica, sino, también, la pesada carga de la ley y de la autoridad social.

Y es muy interesante que ellos sean tantos como lo sea cualquier otro grupo en el mar ciberespacial. No están satisfechos con esto. Los policías son autoritarios por naturaleza, y prefieren obedecer las reglas y preceptos — incluso aquellos policías que secretamente disfrutan haciendo una carrera rápida en un territorio inhóspito, negando con moderación cualquier actitud de *cowboy*—. Pero en el *ciberespacio* no existen reglas ni precedentes. Hay pioneros que abren caminos, correcaminos del *ciberespacio*, ya sean agradables o no.

En mi opinión, algunos adolescentes cautivados por los ordenadores, fascinados por lograr entrar y salir evadiendo la seguridad éstas, y atraídos por los señuelos de formas de conocimiento especializado y de poder, harían bien en olvidar todo lo que saben acerca del *hacking* y poner su objetivo en llegar a ser un agente federal. Los federales pueden triunfar sobre los *hackers* en casi todas las cosas que éstos hacen, incluyendo reuniones de espionaje, disfraces encubiertos, *basureo*, pinchar teléfonos, construcción de expedientes, funcionamiento de interredes y filtración de sistemas de ordenadores criminales. Los agentes del Servicio Secreto saben más acerca de *phreaking*, codificación y tarjeteo de lo que la mayoría de los *phreacks* podrían aprender en años, y cuando se llega a los virus, los rompedores de claves, el *software* bomba y los troyanos, los federales tienen acceso directo a la información confidencial que sólo es todavía un vago rumor en el submundo.

Hay muy poca gente en el mundo que pueda ser tan escalofriantemente impresionante como un bien entrenado y bien armado agente del Servicio Secreto de los Estados Unidos. Pero claro, se requieren unos cuantos sacrificios personales para obtener el poder y el conocimiento.

Primero, se debe poseer la exigente disciplina que conlleva la pertenencia a una gran organización; pero el mundo del crimen computarizado es aún tan pequeño, y se mueve tan rápidamente, que permanecerá espectacularmente fluido en los años venideros. El segundo sacrificio es que tendrá que darse por vencido ante ciertas personas. Esto no es una gran pérdida. Abstenerse del consumo de drogas ilegales también es necesario, pero será beneficioso para su salud.

Una carrera en seguridad informática no es una mala elección para los hombres y mujeres jóvenes de hoy. Este campo se expandirá espectacularmente en los próximos años. Si usted es hoy un adolescente, para cuando sea profesional, los pioneros, acerca de los cuales habrá leído en este libro, serán los sabios ancianos y ancianas de este campo, abrumados por sus discípulos y sucesores. Por supuesto, algunos de ellos, como William P. Wood del Servicio Secreto en 1865, pueden haber sido maltratados en la chirriante maquinaria de la controversia legal, pero para cuando usted entre en el campo del crimen informático, este ya se habrá estabilizado en alguna medida, mientras permanece entretenidamente desafiante.

Pero no se puede obtener una placa porque sí. Tendrá que ganársela. Primero, porque existe la ley federal de entrenamiento forzoso. Y es dura, muy dura.

Todo agente del Servicio Secreto debe completar pesados cursos en el Centro de Entrenamiento Forzoso de Ley Federal —de hecho, los agentes del Servicio Secreto son periódicamente reentrenados durante toda su carrera— . Con el fin de obtener una visión instantánea de lo deseable que puede ser. Y yo mismo viajé a FLETC.

El FLETC es un espacio de seis kilómetros cuadrados en la costa atlántica de Georgia. Es una combinación de plantas de pantano, aves acuáticas, humedad, brisas marinas, palmitos, mosquitos y murciélagos. Hasta 1974 era una base naval de la Armada, y todavía alberga una pista de aterrizaje en funcionamiento y barracones y oficinas de la Segunda Guerra Mundial. Desde entonces el centro se ha beneficiado de un presupuesto de 40 millones de dólares, pero queda suficiente bosque y pantano en las inmediaciones para que los vigilantes de fronteras se entrenen.

Como ciudad propiamente dicha, *Glynco* casi no existe. La ciudad real más cercana es Brunswich, a pocas millas de la autopista 17. Allí estuve en un *Holiday Inn*, adecuadamente llamado Vista Cenagosa *Holiday Inn*. El domingo cené en una marisquería llamada *Jinright's* donde disfruté de una cola de caimán bien frita. Esta especialidad local era un cesto repleto de bocaditos de blanca, tierna, casi esponjosa, carne de reptil, hirviendo bajo una capa de mantequilla salpimentada. El caimán es una experiencia gastronómica difícil de olvidar, especialmente cuando está alegremente bañada en salsa de *cocktail* hecha en casa con un botellín de plástico de Jinright's.

La concurrida clientela eran turistas, pescadores, negros de la zona con su mejor ropa de los domingos y blancos georgianos locales, que parecían tener todos un increíble parecido con el humorista georgiano Lewis Grizzard.

Los 2.400 estudiantes de 75 agencias federales que conforman la población del FLETC apenas se notan en la escena local. Los estudiantes parecen turistas y los profesores parecen haber adoptado el aire relajado del Sur Profundo. Mi anfitrión era el señor Carlton Fitzpatrick, coordinador del programa del Instituto de Fraude Financiero.

Carlton Fitzpatrick es un vigoroso, bigotudo y bien bronceado nativo de Alabama, cercano a los cincuenta, con una gran afición a mascar tabaco, a los ordenadores potentes y dado a los discursos suculentos, con los pies bien plantados en el suelo. Nos habíamos visto antes, en el FCIC, en Arizona. El Instituto del Fraude Financiero es una de las nueve divisiones del FLETC. Además del Fraude Financiero hay Conducción y Navegación, Armas de Fuego y Entrenamiento Físico. Son divisiones especializadas. También cinco divisiones generales: Entrenamiento básico, Operaciones, Técnicas para el cumplimiento de la Ley, División Legal y Ciencias del Comportamiento.

En algún sitio de este despliegue está todo lo necesario para convertir a estudiantes graduados en agentes federales. Primero se les da unas tarjetas de identificación. Después se les entregan unos trajes de aspecto miserable y color azul, conocidos como *trajes de pitufo*. A los estudiantes se les asigna un barracón y una cafetería, e inmediatamente se aplican a la rutina de entrenamiento del FLETC, capaz de hacer polvo los huesos. Además de *footing* diario obligatorio —los entrenadores usan banderas de peligro para advertir cuando la humedad aumenta lo suficiente como para provocar un *golpe de calor*—, están las máquinas Nautilus, las artes marciales, las habilidades de supervivencia...

Las dieciocho agencias federales que mantienen academias en FLETC, usan todo tipo de unidades policiales especializadas, algunas muy antiguas. Están los Vigilantes de Fronteras, la División de Investigación Criminal del IRS, el Servicio de Parques, Pesca y Vida Salvaje, Aduanas, Inmigración, Servicio Secreto y las subdivisiones uniformadas del Tesoro. Si eres un policía federal y no trabajas para el FBI, se te entrena en FLETC. Ello incluye gente tan poco conocida como los agentes de Inspección General del Retiro del Ferrocarril o la Autoridad Policial del Valle de Tennessee.

Y después está la gente del crimen informático, de todo tipo, de todos los trasfondos. El señor Fitzpatrick no es avaro con sus conocimientos especializados. Policías de cualquier parte, en cualquier rama de servicio, pueden necesitar aprender lo que él enseña. Los trasfondos no importan. El mismo Fitzpatrick, originalmente era un veterano de la Vigilancia de Fronteras, y después se convirtió en instructor de Vigilancia de Fronteras en el FLETC; su español todavía es fluido. Se sintió extrañamente fascinado el día en que aparecieron los primeros ordenadores en el centro de entrenamiento. Fitzpatrick tenía conocimientos de ingeniería eléctrica, y aunque nunca se consideró un *hacker*, descubrió que podía escribir programitas útiles para este nuevo y prometedor invento.

Empezó husmeando en la temática general de computadoras y crimen, leyendo los libros y artículos de Donn Parker, manteniendo los oídos abiertos para escuchar *batallitas*, pistas útiles sobre el terreno, conocer a la gente que iba apareciendo de las unidades locales de crimen y alta tecnología... Pronto obtuvo una reputación en FLETC de ser el residente *experto en computadoras*, y esa reputación le permitió tener más contactos, más experiencia, hasta que un día miró a su alrededor y vio claro que *era* un experto federal en crímenes informáticos. De hecho, este hombre modesto y genial, podría ser *el experto federal* en delitos informáticos. Hay gente muy buena en el campo de la informática, y muchos investigadores federales muy buenos, pero el área donde estos mundos de conocimiento coinciden es muy pequeña. Y Carlton Fitzpatrick ha estado en el centro de esa área desde 1985, el primer año de *El Coloquio*, grupo que le debe mucho.

Parece estar en su casa en una modesta oficina aislada acústicamente, con una colección de arte fotográfico al estilo de Ansel Adams, su certificado de Instructor Senior enmarcado en oro y una librería cargada con títulos ominosos como 'Datapro Reports on Information Security CFCA Telecom Security '90'.

El teléfono suena cada diez minutos; los colegas aparecen por la puerta para hablar de los nuevos desarrollos en bloqueo o mueven sus cabezas opinando sobre los últimos chismes del escándalo del banco global del BCCI.

Carlton Fitzpatrick es una fuente de anécdotas acerca del crimen informático, narradas con voz pausada y áspera, y así, me cuenta un colorido relato de un *hacker* capturado en California, hace algunos años, que había estado trasteando con sistemas, tecleando códigos sin ninguna parada detectable durante veinticuatro, treinta y seis horas seguidas. No simplemente conectado, sino tecleando. Los investigadores estaban alucinados. Nadie podía hacer eso. ¿No tenía que ir al baño?, ¿era alguna especie de dispositivo capaz de teclear el código?

Un registro en casa del sujeto reveló una situación de miseria sorprendente. El *hacker* resultó ser un informático paquistaní que había suspendido en una universidad californiana. Había acabado en el submundo como inmigrante ilegal electrónico, y vendía servicio telefónico robado para seguir viviendo. El lugar no solamente estaba sucio y desordenado, sino que tenía un estado de desorden psicótico. Alimentado por una mezcla de choque cultural, adición a los ordenadores y anfetaminas, el sospechoso se había pasado delante de la computadora un día y medio seguido, con barritas energéticas y drogas en su escritorio, y un orinal bajo su mesa.

Cuando ocurren cosas como ésta, la voz se corre rápidamente entre la comunidad de cazadores de *hackers*.

Carlton Fitzpatrick me lleva en coche, como si fuera una visita organizada, por el territorio del FLETC. Una de nuestras primeras visiones es el mayor campo de tiro cubierto del mundo. En su interior, me asegura Fitzpatrick educadamente, hay diversos aspirantes a agente federal entrenándose, disparando con la más variada gama de armas automáticas: Uzi, *glocks*, AK-47. Se muere de ganas por llevarme dentro. Le digo que estoy convencido de que ha de ser muy interesante, pero que preferiría ver sus ordenadores. Carlton Fitzpatrick queda muy sorprendido y halagado. Parece que soy el primer periodista que prefiere los *microchips* a la galería de tiro.

Nuestra siguiente parada es el lugar favorito de los congresistas que vienen de visita: la pista de conducción de 3 millas de largo del FLETC. Aquí, a los estudiantes de la división de Conducción y a los Marines se les enseña habilidades de conducción a gran velocidad, colocación y desmantelamiento de bloqueos de carretera, conducción segura para limusinas del servicio diplomático con VIPS... Uno de los pasatiempos favoritos del FLETC es colocar a un senador de visita en el asiento del pasajero, junto a un profesor de conducción, poner el automóvil a cien millas por hora y llevarlo a la *skid-pan*, una sección de carretera llena de grasa donde las dos toneladas de acero de Detroit, se agitan y giran como un disco de hockey.

Los coches nunca dicen adiós en el FLETC. Primero se usan una y otra vez en prácticas de investigación. Luego vienen 25.000 millas de entrenamiento a gran velocidad. De ahí los llevan a la *skid-pan*, donde a veces dan vueltas de campana entre la grasa. Cuando ya están suficientemente sucios de grasa, rayados y abollados se los envía a la unidad de bloqueo de carreteras, donde son machacados sin piedad. Finalmente, se sacrifican todos a la Oficina de Alcohol, Tabaco y Armas de Fuego, donde los estudiantes aprenden todo lo relacionado con los coches bomba, al hacerlos estallar y convertirlos en chatarra humeante.

También hay un vagón de tren en el espacio de FLETC, así como un bote grande y un avión sin motores. Todos ellos son espacios de entrenamiento para búsquedas y registros. El avión está detenido en un pedazo de terreno alquitranado y lleno de malas hierbas, junto a un extraño barracón conocido como el *recinto del ninja*, donde especialistas del antiterrorismo practican el rescate de rehenes. Mientras examino este terrorífico dechado de guerra moderna de baja intensidad, los nervios me atacan al oír el repentino *stacatto* del disparo de armas automáticas, en algún lugar a mi derecha, en el bosque.

—*Nueve milímetros* —afirma Fitzpatrick con calma.

Incluso el extraño *recinto ninja* empalidece al compararlo con el área surrealista conocida como *las casas-registro*. Es una calle con casas de cemento a ambos lados y techos planos de piedra. Tiempo atrás fueron oficinas. Ahora es un espacio de entrenamiento. El primero a nuestra izquierda, según me cuenta Fitzpatrick, ha sido adaptado especialmente para prácticas de registro y decomiso de equipos en casos relacionados con ordenadores. Dentro está todo cableado para poner vídeo, de arriba abajo, con dieciocho cámaras dirigidas por control remoto montadas en paredes y esquinas. Cada movimiento del agente en entrenamiento es grabado en directo por los profesores, para poder realizar después un análisis de las grabaciones. Movimientos inútiles, dudas, posibles errores tácticos letales, todo se examina en detalle. Quizás el aspecto más sorprendente de todo ello es cómo ha quedado la puerta de entrada, arañada y abollada por todos lados, sobre todo en la parte de abajo, debido al impacto, día tras día, del zapato federal de cuero.

Abajo, al final de la línea de casas-registro algunas personas están realizando *prácticas* de asesinato. Conducimos de forma lenta, mientras algunos aspirantes a agente federal, muy jóvenes y visiblemente nerviosos, entrevistan a un tipo duro y calvo en la entrada de la casa-registro. Tratar con un caso de asesinato requiere mucha práctica: primero hay que aprender a controlar la repugnancia y el pánico instintivos. Después se ha de aprender a controlar las reacciones de una multitud de civiles nerviosos, algunos de los cuales pueden haber perdido a un ser amado, algunos de los cuales pueden ser asesinos, y muy posiblemente ambas cosas a la vez.

Un muñeco hace de cadáver. Los papeles del afligido, el morboso y el asesino los interpretan, por un sueldo, georgianos del lugar: camareras, músicos, cualquiera que necesite algo de dinero y pueda aprenderse un guion. Esta gente, algunos de los cuales son habituales del FLETC día tras día, seguramente tienen uno de los roles más extraños del mundo.

Digamos algo de la escena: gente *normal* en una situación extraña, pululando bajo un brillante amanecer georgiano, fingiendo de forma poco convincente que algo horrible ha ocurrido, mientras un muñeco yace en el interior de la casa sobre falsas manchas de sangre… Mientras, tras esta extraña mascarada, como en un conjunto de muñecas rusas, hay agoreras y futuras realidades de muerte real, violencia real, asesinos reales de gente real, que estos jóvenes agentes realmente investigarán, durante muchas veces en sus carreras, una y otra vez. ¿Serán estos crímenes anticipados, sentidos de la misma forma, no tan *reales* como estos actores aficionados intentan crearlos, pero sí tan reales, y tan paralizantemente irreales, como ver gente falsa alrededor de un patio falso? Algo de esta escena me desquicia. Me parece como salido de una pesadilla, algo kafkiano. La verdad es que no sé cómo tomármelo. La cabeza me da vueltas; no sé si reír, llorar o temblar.

Cuando la visita termina, Carlton Fitzpatrick y yo hablamos de ordenadores. Por primera vez el *ciberespacio* parece un sitio confortable. De repente me parece muy real, un lugar en el que sé de qué hablo, un lugar al que estoy acostumbrado. Es real. *Real*. Sea lo que sea.

Carlton Fitzpatrick es la única persona que he conocido en círculos *ciberespaciales* que está contenta con su equipo actual. Tiene un ordenador con 5 Mb de RAM y 112 Mb de disco duro. Uno de 660 Mb está en camino. Tiene un Compaq 386 de sobremesa y un Zenith 386 portátil con 120 Mb. Más allá, en el pasillo, hay una NEC Multi-Sync 2A con CD-ROM y un módem a 9.600 baudios con cuatro líneas *com*. Hay un ordenador para prácticas, otro con 10 Mb para el centro, un laboratorio lleno de clónicos de PC para estudiantes y una media docena de Macs, más o menos. También hay un Data General MV 2500 con 8 Mb de memoria RAM y 370 Mb de disco duro.

Fitzpatrick quiere poner en marcha una BBS en uno con UNIX, una vez haya acabado de hacer el chequeo-beta del *software* que ha escrito él mismo. Tendrá correo electrónico, una gran cantidad de ficheros de todo tipo sobre delitos informáticos y respetará las especificaciones de seguridad informática del '*libro naranja* del Departamento de Defensa'. Cree que será la BBS más grande del gobierno federal.

—¿Y estará también *PHRACK* ahí dentro? —Le pregunto irónicamente.

—Y tanto, —me dice— *PHRACK, TAP, Computer Unground Digest*, todo eso. Con los *descargos* apropiados, claro está.

Le pregunto si planea ser él mismo el administrador del sistema. Tener en funcionamiento un sistema así consume mucho tiempo, y Fitzpatrick da clases en diversos cursos durante dos o tres horas cada día.

—¡No! —me dice seriamente—. FLETC ha de obtener instructores que valgan el dinero que se les paga.

Cree que podrá conseguir un voluntario local para hacerlo, un estudiante de instituto.

Dice algo más, algo de un programa de relaciones con la escuela de policía de Eagle Scout, pero mi mente se ha desbocado de incredulidad.

—¿*Va a poner a un adolescente encargado de una BBS de seguridad federal?* —me quedo sin habla.

No se me ha escapado que el Instituto de Fraude Financiero del FLETC es el objetivo definitivo de un *basureo* de *hackers*, hay muchas cosas aquí, cosas que serían utilísimas para el submundo digital. Imaginé los *hackers* que conozco, desmayándose de avaricia por el conocimiento prohibido, por la mera posibilidad de entrar en las computadoras *súper-ultra-top-secret* que se usan para entrenar al Servicio Secreto acerca de delitos informáticos.

—¡Uhm... Carlton!, —balbuceé— *Estoy seguro de que es un buen chaval y todo eso, pero eso es una terrible tentación para poner ante alguien que, ya sabes, le gustan los ordenadores y acaba de empezar...*

—Sí, —me dice— *eso ya se me había ocurrido.*

Por primera vez empecé a sospechar que me estaba tomando el pelo.

Parece estar de lo más orgulloso cuando me muestra un proyecto en marcha llamado JICC (Consejo de Control de Inteligencia Unida). Se basa en los servicios ofrecidos por EPIC (el Centro de Inteligencia de El Paso, —no confundir con la organización de *ciberderechos* del mismo nombre) que proporciona datos e inteligencia a la DEA (Administración para los Delitos con Estupefacientes), el Servicio de Aduanas, la Guardia Costera y la policía estatal de los tres estados con frontera en el sur. Algunos ficheros de EPIC pueden ahora consultarse por las policías antiestupefacientes de Centroamérica y el Caribe, que también se pasan información entre ellos. Usando un programa de telecomunicaciones llamado *sombrero blanco*, escrito por dos hermanos, llamados López, de la República Dominicana, la policía puede conectarse en red mediante un simple PC.

Carlton Fitzpatrick está dando una clase acerca del Tercer Mundo a los agentes antidroga, y está muy orgulloso de sus progresos. Quizás pronto las sofisticadas redes de camuflaje del cártel de Medellín tendrán un equivalente en una sofisticada red de ordenadores de los enemigos declarados del cártel de Medellín. Serán capaces de seguirle la pista a saltos al contrabando, a los *señores* internacionales de la droga que ahora saltan las fronteras con gran facilidad, derrotando a la policía, gracias a un uso inteligente de las fragmentadas jurisdicciones nacionales.

La JICC y EPIC han de permanecer fuera del alcance de este libro. Me parecen cuestiones muy amplias, llenas de complicaciones que no puedo juzgar. Sé, sin embargo, que la red internacional de ordenadores de la policía, cruzando las fronteras nacionales, es algo que Fitzpatrick considera muy importante, el heraldo de un futuro deseable. También sé que las redes, por su propia naturaleza, ignoran las fronteras físicas. También sé que allí donde hay comunicaciones hay una comunidad, y que, cuando esas comunidades se hacen autoconscientes, luchan para preservarse a sí mismas y expandir su influencia. No hago juicios acerca de si ello es bueno o es malo. Se trata solamente del *ciberespacio*, de la forma en que de verdad son las cosas.

Le pregunté a Carlton Fitzparick qué consejo le daría a alguien de veintiún años que quisiera destacar en el mundo de la policía electrónica.

Me dijo que la primera regla es no asustarse de los ordenadores. No has de ser un *pillado* de las computadoras, pero tampoco te has de excitar porque una máquina tenga buen aspecto. Las ventajas que los ordenadores dan a los criminales listos, están a la par con las que dan a los policías listos. Los policías del futuro tendrán que imponer la ley *con sus cabezas, no con sus pistolas*. Hoy puedes solucionar casos sin dejar tu oficina. En el futuro, los policías que se resistan a la revolución de la informática no irán más allá de patrullar a pie.

Le pregunté a Carlton Fitzpatrick si tenía algún mensaje sencillo para el público, una cosa única que a él le gustara que el público estadounidense supiera acerca de su trabajo.

Lo pensó durante un rato.

—¡Sí!, —dijo finalmente. *Dime las reglas, y yo enseñaré esas reglas*—. Me miró a los ojos. —*Lo hago lo mejor que puedo.*

PARTE 4

LOS LIBERTARIOS CIVILES

L a historia de *La Caza de Hackers*, tal y como la hemos estado siguiendo hasta ahora, ha sido tecnológica, subcultural, criminal y legal. La historia de los libertarios civiles, si bien depende de todos estos aspectos, es completa y profundamente *política*.

En 1990 la oscura y largamente orquestada contienda sobre la propiedad y naturaleza del *ciberespacio*, se hizo ruidosa e irremediablemente pública. Gentes de algunos de los más peculiares estratos de la sociedad americana, se convirtieron repentinamente en figuras públicas. Algunas de estas personas encontraron la situación mucho más agobiante de lo que habían imaginado. Cambiaron de opinión y trataron de regresar a la oscuridad de sus acogedores nichos subculturales, lo cual generalmente ha probado ser un error.

Pero los libertadores civiles tuvieron su gran éxito en 1990. Se encontraban organizándose, promocionando, persuadiendo, haciendo giras, negociando, posando para fotos publicitarias, concediendo entrevistas, a veces indecisos ante la atención pública, pero cada vez más sofisticados, tomando bajo su poder la escena pública.

No es difícil ver porqué los libertarios civiles tuvieron esta ventaja competitiva.

Los *hackers* de la clandestinidad digital son una *élite* hermética. Encuentran difícil poder presentar su caso ante el público en general. Actualmente los *hackers* desprecian con toda franqueza al *ignorante* público, y nunca han creído en el buen juicio *del sistema*. Hacen propaganda, pero solamente entre sí, comúnmente en frívolos y mal redactados manifiestos de lucha de clases, rebelión juvenil o ingenuo utopismo técnico. Han de pavonearse y alardear para establecer y preservar sus reputaciones. Pero si hablan muy alto y públicamente, romperían la frágil tensión superficial de la clandestinidad y serían hostigados o arrestados. A largo plazo la mayoría dan un paso en falso, son descubiertos, traicionados o simplemente se dan por vencidos. Como fuerza política, el *submundo* digital está incapacitado.

Los *telecos*, por su parte, están en una torre de marfil en un sitio bien protegido. Tienen mucho dinero con el cual lograr la imagen pública que deseen, pero gastan mucha energía y buena voluntad atacándose mutuamente con humilladoras y calumniantes campañas publicitarias. Los *telecos* han sufrido a manos de los políticos, y, como los *hackers*, no creen en el buen juicio del público; y es probable que este escepticismo esté bien fundamentado. Si el público de estos años 90 de alta tecnología, entendiera bien cuáles son sus intereses en las telecomunicaciones, esto bien podría plantear una grave amenaza a la autoridad y poder técnico especializado, que los *telecos* han saboreado durante más de un siglo. Los *telecos* tienen grandes ventajas: empleados leales, experiencia especializada, influencia en las áreas del poder, aliados tácticos en el negocio del cumplimiento de la ley e increíbles cantidades de dinero. Sin embargo, en cuestiones políticas, carecen de genuinas bases de soporte; simplemente parece que no tienen muchos amigos.

Los policías saben muchas cosas que los demás no saben, pero sólo revelarán aquellos aspectos de su conocimiento, que crean que mejor encajen con sus propósitos institucionales y que fomenten el orden público. Los policías gozan de respeto, tienen responsabilidades, tienen poder en las calles y hasta en los hogares, pero no son muy bien vistos en la escena pública. Cuando son presionados, salen a la luz pública para amenazar a los tipos malos, para halagar a ciudadanos prominentes, o tal vez para sermonear severamente al ingenuo y desencaminado; pero entonces regresan a sus estaciones, al juzgado y al libro de reglas.

En cambio, los libertarios civiles electrónicos han probado ser animales políticos por naturaleza. Parece que comprendieron rápidamente esa obvia verdad posmoderna de que la comunicación es poder. La publicidad es poder. Hacer ruido es poder. La habilidad de poner en la agenda pública —y mantenerlos ahí— los propios asuntos, es poder. Fama es poder. La simple fluidez y elocuencia personal pueden ser poder, si de alguna manera se pueden atraer el oído y la vista del público.

Los libertarios civiles no tenían un monopolio sobre el *poder técnico*, aunque si bien todos tenían ordenadores, la mayoría no eran expertos particularmente avanzados en la materia. Tenían una buena cantidad de dinero, pero nada comparable a la fortuna y la galaxia de recursos de los *telecos* o las agencias federales. No tenían la autoridad para arrestar gente. No poseían los trucos sucios de los *hackers* o *phreakers*. Pero sabían cómo trabajar en equipo de verdad.

Al contrario de los otros grupos en este libro, los libertarios civiles han operado mucho más abiertamente, casi en medio del alboroto público. Han dado conferencias a enormes audiencias y hablado a innumerables periodistas, y así han aprendido a refinar su discurso. Han mantenido las cámaras disparando, los faxes zumbando, el correo electrónico fluyendo, las fotocopiadoras funcionando, han cerrado sobres y gastado pequeñas fortunas en tarifas aéreas y llamadas a larga distancia. En una sociedad de la información, esta actividad abierta, ostensible y obvia ha probado ser una profunda ventaja.

En 1990, los libertarios civiles del *ciberespacio* se agruparon viniendo de ningún lugar en particular y a velocidad cambiante. Este *grupo* —de hecho, una red de partes interesadas que apenas merece ser designada con un término tan vago— no tiene nada de organización formal. Aquellas organizaciones formales de libertarios civiles que se interesaron en temas del *ciberespacio*, principalmente los Profesionales Informáticos para la Responsabilidad Social –a partir de ahora CPSR- y la Unión Americana de Libertades Civiles -a partir de ahora ACLU-, fueron arrastrados por los eventos de 1990, y actuaron principalmente como adjuntos, financiadores o plataformas de lanzamiento.

Los libertarios civiles, no obstante, gozaron de más éxito que cualquiera de los otros grupos relacionados con *La Caza* de 1990. En el momento de escribir estas líneas, su futuro aparece en tonos pastel y la iniciativa política está firmemente en sus manos. Hay que tenerlo en mente mientras analizamos las inverosímiles vidas y estilos de vida, de la gente que consiguió que todo esto sucediera.

En junio de 1989, Apple Computer, Inc., de Cupertino, California, tenía problemas. Alguien había copiado de forma ilícita un pequeño fragmento de *software* propiedad de Apple, *software* que controlaba un chip interno que dirigía la presentación de imágenes en la pantalla. Este código fuente de Color QuickDraw era una pieza celosamente guardada de la propiedad intelectual de Apple. Se suponía que sólo personas de confianza internas de Apple podían poseerlo.

Pero la liga *NuPrometheus* quería que las cosas fueran diferentes. Esta persona —o personas— hizo diversas copias ilícitas del código fuente, quizás hasta un par de docenas. Él —o ella, o ellos, o ellas— puso esos *disquetes* ilícitos en sobres y los mandó por correo a gente de toda América: gente de la industria de los ordenadores que *estaban asociadas con*, pero que no eran empleados directos de Apple Computer.

La operación de *NuPrometheus* era un crimen de estilo *hacker* muy complejo y con una alta carga ideológica. Recordemos que Prometeo robó el fuego de los Dioses y dio este poderoso regalo a la humanidad. Una actitud divina similar, estaba de fondo entre la *élite* corporativa de Apple Computer, mientras que *NuPrometheus* tomaba el rol de semidiós rebelde. Las copias ilícitas de estos datos se regalaron.

Quienquiera que fuera el *Nuevo Prometeo*, escapó al destino del Dios clásico Prometeo, que fue encadenado a una roca durante siglos por los vengativos dioses, mientras que un águila le arrancaba y devoraba su hígado. Por otro lado, *NuPrometheus* estaba en una escala mucho más baja que su modelo. El pequeño fragmento de código de Color Quickdraw que había sustraído y replicado era más o menos inútil para los rivales industriales de Apple —y, de hecho, para cualquier otra persona—. En lugar de dar el fuego a la humanidad, sería más bien como si *NuPrometheus* hubiera fotocopiado los esquemas de una parte del encendedor *Bic*. El acto no era una obra genuina de espionaje industrial. Más bien podría interpretarse como una bofetada, deliberada y simbólica, en la cara de la jerarquía corporativa de Apple.

Las luchas internas de Apple eran bien conocidas en la industria. Los fundadores de Apple, Jobs y Wozniak, hacía tiempo que se habían ido. Su núcleo de trabajadores había sido un grupo de californianos de los años 60, y ahora estaban muy poco felices con el régimen de estilo multimillonario actual de Apple. Muchos de los programadores y desarrolladores que habían inventado el modelo Macintosh a principios de los años 80 también habían abandonado la compañía. Eran ellos, y no los actuales amos del destino corporativo de Apple, los que habían inventado el código robado de Color Quickdraw. El golpe de *NuPrometheus* estaba bien calculado para herir moralmente a la compañía.

Apple llamó al FBI. El grupo tomaba un gran interés en los casos de alto nivel de robo de propiedad intelectual, espionaje industrial y robo de secretos comerciales. Era la gente perfecta a la que acudir, y el rumor es que las entidades responsables fueron descubiertas por el FBI y despedidas por la administración de Apple. *NuPrometheus* nunca fue acusado públicamente de un crimen, o juzgado, o encarcelado. Pero ya no hubo más envíos ilícitos de *software* interno de Macintosh. Finalmente se permitió que el doloroso evento de *NuPrometheus* se fuera apagando.

Mientras, un gran grupo de espectadores se encontró con el rol de entretener a invitados sorpresa del FBI.

Una de estas personas era John Perry Barlow. Barlow es un hombre de lo más inusual, difícil de describir en términos convencionales. Quizás sea más conocido como el letrista de los Grateful Dead, pues compuso las letras de «Hell in a Bucket», «Picasso Moon», «Mexicali Blues», «I Need a miracle» y muchas otras. Había estado escribiendo para la banda desde 1970.

Antes de enfrentarnos a la vergonzosa cuestión de por qué un letrista de rock tendría que entrevistarse con el FBI por un asunto de crimen informático, tendríamos que decir un par de cosas sobre the Grateful Dead. The Grateful Dead seguramente es la más exitosa y duradera de las numerosas emanaciones culturales que han surgido del distrito de Haight-Ashbury de San Francisco, en los días gloriosos de la política del movimiento y la trascendencia lisérgica. The Grateful Dead es un nexo, un verdadero torbellino de furgonetas psicodélicas, camisetas teñidas, pana del color de la tierra, bailes histéricos y uso de drogas, abierto y desvergonzado. Los símbolos y las realidades del poder de los *colgados* de California, rodean a The Grateful Dead como el macramé.

The Grateful Dead y los miles de seguidores conocidos como *Deadheads*[16] son bohemios radiales. Esto es algo que todo el mundo sabe. Saber lo que implica en los años 90 ya es más problemático.

The Grateful Dead están entre los más famosos, populares y ricos del mundo del espectáculo: el número veinte, según la revista *Forbes*, exactamente entre M.C. Hammer y Sean Connery. En 1990, este grupo de proscritos disolutos había ganado diecisiete millones de dólares. Habían estado ganando sumas así desde hacía bastante tiempo.

Y aunque los Dead no son banqueros especializados en inversión o especialistas en impuestos con vestidos de tres piezas —de hecho, son músicos *hippies*— su dinero no se malgasta en excesos bohemios. Los *Dead* han estado activos durante mucho tiempo, ofreciendo fondos para actividades valiosas en su extensa y extendida geográficamente comunidad cultural.

The Grateful Dead no son músicos convencionales del *establishment* norteamericano. Sin embargo, son una fuerza a tener en cuenta. Tienen mucho dinero y muchos amigos en muchos sitios, tanto los obvios como los nada obvios.

---

[16] Literalmente, *cabezas muertas* (N. del T.)

Los Dead pueden ser conocidos por su retórica ecologista de volver a la tierra, pero ello no los convierte ni mucho menos en luditas tecnológicos. Por el contrario, como la mayoría de músicos de rock, the Grateful Dead han pasado todas sus vidas adultas en compañía de complejos equipos electrónicos. Tienen dinero, para quemar en cualquier equipo o juguete sofisticado que les haga gracia. Y su gracia abarca mucho.

La comunidad de los Deadhead implica un gran número de ingenieros de sonido, expertos en luces, genios del video-clip y técnicos electrónicos de todo tipo. Y la cosa también funciona al revés. Steve Wozniak, co-fundador de Apple, solía ir a festivales de rock. A Silicon Valley le mola el rock.

Pero estamos en los años 90, y no en los años 60. Hoy, para un asombroso número de personas en toda América, la supuesta línea entre bohemios y técnicos ya no existe. Este tipo de gente tienen campanillas en la puerta y un perro, y se ponen un pañuelo alrededor del cuello, pero también es fácil que tengan un Macintosh con multimegabytes que ejecuta *software* para sintetizadores MIDI con simulaciones fractales. En estos días, hasta Timothy Leary, profeta del LSD, ofrece demos de gráficos generados por ordenador para realidad virtual en sus giras de conferencias.

John Perry Barlow no es un miembro de the Grateful Dead. Sin embargo, es un *Deadhead* con rango.

Barlow se describe a sí mismo como *techno-crank*. Un término vago como el de *activista social* tampoco le iría mal. Pero la mejor forma de describir a Barlow es como *Poeta*, sobre todo si uno tiene en mente la arcaica definición de Percy Shelley de poeta como *legisladores no admitidos del mundo*. Barlow una vez estuvo a punto de conseguir el *status* de legislador admitido. En 1987 perdió por poco, la nominación para sentarse en el Senado del estado de Wyoming, por el partido republicano.

Barlow nació en Wyoming, la escisión de tercera generación de una familia de rancheros de ganado. Actualmente ha entrado en la cuarentena, está casado y es el padre de tres niñas.

A Barlow no le preocupan las nociones estrechas que tienen otras personas acerca de la consistencia. A finales de los años 80, este letrista de rock republicano y ranchero de ganado vendió su rancho y se convirtió en un devoto de las comunicaciones mediante ordenador.

El espíritu libre de Barlow realizó esta transición con facilidad. Realmente le gustaban los ordenadores. Con un bip de su módem, saltaba de la provinciana Pinedale, en Wyoming, al contacto electrónico con una multitud activa de sofisticados, brillantes e inventivos usuarios de tecnología. Barlow encontró el caldo de cultivo social del atractivo informático: sus senderos de alta velocidad, su retórica de cielos azules, su apertura de miras. Barlow empezó a bucear en el periodismo informático, con un éxito remarcable, pues era un estudiante rápido, sagaz y elocuente. Viajaba a menudo a San Francisco para entrar en red con sus amigos *Deadhead*. Allí Barlow realizó amplios contactos con la comunidad de informáticos de California, incluyendo amistades entre los espíritus más libres de Apple.

En mayo de 1990, Barlow recibió la visita de un agente local del FBI de Wyoming. El caso de *NuPrometheus* había alcanzado Wyoming.

Barlow estaba preocupado por encontrarse él mismo bajo sospecha, en un área de su interés, que una vez estuvo libre de la atención federal. Tuvo que esforzarse mucho para explicar la verdadera naturaleza del crimen informático a un perplejo oficial local del FBI, que estaba especializado en robos de ganado. Barlow, charlando cooperativamente y demostrando las maravillas de su módem a un sorprendido federal, se alarmó al descubrir que todos los *hackers* estaban en general bajo sospecha en el FBI, por considerarlos una mala influencia en la comunidad electrónica. El FBI, buscando al *hacker* llamado *NuPrometheus* estaba buscando a los asistentes de un grupo sospechoso llamado *The Hackers Conference*: la conferencia de *Hackers*.

The Hackers Conference, que había empezado en 1984, era un encuentro anual con sede en California de pioneros y entusiastas en lo digital. Los *hackers* de *The Hackers Conference* tenían poco o nada que ver con los *hackers* del *submundo* digital. Por el contrario, los *hackers* de esta conferencia eran en su mayoría expertos ejecutivos californianos de la alta tecnología, consultores, periodistas y empresarios. Este grupo de *hackers*, eran el tipo exacto de *hackers* que más fácilmente reaccionarían con furia militante, ante cualquier degradación criminal del término *hacker*.

Barlow, aunque no fue arrestado ni acusado de un crimen, y aunque su ordenador no había salido por la puerta, estaba muy preocupado por esta anomalía. Hizo correr la voz en the Well. Al igual que *The Hackers Conference*, the Well era una emanación de la Point Foundation. Point Foundation, la inspiración de un californiano radical de los años 60 llamado Stewart Brand, iba a ser una de las plataformas principales de lanzamiento, del esfuerzo de los libertarios civiles.

Los esfuerzos culturales de la Point Foundation, como los de sus colegas de la Bahía, los californianos de The Grateful Dead, eran variados y múltiples. La consistencia ideológica rígida nunca había sido el fuerte del 'Whole Earth Catalog' —El catálogo de la Tierra—. Esta publicación de Point había gozado de mucha fama durante finales de los años 60 y principios de los años 70, cuando ofrecía cientos de consejos prácticos —y no tan prácticos— de vida comunitaria, ecología y de volver-a-la-tierra. El 'Whole Earth Catalog' y sus secuelas habían vendido dos millones y medio de copias y había ganado un *National Book Award*.

Con el lento colapso de la disidencia radical americana, el 'Whole Earth Catalog', se había desplazado a la esquina más modesta del radar cultural, pero en su encarnación como revista, 'CoEvolution Quarterly', la Point Foundation seguía ofreciendo un popurrí de *acceso a herramientas e ideas*.

'CoEvolution Quarterly', que empezó en 1975, nunca fue una revista muy popular. A pesar de erupciones periódicas de fervor milenarista, 'CoEvolution Quarterly' no había conseguido revolucionar la civilización occidental y cambiar lastrados siglos de historia con nuevos y brillantes paradigmas californianos. En su lugar, este brazo propagandístico de la Point Foundation había fundido la línea que existe entre la brillantez impresionante y la inconsistencia de la Nueva Era. 'CoEvolution Quarterly' no llevaba ningún anuncio, costaba mucho y salía en papel barato con modestos gráficos en blanco y negro. Estaba mal distribuido y se repartía básicamente por subscripción y por el boca a boca.

Parecía que no podía ir más allá de los 30.000 subscriptores y, sin embargo, tampoco se reducía mucho más. Un año unos, un año otros, una década unos, una década otros, siempre había una extraña minoría demográfica que daba su apoyo a la revista. Los lectores entusiastas no parecían tener una política o ideales coherentes. A veces resultaba difícil entender qué los mantenía juntos —si es que los agrios debates que aparecían a menudo en la sección de cartas podía describirse como *unidad*.

Pero la revista no florecía, se iba marchitando. Entonces en 1984, el año del nacimiento del ordenador Macintosh, 'CoEvolution Quarterly' alcanzó de repente los rápidos. Point Foundation había descubierto la revolución informática. Cuando salió el 'Whole Earth Software Catalog' de 1984, despertó grandes dudas entre los perplejos fieles de las ropas teñidas y un rabioso entusiasmo entre los grupos *cyberpunk*, incluyendo a éste que os escribe. Point Foundation inició su *Hackers Conference* anual y empezó a interesarse por las nuevas posibilidades de la contracultura digital.

'CoEvolution Quarterly' plegó su tipi, lo reemplazó por la 'Whole Earth Software Review' y finalmente 'Whole Earth Review' —la encarnación actual de la revista, bajo el control editorial en la actualidad, del mago de la realidad virtual Howard Rheingold.

1985 presenció el nacimiento de "The Well The Whole Earth 'Lectronic Link. The Well era la BBS de la Point Foundation.

Según crecían las BBS, the Well era una anomalía desde el principio, y así siguió. Era local en San Francisco. Era enorme, con múltiples líneas de teléfono y enormes ficheros de comentarios. Su complejo *software* basado en UNIX, podría haber sido descrito de forma caritativa como *opaco-al-usuario*. Se ejecutaba en un *mainframe* de oficinas llenas de gente de la fundación cultural sin ánimo de lucro de Sausalito. Y estaba abarrotado de fans de The Grateful Dead.

Aunque the Well estaba poblado por gente guay y chismosa de la contracultura de la Bahía, no era de ninguna manera una BBS del *submundo digital*. Los adolescentes no abundaban: la mayoría de los usuarios de the Well —conocidos como *Wellbeings*[17]— era treinta y cuarentañeros de la generación del *baby boom*. Solían trabajar en la industria de la información: *hardware*, *software*, telecomunicaciones medios, entretenimiento. Bibliotecarios, académicos y periodistas eran especialmente comunes en the Well, atraídos por la distribución libre de la Point Foundation, de *herramientas e ideas*.

No había ficheros sobre anarquía en the Well, apenas alguna pista sobre códigos de acceso o fraude con tarjeta de crédito. Nadie usaba seudónimos. Los adictos a las *flame-wars* —guerras de insultos— eran controlados hasta que se comportaran de forma civilizada. Los debates eran a veces tensos, pero ningún *Wellbeing* afirmó nunca que un rival hubiera desconectado su teléfono, desordenado su casa, o enviado los números de sus tarjetas de crédito.

The Well crecía lentamente según avanzaban los años 80. Cobraba una cantidad modesta por acceso y almacenamiento, y perdió dinero durante años, pero no lo suficiente como para poner en peligro la Point Foundation, que después de todo, no tenía ánimo de lucro En 1990, the Well tenía cerca de cinco mil usuarios. Estos usuarios navegaban en un gigantesco *buffete del ciberespacio*, lleno de conferencias, donde cada conferencia contenía una

---

[17] Juego de palabras entre *Well-Being*, es decir entidad de the Well y *Wellbeing*, que quiere decir bienestar (N. del T.)

multitud de *temas*. Cada tema contenía a su vez docenas, a veces centenares de comentarios, en un debate multipersonal que podía durar meses o incluso años.

En 1991, la lista de conferencias de the Well tenía el siguiente aspecto:

CONFERENCIAS EN THE WELL

Resumen del WELL «Screenzine»	(g zine)
Lo mejor de the WELL —La cosecha—	(g best)

Índice de los nuevos temas en todas las conferencias (g newtops)
Negocios – Educación

Grupo de usuarios de librerías:

Apple	(g alug)
Agricultura	(g agri)
Ideas	(g brain)
Clasificados	(g cla)
Periodismo Informático	(g cj)
Consultas	(g consult)
Consumidores	(g cons)
Diseño	(g design)
Autoedición	(g desk)
Inhabilidad	(g disability)
Educación	(g ed)
Energía	(g energy91)
Emprendedores	(g entre)
Propietarios	(g home)
Catálogo	(g indexing)
Inversiones	(g invest)
Chicos91	(g kids)
Legal	(g legal)
Hombre de Negocios	(g one)
Periódicos/listas de correo	(g per)
Ley de Telecomunicaciones	(g tcl)
El Futuro	(g fut)
Traductores	(g trans)
Viajes	(g tra)
Trabajo	(g work)

Electronic Frontier Foundation	(g eff)
Ordenadores, Libertad y Privacidad	(g cfp)
Profesionales Informáticos por la Responsabilidad Social	(g cpsr)

Social - Política - Humanidades

Envejecimiento	(g gray)
SIDA	(g aids)
Amnistía Internacional	(g amnesty)
Archivos	(g arc)
Berkeley	(g berk)
Budismo	(g wonderland)

Cristianismo	(g cross)
Parejas	(g couples)
Hechos Recientes	(g curr)
Sueños	(g dream)
Drogas	(g dru)
Este	(g east)
Salud Emocional****	(g private)
Erotismo	(g eros)
Desarrollo	(g env)
Armas de Fuego	(g firearms)
Primera Enmienda	(g first)
Márgenes de Razón	(g fringes)
Gay	(g gay)
Gay (Privado)#	(g gaypriv)
Geografía	(g geo)
Alemán	(g german)
Guerra del Golfo	(g gulf)
Hawaii	(g aloha)
Salud	(g heal)
Historia	(g hist)
Holistica	(g holi)
Entrevistas	(g inter)
Italiano	(g ital)
Judío	(g jew)
Libertad	(g liberty)
Mente	(g mind)
Miscelánea	(g misc)
Hombres en The WELL**	(g mow)
Integración de Redes	(g origin)
Sin ánimo de lucro	(g non)
Bahía Norte	(g north)
Noroeste	(g nw)
Área Pacífico	(g pacrim)
Parentesco	(g par)
Paz	(g pea)
Península	(g pen)
Poesía	(g poetry)
Filosofía	(g phi)
Política	(g pol)
Psicología	(g psy)
Psicoterapia	(g therapy)
Recuperación##	(g recovery)
San Francisco	(g sanfran)
Estafas	(g scam)
Sexualidad	(g sex)
Solteros	(g singles)
Al Sur	(g south)
Español	(g spanish)
Espiritualidad	(g spirit)
Tibet	(g tibet)
Transportes	(g transport)
Confesiones Verdaderas	(g tru)
Ambiguo	(g unclear)
Taller de Escritura de WELL***	(g www)
Whole Earth	(g we)
Mujeres en The WELL*	(g wow)
Palabras	(g words)

Escritores (g wri)

```
****        Privado - mail para wooly para acceso
***         Privado - mail para sonia para acceso
**          Privado - mail para flash para acceso
*           Privado - mail para reva para acceso
#  Privado - mail para hudu para acceso
##          Privado - mail para dhawk para acceso
```

Arte - Diversión - Entretenimiento
Red Electrónica de ArtCom	(g acen)
Audio-Videofília	(g aud)
Bicicletas	(g bike)
Esta Noche en la Bahía**	(g bat)
Botes	(g wet)
Libros	(g books)
CD's	(g cd)
Comics	(g comics)
Cocina	(g cook)
Vuelo	(g flying)
Diversión	(g fun)
Juegos	(g games)
Jardinería	(g gard)
Chicos	(g kids)
Buhos nocturnos*	(g owl)
Bromas	(g jokes)
MIDI	(g midi)
Películas	(g movies)
Motociclismo	(g ride)
Motores	(g car)
Música	(g mus)
En Escena	(g onstage)
Mascotas	(g pets)
Radio	(g rad)
Restaurantes	(g rest)
Ciencia Ficción	(g sf)
Deportes	(g spo)
Star Trek	(g trek)
Televisión	(g tv)
Teatro	(g theater)
Bizarro	(g weird)
Zines/Hoja de Archivos Cinco	(g f5)

```
*   Abierto desde la medianoche hasta las 6 am
**  Actualizado diariamente
```

Grateful Dead
Grateful Dead	(g gd)
Deadplan*	(g dp)
Deadlit	(g deadlit)
Retroalimentación	(g feedback)
Horario de GD	(g gdh)
Cintas	(g tapes)
Entradas	(g tix)
Giras	(g tours)

* Privado- mail para tnf para acceso

Ordenadores
AI/Forth/Realtime	(g realtime)
Amiga	(g amiga)
Apple	(g app)
Libros de Informática	(g cbook)
Arte & Gráficos	(g gra)
Hacking	(g hack)
HyperCard	(g hype)
IBM PC	(g ibm)
LANs	(g lan)
Portátiles	(g lap)
Macintosh	(g mac)
Mactech	(g mactech)
Microtimes	(g microx)
Muchomedia	(g mucho)
NeXt	(g next)
OS/2	(g os2)
Impresoras	(g print)
Red de Programadores	(g net)
Siggraph	(g siggraph)
Diseño de Software	(g sdc)
Software/Programación	(g software)
Soporte de Software	(g ssc)
Unix	(g unix)
Windows	(g windows)
Procesadores de Texto	(g word)

Técnica - Comunicaciones
Bioinfo	(g bioinfo)
Info	(g boing)
Media	(g media)
NAPLPS	(g naplps)
Sucardor de Red	(g netweaver)
Red Mundial	(g networld)
Radio de bolsillo	(g packet)
Fotografía	(g pho)
Radio	(g rad)
Ciencia	(g science)
Escritores técnicos	(g tec)
Telecomunicaciones	(g tele)
Red de Usuarios	(g usenet)
Vídeo	(g vid)
Realidad Virtual	(g vr)

La propia WELL
A profundidad	(g deeper)
Acceso	(g ent)
General	(g gentech)
Ayuda	(g help)
Hosts	(g hosts)
Normas	(g policy)
Noticias del Sistema	(g news)
Test	(g test)

La lista en sí, ya resulta deslumbrante, mostrando ante el ojo no acostumbrado, una impresión mareante de un grupo de extraños fotógrafos digitales, escaladores de montañas hawaianas, intercambiando confesiones sinceras con tibetanos bisexuales, usando procesadores de texto.

Pero esta confusión es más aparente que real. Cada una de estas conferencias era un pequeño mundo ciberespacial en sí mismo, incluyendo decenas y quizás centenares de subtemas. Cada conferencia era frecuentada comúnmente por una comunidad bastante pequeña, y con ideas similares de quizás unas pocas docenas de personas. Resultaba humanamente imposible seguir el ritmo de the Well —especialmente si se tiene en cuenta, de que el acceso al servidor de the Well se pagaba por horas—. La mayoría de usuarios que dedicaban mucho tiempo, se contentaban con unos pocos subtemas favoritos, con un paseo ocasional a algún otro lado en busca de algo exótico. Pero noticias especialmente importantes y debates con un tema caliente, podían atraer la atención de toda la comunidad de the Well.

Como cualquier otra comunidad, the Well tenía sus famosos, y John Perry Barlow, el letrista de Grateful Dead con su lengua y módem de plata, estaba en una posición prominente entre ellos. Fue aquí, en the Well, donde Barlow envió su historia verídica de un encuentro sobre crimen informático con el FBI.

La historia, como podría esperarse, creó una gran agitación. The Well ya se había relacionado con las controversias sobre *hackers*. En diciembre de 1989, la revista 'Harper's' había mantenido un debate en the Well acerca de la ética de la intrusión ilícita en computadoras. Aunque participaron más de cuarenta genios de las computadoras, Barlow demostró ser una de las estrellas del debate. También lo fueron *Acid Phreak* y *Phiber Optik*, dos jóvenes *hacker-phreaks* cuyas habilidades para introducirse en instalaciones de conmutación de telecomunicaciones, sólo eran superadas por su hambre de fama. La presencia de estos dos atrevidos fuera de la ley en los recintos de the Well, crearon una sensación similar a la de unos *Panteras Negras* en una fiesta de pijos.

Pero 1990 fue sobre todo el año de *Phiber Optik*. Era un devoto del círculo de '2600' y un incondicional del grupo de *hackers* de Nueva York *Masters of Deception*. *Phiber Optik* era un espléndido ejemplar tanto de intrusión en ordenadores como en que disidente convencido.

Con dieciocho años, *Optik*, un fracasado de instituto y reparador de ordenadores a media jornada, era joven, inteligente y absolutamente obsesivo; un tipo digital bien vestido, bien hablado, que sólo aceptaba sus propias reglas. A finales de 1991, *Phiber Optik* había aparecido en 'Harper's', 'Esquire', 'The New York Times', en innumerables debates públicos y convenciones, incluso en un show de televisión presentado por Geraldo Rivera. Tratado con respeto por parte de Barlow y otros expertos de the Well, *Phiber Optik* se convirtió en una celebridad en the Well. Curiosamente, a pesar de su agresividad y de su obsesividad, *Phiber Optik* parecía despertar fuertes sentimientos de protección entre la gente que lo encontraba. Era un gran personaje para los periodistas, siempre listo para pavonearse y, aún mejor, para *demostrar* algún truco callejero digital. Había nacido como una estrella de los medios.

Hasta la policía parecía reconocer que había algo peculiarmente extra-terrenal y no criminal en este particular busca-problemas. Era tan atrevido, tan flagrante, tan joven y tan claramente culpable, que incluso aquéllos que desaprobaban sus acciones tajantemente, estaban ansiosos por su bienestar y empezaron a hablar sobre él como si fuera un cachorro de foca en peligro de extinción.

El 24 de enero de 1990 —nueve días después de la caída de sistema del día de Martin Luther King— *Phiber Optik*, *Acid Phreak* y un tercer burlador de la ley llamado *Scorpion* fueron detenidos por el Servicio Secreto. Sus ordenadores fueron confiscados, además de la usual avalancha de papeles, cuadernos de notas, discos compactos, contestadores automáticos, walkmans de Sony, etc. Se acusó a *Acid Phreak* y a *Phiber Optik* de haber causado la *caída*.

Los molinos de la justicia muelen lentamente. Finalmente, el caso cayó en manos de la policía del estado de Nueva York. *Phiber* había perdido su maquinaria en la detención, pero no hubo cargos en su contra hasta pasado un año. Sus prédicas fueron publicitadas de forma extensiva en the Well, donde causó mucho resentimiento ante las tácticas de la policía. Una cosa es oír que la policía ha detenido o cazado un *hacker*, otra cosa es ver a la policía atacar a alguien que conoces personalmente y que te ha explicado sus motivaciones con detalle. A través del debate en 'Harper's' vía the Well, los *Wellbeings* tenían claro que *Phiber Optik* no iba a *dañar nada*. En sus días jóvenes, muchos *Wellbeings* habían probado el gas lacrimógeno en batallas callejeras con la policía. Estaban inclinados a la indulgencia ante actos de desobediencia civil.

Los *Wellbeings* también se sorprendieron, al descubrir la dureza draconiana de una típica operación policial anti-*hackers*. No les costó mucho esfuerzo imaginativo visualizarse sufriendo un tratamiento similar.

Ya en enero de 1990, los sentimientos en the Well habían empezado a agriarse, y la gente empezaba a gruñir que los *hackers* están siendo tratados de forma demasiado brusca por los poderes oficiales. El número resultante de 'Harper's' planteó la cuestión, de si la intrusión en ordenadores ajenos era realmente un *crimen*. Tal y como Barlow lo escribió después:

> «*He empezado a preguntarme si los espeleólogos no serían considerados criminales desesperados en el caso de que AT&T fuera la propietaria de las cuevas.*»

En febrero de 1991, más un año después de la incursión en su caso, *Phiber Optik* fue finalmente arrestado, y se le acusó de manipulación y entrada ilegal en ordenadores en primer grado, delitos en el estado de Nueva York. También se le acusaba de robo de servicio, en un complejo engaño de llamada gratis a un número 900. *Phiber Optik* se declaró culpable del robo de servicio y se le sentenció a 35 horas de servicio comunitario.

Este pequeño acoso del insondable mundo de la gente correcta, parecía no preocupar casi nada a *Optik*. Separado de su ordenador desde la detención de enero, se compró un portátil, de forma que los policías no pudieran monitorizar el teléfono donde vivía con su madre, y continuó con sus depredaciones, a veces en directo por la radio o delante de las cámaras de televisión.

La Caza seguramente tuvo muy poco efecto en *Phiber Optik* para disuadirlo, pero el efecto en los *Wellbeings* fue profundo. Según transcurría 1990, se empezaron a cargar las hondas y los arcos. La detención de *Knight Lightning*, la de Steve Jackson, la operación a nivel nacional «Sundevil». La retórica del mantenimiento de la ley, había dejado claro que se estaba desarrollando una *Caza de hackers*.

Los *hackers* de la *Hackers Conference*, los *Wellbeings* y otros de su clase no les preocupaba una mala interpretación pública del término *hacker*. Después de todo, esta membrana de diferenciación de la sociedad, conseguía que la comunidad informática se sintiera diferente, más inteligente, mejor.

Sin embargo, nunca se habían enfrentado con una campaña organizada de vilificación.

El papel central de Barlow en la contra-campaña, fue de las mayores anomalías de 1990. Los periodistas investigando la controversia, a menudo se tropezaban ante la verdad acerca de Barlow, pero normalmente se sacudían el polvo y seguían su carrera como si nada hubiera sucedido. Era *increíble* que un colgado de los años 60 de los Grateful Dead, se hubiera enfrentado abiertamente a una operación policial federal y que *pareciera estar ganando*.

Barlow no tenía una base de poder, fácilmente detectable para una batalla política de este tipo. No tenía credenciales formales, legales o técnicas. Barlow, sin embargo, era un hombre de red con una brillantez estelar. Tenía el don del poeta, de crear frases concisas y coloristas. También tenía la finura del periodista, una gran astucia y una riqueza fenomenal en encanto personal.

El tipo de influencia que poseía Barlow es bastante común en los círculos literarios, artísticos o musicales. Un crítico con talento, puede tener una gran influencia artística, al ser capaz de definir el temple de la época, al acuñar frases pegadizas y los términos del debate, que se convertirán en moneda corriente durante el período. Y da la casualidad de que Barlow *era* también un crítico de arte a media jornada, con una especial atracción por el arte de Frederic Remington.

Barlow fue el primer comentarista en adoptar el llamativo término extraído de la ciencia-ficción de William Gibson «*ciberespacio*», como un sinónimo para el nexo actual entre ordenadores y redes de telecomunicaciones. Barlow insistía en que el *ciberespacio* debería ser considerado como un mundo cualitativamente nuevo, como una *frontera*. Según Barlow, el mundo las comunicaciones electrónicas, ahora visible gracias a la pantalla del ordenador, ya no podía ser considerada —de una forma útil— como un manojo de cables eléctricos de alta tecnología. En vez de eso se había convertido en un *lugar*, el *ciberespacio*, que pedía un nuevo conjunto de metáforas, un nuevo conjunto de reglas y comportamientos. El término, tal y como lo utilizaba Barlow, obtuvo una gran resonancia, y así este concepto de *ciberespacio* fue recogido por "Time", "Scientific American', policía informática, *hackers* e incluso eruditos sobre la Constitución. Parece que *ciberespacio* se va a convertir en un añadido permanente a nuestro lenguaje.

Barlow era muy sorprendente en persona: un ciudadano de Wyoming alto, de rostro nudoso, barbudo y con voz profunda, vestido con un extraño arreglo del far-west de tejanos, chaqueta, botas de vaquero, un pañuelo anudado al cuello y un pin siempre presente de The Grateful Dead.

Sin embargo, armado con un módem, Barlow estaba realmente en su elemento. Las jerarquías formales no eran el fuerte de Barlow; pocas veces perdía la oportunidad de despreciar a *las grandes organizaciones y sus zánganos* y su mentalidad rígida e institucional. Barlow tiraba más bien por la persuasión entre espíritus libres y no le impresionaban nada las corbatas o las coronas. Pero cuando se trata del mundillo digital, Barlow era un adhocrata del *ciberespacio* por excelencia.

No había un ejército poderoso detrás de Barlow. Sólo hay un Barlow y se trata de un individuo bastante anómalo. Sin embargo, la situación parecía *necesitar* solamente un Barlow. De hecho, después de 1990, mucha gente debe haber concluido que un solo Barlow era incluso más de lo que habían pedido.

El quejumbroso mini-ensayo de Barlow acerca de su encuentro con el FBI, tuvo mucha resonancia en the Well. Un buen número de otros espíritus libres en los márgenes de Apple Computer se habían convertido también sospechosos, y eso les había gustado tan poco como a él.

Uno de ellos era Mitchell Kapor, el co-inventor del programa hoja de cálculo *Lotus 1-2-3* y el fundador de Lotus Development Corporation. Kapor había conseguido borrar la indignidad, de que le tomaran las huellas dactilares en los cuarteles locales del FBI en Boston, pero el mensaje de Barlow hizo que Kapor viera claro la red nacional que estaba montando el FBI. El tema tenía ahora toda la atención de Kapor. A medida que el Servicio Secreto iba adentrándose en la operación nacional anti-*hackers* de 1990, Kapor veía cada movimiento con profundo escepticismo y creciente alarma.

De hecho, Kapor ya se había encontrado con Barlow, pues el segundo había entrevistado al primero para una revista de informática de California. Como le pasa a la mayoría de personas que se habían encontrado con Barlow, a Kapor le cayó bien. Ahora Kapor decidió que le tocaba a él hablar con Barlow en una conversación cara a cara sobre la situación.

Kapor era un habitual en the Well. Kapor había sido un devoto del 'Whole Earth Catalog' desde el principio y había atesorado la edición completa de la revista. A la búsqueda de las diseminadas inversiones de Kapor Enterprises Inc., su compañía personal de muchos millones de dólares, Kapor cruzaba normalmente las fronteras estatales, con la misma tranquilidad con la que podría enviar una carta por fax.

La reunión Kapor-Barlow de junio de 1990, en Pinedale, Wyoming, fue el inicio de la Electronic Frontier Foundation. Barlow escribió un manifiesto 'Crimen y Desconcierto[18]' para anunciar su intención —y la de Kapor— de formar una organización política para *obtener y repartir dinero para educación, crear lobbies y litigar en las áreas relacionadas con la expresión digital y la extensión de la Constitución en el ciberespacio.*

Además, el manifiesto proclamaba que la fundación *«ayudaría económicamente, dirigiría y apoyaría esfuerzos legales para demostrar que el Servicio Secreto ha ejercicio censura previa en publicaciones, limitado la libertad de expresión, llevado a cabo incautaciones injustificadas de equipo y datos, uso indebido de la fuerza y en general se había comportado de una forma arbitraria, opresiva e inconstitucional.»*

'Crimen y Desconcierto' se distribuyó ampliamente a través de canales de redes de ordenador, y también apareció impreso en 'Whole Earth Review'. Esta repentina declaración de un contragolpe coherente y politizado desde las filas del *hackerismo,* asombró a la comunidad. Steve Wozniak, quizás algo picado por el escándalo *NuPrometheus,* rápidamente ofreció un apoyo monetario a la Fundación igual al que ofreciera Kapor.

John Gilmore, uno de los pioneros de Sun Microsystems, ofreció inmediatamente, tanto su apoyo financiero como el personal, de forma extensiva. Gilmore, un libertario ardiente, demostró ser un elocuente abogado de cuestiones de privacidad electrónica, especialmente en la cuestión de librarse de la monitorización asistida por ordenador, por parte de gobiernos y corporaciones.

Un segundo encuentro en San Francisco atrajo aún más aliados: Stewart Brand de la Point Foundation, los pioneros en realidad virtual, Jaron Lanier y Chuck Blanchard y el inversor en redes Nat Goldhaber. Durante esta cena de negocios, los activistas adoptaron un título formal: La Electronic Frontier Foundation. Kapor fue su presidente. Se abrió un nuevo capítulo de conferencia para la EFF en the Well de la Point Foundation, y the Well fue declarado *el hogar de la Electronic Frontier Foundation.*

---

[18] En el original *Crime and Puzzlement,* un juego de palabras con *punishment* (Castigo) que fonéticamente es muy similar a *puzzlement* (desconcierto), en referencia, a la novela de Dostoievsky, "Crimen y Castigo".(N. del T.)

La cobertura de la prensa fue inmediata e intensa. Como sus antecesores espirituales del siglo XIX Alexander Graham Bell y Thomas Watson, los hombres de negocios de la informática de los años 70 y 80, gente como Wozniak, Jobs, Kapor, Gates o H. Ross Perot, que se habían hecho a sí mismos para dominar una nueva y reluciente industria, quedaban muy bien en las cubiertas de los diarios.

Pero mientras los *Wellbeings* se regocijaban, la prensa en general parecía estar totalmente perpleja con los auto-declarados *ciudadanos del ciberespacio*. La insistencia de la EFF, de que la guerra contra los *hackers* implicaba importantes libertades civiles constitucionales, les parecía algo exagerado, especialmente cuando ninguno de los organizadores de la EFF eran abogados o políticos establecidos. La prensa económica en general, encontraba más fácil fijarse en el aparente núcleo de la historia —que el hombre de negocios de alta tecnología Mitchell Kapor, había establecido una *ayuda económica para hackers*. ¿Era la EFF un desarrollo político importante, o sólo un cliché de ricos excéntricos, metiéndose en temas que deberían dejarse en manos de las autoridades competentes? El veredicto aún estaba por llegar.

Pero el escenario ya estaba preparado para la confrontación abierta. Y la primera batalla —y la más crítica— era la de la vista judicial de *Knight Lightning*.

He procurado a lo largo de este libro, el referirme a los *hackers* solo por sus nicks. Se gana poco dando el verdadero nombre de esta gente, muchos de los cuales son jóvenes, muchos de los cuales nunca han sido condenados por ningún crimen, y muchos de los cuales tienen ingenuos padres que ya han sufrido bastante.

Pero el proceso a *Knight Lightning* entre el 24 y el 27 de julio de 1990, hizo a este particular *hacker,* un personaje público conocido nacionalmente. No puede hacer ningún daño a él o a su familia el que yo repita el hecho, comprobado, de que su nombre es Craig Neidorf.

La vista judicial a Neidorf tuvo lugar en la Corte de Distrito de los Estados Unidos, Distrito Norte de Illinois, División Este, presidida por el Honorable Nicholas J. Bua. Los Estados Unidos de América como demandantes, y el Sr. Neidorf como acusado. El abogado del acusado era Sheldon T. Zenner, de la firma de Chicago, Ketten, Muchin y Zavis.

La investigación fue dirigida por los hombres fuertes del Grupo Anti Fraude y Abuso Informático de Chicago: William J. Cook, Colleen D. Coughlin, y David A. Glockner, todos abogados adjuntos de los Estados Unidos. El agente del Servicio Secreto del caso era Timothy M. Foley.

Se recordó que Neidorf era el co-editor de una *revista hacker* clandestina llamada *PHRACK*. *PHRACK* era una publicación puramente electrónica, distribuida a través de BBS y de redes electrónicas. Era una publicación amateur distribuida de forma gratuita. Neidorf nunca ganó dinero por su trabajo en *PHRACK*. Tampoco su no-acusado co-editor *Taran King*, ni ningún otro de los numerosos colaboradores de *PHRACK*.

El Grupo Anti Fraude y Abuso de Chicago, sin embargo, había decidido acusar a Neidorf como defraudador. Reconocer oficialmente que *PHRACK* era una *revista* y Neidorf un *editor* suponía abrir una caja de Pandora procesal, sobre cuestiones de la Primera Enmienda. Para hacer esto hubo que ponerse en las manos de Zenner y sus consejeros de la EFF, que ahora incluía una horda de destacados defensores de los derechos civiles de Nueva York, así como el formidable cuerpo administrativo de Katten, Muchin y Zavis. En cambio, la investigación se apoyaba fundamentalmente en el tema del fraude de acceso a dispositivos: Sección 1029 del Título 18, la sección de la cual el Servicio Secreto sacó su jurisdicción más directa sobre delitos informáticos.

Los supuestos delitos de Neidorf se centraban en el *documento E911*. Fue acusado de haber cometido fraude con *Prophet*, el cual, recordemos, fue el miembro de la *Legion of Doom* de Atlanta que copió ilícitamente el *documento E911* del sistema AIMSX de BellSouth.

El mismo *Prophet* era también un co-acusado en el caso Neidorf, juez y parte del supuesto *fraude* para *robar* el *documento E911* de BellSouth —y de pasar el Documento a través de las fronteras del estado, lo cual ayudo a establecer el proceso Neidorf como un caso federal—. *Prophet*, en un espíritu de total colaboración, hizo un trato para testificar contra Neidorf.

De hecho, ninguno de los tres miembros de Atlanta tuvo problemas para testificar contra Neidorf. Los mismos fiscales de Atlanta habían acusado a los Tres de Atlanta de:

(a) conspiración,

(b) fraude informático,

(c) fraude telegráfico,

(d) fraude de acceso a dispositivos, y

(e) tráfico interestatal de propiedad robada (Titulo 18, Secciones 371, 1030. 1343, 1029, y 2314).

Enfrentado a esta ventisca de problemas, *Prophet* y *Leftist* habían eludido cualquier proceso público, y habían admitido su culpabilidad para reducir cargos —una conspiración por cabeza—. *Urvile* había aceptado la culpabilidad para obstaculizar un fragmento de la Sección 1029, que ilegaliza la posesión de *quince o más* dispositivos de acceso ilegales —en su caso, claves de ordenador—. Y sus sentencias fueron programadas para el 14 de septiembre de 1990 —mucho después del proceso a Neidorf—. Como testigos, presumiblemente dependían de su comportamiento.

Neidorf, sin embargo, se declaraba inocente. Casi todos los demás cogidos en la cacería habían *cooperado plenamente* y aceptado la culpabilidad, con la esperanza de ver sus sentencias reducidas. Steve Jackson fue la honrosa excepción, por supuesto, y había declarado tenazmente su inocencia desde el primer momento. Pero Steve Jackson no podía pasar un día en el juzgado: Steve Jackson nunca había sido acusado de delito alguno.

Neidorf fue apremiado a declararse culpable. Pero Neidorf estaba licenciado en ciencias políticas y estaba poco dispuesto a ir a la cárcel por *fraude,* cuando él no había ganado dinero alguno, entrado en ningún ordenador, y había publicado una revista, que él consideraba protegida por la Primera Enmienda.

El proceso de Neidorf fue la *única* acción legal de toda *La Caza* que involucraba realmente, el presentar una serie de cuestiones al examen público delante un jurado de ciudadanos americanos.

Neidorf, también había cooperado con los investigadores. Él había entregado voluntariamente, muchas de las pruebas que habían contribuido a su propia incriminación. Él ya había admitido por escrito saber que el *documento E911* había sido robado, antes de *publicarlo* en *PHRACK* —o, desde el punto de vista de la investigación, transporte ilegal de material robado a través de cable en algo que pretendía ser una *publicación*.

Pero incluso si la *publicación* del *documento E911* no fuese un delito, no permitiría a Neidorf desengancharse del anzuelo. Neidorf había recibido el *documento E911* cuando *Prophet* se lo había transferido desde el nodo Jolnet de Richard Andrews. En esa ocasión, no fue *publicado* —era un botín *hacker*, pura y simplemente, transporte a través de la frontera del estado.

La Brigada de Chicago se dirigió al gran jurado de Chicago, para acusar a Neidorf de una serie de cargos, que podrían enviarle a la cárcel durante treinta años. Cuando alguno de estos cargos era rebatido con éxito, antes de que Neidorf realmente acudiese al proceso, la Brigada de Chicago revisaba su acta de acusación para que apareciese un término penal... ¡de más de sesenta años! Como acusado sin antecedentes, era poco probable que Neidorf recibiese en cambio una sentencia tan drástica; pero la Brigada de Chicago había decidido ver a Neidorf en prisión, y la retirada de circulación permanente de su *revista* conspiratoria. Se trataba de un caso federal, y Neidorf fue acusado del robo y fraude de propiedad, por valor de casi ochenta mil dólares.

William J. Cook creía firmemente en las investigaciones bien perfiladas con alusiones simbólicas. A menudo, en su trabajo en la prensa, publicaba artículos de comercio seguro, argumentando que «*se ha de mandar un claro mensaje al público en general y a la comunidad informática en particular, de que los ataques no autorizados a computadoras y el robo de información automatizada, no sería tolerada por los tribunales.*»

El asunto era complejo, las tácticas de la investigación no eran muy ortodoxas, pero la Brigada de Chicago había probado firmemente las cosas hasta la fecha. *Shadowhawk*, fue metido en el saco en 1989 por la Brigada, y sentenciado a nueve meses de prisión, y 10.000 dólares de multa. El caso de *Shadowhawk* involucraba cargos de la sección 1030, la sección *federal de intereses informáticos*.

Shadowhawk nunca había sido un devoto de ordenadores *con interés federal* per se. Al contrario, *Shadowhawk*, que poseía un ordenador personal AT&T, parecía tener un especial interés en agredir a AT&T.

Había alardeado en los grupos del *submundo Preak Klass 2600* y *Dr. Ripco* de sus habilidades en el asalto a AT&T, y de su intención de colapsar el sistema nacional telefónico de AT&T. Los alardes de *Shadowhawk* fueron observados por Henry M. Kluepfel de Seguridad Bellcore, azote de grupos fuera de la ley, cuyas relaciones con el Grupo de Chicago eran grandes e íntimas.

La Brigada estableció con éxito la aplicación de la Sección 1030 al adolescente *Shadowhawk*, a pesar de las objeciones de su abogado defensor. *Shadowhawk* había entrado en una computadora *propiedad* del comando estadounidense de misiles y solamente *manejada* por AT&T. También había entrado en una computadora de AT&T situada en la Base Aérea Robbins en Georgia. Atacar a AT&T era *asunto federal* lo hubiese pretendido *Shadowhawk* o no.

La Brigada convenció además a la corte, de que una parte del *software* de AT&T, que *Shadowhawk* había copiado ilícitamente de laboratorios Bell, *El Sistema Experto de Inteligencia Artificial C5*, estaba valorado tranquilamente en un millón de dólares. El abogado de *Shadowhawk* había argumentado que éste no había vendido el programa, ni obtenido beneficio alguno de la copia ilegal. Y que en realidad, el sistema experto *C5* era *software* experimental, y no tenía establecido un valor comercial, ya que nunca había sido puesto a la venta. La autovaloración de AT&T de *un millón de dólares,* que figuraba para ella misma como propiedad intangible, sin embargo, fue aceptada sin cuestionar por parte del tribunal. Éste convino con los investigadores gubernamentales, que *Shadowhawk* mostraba claras *intenciones de defraudar,* hubiese obtenido dinero o no.

Shadowhawk fue a la cárcel.

El otro triunfo más conocido del Grupo, fue la condena y encarcelamiento de *Kyrie*. *Kyrie*, un auténtico ciudadano de la clandestinidad por delitos digitales, era una mujer canadiense de 36 años de edad, convicta y encarcelada por fraude de telecomunicaciones en Canadá. Después de su salida de prisión, escapó de la ira de Canadá Bell y de la Real Policía Montada de Canadá, estableciéndose finalmente, muy imprudentemente, en Chicago.

Kyrie, que también se autodenominó *Información de Larga Distancia*, se especializó en el abuso de correo de voz. Ensambló grandes números de códigos calientes de larga distancia, y los leía en voz alta en una serie de sistemas de correo de voz corporativos. *Kyrie* y sus amigos eran usurpadores en los sistemas de correo de voz corporativos, los usaban como si fuesen boletines piratas, cambiándose cuando su charla de voz obstruía el sistema y los propietarios necesariamente se volvían algo más listos. Los seguidores de *Kyrie* eran una dispersa tribu de ciento cincuenta *phone-pheakers*, que seguían su rastro de piratería de máquina en máquina, mendigando con vehemencia sus servicios y experiencia.

Los discípulos de *Kyrie* le pasaron códigos de tarjeta de crédito robados, como pago por su *información de larga distancia* robada. Algunos clientes de *Kyrie* le pagaban en metálico, fingiendo adelantos a crédito del banco Western Union.

Kyrie había viajado incesantemente, principalmente gracias a billetes de avión y habitaciones de hotel escamoteados mediante tarjetas de crédito robadas. Cansada de esto, encontró refugio con una socia *phone phreak* en Chicago. La anfitriona de *Kyrie*, al igual que un sorprendente número de *phone phreaks*, era ciega. También era discapacitada física. *Kyrie* supuestamente sacó partido de su situación, utilizando y recibiendo fondos estatales de bienestar, bajo una identidad falsa como cuidador cualificado de una persona minusválida.

Tristemente, los dos niños de *Kyrie*, de un matrimonio anterior, también habían desaparecido clandestinamente con ella, estos dos refugiados digitales pre adolescentes no tenían una identidad americana legal, y nunca habían pasado un día en la escuela.

Kyrie era adicta al poderío técnico, esclava de su propio ingenio y la ardiente pleitesía de sus seguidores adolescentes. Esto le hizo telefonear tontamente a Gail Thackeray de Arizona, para jactarse, alardear, pavonearse y ofrecerse a actuar de informadora. Thackeray, sin embargo, sabía más que suficiente sobre *Kyrie*, a quien despreciaba completamente, considerándola una delincuente adulta, corruptora de menores, una *Fagin*[19] *femenina*.

Thackeray pasó sus cintas de los alardes de *Kyrie*, al Servicio Secreto.

Kyrie fue detenida y arrestada en Chicago, en mayo de 1989. Confesó sin problemas y admitió su culpabilidad.

En agosto de 1990, Cook y su colega de la Brigada, Colleen Coughlin, mandó a *Kyrie* a la cárcel durante 27 meses, por fraude informático y de telecomunicaciones. Esta fue una sentencia notablemente severa —dados los estándares de *azote* para *hackers*—. Siete de los más aventajados discípulos adolescentes de *Kyrie*, fueron también acusados y encarcelados. *La pandilla*

---

[19] Fagín es un personaje de la novela de Dickens, Oliver Twist, famoso por corromper a los niños pobres de la Inglaterra victoriana para convertirlos en criminales. (N. del T.)

callejera de alta tecnología de *Kyrie*, como la describió Cook, había sido aplastada. Cook y sus colegas, habían sido los primeros en mandar a alguien a prisión por abuso del correo de voz. Sus esfuerzos pioneros les han dado importancia y prestigio.

En su artículo sobre *Kyrie*, Cook dirigió el mensaje hacia los lectores de la revista de 'Administración de Seguridad'. —una publicación comercial para profesionales de seguridad corporativa—. El caso, dijo Cook, y la rígida sentencia de *Kyrie, refleja una nueva realidad para los hackers y las víctimas de delitos informáticos en los 90... Personas y empresas que denunciaban delitos informáticos y de telecomunicaciones, pueden ahora esperar que su cooperación con la aplicación de la ley federal, den como resultado un severo correctivo. Las empresas y el público en general, deben denunciar a la comisión de delitos informáticos, si quieren que los fiscales mantengan una línea de protección de sus derechos, sobre la propiedad tangible e intangible desarrollada y almacenada en ordenadores.*

Cook hizo de eso su vida, para construir esta *nueva realidad para los hackers*. También lo convirtió en su negocio, al defender los derechos corporativos a lo intangible.

Si la Electronic Frontier Foundation, fuera una *fundación de defensa del hacker* en el sentido general de la palabra, probablemente no habrían dejado plantada a *Kyrie*. Su sentencia de 1990 ciertamente envió el *mensaje* de que el celo federal estaba cayendo sobre los *hackers*. Pero *Kyrie* no encontró defensores en EFF, ni en ninguna otra parte, para esto. EFF no era una fundación para sacar de apuros a delincuentes electrónicos.

El caso Neidorf fue paralelo al caso *Shadowhawk* en ciertos aspectos. Se le permitió de nuevo a la víctima establecer el valor de la propiedad *robada*. De nuevo Kluepfel fue a la vez investigador y asesor técnico. De nuevo no hubo transacción de dinero, pero la *intención de defraudar* era obvia.

Los investigadores del caso, pronto mostraron signos de debilidad. La Brigada había tenido originalmente la esperanza, de probar que Neidorf era el centro de una conspiración criminal a nivel nacional, dirigida por la *Legion of Doom*. Los editores de *PHRACK* hacían reuniones de convivencia cada verano, las cuales atraían *hackers* de todo el país, generalmente dos docenas poco más o menos de colaboradores y lectores de la revista. Tales congresos eran comunes en la comunidad *hacker*.

'2600', verbigracia, tenía reuniones públicas de *hackers* en Nueva York, cada mes. Los tipos duros de la *Legion of Doom* siempre tenían una presencia intensa en estas *convenciones veraniegas,* esponsorizadas por *PHRACK*.

En Julio de 1998, un *hacker* de Arizona llamado *Dictator* acudió al congreso estival en la ciudad natal de Neidorf, Sant Louis. *Dictator* era uno de los informantes clandestinos de Gail Thackeray; el grupo clandestino de *Dictator* en Phoenix era una operación encubierta del Servicio Secreto. *Dictator* trajo a una hueste de agentes encubiertos del Servicio Secreto al congreso estival.

Los agentes realizaron orificios a través de la pared de la habitación de hotel de *Dictator* en St. Louis, y grabaron en vídeo a los retozones *hackers* a través de un espejo de observación. A pesar de esto, no sucedió nada ilegal en la grabación, salvo el empacho de cerveza de un par de menores. Los congresos estivales eran eventos sociales, no siniestras cábalas. Las cintas mostraban quince horas de risas alborotadoras, atracones de pizza, chistes privados y palmoteos en la espalda.

El abogado de Neidorf, Seldon T. Zenner, vio las cintas del Servicio Secreto antes del proceso. Zenner estaba impactado por la completa inocencia de este encuentro, que Cook había caracterizado anteriormente como una siniestra conspiración interestatal para cometer fraude. Zenner quería mostrar las cintas del congreso estival al jurado. La Brigada realizó maniobras de protección para mantener las cintas ajenas al jurado, por *irrelevantes*.

El *documento E911* estaba demostrando ser también un castillo de naipes. Había sido valorado originalmente en 79.449 dólares. A diferencia que el misterioso botín de inteligencia artificial de *Shadowhawk*, el *documento E911* no era *software* —estaba escrito en inglés. Los expertos informáticos encontraron esta valoración —por doce páginas de documento burocrático— francamente increíble. En su manifiesto 'Delito y Desconcierto' para la EFF, Barlow comentaba: *«Nosotros probablemente nunca sabremos como fue*

obtenida o por quien, me gustaría imaginar un equipo de valoración constituido por Franz Kafka, Joseph Heller y Thomas Pynchon».

A pesar de esto, Barlow era excesivamente pesimista. La EFF logró, en cambio, descubrir exactamente como se había alcanzado esta cantidad, y por quien, pero solo en 1991, mucho después de que el proceso de Neidorf hubiese acabado.

Kim Megahee, un jefe de seguridad de Southern Bell, había llegado al valor del documento, simplemente añadiendo los *costes asociados con la producción* del *documento E911*. Esos *costes* eran los que siguen:

1. Un redactor técnico había sido contratado para investigar y escribir el *documento E911*. 200 horas de trabajo, a 35 dólares por hora, coste: 7.000 dólares. Un Jefe de Proyecto había supervisado al escritor técnico. 200 horas, a 31 dólares por hora, hacen: 6.200 dólares.

2. Una semana de mecanografiado había costado 721 dólares. Una semana de procesamiento había costado 721 dólares. Una semana de procesamiento gráfico había costado 742 dólares.

3. Dos días de edición cuestan 367 dólares.

4. Una caja de etiquetas cuesta cinco dólares.

5. Preparar una orden de compra para el *documento*, incluyendo mecanografiarlo y obtener una firma de autorización de propia burocracia de BellSouth, cuesta 129 dólares.

6. Imprimirlo cuesta 313 dólares. Enviar el *documento* a cincuenta personas, lleva cincuenta horas a un administrativo y cuesta 858 dólares.

7. Colocar el *documento* en un índice, necesita dos administrativos una hora cada uno, totalizando 43 dólares.

Por consiguiente, sólo el tema burocrático ya había costado supuestamente los colosales 17.099 dólares. De acuerdo con Mr. Megahee, el mecanografiado de un documento de doce páginas había llevado una semana entera. Escribirlo había llevado cinco semanas, incluyendo un supervisor que aparentemente no hizo nada salvo vigilar al autor durante cinco semanas.

Editar doce páginas había llevado dos días. Imprimir y mandar por correo un documento electrónico —que ya estaba disponible en la Red de Datos de Southern Bell para cualquier empleado de *telecos* que lo necesitase—, había costado más de 1.000 dólares.

Pero esto era solo el principio. Estaban también los gastos del *hardware*. 850 dólares por un monitor de computadora VT220. 31.000 dólares por una sofisticada estación de trabajo VAX II. 6.000 dólares por una impresora. 22.000 dólares por una copia del *software interleaf.* 2.500 dólares por el *software* VMS. Todo esto para crear el *documento* de doce páginas.

Además, el 10 por ciento del coste del *software* y del *hardware*, para el mantenimiento. —Realmente, el 10 por ciento de costes de mantenimiento, aunque mencionados, había sido omitido del total final de 79.449 dólares, aparentemente un descuido piadoso.

La carta de Mr. Megahee había sido enviada directamente al propio William J. Cook, a la oficina de abogados federales de Chicago. El Gobierno de los Estados Unidos aceptó estos números de *teleco* sin preguntas.

Según aumentaba la incredulidad, el valor del *documento E911* fue oficialmente revisado a la baja. Esta vez, Seguridad de BellSouth estimó el valor de las doce páginas como unos simples 24.639,05 dólares, basándose, principalmente, en *costes I+D*. Pero esta estimación específica que llegaba hasta los céntimos, no conmovió a los escépticos para nada; por el contrario, provocó un abierto desprecio y un torrente de sarcasmo.

Los asuntos económicos concernientes al robo de propiedad intelectual habían sido siempre peculiares. Podría argumentarse que BellShouth no había *perdido* su *documento E911* para nada, en primer lugar, y por consiguiente no había sufrido ningún daño monetario de este *robo*. Y Sheldon T. Zenner había argumentado precisamente esto en el proceso de Neidorf —qué el delito de *Prophet* no había sido *robo*, sino más bien una copia ilícita.

El dinero, sin embargo, no era importante para los verdaderos propósitos de este proceso. No había una estrategia por parte de Cook para convencer al jurado de que el *documento E911* era un acto importante de robo y debería ser castigado solo por esa razón. Su estrategia era argumentar que el *documento E911* era peligroso. Era su intención, establecer que el *documento E911* era *un mapa de carretera* para el Sistema Mejorado 911. Neidorf había distribuido deliberada e imprudentemente un arma peligrosa. Neidorf y *Prophet* no tuvieron en cuenta —o quizás incluso ser regodearon ante la siniestra idea—, de que el *documento E911* podría ser usado por *hackers* para hacer estragos en el servicio 911, *una línea vital para todas y cada una de las personas en la región de Southern Bell de los Estados Unidos, y por supuesto, en muchas comunidades a lo largo de los Estados Unidos*, en las propias palabras de Cook. Neidorf había puesto las vidas de las personas en peligro.

En las maniobras pre procesales, Cook había establecido que el *documento E911*, era demasiado caliente para aparecer en los procedimientos públicos del proceso Neidorf. El mismo jurado no podría acceder nunca a ver este *documento*, no fuera que se filtrase en los registros oficiales del tribunal, y de esta manera en las manos del público en general, y así, de alguna manera, a malignos *hackers* que podrían abusar letalmente de él.

Ocultar el *documento E911* al jurado, podría haber sido una hábil maniobra legal, pero tenía un grave fallo. Había un punto en contra; cientos, quizás miles, de personas, estaban ya en posesión del *documento E911*, pues había sido publicado por *PHRACK*. Su verdadera naturaleza era ya obvia para una extensa sección del público interesado —todos los cuales, de paso, eran, al menos teóricamente, parte de una gigantesca conspiración de fraude por cable—. La mayoría de las personas de la comunidad electrónica que tenía un módem y ningún interés en el caso Neidorf, ya tenían una copia del *documento*. Este ya había estado disponible en *PHRACK* durante más de un año.

La gente, incluso la gente normal sin un interés particularmente lascivo en conocimientos prohibidos, no cerró los ojos llenos de pánico ante la idea de contemplar un *documento peligroso* para una compañía telefónica. Por el contrario, tendían a confiar en su propio juicio y simplemente leer el *documento* por sí mismos. Y éstos no estaban impresionados.

Una de esas personas era John Nagle. Nagle era un programador profesional de cuarenta y un años, con un master en ciencias de la informática por Stanford. Había trabajado para Ford Aerospacial, donde había inventado una técnica de conectar computadoras en red conocida como *el Algoritmo Nagle*, y para la notable firma californiana de gráficos informáticos *Autodesk*, donde era un importante accionista.

Nagle era también una notable figura en el Estrado, muy respetado por sus conocimientos técnicos.

Nagle había seguido el debate de libertades civiles de cerca, pues era un ferviente telecomunicador. No era particularmente amigo de los intrusos informáticos, pero creía que la publicación electrónica tenía mucho que ofrecer a la sociedad en general, e intentar frenar su crecimiento, o censurar la libertad de expresión electrónica, avivaba con fuerza su ira.

El caso Neidorf, y el *documento E911*, habían sido debatidos con detalle en Internet, en una publicación electrónica llamada 'Telecom Digest'. Nagle, un genio de la Red desde hacía tiempo, era un asiduo lector de 'Telecom Digest'. Nagle nunca había visto un ejemplar de *PHRACK*, pero las implicaciones del caso le incomodaron.

En una librería de Stanford buscando libros de robótica, Nagle encontró un libro llamado 'La Red Inteligente'. Ojeándolo al azar, Nagle dio con un capítulo dedicado por entero a una meticulosa pormenorización del funcionamiento del sistema de emergencias policiales E911.

Este amplio texto estaba siendo vendido abiertamente, y a pesar de eso en Illinois un joven estaba en peligro de ir a prisión, por publicar un delgado *documento* de seis páginas sobre el servicio *911*.

Nagle hizo un comentario irónico a este efecto en Telecom Digest. De allí, Nagle fue puesto en contacto con *Mitch* Kapor, y después con los abogados de Neidorf.

Sheldon Zenner estaba contento de encontrar un experto en telecomunicaciones informáticas, deseoso de hablar en defensa de Neidorf, alguien que no era un *hacker* adolescente colgado. Nagle era elocuente, maduro, y respetable; había tenido permiso de acceso en cuestiones de seguridad federal.

Se le pidió a Nagle que volara a Illinois para unirse al equipo de defensa.

Habiéndose unido a la defensa como testigo experto, Nagle leyó entero el *documento E911* por sí mismo. Hizo su propio juicio sobre su potencial amenaza.

Ha llegado el momento, para que tú, lector, eches un vistazo al *documento E911*. Esta pieza de seis páginas de extensión era el pretexto para una investigación federal que podría mandar a un editor electrónico a prisión durante treinta, o incluso sesenta, años. Era el pretexto para la búsqueda y registro de Steve Jackson Games, Inc., un legítimo editor de libros impresos. Era solo el pretexto formal para la búsqueda y retención de la BBS de *The Mentor*, «Proyecto Fénix», y para el asalto de la casa de *Erik Bloodaxe*. Esto también tuvo mucho que ver con el secuestro del nodo Jolnet de Richard Andrews y el cierre del nodo AT&T de Charles Boykin. El *documento E911* era la principal pieza de evidencia en *La Caza de Hackers*. No puede haber un sustituto real y legitimo del *documento* mismo.

PHRACK Inc.

Volumen 2, Tema 24, Fichero 5 de 13

—Oficina de Control de la Administración de Servicios Avanzados 911
para Servicios Especiales y Centros de Información.

Por Eavesdropper
Marzo, 1988

Descripción del Servicio

La Oficina de Control de Emergencia ha asignado el servicio 911 (1) de acuerdo con la existencia de unas directrices estándar para cada uno de los siguientes centros:

· Centro de Servicios Especiales (SSC).
· Centro Principal de Información (MAC).
· Centro de Pruebas (STC).
· Centro de Control de Perdidas (TCC).

La designación SSC/MAC se ha usado en este documento para alguno de esos cuatro centros. Los Centros de Servicios Especiales (SSC) o los Centros Principales de Información han sido designados como el enlace para informar de todos los problemas comunicados (PSAP) por el cliente del E911. Los abonados que tengan problemas con el E911 llamarán al servicio de reparación local (CRSAB), que enviará el problema al SSC/MAC, cuando sea oportuno.

Debido a la naturaleza crítica del servicio E911, se exige el control y la oportuna reparación de los problemas. Cuando el cliente principal contacta con el E911, el SSC/MAC está en la mejor disposición para escuchar el estado del problema y averiguar su solución.

Revisión del Sistema

El número 911 está proyectado como un número de teléfono universal de ámbito nacional, que facilita al público un acceso directo al *Punto de Atención para la Seguridad Pública* (PSAP).

El PSAP también se llama Oficina de Servicio de Emergencia (ESB). Un PSAP es una agencia o instalación que está autorizada por un municipio para recibir y contestar a la policía, bomberos y/o servicio de ambulancias. Una o algunas asistencias son localizadas en las instalaciones PSAP, que reciben y se encargan de llamadas de emergencia de acuerdo con los requisitos municipales.

Una ventaja importante del servicio de emergencia E911 es favorecer (reducir) el tiempo de respuesta para los servicios de emergencias. Además, cerrar la coordinación entre agencias facilitando varios servicios de emergencia es una valiosa capacidad facilitada por el servicio E911.

1A ESS se usa como la oficina tándem (2) para la red de E911, que manda todas las llamadas 911 al correcto (principal) PSAP, designado para servir a la estación que llama. El 911 fue elaborado principalmente para facilitar el encaminamiento al PSAP correcto de todas las llamadas 911. Un encaminamiento selectivo permite llamar a un 911 proveniente de una estación particular localizada en un distrito particular, zona o ciudad, para mandarla al PSAP principal designado para servir a esa estación cliente a pesar de los límites del centro de cableado. Así, el enrutamiento selectivo elimina el problema de que los límites del centro de cableado no coincidan con los del distrito u otros límites políticos.

Los servicios disponibles con el E911, incluyen las siguientes características:

- Fuerza Desconectada
- Encaminamiento por Defecto
- Encaminamiento Selectivo
- Servicio de Noche
- Número Automático
- Identificación (ANI)
- Transferencia Selectiva
- Localización Automática
- Identificación (ALI)

Directrices de Mantenimiento e Instalación

Cuando se ha firmado un contrato para un sistema E911, es responsabilidad del Network Marketing (3) establecer una comisión de que debe incluir un representante del SSC/MAC. Las obligaciones del *Equipo de Implementación* del E911 incluyen la coordinación de todas las fases de despliegue del sistema E911 y la formación de un subcomité de mantenimiento continuo del E911.

Marketing está autorizado para facilitar al siguiente cliente, información específica del SSC/MAC antes de empezar a realizar las llamadas de prueba:

- Todos los PSAP (nombre, dirección, contacto local).
- Todos los ID de los circuitos PSAP.
- La demanda del servicio 1004 911 incluye detalles del PSAP en cada PSAP (1004, sección K, L ,M)
- Configuración de la red.
- Alguna información del vendedor (nombre, número de teléfono, equipamiento).

El SSC/MAC necesita saber si el equipo y los aparatos del PSAP son mantenidos por BOC, una compañía independiente, o un vendedor externo u otra combinación. Esta información se incluye luego en las hojas de perfiles del PSAP y se revisa trimestralmente para hacer cambios, añadir datos o borrarlos.

Marketing asegurará el Número Principal de Cuenta (MAN) y facilitará este número a la *Corporación de Comunicaciones* para que el resultado inicial de las órdenes del servicio traigan el MAN y pueda ser rastreado por el SSC/MAC mediante CORDNET. Los circuitos PSAP son servicios oficiales por definición.

Todo servicio necesita órdenes para la instalación del sistema E911 y debería incluir el MAN asignado a la ciudad/país que ha adquirido el sistema.

De acuerdo con la estrategia básica del SSC/MAC para la prevención, el SSC/MAC será la Oficina de Control Global (OCO) para todo nodo (4) de los servicios PSAP (servicios oficiales) y otros servicios para ese cliente. La preparación debe ser planificada para todo el personal del SSC/MAC implicado durante la fase de mantenimiento del proyecto.

El equipo de implementación del E911 estará formado por el subcomité de mantenimiento continuo, previo a la implementación oficial del sistema E911. Este subcomité establecerá un puesto de implementación que procederá con calidad y garantía para asegurar que el sistema E911 continúe facilitando calidad en el servicio al cliente.

Preparación del cliente/compañía, al comunicar las interfaces del problema al cliente, la compañía telefónica y algunas compañías telefónicas independientes implicadas, necesitan tener la dirección y los instrumentos antes de la preparación del E911. Estas funciones pueden ser mejor dirigidas por la formación de un subcomité del equipo de implementación del E911, para establecer unas directrices y asegurar las obligaciones del servicio a las organizaciones comunes. Un supervisor del SSC/MAC debería presidir este subcomité e incluir las siguientes organizaciones:

1. Centro de Control de Conmutación.
·   Traslados de E911.
·   Línea troncal.
·   Oficina final y oficina tándem de *hardware/software*.

2. Centro de Administración de Cambios Recientes en la Memoria.
·   Actividad diaria para actualizar el RC en traslados TN/ESN.
·   Procesos de validez de errores y defectos.

3. Administración de la Línea y el Número.
·   Verificación de los traslados TN/ESN.

4. Centro de Servicio Especial/Centro Principal de Información.
·   Punto único de enlace para todos los PSAP y para multitud de problemas del nodo.
·   Anotaciones, pistas y condiciones para todos los informes del problema.
·   Remisión del problema, investigación y escalada.

- Notificación al cliente del estado y resolución.
- Análisis de los problemas *crónicos*.
- Testeo, instalación y mantenimiento de los circuitos E911.

5. Instalación y Mantenimiento (SSIN/I&M).

- Reparación y mantenimiento del equipamiento del PSAP y de los apropiados equipos de Telecomunicaciones.

6. Centro de Operaciones para el Mantenimiento de Miniordenadores.

- Mantenimiento del circuito E911 (donde sea aplicable).

7. Ingeniero del Área de Mantenimiento.

- Asistencia técnica en la red de voz (CO-PSAP) relacionada con los problemas del E911.

Directrices de Mantenimiento

La CCNC probará el Nodo del circuito desde el 202T al servidor y desde el 202T al Nodo. Desde el servidor al Nodo (CCNC a MMOC) los circuitos son compañías de servicios oficiales, el CCNC enviará todos los problemas del circuito del Nodo al SSC/MAC. El SSC/MAC es responsable del testeo e investigación de la resolución de esos problemas del circuito. Aunque del Nodo al circuito PSAP son servicios oficiales, el MMOC enviará los problemas del circuito PSAP al SSC/MAC apropiado. El SSC/MAC es responsable de probar e investigar la resolución de los problemas del circuito PSAP.

El SSC/MAC recibirá además informes de los problemas del abonado al 911 desde el CRSAB/IMC(s) cuando no tengan problemas de línea. El SSC/MAC es responsable de probar y solucionar esos problemas.

Las responsabilidades del mantenimiento son las siguientes:

SSC'
- Red de Voz (ANI a PSAP)

- El SSC es el responsable del conmutador tándem.
- El SSIM/I&M del equipamiento del PSAP (Modems, CIU's, equipos).
- El vendedor del equipamiento del PSAP (cuando sea CPE).
- El SSC/MAC del PSAP a los circuitos del Nodo y del tándem a los circuitos de voz del PSAP (EMNT).
- El MMOC del alojamiento del Nodo (Modems, cables, etc...).

Nota: Sobre todo, los grupos de trabajo son necesarios para resolver los problemas de acoplamiento con los grupos de trabajo apropiados para la resolución.

El Centro de Control de Conmutación (SCC) es responsable de los traslados E911/1AESS en las oficinas centrales en tándem. Estos traslados encaminan las llamadas

E911, la transferencia selectiva, el encaminamiento por defecto, la llamada rápida, etc... a cada PSAP. El SSC es además responsable de la resolución de problemas en la red de voz (llamar produciendo el fin del equipamiento de la oficina tándem).

Por ejemplo, los fallos ANI originados en las oficinas deben ser una responsabilidad del SCC.

El Centro de Administración de Cambios Recientes en la Memoria (RCMAC) realiza las actualizaciones diarias de los traslados en tándem (cambio reciente) para encaminar los números de teléfono individuales.

Los cambios recientes se generan desde la actividad de orden de servicio (nuevos servicios, cambio de dirección, etc...) y se compila en un fichero diario por el centro de E911 (la computadora del ALI/DMS E911).

El SSIM/I&M es responsable de la instalación y reparación del equipamiento del PSAP. El equipamiento del PSAP incluye un controlador ANI, un controlador ALI, conjunto de datos, cables, equipos, y otro equipamiento periférico que no es propio. El SSIM/I&M es responsable de establecer del mantenimiento de kits de pruebas, completado con otras piezas para el mantenimiento del PSAP. Este incluye equipamiento de prueba, conjuntos de datos, y partes del controlador ANI/ALI.

El Centro de Servicios Especiales (SSC) o el Centro Principal de Información (MAC) sirven como enlace para informar de todos los problemas comunicados por el cliente (PSAP). El SSC/MAC envía los problemas a las organizaciones adecuadas, para que se encarguen y sigan el estado de los problemas, escalándolos cuando sea necesario. El SSC/MAC cerrará los problemas con el cliente. El SSC/MAC analizará todos los problemas y los rastreos *crónicos* del PSAP.

El Centro Corporativo de Red de Comunicaciones (CCNC) probará y enviará los problemas en todos los nodos a los circuitos de servidores. Todos los circuitos del E911 son clasificados como propiedad de una compañía oficial.

El Centro de Operaciones para el Mantenimiento del Miniordenador (MMOC) mantiene el *hardware* de la computadora del E911 (ALI/DMS) en el emplazamiento del servidor. Este MMOC es además responsable de la monitorización del sistema informando, por supuesto, al PSAP y a los MMOC, SCC o SSC/MAC locales de los problemas del sistema. El personal del MMOC además maneja los programas de *software* que mantienen la base de datos TN, bajo la dirección del centro del E911. El mantenimiento de la computadora nodo (la interface entre el PSAP y la computadora ALI/DMS) es una función del MMOC en el emplazamiento del NODO. Los MMOC en el emplazamiento del NODO, pueden además implicarse en el testeo del NODO a los circuitos de servidores. El MMOC ayudará además en el Servidor al PSAP y relacionará los problemas de la red de datos no resueltos a través de procedimientos, aclarando el problema estándar.

El Centro de Instalación y Mantenimiento (IMC) es responsable de los problemas remitidos por el abonado del E911, que no sean problemas de línea.

El Centro E911 realiza el papel de Administración del Sistema y es responsable de las operaciones globales del *software* de la computadora del E911. El Centro E911 hace análisis del problema de la A-Z y facilita información estadística del funcionamiento del sistema.

Este análisis incluye preguntas del procesamiento del PSAP (informes de problemas) y problemas referidos a la red. El Centro E911, además realiza el procesamiento de cambios recientes en tándem y facilita información al RCMAC de la entrada tándem. El Centro E911 es responsable del procesamiento diario de la base de datos de la computadora ALI/DMS y facilita los ficheros de error, etc... al Departamento de Servicios al Cliente para su investigación y corrección. El Centro E911 participa en todas las implementaciones del sistema y en el mantenimiento continuo, y ayuda en el desarrollo de procedimientos, preparando e informando a todos los grupos.

Al recibir algún grupo un problema 911, desde el SSC/MAC debe terminar el problema con el SSC/MAC o facilitar un estado si el problema ha sido enviado a otro grupo. Esto permitirá al SSC/MAC facilitar un estado anterior al cliente o escalarlo en el apropiado.

Al recibir algún grupo un problema desde el emplazamiento del servidor (MMOC o CCNC) debe cerrar el problema anterior de ese grupo.

El MMOC debe notificar al SSC/MAC apropiado, que el Servidor, el Nodo o todos los circuitos del Nodo caen tanto que el SSC/MAC puede contestar las preguntas del cliente y puede ser llamado por los PSAP. Esto eliminará los informes de problemas duplicados. En interrupciones completas el MMOC investigará los procedimientos de escalada para un Nodo después de dos horas y para un PSAP después de cuatro horas. Adicionalmente el MMOC notificará al SSC/MAC apropiado, que el Servidor, el Nodo o todos los circuitos del Nodo han caído.

El PSAP llamará al SSC/MAC para comunicar los problemas del E911. La persona que comunique el problema puede no tener un I.D. de circuito y por tanto comunicará al PSAP el nombre y la dirección. Los problemas de algunos PSAP no tienen circuito específico. En estos casos donde el que llama no puede facilitar un I.D. de circuito, el SSC/MAC necesita averiguar el I.D. del circuito, usando el perfil del PSAP. Bajo ningún concepto el Centro del SSC/MAC rechazará hacerse cargo del problema. El problema del E911 debe manejarse tan cuidadosamente como sea posible, con el SSC/MAC facilitando tanta asistencia como sea posible mientras se atiende el problema comunicado por el que ha llamado.

El SSC/MAC examinará y probará el problema para determinar la organización receptora apropiada, basándose en el siguiente criterio:

- Problema del equipamiento del PSAP: SSIM/I&M
- Problema del circuito: SSC/MAC
- Problema de la red de voz: SCC (número del grupo de la línea troncal (5))
- Problema que afecta a múltiples PSAP (ALI no comunica desde todos los PSAP): Ponerse en contacto con MMOC para revisar los problemas del NODO o del servidor antes de probar de nuevo.

El SSC/MAC localizará el estado de los problemas comunicados y le escalará al más apropiado. El SSC/MAC cerrará los informes cliente/compañía con el inicio del contacto.

Los grupos con responsabilidades de mantenimientos específicas investigarán sobre los problemas *crónicos* solicitados desde el SSC/MAC y el subcomité de mantenimiento continuo.

Todos los problemas del E911 del tipo *fuera de servicio* son prioritarios. Para el PSAP un enlace caído es considerado un problema prioritario y debe ser manejado como si el PSAP estuviera aislado.

El PSAP comunicará los problemas con el controlador ANI, con el controlador ALI o con el equipamiento al SSC/MAC.

NO ANI: Cuando el PSAP comunica NO ANI (la pantalla digital de demostración está en blanco) pregunta si esta condición existe en todas las pantallas y en todas las llamadas. Esto es importante para diferenciar entre pantallas en blanco y pantallas que muestran 911-00xx o todo ceros.

Cuando el PSAP presenta todas las pantallas, de todas la llamadas, pregunta si hay alguna voz en contacto. Si no hay voz de contacto, el problema debe ser enviado al SSC inmediatamente, ya que las llamadas al 911 no se están recibiendo, lo cual puede exigir un enrutamiento alternativo de las llamadas a otro PSAP.

(1) Servicio de emergencia.
(2) Se refiere al funcionamiento que emplean este tipo de centralitas.
(3) Departamento que se encarga del marketing aplicado a la red.
(4) Punto en el que se ramifica una red.
(5) Línea principal.

John Nagle leyó el *documento E911*. Sacó sus propias conclusiones y le llevó a Zenner y a su equipo, una enorme caja llena hasta los topes de material similar, obtenido sobre todo en las bibliotecas de Ingeniería de la Universidad de Stanford. Durante el juicio, el equipo de la defensa -formado por Zenner, media docena de otros abogados, Nagle, Neidorf, y la experta en seguridad informática Dorothy Denning-, analizó meticulosamente línea por línea el *documento E911*.

La tarde del 25 de julio de 1990, Zenner empezó a interrogar a una mujer llamada Billie Williams, una administradora de servicio de Southern

Bell en Atlanta. La Señorita Williams tenía a su cargo el *documento E911*. Ella no era la autora. Su *autor* era un jefe de personal de Southern Bell, llamado Richard Helms. Sin embargo, el Sr. Helms no debería ser considerado el único responsable; muchos técnicos de telecomunicaciones y de mantenimiento habían corregido y modificado el *documento*. Más que haber sido obra de un único autor, había sido construido con bloques de jerga técnica.

La Señorita Williams había sido llamada a declarar como testigo de la acusación, y había tratado de explicar la estructura técnica básica del sistema E911, ayudándose de gráficos y esquemas.

Ahora era el turno de Zenner. En primer lugar, demostró que el *sello de propiedad* que había usado BellSouth en el *documento E911* se colocaba en *todos y cada uno de los documentos* que escribía BellSouth —*miles* de documentos.

—No publicamos nada que no sea de nuestra propia compañía, —explicó Williams—. Cualquier documento de la empresa, de esta clase es considerado de su propiedad.

Nadie se encargaba de determinar qué publicaciones necesitaban una protección especial. *Todas* eran especiales, no importa lo triviales que fueran ni de qué trataran: se ponía el sello en cualquier documento al terminar de escribirlo, y nunca se quitaba ese sello.

Zenner preguntó ahora si los gráficos que ella había estado usando para explicar la mecánica del sistema E911 eran también *propiedad de la empresa*.

—¿Eran *información pública* esos esquemas y gráficos, todos sobre PSAPs, ALIs, nodos, conmutadores locales finales? ¿Podría sacar los gráficos a la calle y mostrárselos a cualquier persona, *sin violar algún concepto de propiedad de BellSouth*?

La Sta. Williams se mostró algo confusa, pero finalmente confirmó que los gráficos eran públicos.

—Pero esto que usted dijo aquí, ¿no es básicamente lo que apareció en PHRACK? —preguntó Zenner.

La Señorita Williams lo negó.

Zenner señaló ahora que la edición del *documento E911* en *PHRACK* era sólo la mitad del *documento E911* original —lo que *Prophet* había logrado sustraer—. La mitad había sido borrada, al ser editada por Neidorf.

La Señorita Williams dijo que *la mayoría de la información que hay en el archivo de texto es redundante.*

Zenner continuó con su interrogatorio.

—Exactamente, ¿cuántos bits de información del *documento* eran, de hecho, algo desconocido por el público? ¿La situación de las computadoras del sistema E911? ¿Números de teléfono del personal de telecomunicaciones? ¿Subcomités de mantenimiento en activo?

Entonces se lanzó a la carga.

—¿Conoce usted el Documento de Referencia Técnica de Bellcore TR-TSY-000350?—. Su título oficial era, explicó Zenner, 'Interfaces de Puntos de Respuesta de Seguridad Pública E911 entre Conmutadores 1-1AESS y Equipos de las Instalaciones del Cliente'. Contenía información técnica, altamente detallada y específica sobre el sistema E911. Fue publicado por Bellcore, y costaba unos 20 dólares.

Mostró a la testigo un catálogo de Bellcore, que contenía un listado de referencias a miles de documentos de ésta y de todas las Baby Bells, incluyendo a BellSouth. El catálogo, dijo Zenner, era gratuito. Cualquiera que tuviera una tarjeta de crédito, podía llamar al número gratuito 800 de Bellcore y encargar cualquiera de los documentos, sin que se le preguntara nada. Incluyendo, por ejemplo, 'Interfaces del Servicio E911 de BellSouth para Equipos en las Instalaciones del Cliente en un Punto de Respuesta de Seguridad Pública.'

Zenner dio a la testigo una copia de 'Interfaces del Servicio E911 de BellSouth', que costaba, mirando el catálogo, 13 dólares.

—¡Examínelo cuidadosamente! —pidió a la Señorita Williams—, y ¡dígame! si contiene o no, al menos el doble de información detallada sobre el sistema E911 de BellSouth, que lo que apareció en *PHRACK*.

—Usted quiere que yo... —musitó la Señorita Williams. —No le entiendo.

—¡Examínelo cuidadosamente! —insistió Zenner—. Mire este documento, y cuando haya acabado, dígame si contiene o no al menos, el doble de información detallada sobre el sistema E911 de BellSouth, que lo que apareció en *PHRACK*.

—Lo de *PHRACK* no salió de aquí —dijo la Sta. Williams.

—¿Cómo dice? —preguntó Zenner.

—Lo de *PHRACK* no salió de aquí.

—¡No puedo oírla bien! —dijo Zenner.

—¡Lo de *PHRACK* no salió de aquí! No comprendo qué es lo que usted me pide que haga.

—Supongo que no —dijo Zenner.

En este momento, el caso de la acusación quedó herido de muerte. La Señorita Williams estaba anonadada. Su confusión era auténtica. Lo de *PHRACK* no se había escrito a partir de un documento público de Bellcore. El *documento E911* de *PHRACK*, había sido robado de los ordenadores de su propia compañía, de sus archivos de texto, los que habían escrito y revisado con mucho esfuerzo sus propios colegas.

Pero el *valor* del *documento*, se había reducido a la nada. No valía ochenta de los grandes. De acuerdo con Bellcore, eran sólo trece pavos. Y la terrible amenaza que al parecer suponía su conocimiento, se había reducido a un espantajo. La misma Bellcore estaba vendiendo material mucho más detallado y *peligroso* a cualquiera que tuviera una tarjeta de crédito y un teléfono.

En realidad, Bellcore no daba esta información a cualquiera. Se la daba a *cualquiera que la pidiera*, —pero no muchos la pedían. Poca gente sabía que Bellcore disponía de un catálogo gratuito y de un número 800. John Nagle lo sabía, pero con seguridad el típico *prehak* adolescente no. *Tuc*, un amigo de Neidorf y colaborador ocasional de *PHRACK*, lo sabía, y *Tuc* había sido de gran ayuda para el equipo de la defensa, trabajando entre bastidores. Pero la *Legion of Doom* no lo sabía, si no, no habrían perdido tanto tiempo rebuscando entre la basura. Cook no lo sabía. Foley tampoco. Ni Kluepfel. La mano derecha de Bellcore no sabía lo que hacía la mano izquierda. La mano derecha estaba aplastando *hackers* sin piedad, mientras que la izquierda, distribuía propiedad intelectual de Bellcore a cualquiera que estuviera interesado en las trivialidades técnicas de un sistema telefónico — aparentemente, casi nadie.

El *submundo* digital estaba tan pobremente organizado, que no habían llegado a descubrir este tesoro repleto de riquezas sin vigilar. La torre de marfil de los de telecomunicaciones, estaba tan envuelta en la niebla de su propia oscuridad técnica, que se había dejado todas las puertas y ventanas abiertas de par en par. Y nadie se había dado cuenta.

Zenner puso otro clavo en la tapa del ataúd.

Mostró un ejemplar impreso de 'Telephone Engineer & Management', una importante publicación quincenal del sector, que cuesta 27 dólares al año. Este número en concreto de 'TE&M', llamado *Actualización del 911*, incluía una miríada de detalles técnicos, sobre el servicio 911 y un glosario mucho más extenso que el de *PHRACK*.

En este punto, por así decirlo, el juicio se desbocó.

Tim Foley testificó con respecto a los interrogatorios que realizó a Neidorf. La declaración por escrito de Neidorf, en la que admitía que sabía, que el *documento E911* había sido robado, se leyó oficialmente ante el tribunal.

Se dio a conocer otro asunto: *Terminus* le había pasado una vez a Neidorf un *software* UNIX de AT&T, un programa de *login* que había sido alterado astutamente para que capturara contraseñas. El propio *software* UNIX era una propiedad de AT&T ilegalmente copiada, y las alteraciones que había introducido *Terminus,* lo habían transformado en un dispositivo que facilitaba la intrusión en un ordenador. *Terminus* se acabaría declarando culpable del robo de este *software*, y la brigada de Chicago le enviaría a prisión por ello. Pero era de dudosa relevancia en el caso Neidorf. Neidorf no había escrito el programa. Ni siquiera se le había acusado de usarlo. Y Neidorf no había sido acusado por robo de *software* o por poseer un programa que capturara contraseñas.

Al día siguiente, Zenner pasó a la ofensiva. Los activistas pro derechos civiles tenían ahora su propio misterioso armamento legal aún no probado dispuesto para lanzarlo. —El 'Acta sobre Privacidad en las Comunicaciones Electrónicas' (ECPA) de 1986, Código de EE.UU. 18, Sección 2701 y siguientes. La Sección 2701, considera un crimen acceder intencionadamente sin autorización a una instalación, en la que se proporcione un servicio de comunicación electrónica—. Es, en esencia, una ley antipinchazos y antiespionaje, preparada para establecer la protección tradicional de los teléfonos en otros canales electrónicos de comunicación. Aunque impone penas a los fisgones aficionados, la Sección 2703 de la ECPA también impone algunas restricciones a los pinchazos realizados por la policía.

El Servicio Secreto, en la persona de Tim Foley, había enviado a Richard Andrews una orden de registro autorizada por un tribunal federal en su persecución de *Prophet*, el *documento E911* y el *software* de *Terminus*. Pero según la ECPA, el *proveedor de un servicio de computación remoto* tenía el derecho a recibir una *notificación previa* del gobierno, si se iba a realizar una inspección. Richard Andrews y su nodo base UNIX, Jolnet, no habían recibido una *notificación previa*. ¡Tim Foley había así, violado la ECPA y había cometido un delito electrónico! Zenner solicitó al juez interrogar a Foley sobre sus delitos electrónicos.

Cook protestó argumentando que Jolnet era una BBS de propiedad privada, y por tanto no estaba protegida por la ECPA. El juez Bua aceptó la petición del gobierno que solicitaba que no se realizara el interrogatorio sobre este punto, y la ofensiva de Zenner fracasó. Este fue, sin embargo, el primer asalto directo que cuestionaba la legalidad de las acciones de la Brigada de Delitos Informáticos: la primera insinuación de que ellos mismos habían violado la ley, y de que quizás, se les iba a pedir cuentas por ello.

De cualquier forma, Zenner no necesitaba realmente la ECPA. En lugar de eso, acribilló a preguntas a Foley sobre las claras contradicciones en el supuesto valor del *documento E911*. También puso en evidencia el embarazoso hecho que suponía, el que el ultrasecreto *documento E911* había estado durante meses en Jolnet, y Kluepfel lo sabía, aunque no hizo nada.

Por la tarde, la acusación llamó a declarar a *Prophet*. *Prophet*, como ya se ha dicho, también había sido implicado en el caso, como compañero de actividades delictivas de Neidorf. En Atlanta, *Prophet* se había declarado culpable de cargos por conspiración, fraude por medios electrónicos y transporte interestatal de propiedad robada. Los dos últimos cargos estaban relacionados directamente con el *documento E911*.

Prophet, de veinte años, se mostraba arrepentido, respondiendo a las preguntas educadamente, pero con un murmullo apenas audible, cayendo en picado el tono de su voz al final de las frases. Se le pedía constantemente que hablara más alto.

Cook, al interrogar a *Prophet*, le hizo admitir que una vez había tenido *un problema con las drogas*, tomando anfetaminas, marihuana, cocaína y LSD. Esto podría haber hecho creer al jurado, que los *hackers* son, o pueden ser, personas con vidas sórdidas, pero también pudo dañar en cierta forma la credibilidad de *Prophet*. Zenner sugirió después, que las drogas podrían haber afectado a la memoria de Zenner. El otro hecho interesante que se descubrió es que *Prophet* nunca se había encontrado físicamente con Craig Neidorf. Ni siquiera conocía el verdadero nombre de Neidorf —al menos, hasta el juicio.

Prophet confirmó los hechos básicos de su carrera de *hacker*. Era un miembro de *Legion of Doom*. Había utilizado ilegalmente códigos, había accedido a centrales de conmutación y había redireccionado llamadas, había pasado muchas horas en BBS piratas. Había entrado en la computadora AIMSX de BellSouth, había copiado el *documento E911*, lo había guardado en Jolnet, se lo había enviado a Neidorf. Neidorf y él lo habían editado, y Neidorf sabía de dónde procedía.

Zenner, sin embargo, hizo que *Prophet* confirmara que Neidorf no era un miembro de *Legion of Doom*, y que no había empujado a *Prophet* a entrar en las computadoras de BellSouth. Neidorf no había incitado a *Prophet* ni al fraude ni al robo. *Prophet* también admitió que no sabía de ningún caso en el que Neidorf hubiera entrado ilegalmente en ningún ordenador. Nadie de *Legion of Doom* consideraba a Craig Neidorf un *hacker*. Neidorf no era un loco del UNIX, y carecía de los conocimientos y la habilidad necesarios para acceder ilegalmente a un ordenador. Neidorf simplemente publicaba una revista.

El viernes 27 de julio de 1990 el caso contra Neidorf se vino abajo. Cook solicitó que se archivara el caso, citando *información de la que disponemos ahora y que no poseíamos al comenzar el juicio*. El juez Bua elogió a la acusación por esta acción, que describió como *muy responsable*, y declaró que se archivaba el caso.

Neidorf era un hombre libre. Su defensa, sin embargo, se había cobrado un alto precio en él y en su familia. Meses de su vida se habían visto consumidos en la angustia; había visto cómo sus amigos más íntimos le miraban como a un criminal. Les debía a sus abogados unos cien mil dólares, a pesar de una generosa contribución de *Mitch* Kapor.

Neidorf no fue declarado inocente. Simplemente, se archivó el caso. De todas formas, el 9 de septiembre de 1991 el juez Bua concedió a Neidorf la eliminación de todo su archivo de acusación. Se ordenó al Servicio Secreto de Estados Unidos que destruyera todas las huellas dactilares, fotografías y fichas del arresto y procesamiento de Neidorf, incluyendo sus documentos en papel y sus archivos informáticos.

Neidorf volvió a la universidad, decidido a convertirse en abogado. Habiendo visto cómo funcionaba el sistema de justicia, Neidorf perdió buena parte de su entusiasmo por el simple poder técnico. En el momento de escribir este libro, Craig Neidorf trabaja en Washington como investigador contratado por la Unión Americana de Libertades Civiles.

El resultado del juicio a Neidorf hizo que la EFF pasara de ser una voz en el desierto, a ser la estrella de la nueva frontera.

Legalmente hablando, el caso Neidorf no fue un triunfo aplastante para ninguno de los que tuvieron relación con él. No se habían establecido principios constitucionales. Un tema como la *libertad de prensa* de los editores electrónicos había permanecido en el limbo legal. El público no comprendió bien algunas cosas del caso. Mucha gente creyó que Neidorf había sido declarado inocente y liberado de todas sus deudas legales por Kapor. La verdad era, que el gobierno simplemente había abandonado el caso, y que la familia de Neidorf se había empeñado para poder defenderle.

Pero el caso Neidorf proporcionó una única frase demoledora y con gran resonancia pública:

«Los federales decían que valía ochenta de los grandes, y sólo valía trece pavos».

Éste es el elemento más memorable del caso Neidorf. Ningún informe serio sobre el caso lo obvió. Incluso los policías no podían leer esto sin sentir un escalofrío. Dejaba en evidencia la credibilidad pública de los agentes que realizaron la cacería de *hackers*.

Sin embargo, *La Caza* continuó. Los dos cargos contra *Prophet* que se basaban en el *documento E911* fueron silenciosamente olvidados en su sentencia —aunque *Prophet* se había declarado culpable. La acusación federal de Georgia pidió sin dudar, penas de cárcel para los Tres de Atlanta, insistiendo en *la necesidad de enviar un mensaje a la comunidad, el mensaje que necesitan oír los hackers de todo el país.*

Hubo gran cantidad de referencias en sus conclusiones a las terribles cosas que habían hecho otros *hackers* —aunque los Tres de Atlanta no hubieran cometido esos delitos—. Hubo además mucha especulación, sobre las terribles cosas que los Tres de Atlanta *podrían* haber hecho y *eran capaces de hacer* —incluso aunque no las hubieran hecho—. Los argumentos de la acusación triunfaron. Se envió a prisión a los Tres de Atlanta: *Urvile* y *Leftist* fueron condenados a 14 meses cada uno, mientras que *Prophet* —un reincidente— fue condenado a 21.

También se condenó a los Tres de Atlanta a pagar enormes multas como *compensación*: 233.000 dólares cada uno. BellSouth dijo que los acusados habían *robado información de acceso a computadoras propiedad de la compañía por valor de 233.880 dólares* —específicamente, 233.880 dólares por unas contraseñas y direcciones de conexión. La sorprendente reclamación de BellSouth, que daba un valor altísimo a sus contraseñas y direcciones de acceso, fue aceptada sin pestañear por el tribunal de Georgia. Más aún —como si quisieran enfatizar su naturaleza teórica—, esta enorme suma no se repartió entre los Tres de Atlanta, sino que cada uno de ellos tenía que pagar la cantidad fijada.

Un aspecto chocante de la sentencia, era que se prohibía a los Tres de Atlanta usar ordenadores, excepto para trabajar o bajo supervisión. Privar a los *hackers* de los ordenadores y módems de su casa, tiene algún sentido si se considera que son *adictos a los ordenadores*, pero la EFF, al presentar un recurso sobre el caso, protestó diciendo que dicha medida era inconstitucional. Privaba a los Tres de Atlanta de sus derechos a la libre asociación y a la libertad de expresión, en medios electrónicos.

Terminus, el hacker definitivo, fue finalmente enviado a prisión por un año gracias al denodado esfuerzo de la Brigada de Chicago. Su delito, del que se declaró culpable, era la transferencia del capturador de contraseñas UNIX, valorado oficialmente en 77.000 dólares, una cifra que causó un intenso escepticismo entre los que estaban familiarizados con los típicos programas UNIX *login.c*.

La encarcelación de *Terminus* y los miembros de Atlanta de *Legion of Doom*, sin embargo, no provocó en la EFF ningún sentimiento de vergüenza o derrota. Al contrario, los activistas de derechos civiles estaban ganando fuerza con rapidez.

Uno de los primeros y más fuertes apoyos fue Patrick Leahy, senador por Vermont del partido demócrata, que había sido uno de los promotores en el Senado, del 'Acta sobre Privacidad en las Comunicaciones Electrónicas'.

Incluso antes del juicio a Neidorf, Leahy había hablado en defensa del *poder hacker* y la libertad en el teclado:

> *«No podemos pararle mucho los pies a un curioso chico de trece años, que gracias a lo que experimente hoy, puede desarrollar en el futuro la tecnología informática o de telecomunicaciones que lleve a Estados Unidos al siglo XXI. Representa nuestro futuro y nuestra mayor esperanza para seguir siendo una nación, tecnológicamente competitiva.»*

Era una buena frase, quizás aún más efectiva debido a que los cazadores de *hackers no disponían* de ningún senador que hablara en favor de *ellos*. Al contrario, sus acciones y tácticas de alto secreto, todas esas *órdenes de registro selladas* e *investigaciones confidenciales en marcha*, puede que les hicieran ganar mucha publicidad en un primer momento, pero al final, esto les estaba dejando fatal en la propaganda de guerra que estaba apareciendo. Gail Thackeray quedó reducida a una fanfarrona sin apoyos:

—*Algunas de estas personas que están en lo más alto, pueden acabar en el suelo, cuando todos los hechos se hagan públicos, y se confirmen en sus puestos a los policías.* —Predijo en 'Newsweek'—. Pero no todos los hechos se hicieron públicos.

Los hechos que se conocieron no eran muy halagüeños. No se confirmó en sus puestos a los policías. Gail Thackeray fue despedida. A finales de 1991, William J. Cook, también dejó su empleo.

1990 había sido el año de *La Caza*, pero en 1991 sus agentes estaban en terribles aprietos, y los activistas estaban triunfando. La gente se unía a su causa.

Un aliado especialmente interesante había sido Mike Godwin de Austin, Texas. Godwin era una persona casi tan difícil de describir como Barlow; había sido editor del periódico de los alumnos de la Universidad de Texas, vendedor de ordenadores, programador, y en 1990 había vuelto a la facultad de Derecho, con la intención de graduarse.

Godwin también era un loco de las BBS. Era muy conocido en la comunidad de las BBS de Austin por su apodo *Johnny Mnemonic*, que adoptó por un relato *ciberpunk* de William Gibson. Godwin era un ferviente fan del *ciberpunk*. Como natural de Austin de edad e intereses similares, yo mismo había visto a Godwin durante muchos años. Cuando William Gibson y yo estábamos escribiendo entre los dos, nuestra novela de ciencia-ficción, "La Máquina Diferencial", Godwin había sido nuestro asesor técnico, en nuestro esfuerzo para unir mi procesador de textos Apple en Austin con el de Gibson en Vancouver. Gibson y yo estábamos tan agradecidos por su generosa y experta ayuda, que decidimos llamar a uno de los personajes de la novela Michael Godwin.

El apodo *Mnemonic* le iba muy bien a *Godwin*. Su erudición y conocimientos impresionaban hasta el punto del estupor; su ardiente curiosidad parecía insaciable, y su deseo de debatir y discutir parecía el centro de su vida. Godwin había creado incluso su propia sociedad de debates en Austin, irónicamente llamada el *Club de los Hombres Aburridos*. En persona, Godwin podía ser abrumador; un sabio de enorme cerebro que no parecía dejar escapar ni una sola idea. En las BBS, sin embargo, los mensajes de Godwin, cuidadosamente razonados y escritos se ajustaban bien al medio, y se convirtió en una celebridad en las BBS locales.

Mike Godwin era el principal responsable de que se diera a conocer al público el caso de Steve Jackson. El registro a Izenberg en Austin no había aparecido en la prensa. Los registros del 1 de marzo realizados a *The Mentor*, *Bloodaxe*, y Steve Jackson Games, Inc. aparecían sólo en una breve columna de portada en el 'Austin American-Statesman', pero de una manera confusa y tergiversada: las órdenes de registro iban selladas y el Servicio Secreto no hablaba. Se mantenía a Steve Jackson en la oscuridad. Jackson no había sido arrestado; no se le había acusado de ningún delito; no estaba siendo juzgado. Había perdido algunos ordenadores por una investigación que estaba teniendo lugar —entonces, ¿qué?— Jackson trató de llamar la atención hacia la difícil situación en la que se veía, pero no conseguía nada; nadie que estuviera en condiciones de ayudarle parecía comprender el asunto.

Godwin, sin embargo, tenía una preparación única, casi mágica, para encargarse del caso de Jackson y darlo a conocer. Godwin era un entusiasta de las BBS, un fan de la ciencia-ficción, un antiguo periodista, un vendedor de ordenadores, casi un licenciado en Derecho, y era de Austin. Por una coincidencia aún más sorprendente, en su último curso en la facultad, Godwin se había especializado en juicios federales y procedimientos delictivos. Actuando totalmente por su cuenta, Godwin elaboró una nota de prensa que resumía el asunto y proporcionaba contactos útiles para los periodistas. El esfuerzo entre bastidores de Godwin —que lo había realizado, sobre todo, para demostrar una cosa en un debate que mantenía en una BBS local— hizo que la historia volviera a aparecer en el 'Austin American-Statesman' y en 'Newsweek'.

La vida dejó de ser igual para Mike Godwin después de aquello. A medida que se unía al debate sobre libertades civiles en Internet, era obvio para todas las partes implicadas, que era un tipo, que en medio de toda la confusión, *verdaderamente comprendía todo aquello de lo que hablaba*. Los tan disparatados elementos, de la diletante existencia de Godwin, encajaron de repente como las caras de un cubo de Rubik.

Cuando llegó el momento de que la EFF contratara a un abogado a jornada completa, Godwin fue la elección obvia. Hizo el examen de licenciatura en Texas, se fue de Austin, se trasladó a Cambridge y se convirtió en un activista de derechos civiles profesional, que al poco tiempo empezó a recorrer la nación representando a la EFF, siendo bien recibido en sectores tan dispares como investigadores de universidad, gente de la industria informática, aficionados a la ciencia ficción y policías federales.

Michael Godwin es hoy en día el asesor jurídico jefe de la Electronic Frontier Foundation en Cambridge, Massachusetts.

Otra de las primeras personas que tomaron parte en el debate con una gran influencia fue Dorothy Denning. La Doctora Denning era única entre los investigadores del *submundo* informático, ya que ella no entró en el debate por motivos políticos. Era una criptógrafa profesional y una experta en seguridad informática cuyo interés primordial en los *hackers* era *académico*. Tenía una licenciatura y un máster en Matemáticas, y un doctorado en Informática por la Universidad de Purdue. Había trabajado para SRI International, el hogar de las *cabezas pensantes* de California, que también era el hogar del importante experto en seguridad informática Donn Parker, y había escrito un texto muy influyente titulado 'Criptografía y Seguridad de Datos'. En 1990, la Doctora Denning trabajaba para DEC (Digital Equipment Corporation) en su Centro de Investigación de Sistemas. Su marido, Peter Denning, también era un experto en seguridad informática, que trabajaba para el Instituto de Investigación de Informática Avanzada de la NASA. Había editado el bien recibido 'Ordenadores en Peligro: Intrusos, Gusanos y Virus'.

La Doctora Denning se decidió a contactar con el *submundo* digital, casi con un interés antropológico. Allí descubrió que estos intrusos informáticos, los *hackers*, a los que se les había calificado de carentes de ética e irresponsables, y de los que se había dicho que eran un peligro para la sociedad, en realidad tenían su propia cultura y sus reglas. No eran unas reglas muy estrictas, pero en el fondo eran reglas. Básicamente, no robaban dinero y no dañaban nada.

Los objetivos informes de sus investigaciones, causaron una gran influencia en serios profesionales de la informática, la clase de gente que simplemente se fijaba en las rapsodias ciberespaciales de John Perry Barlow.

Para los jóvenes *hackers* del *submundo* digital, conocer a Dorothy Denning fue una experiencia alucinante. Aquí estaba esta señora bajita bien peinada y arreglada, que a muchos *hackers* les recordaba a sus madres o sus tías. Era una programadora de sistemas IBM con una gran experiencia en arquitectura informática e información de alta seguridad, que tenía amigos en el FBI y en la Agencia de Seguridad Nacional.

Dorothy Denning era un destacado ejemplo de la *intelligentsia* matemática americana, una persona verdaderamente brillante del núcleo de la *élite* informática. Y aquí estaba, haciendo educadas preguntas a *phreaks* de veinte años sobre las implicaciones éticas de su comportamiento.

Enfrentados a esta genuina buena mujer, muchos *hackers* se enderezaron e hicieron todo lo posible, para reducir su material de archivos anarquistas casi al mínimo. Sea como sea, los *hackers estaban* preparados para discutir seriamente temas importantes con Dorothy Denning. Querían hablar de lo que no se puede hablar, y defender lo indefendible, para dar a conocer sus convicciones: la información no puede ser una posesión, las bases de datos de los gobiernos y las grandes compañías, son una amenaza a los derechos y a la privacidad de los individuos...

Los artículos de Denning dejaron claro a muchos, que el *hacking* no era un simple vandalismo realizado por una malvada banda de psicópatas. El *hacking* no era una terrible amenaza que podía ser eliminada, ignorándola o poniendo fuera de circulación a algunos cabecillas encarcelándoles. En lugar de eso, el *hacking* era el síntoma de una creciente lucha por el conocimiento y el poder, en la era de la información.

Denning señaló, que la actitud de los *hackers* era compartida al menos en parte, por varios teóricos de la prospectiva comunidad empresarial: gente como Peter Drucker y Tom Peters. Peter Drucker, en su libro 'The New Realities', había afirmado que:

> *«el control de la información por el gobierno ya no es posible por más tiempo. Más aún, la información ahora es transnacional. Al igual que el dinero, no tiene una madre patria».*

Y la gran figura de la administración de empresas Tom Peters había reprendido a las grandes corporaciones por sus actitudes posesivas y poco flexibles en su bestseller, 'Thriving on Chaos':

> *«Acaparar información, especialmente en el caso de directivos con intenciones políticas y ansias de poder, ha sido algo muy frecuente en la industria americana, tanto en servicios como en manufactura. Será una enorme piedra de molino en el cuello de las organizaciones del mañana.»*

Dorothy Denning había sacudido el tejido social del *submundo* digital. Había asistido al juicio de Neidorf, donde se preparó para ser testigo de la defensa como experta. Era una organizadora entre bastidores, de dos de los encuentros nacionales más importantes entre los activistas de derechos civiles. Aunque no era una fanática de ninguna clase, logró reunir a elementos muy distintos de la comunidad electrónica con resultados sorprendentes y fructíferos.

Dorothy Denning es actualmente la jefa del Departamento de Informática de la Universidad de Georgetown, en Washington, DC.

Había muchas figuras célebres en la comunidad de las libertades civiles. Sin embargo, no hay duda de que la persona más influyente era Mitchell D. Kapor. Así, otros podrían tener títulos o cargos oficiales, tener más experiencia en delitos o con la ley, con los misterios de la seguridad informática o con la teoría constitucional, pero en 1991 Kapor había trascendido cualquiera de esos papeles tan limitados. Kapor se había convertido en *Mitch*.

Mitch había llegado a ser el más importante de los luchadores por las libertades civiles. Él había sido el primero en levantarse, había hablado a gritos, directa, vigorosa y airadamente, había puesto en peligro su propia reputación y su considerable fortuna personal. A mediados del año 91 Kapor era el más notable defensor de esta causa, y además era conocido personalmente, por casi cualquier persona que tuviera en Norteamérica alguna influencia directa en el tema de las libertades civiles en el *ciberespacio*. *Mitch* había construido puentes, cruzado precipicios, cambiado los modelos, forjado las metáforas, hizo llamadas telefónicas e intercambió tarjetas de visita de forma tan espectacular, que habría sido imposible para alguien, tomar alguna decisión en el *tema hacker* sin preguntarse, qué podían pensar y decir *Mitch* y sus amigos.

La EFF tenía como único objetivo la nueva situación creada por la red, y de hecho, esto había sido la estrategia deliberada de la EFF desde su creación. Tanto Barlow como Kapor detestaban la burocracia y para hacer casi todo su trabajo habían elegido el empleo de los *valiosos contactos personales* de la telaraña electrónica.

Después de un año de EFF, Barlow y Kapor tenían buenas razones para mirar atrás con satisfacción. La EFF había establecido su propio nodo en Internet, www.eff.org, con un completo archivo electrónico de documentos sobre derechos civiles electrónicos, temas de privacidad y libertades académicas. EFF tenía también la publicación 'EFFector', un diario impreso trimestralmente, así como también la 'EFFector Online', un boletín electrónico con cerca de 1.200 subscriptores. La EFF prosperaba en el *Bien*.

La EFF tuvo su sede nacional con personal fijo en Cambridge. Había llegado a ser una organización con socios que tenía el apoyo de las bases. Había atraído también el favor de una treintena de abogados especializados en derechos civiles, listos y ávidos para hacer un buen trabajo en la defensa de los derechos recogidos en la constitución americana en el *ciberespacio*.

La EFF había presionado exitosamente en Washington y Massachusetts para cambiar la legislación de los estados y la ley federal, en lo referente a la red informática. En particular, Kapor había llegado a ser un veterano testigo experto, y por otro lado, había unido los Consejos de Telecomunicaciones y el de Ciencias Informáticas de la Academia Nacional de Ciencia e Ingeniería.

La EFF había patrocinado reuniones tales como *Computadoras, Libertad y Privacidad* y la mesa redonda CPSR. Había efectuado una ofensiva en la prensa que, en palabras de 'EFFector', *ha influido en la opinión sobre la red informática y comenzado a cambiar la imagen del histerismo hacker, que empezaba a atenazar la nación.*

Había ayudado a Craig Neidorf para evitar la prisión.

Y, por último, pero seguramente no la menos importante, la Fundación de la Frontera Electrónica, había presentado una demanda federal en nombre de Steve Jackson Games, Inc., y tres usuarios de la BBS Illuminati. Los demandados eran, y son, el Servicio Secreto de los Estados Unidos, William J. Cook, Tim Foley, Barbara Golden y Henry Kleupfel.

El caso, que está en un procedimiento de diligencias previas, en la Corte Federal de Austin a partir de ese escrito, es una demanda civil por daños, para reparar las violaciones de unos derechos protegidos por la Primera y Cuarta Enmienda de la Constitución de los Estados Unidos, así como también por el 'Acta de Protección de la Privacidad de 1980 (42 USC 2000aa y ss.)', y el 'Acta sobre la Privacidad de las Comunicaciones Electrónicas (18 USC 2510 y ss. y 2701 y ss.)'.

La EFF había demostrado que tenía credibilidad y también que tenía dientes.

En el otoño de 1991 viajé a Massachusetts para hablar personalmente con *Mitch* Kapor. Era mi entrevista final para este libro.

La ciudad de Boston, siempre ha sido uno de los centros intelectuales más importantes de la república americana. Es una ciudad muy antigua para los estándares americanos, un lugar donde rascacielos eclipsan a cementerios del siglo XVII, donde las recién creadas compañías de alta tecnología de la Ruta 128, comparten sitio con el talante obrero y preindustrial del *Old Ironside* —el Constitution, famoso crucero de la armada norteamericana.

La batalla de la colina de Bunker —uno de los primeros y más amargos conflictos armados de la revolución americana—, se luchó en las cercanías de Boston. Hoy hay una monumental aguja en la colina de Bunker, que puede verse desde gran parte de la cuidad. La voluntad de los revolucionarios americanos, de levantarse en armas y abrir fuego sobre sus opresores, ha dejado un legado cultural que dos siglos enteros no han podido borrar. La colina de Bunker todavía es un centro importante del simbolismo político americano, y el espíritu del 1776 es una fuerte imagen para aquellos que quieren modelar la opinión pública.

Sin embargo, no todos los que se envuelven en la bandera americana tienen que ser necesariamente patriotas. Cuando fui a ver la aguja en septiembre de 1991, lucía un enorme y mal borrado *grafitti* alrededor de su base, en el que se podía leer:

«BRITÁNICOS FUERA - IRA PROVOS[20]».

Dentro de este venerado edificio hay una vitrina con un diorama de miles de soldados rebeldes y casacas rojas, peleando y muriendo sobre la colina verde, los pantanos al lado del río o las trincheras rebeldes. Hay indicadores que ilustran el movimiento de las tropas, los cambios de estrategia. El centro del monumento de la colina de Bunker, está totalmente ocupado por los soldados de juguete de un juego de simulación de batallas.

El Metroplex de Boston es un lugar con grandes universidades, entre las que destaca el MIT, donde se acuñó por primera vez, el término de *hacker informático*. *La Caza de Hackers* de 1990 podría ser interpretada como una disputa política entre ciudades americanas: los baluartes de toda la vida del liberalismo intelectual y melenudo, como Boston, San Francisco y Austin, contra el pragmatismo rudo e industrial de Chicago y Phoenix, con Atlanta y New York envueltos en conflictos internos propios.

Los cuarteles generales de la EFF están en el número 155 de Second Street en Cambridge, un suburbio de Boston al norte del río Charles. Second Street tiene aceras llenas de arbustos, con ladrillos sueltos y abollados sobre un asfalto viejo y cuarteado; grandes señales de tráfico advierten:

---

[20] En el argot, los PROVOS son los miembros del IRA. (N. del T.)

«NO APARCAR DURANTE EMERGENCIA A CAUSA DE LA NIEVE».

Esta es un área de modestas industrias manufactureras; la EFF está esquina con esquina de la compañía Greene Rubber. Es un edificio de ladrillo rojo de dos pisos; sus grandes ventanas de madera destacan por sus elegantes arcos y por sus alféizares de piedra.

La ventana que da a la entrada, luce tres hojas de papel pulcramente impreso a láser y pegado contra el cristal. Dicen:

ON Technology

KEI

EFF

ON Technology es la compañía de *software* de Kapor, que actualmente se especializa en programas de trabajo en grupo para los Apple Macintosh. La intención de los programas de trabajo en grupo, es promover una interacción social eficiente, entre trabajadores de oficina conectados por ordenador. Los productos más exitosos de ON Technology hasta la fecha son *Meeting Maker* e *Instant Update*.

«KEI» son las siglas de Kapor Enterprises Inc., la compañía personal de inversiones de Kapor, encargada de controlar sus participaciones en otras corporaciones de *software* y *hardware*.

La EFF es un grupo de acción política, uno muy especial.

Dentro del edificio, alguien ha encadenado su bicicleta a la modesta barandilla de un tramo de escaleras. Una pared moderna de ladrillo y cristal, separa este recibidor de las oficinas. Detrás del ladrillo hay un sistema de alarma montado en la pared, un número brillante que parece un cruce entre un termostato y un reproductor de CD. Apiladas contra la pared hay cajas y cajas de un reciente número especial de 'Scientific American', en cuya portada se lee: *Como trabajar, jugar y prosperar en el ciberespacio*; en el interior hay un completo informe acerca de técnicas electrónicas de interconexión de redes, además de otras cuestiones políticas, incluyendo un artículo de Kapor. Las cajas están dirigidas a Gerard Van der Leun, el director de comunicaciones de la EFF, que en breve distribuirá ejemplares para todos sus miembros.

Los cuarteles generales de ON Technology, KEI y EFF alquilados por Kapor, son un lugar moderadamente bullicioso. Tiene más o menos el mismo tamaño que la compañía de juegos de Steve Jackson. Ciertamente dista mucho de la gigantesca zona de carga y descarga de mercancías por ferrocarril en acero gris, situada en la autopista Monseñor O'Brien, propiedad de la compañía Lotus Development.

Lotus, por supuesto, es el gigante del *software* que Mitchell Kapor fundó a finales de los 70. El programa que Kapor ayudó a crear, el *Lotus 1-2-3*, es todavía el producto más rentable de la compañía. También luce una curiosa distinción en los bajos fondos digitales: posiblemente sea la aplicación más pirateada de toda la historia.

Kapor me recibe cordialmente en su propio despacho, pasado el vestíbulo. Kapor —pronunciado KAY-por—, es un hombre de unos cuarenta y pocos años, casado y con dos hijos. Tiene una cara redonda, con una frente alta, una nariz recta y unos ojos marrones grandes, ingenuos y pensativos, podría decirse que llenos de sentimiento. Desdeña las corbatas, comúnmente lleva camisas hawaianas con motivos tropicales, sin ser excesivamente chillonas, pero sí para darle un aire alegre y ligeramente fuera de lugar.

Hay un ligero tufillo a azufre que hace pensar que *Mitch* Kapor es o fue *hacker*. Puede que no tenga el carisma de vaquero duro, directo y guitarrero de su colega de Wyoming, John Perry Barlow, pero hay algo en él que le da a uno que pensar. Tiene el aire del tipo europeo con el bombín, el tipo distraído que está todo el día citando a Longfellow, pero que luego sabe la probabilidad exacta de robar una carta ganadora jugando al póker. Incluso entre sus colegas de la comunidad programadora, que difícilmente podrían caracterizarse por ser cortos de sesera, Kapor da la impresión, de ser un hombre muy inteligente. Habla rápido, con gestos vigorosos, y a veces su acento de Boston cambia al denso y afilado tono nasal de su juventud, en Long Island.

Kapor es un gran defensor del Museo de Informática de Boston —su fundación familiar hace gran cantidad de trabajo filantrópico—. El interés de Kapor en la historia de su industria, le ha llevado a conseguir varias cosas curiosas, como el *byte* que está justo al lado de la puerta de su despacho. Este *byte* —ocho dígitos binarios, un octeto— fue rescatado de los restos de una computadora de la época anterior a los transistores. Es un viejo chasis de bronce del tamaño de una tostadora, con ocho ranuras, llenas con circuitos experimentales de tubos de vacío de una pulgada y soldados a mano. Si se cayera de una mesa probablemente te rompería el pie, pero eso era tecnología punta para las computadoras de los años 40. Serían necesarias 157.184 de estas primitivas tostadoras para guardar la primera parte de este libro.

También tenemos un bobinado que forma un colorido dragón escamado, creado por algún inspirado *techno-punk* a partir de transistores, condensadores y cableado brillante de colores.

Dentro del despacho, Kapor se disculpa brevemente para poner un poco de orden a toda velocidad en su Macintosh IIfx. Si su monitor fuera una ventana, una persona ágil podría pasar a través de ella sin dificultad. Hay una taza de café al alcance de Kapor, un recuerdo de su reciente viaje a Europa del Este, con una fotografía serigrafiada y una leyenda: VIAJE DE LOS LOCOS CAPITALISTAS. En la foto pueden verse a Kapor, a Barlow y a dos conocidos suyos, genios californianos de los negocios de capital de riesgo, cuatro hijos del *baby boom* norteamericano de los años 50, despeinados y sonrientes, con chupas de cuero, vaqueros, botas y bolsas de viaje, en la pista de aterrizaje de algún lugar detrás del antiguo telón de acero. Parece como si nunca se lo hubieran pasado mejor en su vida.

Kapor está de un talante nostálgico. Hablamos un poco acerca de sus días de *empollón* en secundaria, yendo los sábados al programa avanzado de ciencias, de la Universidad de Columbia, donde tuvo su primera experiencia programando computadoras IBM 1620, en 1965 y 1966.

—*Estaba muy interesado*, —dice Kapor— ¡y luego me fui a la universidad y me distraje con las drogas, el sexo y el rock and roll, como cualquiera con una pizca de cerebro habría hecho entonces! Después fue un DJ de rock progresivo, durante un par de años en Hartford, Connecticut.

Le pregunto si alguna vez echa de menos esos días de *rock and roll*, si alguna vez desearía volver a su trabajo en la radio. Kapor mueve su cabeza y niega rotundamente.

—Dejé de pensar en volver a ser un DJ el día después de lo de Altamont.

Kapor se mudó a Boston en 1974 y consiguió un empleo programando supercomputadores en COBOL. Lo odiaba. Lo dejó y se convirtió en un profesor de meditación transcendental. Fue el largo flirteo de Kapor con el misticismo oriental, el que dio al mundo el "Lotus"[21].

En 1976 Kapor se fue a Suiza, donde el movimiento de la meditación transcendental había alquilado un gigantesco hotel victoriano en St. Moritz. Era un grupo totalmente masculino —120 en total— con una determinación: Iluminación o Nada. Kapor le había dado a los transcendentes lo mejor de sí mismo, pero acabó por desencantarse de la locura en la organización.

—*Estaban enseñando a la gente a levitar*, —dice mirando al techo—. Su voz, baja una octava, se hace más grave.

—*¡No levitaban!*

Kapor escogió *Nada*. Volvió a los Estados Unidos y se graduó en psicología asistencial. Trabajó un poco en un hospital, pero tampoco podía soportarlo.

—Mi reputación era la de un chico brillante, con un gran potencial que no se ha encontrado a sí mismo, —dice— casi con treinta años, una verdadera lástima.

Kapor estaba en paro cuando se compró su primer ordenador, una Apple II. Vendió su cadena musical para conseguir el dinero, y condujo hasta New Hampshire para evitar los impuestos.

—El día después de comprarlo, —cuenta Kapor— estaba echando un vistazo en una tienda de informática y vi a otro tipo, un hombre de unos cuarenta años, bien vestido, hablando con el dependiente. Escuché disimuladamente su conversación, y me di cuenta de que el hombre no sabía nada de ordenadores. Yo había programado durante un año. Y sabía programar en BASIC, —lo aprendí solo—. Así que me acerqué a él, y *me vendí como asesor*, —se para. —No sé de dónde saqué el valor para hacer eso. No fue propio de mí. Simplemente dije:

«He estado escuchando y creo que puedo ayudarle; esto es lo que necesita, y yo puedo hacerlo».

—¡Y me contrató! Fue mi primer cliente. ¡Me convertí en asesor informático el día después que me compré el Apple II!

Kapor había encontrado su verdadera vocación. Atrajo más clientes para su consultora, y formó un grupo de usuarios de Apple.

---

[21] En inglés, *Lotus* significa Loto, flor asociada a los procesos místicos. (N. del T.)

Un amigo de Kapor, Eric Rosenfeld, graduado en el MIT, tenía un problema. Estaba haciendo su tesis sobre una extraña clase de estadísticas financieras, pero no podía meterse en la abarrotada lista de acceso a las computadoras centrales del MIT. —En este punto podríamos decir que si el Sr Rosenfeld se hubiera colado deshonestamente en las computadoras del MIT, Kapor nunca habría inventado Lotus 1-2-3 y el negocio de los PC se habría retrasado durante años—. Pero resulta que Eric Rosenfeld tenía un Apple II, y creyó que sería posible reescalar el problema para hacerlo más pequeño. Kapor, como un favor, le hizo un programa en BASIC que hizo el trabajo.

Entonces se les ocurrió, casi sin quererlo, que el programa a lo mejor podía venderse. Lo comercializaron ellos mismos en bolsas de plástico por correo, a cien dólares la pieza.

—Fue realmente un negocio artesanal de una *consultora marginal*, —dice Kapor orgullosamente—. *¡Así es como todo empezó, gracias a Dios!*

Rosenfeld, que más tarde se convirtió en una prominente figura de Wall Street, animó a Kapor a ir a la escuela de negocios del MIT para hacer un Master de Administración de Empresas.

Kapor estuvo allí siete meses, pero nunca consiguió su título. Aprendió algunas cosas de utilidad, —principalmente unas buenas bases sobre los principios de la contabilidad— y en sus propias palabras, *a hablar como alguien que tuviera un Máster.* —Luego lo dejó y se fue a Silicon Valley.

Los inventores de VisiCalc, la primera firma de programas para Apple, había mostrado bastante interés por *Mitch* Kapor. Kapor trabajó diligentemente para ellos durante seis meses, se cansó de California, y volvió a Boston, donde había mejores librerías. El grupo de VisiCalc había cometido el gravísimo error de pasarse a gestión profesional.

—Ello hizo que se vinieran abajo, —dice Kapor.

—Bueno, no se oye hablar mucho de VisiCalc hoy en día, —afirma pensativamente. —Kapor parece sorprenderse.

—Bueno…. Lotus la compró.

—¡Vaya! ¿La comprasteis en serio?

—¡Claro que sí!

—Suena como si Bell System comprara Western Union.

Kapor sonríe socarronamente.

—¡Sí , sí! ¡Eso es!

Mitch Kapor no controlaba plenamente su propio destino o el de su empresa. Los valores más importantes entre los programas informáticos en los primeros años 80, eran los juegos —el Atari parecía destinado a entrar en la casa de todos los quinceañeros de América—. Kapor decidió meterse en el mundo de las aplicaciones ofimáticas, simplemente porque no tenía especial talento para los videojuegos. Pero era tremendamente rápido, abierto a las nuevas ideas e inclinado a seguir sus instintos. Y sus instintos estaban en lo cierto.

Eligió un buen equipo para trabajar con él. Jonathan Sachs, un dotado programador —co-autor de Lotus 1-2-3—. El genio de las finanzas Eric Rosenfeld, astuto analista de Wall Street. Y el empresario emprendedor, Ben Rose. Kapor fue el fundador y presidente de Lotus, una de las aventuras empresariales más espectacularmente exitosa en este siglo XX.

Kapor es ahora un hombre extremadamente rico. —Le pregunto si realmente sabe cuánto dinero tiene.

—Sí, —dice— con un margen de error del 1 o 2 por ciento.

—Entonces, ¿cuánto dinero tiene realmente?

Agita la cabeza y contesta:

—Mucho. Mucho. No es algo de lo que hable. Las cuestiones de clase y dinero son siempre muy delicadas.

No le supliqué que me lo dijera. Estaría fuera de lugar. Podemos asumir, descortésmente, que Kapor tiene al menos cuarenta millones de dólares —es lo que obtuvo el año que abandonó Lotus. Pero la gente que debería saberlo, afirma que tiene alrededor de ciento cincuenta millones de dólares, añadiendo o quitando en cada momento las fluctuaciones que sufran sus acciones en el mercado.

Si Kapor se hubiera quedado con Lotus, como hizo su colega y amigo Bill Gates con Microsoft, es probable que disfrutase de una fortuna similar a la de Gates —estimada en unos tres mil millones de dólares—. En todo caso Michael Kapor tiene todo el dinero que puede querer. El dinero ha perdido el atractivo que pudo tener en algún momento para él —probablemente no demasiado, en todo caso—. Cuando Lotus se convirtió en una empresa excesivamente estirada y burocrática, se situó muy lejos de sus posibles fuentes de satisfacción personal y Kapor se marchó. Simplemente, cortó todas sus relaciones con la empresa y salió por la puerta. Esto asombró a todos, excepto a los que realmente le conocían.

Kapor no tuvo que emplear a fondo sus recursos, para causar una completa transformación en la política sobre el *ciberespacio*. En su primer año, el presupuesto de la EFF fue de un cuarto de millón de dólares, así que Kapor podía mantenerla con el dinero que llevaba en la cartera.

A Kapor le costó mucho contarme, que realmente no se considera un auténtico activista de las libertades civiles. Ha pasado últimamente cierto tiempo entre genuinos activistas de las libertades civiles y le resultan tan políticamente correctos, que le fastidia. Le parece que dedican demasiado tiempo, a críticas legales, nimias y excesivas, y no el suficiente, al ejercicio vigoroso de los derechos civiles en el mundo real de cada día.

Kapor es un emprendedor. Como todos los *hackers* prefiere involucrarse de forma directa, personal y activa.

—*El que la EFF tenga su propio nodo en Internet es fantástico. Somos editores. Somos distribuidores de información*.

Entre las cosas que se pueden encontrar en el sitio de Internet www.eff.org están números atrasados de *PHRACK*. Se produjo una discusión interna en la EFF al respecto y finalmente decidieron hacerlo. Podrían incluir otras publicaciones digitales *submundo*.

—Pero si se hace, —dice— seguro que incluiríamos cosas de Donn Parker y cualquier cosa que Gail Thackeray quiera poner. Nos convertiremos en una biblioteca pública con una utilidad muy amplia. Avanzando en la dirección de que la gente tome sus propias decisiones. —Sonríe— Trataremos de etiquetar a todas las editoriales.

Kapor está decidido a abordar las cuestiones técnicas de Internet, al servicio del interés público.

—El problema de ser un nodo de la Red hoy en día, es que necesitas tener un técnico especialista las 24 horas. Nosotros tenemos a Chris Davis para el cuidado de la bestia. ¡No podríamos hacerlo nosotros solos! —Se detiene. —Así, que la dirección en la que debe evolucionar la tecnología, es hacia unidades más estandarizadas, con las que una persona, no técnica, se sienta confortable. Es el mismo movimiento que se produjo desde las minicomputadoras a los PC. Puedo ver un futuro en el que cualquier persona pueda tener un nodo en la Red. Cualquiera podrá ser un editor. Es mejor que los medios de comunicación que tenemos hoy. Es posible, nosotros estamos trabajando activamente en ello.

Kapor se encuentra ahora en su elemento, fluido y totalmente al mando.

—Dígale a un *hacker*, que todo el mundo debería tener un nodo en Internet, —dice— y lo primero que contestará es que la IP no es escalable.

IP es el protocolo de comunicación de Internet. Tal y como lo conocemos ahora, el *software* de IP simplemente no es capaz de una expansión indefinida, se saturaría.

—La respuesta, —dice Kapor— ¡es evolucionar el protocolo! ¡Que se ponga a los expertos a trabajar en ello y que resuelvan lo que hay que hacer! ¿Añadimos ID? ¿Añadimos un nuevo protocolo? No nos limitemos a hablar. ¡Podemos hacerlo!

Poner juntos a los expertos en una materia, a resolver un problema, es algo que se le da especialmente bien a Kapor. Debemos tener en cuenta que la gente en Internet, disfruta de pertenecer a una cierta *élite* tecnológica y no parecen especialmente interesados en democratizar la Red.

Enfatizamos que los *telecos,* son también una red electrónica y parece que quieren conservar su conocimiento técnico entre ellos.

Kapor replica que los *telecos* e Internet son dos cosas completamente diferentes.

—«Internet es un sistema abierto, todo se publica, se discute sobre cualquier cosa, por prácticamente cualquiera que pueda acceder. Es exclusiva y elitista, principalmente porque es muy complicada de emplear. Hagamos más sencillo usar la Red».

Por otro lado, se permiten con un cambio de énfasis, los llamados elitistas y tienen su parte de razón también.

—«Antes de que la gente entre en la red, los novatos, los que quieren hacer sugerencias y criticar la Red por estar "completamente arruinada"... Deberían al menos tomarse el tiempo necesario, para entender la cultura de

Internet en sus propios términos. Tiene su propia historia, muestren cierto respeto por ella. En estos aspectos soy conservador.»

Internet es para Kapor el paradigma de las telecomunicaciones en el futuro. Internet es descentralizada, no jerárquica, casi anárquica. No hay jefes, cadena de mando, ni datos secretos. Si cada nodo obedece los estándares generales establecidos, simplemente no es necesario que exista una autoridad central de la red.

—¿No representa eso el final de AT&T como institución? —pregunto.

Esta posibilidad no perturba a Kapor ni por un momento.

—Su principal ventaja ahora, es que ya lo tienen todo cableado. Pero están ocurriendo dos cosas. Cualquiera con un derecho de paso está instalando fibra óptica —ferrocarriles Southern Pacific y gente por el estilo— hay un montón de *fibra oscura* instalada. *Fibra oscura,* es el cable de fibra óptica, cuya enorme capacidad excede la demanda actual y por lo tanto no transporta impulsos de luz, está todavía *oscura* esperando para un uso futuro.

—La otra cosa que está ocurriendo es que los circuitos locales, están pasando a transmisiones inalámbricas. Todos desde Bellcore a las compañías de televisión por cable y AT&T, quieren colocar esas cosas llamadas *sistemas de comunicación personal*. De esta forma resulta que hay competencia local —puede haber una variedad de personas, un grupo de barrios colocando aparatos en los postes y otro grupo de gente instalando fibra oscura. ¿Qué ocurre entonces con las compañías telefónicas? Que se encuentran sometidas a enorme presión desde ambos lados.

»Cuanto más lo pienso, más creo que en un mundo post-industrial y digital; la idea de monopolios normalizados es mala. En el futuro la gente mirará atrás y pensará que en los siglos XIX y XX, la idea de compañías suministradoras públicas, era un compromiso aceptable. Era necesario un trazado subterráneo de cables, con lo cual, otra solución era económicamente muy ineficiente. Esto también suponía que una entidad controlase esa infraestructura. Pero ahora, hay partes de la infraestructura de comunicaciones, que tienden hacia tecnologías inalámbricas —las conexiones se harán mediante interfaces de alta tecnología, no mediante cables. En todo caso, al final seguirá habiendo cables, pero serán meras mercancías—. Con la fibra y las tecnologías inalámbricas, ya no necesitas compañías públicas suministradoras del servicio.

—¿Y en cuanto a los suministros de gas, agua ...?

—Por supuesto continuaremos necesitándolos —asiente.

—¿Pero cuando lo que transportas es información, no sustancias físicas, entonces puedes jugar con unas reglas diferentes?

—¡Estamos desarrollando esas reglas ahora! Esperemos que se pueda contar con un sistema, mucho más descentralizado y en el que haya mayor competencia en el mercado. El papel del gobierno será el de controlar que nadie haga trampas, velar por el proverbial campo de juego en igualdad de condiciones. Una política que evite los monopolios y que debe dar lugar a un mejor servicio, a precios más bajos, más opciones y mayor poder a nivel local. Creo firmemente en el poder a nivel *local*. —Sonríe.

Kapor es un hombre con *visión*. Es una refrescante noticia que él, junto con sus aliados, estén diseñando con considerable detalle y gran energía. Teniendo en cuenta el oscuro, cínico y morboso *cyberpunk* que soy, no puedo evitar considerar algunas de las oscuras consecuencias de una red descentralizada, no jerarquizada y con poder a nivel local.

He de señalar que algunos lumbreras, han sugerido que las redes electrónicas, faxes, teléfonos, pequeñas fotocopiadoras... han jugado un papel importante, en la disolución del poder centralizado del comunismo y en la caída del Pacto de Varsovia.

—El socialismo está totalmente desacreditado, —dice Kapor— la idea de que los faxes lo hicieron todo ellos solos, es prácticamente un mero deseo.

—¿Se le ha ocurrido pensar, que las redes electrónicas pudieran corroer la infraestructura industrial y política de América, hasta el punto de hacerlas insostenibles e inútiles, y que el antiguo orden se derrumbe de bruces, como ha ocurrido en la Europa del Este?

—No —dice Kapor secamente— pienso que es extraordinariamente poco probable. En parte porque hace diez o quince años, tuve las mismas esperanzas, acerca de los ordenadores personales, que no se han cumplido en absoluto. —Sonríe irónicamente con los ojos entreabiertos—. Soy contrario a las *tecno-utopías*. Cada vez que me encuentro con una, o corro en dirección contraria o trato de acabar con ella.

Entonces caí en la cuenta, de que *Mitch* Kapor no busca un mundo más seguro para la democracia; y seguro que no lo busca para los anarquistas o utópicos —y menos aún, para los que acceden ilegalmente a los ordenadores ajenos o los artistas del timo electrónico—. Lo que realmente desea es un mundo más seguro, para los futuros *Mitch* Kapor. Ese mundo de nodos descentralizados de pequeña escala, pero con acceso instantáneo y a lo mejor más brillante, será un entorno perfecto para un capitalismo mal dirigido, que ha hecho de *Mitch* Kapor lo que es hoy.

Kapor es un hombre muy brillante, posee una rara combinación de gran visionario y fuerte practicidad.

La dirección de la EFF está compuesta por: John Barlow, Jerry Berman de la ACLU, Stewart Brand, John Gilmore, Steve Wozniak y Esther Dyson, decana de los empresarios en el campo de la informática. Todos ellos comparten sus dotes, su visión y su formidable talento en cuanto a redes. Es gente de los años 60 apartada por las propias turbulencias de la época, pero recompensada con riqueza e influencia. Son de lo mejor y más brillante que la comunidad electrónica puede ofrecer. Pero ¿Pueden realmente conseguirlo o solamente están soñando? ¡Son tan pocos y tienen tanto en su contra!

Dejo a Kapor y sus empleados, luchando alegres, con las prometedoras intimidades de su recién instalado sistema operativo Macintosh 7.

El día siguiente es sábado, la EFF está cerrada. Me dedico a visitar varios puntos de interés en la ciudad.

Uno de ellos es el lugar de nacimiento del teléfono. Está marcado por una placa de bronce en un pedestal de granito, moteado en blanco y negro. Se encuentra en la plaza del edificio federal John F. Kennedy, el mismo lugar en el que una vez Kapor fue fichado por el FBI.

La placa tiene un bajorrelieve del teléfono original de Bell y se lee:

«*Lugar de nacimiento del teléfono. En este lugar, el 2 de junio de 1875, Alexander Graham Bell y Thomas A. Watson transmitieron sonido a través de cables. Este exitoso experimento, se realizó en un desván de la quinta planta de lo que era el 109 de Court Street y significó el principio del servicio de telefonía a lo largo del mundo.*»

El 109 de Court Street hace tiempo que ha desaparecido. A la vista, desde la placa conmemorativa de Bell, cruzando la calle, se encuentran unas de las oficinas centrales de la NYNEX, la Bell RBOC local, en el 6 de Bowdoing Square.

Cruzo la calle y doy la vuelta al edificio de telecomunicaciones despacio, con las manos en los bolsillos. Es un día luminoso, un día de otoño típico de Nueva Inglaterra. Las oficinas centrales son un bonito megalito de los años 40, en estilo Art Decò tardío, de ocho plantas.

Aparcado fuera, hay un generador móvil, autónomo. Este generador me llama la atención como algo anómalo. ¿No tienen su propio generador autónomo, dentro de ese monstruo de ocho plantas? Después sospecho que NYNEX ha tenido noticias del corte de electricidad que sufrió el 17 de septiembre AT&T y que hizo caer el servicio en Nueva York. El generador móvil, es como una segunda red de seguridad: cinturón y tirantes, muy tecnocrático.

Sobre las puertas de cristal, hay un bonito bajorrelieve estilo Art Decò, con vides, girasoles y pájaros, rodeando el logo de Bell y la inscripción:

COMPAÑÍA TELEFÓNICA Y TELEGRÁFICA

DE NUEVA INGLATERRA

Una entidad que ya no existe.

Las puertas están bien cerradas. Echo un vistazo a través del cristal y veo dentro un anuncio oficial que dice:

«Compañía Telefónica de Nueva Inglaterra una compañía NYNEX.
ATENCIÓN:

Todas las personas dentro del edificio de la Compañía Telefónica de Nueva Inglaterra, están obligadas a llevar sus identificaciones en lugar visible (CCP sección 2, página 1).

Los visitantes, vendedores, contratistas y demás, están obligados a llevar de forma visible un pase diario.

Gracias. Kevin C. Stanton, Coordinador de seguridad del edificio.»

Fuera, doblando la esquina, hay una puerta con apertura *anti-pánico*, otra puerta de entregas, cerrada. Alguien ha hecho una pintada con spray sobre ella, con una única palabra en cursiva:

Furia

Mi libro "La Caza de Hackers" está ahora casi terminado. He reservado deliberadamente lo mejor para el final.

En febrero de 1991, asistí a la *Mesa Redonda para la Política Pública* de la CPSR, en Washington, D.C. La CPSR[22], fue una organización hermana de la EFF, o quizás su tía, por ser igual de antigua y quizás igual de sabia, por los caminos del mundo de la política.

La CPSR comenzó en 1981 en Palo Alto, como un informal foro de discusión de científicos y técnicos en informática de California, unidos nada más que por una lista de correo electrónico. Esta típica adhocracia de alta tecnología, recibió la dignidad de su propio acrónimo en 1982, y fue formalmente incorporado en 1983.

La CPSR ejerció presión sobre el gobierno y el público por igual, con un gran esfuerzo educativo, advirtiendo severamente contra una confianza estúpida e insensata en los complejos sistemas de ordenadores. La CPSR insistió en que unos simples ordenadores, nunca deberían ser consideradas una panacea mágica para los problemas éticos o políticos de la sociedad

---

[22] Computer Professionals for Social Responsibility (es decir Profesionales de la informática por la Responsabilidad Social). (N. del T.)

humana. Los miembros de la CPSR estuvieron especialmente preocupados acerca de la estabilidad, seguridad, y fiabilidad de los sistemas de computadoras militares, y muy especialmente preocupados por esos sistemas que controlan los arsenales nucleares. La CPSR fue más conocida por sus persistentes y bien divulgados ataques, a la credibilidad científica de la Iniciativa de Defensa Estratégica: La *Guerra de las Galaxias*.

En 1990, la CPSR fue el grupo activista *ciberpolítico* veterano de la nación, con más de dos mil miembros en veintiuna regiones, a lo largo de EE.UU. Fueron especialmente activos en Boston, Silicon Valley y Washington D.C., donde un ministerio de Washington patrocinó, la *Mesa Redonda para la Política Pública.*

La *Mesa Redonda para la Política Pública*, sin embargo, había sido fundada por la EFF, la cual había pasado a la CPSR una amplia subvención para operaciones. Este fue el primer encuentro oficial a gran escala, de lo que llegaría a ser la *Comunidad de Libertarios Civiles de la Electrónica.*

Asistieron sesenta personas, incluido yo mismo; en este caso, no tanto como periodista sino como autor *cyberpunk*. Muchas de las luminarias de este campo tomaron parte: Kapor y Godwin por supuesto. Richard Civille y Marc Rotenberg de la CPSR. Jerry Berman de la ACLU. John S. Quarterman, autor de 'The Matrix'. Steven Levy, autor de 'Hackers'. George Perry y Sandy Weiss de Prodigy Services, —para describir los problemas en libertades civiles, que su joven red comercial estaba experimentando—. La Dra. Dorothy Denning. Cliff Figallo, gerente de the Well. Allí estuvo Steve Jackson, —que había encontrado por fin su audiencia— y también estuvo el mismo Craig Neidorf —*Knight Lightning*—, con su abogado, Sheldon Zenner. Katie Hafner, periodista científica y coautora de 'Cyberpunk: hackers fuera de la ley en la frontera de la informática'. Dave Farber, pionero de ARPAnet y gurú de Internet. Janlori Goldman del proyecto sobre Privacidad y Tecnología del ACLU. John Nagle de Autodesk y de the Well. Don Goldberg de la Casa del Comité de Justicia. Tom Guidoboni, —el abogado defensor, en el caso del Gusano de Internet—. Lance Hoffman, profesor de ciencia de la informática en la Universidad George Washington. Eli Noam de Columbia. Y una multitud de otros no menos distinguidos.

El Senador Patrick Leahy pronunció el discurso clave, expresando su determinación de continuar creciendo y mejorando, en el tema de la libertad de expresión electrónica El discurso fue bien recibido y la emoción fue palpable. Todos los paneles de discusión fueron interesantes —algunos inevitables—. La gente se conectaba con un interés casi desesperado.

Yo mismo, durante el almuerzo, mantenía una discusión de lo más interesante y cordial con Nöel y Jeanne Gayler. El Almirante Gayler era un antiguo director de la Agencia de Seguridad Nacional. Como éste fue el primer encuentro conocido, entre un auténtico *cyberpunk* y un ejecutivo jefe del mayor y mejor financiado aparato de espionaje electrónico de América, había naturalmente un poquito de ceño fruncido por ambos lados.

Desafortunadamente, nuestro debate fue *off the record*. De hecho, todos los debates en la CPSR eran oficialmente así. La idea, era hacer algo serio, conectados en una atmósfera de completa franqueza, mejor que representar un circo multimedia.

En cualquier caso, la *Mesa Redonda* de la CPSR, aunque interesante e intensamente valiosa, no fue nada comparado con el acontecimiento verdaderamente alucinante que ocurrió pocos meses después.

«Ordenadores, Libertad y Privacidad», o CFP. Cuatrocientas personas procedentes de cualquier esquina imaginable de la comunidad electrónica americana. Como escritor de ciencia-ficción, he presenciado algunos espectáculos raros en mi vida, pero este, está realmente más allá de todo lo conocido. Incluso *Cyberthon*, el *Woodstock del ciberespacio* de la Point Foundation, donde la psicodelia de la Bahía de San Francisco choca de cabeza, con el emergente mundo de la realidad virtual informatizada, era como una actuación en un Club de Kiwanis, comparado con algo tan asombroso.

La *comunidad electrónica* ha llegado a un apogeo. Casi todos los protagonistas en este libro, está de servicio. Civiles Libertarios. Policías Informáticos. El *Submundo* Digital. Incluso unos pocos y discretos hombres de las compañías telefónicas se reparten unas etiquetas para las solapas, con puntos de colores según el código profesional. Cuestiones sobre libertad de expresión. Las fuerzas de la Ley. Seguridad Informática. Privacidad. Periodistas. Abogados. Educadores. Bibliotecarios. Programadores. Estilizados puntos *negro-punk* para los *hackers* y *phreakers* telefónicos. Casi todos los presentes, parece que llevan ocho o nueve puntos de colores, parece que lucen seis o siete sombreros profesionales.

Es una comunidad. Algo parecido al Líbano quizás, pero en nación digital. Gente que ha luchado durante todo el año en la prensa nacional, personas que han albergado las más profundas sospechas sobre los motivos y la ética de los unos y los otros, están ahora en el regazo de los mismos. La gente de «Ordenadores, Libertad y Privacidad», tendría toda la razón del mundo para volverse desagradable. Pero exceptuando las pequeñas irrupciones de tonterías desconcertantes, provenientes del lunático de turno de la convención, reinó una sorprendente afabilidad. La CFP es como un banquete de bodas, en el que los dos amantes: una novia inestable y un novio charlatán, se entregan los anillos en un matrimonio, claramente desastroso

Está claro para las dos familias —incluso para los vecinos e invitados al azar—, que no es una relación viable, y la desesperación de la joven pareja no puede aguantar más la espera. Simplemente no pueden ayudarse a sí mismos. La vajilla volará. Los chillidos desde su nuevo piso de casados despertarán al resto del bloque de vecinos. El divorcio espera en las alturas, como un buitre volando sobre el Kalahari; es un matrimonio del que va a nacer un hijo. Las tragedias acaban en muerte; las comedias en boda. *La Caza de Hackers* está acabando en matrimonio. Y habrá un niño.

Desde el principio, reinan las anomalías. John Perry Barlow, el explorador del *ciberespacio* está aquí. Su foto en color en el 'New York Times Magazine': un agreste paisaje nevado de Wyoming, Barlow ceñudo, con un largo abrigo negro, sombrero oscuro, un Macintosh SE30 apuntalado sobre una valla y un impresionante rifle debajo del brazo, será la imagen individual más llamativa de *La Caza de los Hackers*. Es el invitado de honor del CFP, ¡Junto con Gail Thackeray del FCIC! ¿Qué demonios esperan hacer estos dos invitados el uno con el otro? ¿Un vals?

Barlow formula el primer discurso. Contrariamente a lo esperado, está ronco. El volumen total de trabajo en las calles le ha desgastado. Habla concisamente, agradablemente, con una petición de conciliación, y al irse recibe una tormenta de aplausos.

Gail Thackeray entra en escena. Está visiblemente nerviosa. Últimamente ha estado mucho en el estrado, leyendo esos mensajes de Barlow. Seguir a Barlow es un desafío para cualquiera. En honor al famoso compositor de Grateful Dead, ella anuncia con voz aguda, que va a leer un poema. Uno que ha compuesto ella misma.

Es un poema horrible. Aleluyas en el divertido contador del servicio de Robert W. *La cremación de Sam McGee.* Pero es, de hecho, un poema. ¡Es la *Balada de la Frontera Electrónica*! Un poema sobre *La Caza de los Hackers* y la total imposibilidad del CFP. Está lleno de juegos de palabras, chistes.

La veintena más o menos de policías entre la audiencia, que están sentados todos juntos como un grupo contratado para aplaudir, están totalmente muertos de risa. El poema de Gail es lo más endemoniadamente divertido que han escuchado nunca. Los *hackers* y libertarios, que habían tomado a esta mujer por Ilsa, La Loba de las SS, la miran boquiabiertos. Nunca en los salvajes límites de su imaginación, podían imaginarse que Gail Tackeray, fuera capaz de semejante movimiento sorpresa. Pueden verles apretando su botón de RESET mental.

—¡Jesús! ¡esta señora es una *hacker* colgada!, ¡es como nosotros! ¡Dios, eso lo cambia todo!

Al Bayse, técnico en computadoras del FBI, ha sido el único policía en la *Mesa Redonda* del CPSR, arrastrado allí por el abrazo de Dorothy Denning. Protegido y silenciado en la reunión de la CPSR; *un cristiano lanzado a los leones.*

En el CFP, respaldado por el gallinero de policías, Bayse de repente se pone elocuente e incluso divertido, describiendo el NCIC 2000 del FBI, un enorme catálogo digital de grabaciones criminales, como si súbitamente se hubiera convertido en un extraño híbrido de George Orwell y Goebbels. Sucumbe a la tentación de hacer un antiguo chiste sobre el análisis estadístico. Al menos un tercio del público se ríe audiblemente.

—No se rieron de eso en mi último discurso —observa Bayse.

Se ha estado dirigiendo a los policías, policías honrados, no gente de la informática.

Ha sido un encuentro valioso, útil, más de lo que esperaban.

Sin ninguna estimulación, sin ninguna preparación, el público simplemente comienza a hacer preguntas. Melenudos, freaks, matemáticos. Bayse está respondiendo, educadamente, francamente, a todo, como un hombre que camina sobre el aire. La atmósfera de la sala comienza a chisporrotear surrealismo. Una abogada detrás de mí se pone a sudar. Sorprendentemente, una caliente ráfaga de un potente perfume almizclado, se desliza desde sus muñecas.

La gente está mareada de la risa. Están atrapados, fascinados, sus ojos tan abiertos y oscuros que parecen erotizados. Increíbles corrillos de gente se forman en los vestíbulos, alrededor del bar, en las escaleras mecánicas: policías con *hackers*, derechos civiles con el FBI, Servicios Secretos y los *Phreaks* del teléfono.

Gail Thackeray está muy decidida con su jersey blanco de lana, con el pequeño logo del Servicio Secreto.

—¡Encontré a *Phiber Optik* en las cabinas telefónicas, y cuando vio mi jersey se quedó de piedra! —dice riéndose ahogadamente.

Phiber discute su caso mucho más ampliamente, con su oficial de arresto, Don Delaney, de la policía del estado de Nueva York. Después de una charla de una hora, los dos parecen preparados para empezar a cantar *Auld Lang Sine*. *Phiber* finalmente encuentra el coraje para deshacerse de su peor demanda. No es simplemente el arresto. Es el cargo. Piratear el servicio de números 900.

—¡Soy un programador! —insiste *Phiber*—. Esa acusación tan poco convincente va a destrozar mi reputación. Habría estado bien haber sido cogido por algo interesante, como la Sección 1030 de intrusión en computadoras. ¿Quizás algún tipo de crimen que no se haya inventado aún? No un piojoso fraude telefónico. Fiuuu...

Delaney parece arrepentido. Tiene una montaña de posibles cargos criminales contra *Phiber*. El chaval se declarará culpable de todos modos. Es un novato, ellos siempre se declaran así. Podría cargarle con cualquier cosa, y obtener el mismo resultado final. Delaney parece genuinamente avergonzado por no haber gratificado a *Phiber* de un modo inocuo. Pero es demasiado tarde. *Phiber* ya se ha declarado culpable. Es agua pasada. ¿Qué se puede hacer ahora?

Delaney tiene un buen entendimiento de la mentalidad *hacker*. Mantuvo una conferencia de prensa, después de haber cogido a un grupo de chicos de *Master of Deception*. Algún periodista le preguntó:

—¿Describiría a estas personas como genios?

La inexpresiva respuesta de Delaney, perfecta: —No, describiría a estas personas como acusados.

Delaney atrapa a un joven por hackear códigos con un marcado aleatorio repetitivo. Y cuenta a la prensa, que NYNEX puede hacer un seguimiento de esos métodos en muy poco tiempo hoy en día, y que un chico tiene que ser tonto para hacer algo tan fácil de pillar. Otra vez ha metido la pata: a los *hackers* no les importa, que los honrados piensen que son algo así como Genghis Khan, pero si hay algo que no soportan, es que les llamen idiotas.

No será tan divertido para *Phiber* la próxima vez. Al haber cometido una segunda infracción verá la prisión. Los *hackers* se saltan las leyes. No son genios tampoco. Van a ser acusados. Y aún, Delaney medita sobre una copa en el bar del hotel, encuentra imposible el tratarles como a criminales comunes. Él conoce a los criminales. Esos jóvenes en comparación, son unos despistados; no huelen bien, pero no son malos.

Delaney ha visto muchísima acción. Estuvo en Vietnam. Le alcanzaron y él ha disparado también a gente. Es un policía de homicidios de Nueva York. Tiene la apariencia de un hombre que no ha visto únicamente la mierda estrellarse contra el ventilador, también la ha visto salpicar en todos los bloques de la ciudad, y fermentar durante años. Está de vuelta de todo.

Escucha a Steve Jackson contar su historia. Al soñador amante de los juegos de estrategia, le han repartido una mala mano. La ha jugado lo mejor que ha podido. Bajo su apariencia exterior de fanático de la ciencia-ficción hay un núcleo de acero. Sus amigos dicen que cree en las normas, en el juego justo. Nunca comprometerá sus principios, nunca se rendirá.

—¡Steve! —le dice Delaney a Steve Jackson— tuvieron pelotas, quienes quiera que te atraparon. ¡Eres genial! —Jackson, anonadado, cae en silencio y se sonroja con genuino placer.

Neidorf ha crecido mucho durante el año pasado. Es un buen estudiante, hay que reconocerle eso. Vestido por su mamá, la directora de moda de una cadena nacional de ropa, él, hermano de una fraternidad técnica de la Universidad de Missouri que sobrepasa a todos, menos a los más importantes abogados de la costa este. Las mandíbulas de acero de la prisión, se cierran con un sonido metálico sin él, y ahora la carrera de abogado llama a Neidorf. Se parece a la larva de un congresista.

No es un *hacker* nuestro señor Neidorf. No está interesado en las ciencias de la informática. ¿Por qué tendría que estarlo? No está interesado en escribir en lenguaje C el resto de su vida, y además, ha visto la caída de los chips. Para el mundo de la ciencia informática, él y *PHRACK* fueron una simple curiosidad. Pero para el mundo de la justicia... El joven ha aprendido dónde se entierran los cadáveres. Lleva su cuaderno de recortes de prensa allí dónde va.

Phiber Optik se ríe de Neidorf, un paleto del medio oeste, por creer que *Acid Freak* fabrica ácido y escucha rock ácido.

—¡Demonios, no! ¡*Acid* nunca ha hecho ácido! Lo que le gusta es la música *acid house.* ¡Jesús! La simple idea de fabricar LSD... ¡Nuestros padres sí que lo hicieron, payaso!

Thackeray súbitamente, vuelve completamente la luz del faro de su atención hacía Craig Neidorf, y empieza un intento de más o menos media hora, de ganarse al chico. ¡La Juana de Arco del crimen informático, le da consejos sobre su carrera a *Knight Lightning*! Tu experiencia puede ser muy valiosa —una ventaja le dice ella, con una inequívoca sinceridad de seiscientos vatios—. Neidorf está fascinado. La escucha con una atención no fingida. Está asintiendo y diciendo sí señora.

—¡Sí, Craig, tú también puedes olvidar el dinero, y entrar en el glamuroso y horriblemente mal pagado, mundo de LA PERSECUCIÓN DEL CRIMEN INFORMÁTICO! Puedes meter en la cárcel a tus antiguos amigos. —¡Ups!

—No puedes continuar batiéndote con módems indefinidamente. No puedes vencer un sinsentido más, con recortes de periódico enrollados. Antes o después tendrás que coger directamente la sartén por el mango. Y aún el simple hecho de ensamblar todo aquí, ha hecho variar la situación drásticamente.

John S. Quarterman autor de 'The Matrix', explica qué es Internet en este simposio. Es la red de noticias más grande del mundo, está creciendo a pasos agigantados, y todavía no podemos medir Internet porque no podemos pararla donde está. No puede detenerse, porque no hay nadie en el mundo que tenga autoridad para hacerlo. Cambia, sí, crece, se mete en sí misma a lo largo de un mundo posindustrial y posmoderno y genera comunidades allí donde llega. Está haciendo todo esto, ella sola.

—*Phiber* es distinto. Un chaval de fin de siglo. *Phiber Optik,* —dice Barlow— parece un dandy eduardiano. Pero es más. Cuello afeitado, los laterales del cráneo con un corte al cero, parecido al de los hip-hop, una revoltosa maraña de pelo en la parte de arriba, que parece engominado, se queda hasta las cuatro de la mañana y se pierde todas las sesiones, entonces se cuelga de las cabinas telefónicas con su aparato destripador, ROMPIENDO SISTEMAS, JUSTO EN MEDIO DE LOS TÍOS DEFENSORES DE LA LEY MÁS IMPORTANTES EN LOS ESTADOS UNIDOS, o al menos eso finge. No como Frank Drake.

Drake que escribió a Dorothy Denning desde ninguna parte, y le pidió una entrevista para su *fanzine ciberpunk* barato, y luego empezó a interrogarla sobre sus principios éticos. Ella era retorcida también... Drake, alto como un espantapájaros, con su blanda y rubia cabellera de mohicano, sus zapatillas de deporte raídas y su cazadora de cuero, grabada con la palabra ILLUMINATI en rojo, desprende un inequívoco aire a bohemio literato. Drake es el tipo de hombre que lee las revistas de diseño industrial británicas y aprecia a William Gibson por la calidad sabrosa de su prosa. Drake nunca podrá volver a tocar un teléfono o un teclado, pero todavía tiene el pendiente en la nariz y los confusos fanzines fotocopiados, además de las muestras de música industrial. Es un *punk* radical con un equipo de publicación personal y una dirección en Internet. Cerca de Drake, el diminuto *Phiber* parece como si se hubiera coagulado a partir de las líneas telefónicas. Nacido para el *phreak*.

Dorothy Denning se acerca de repente a *Phiber*. Los dos son más o menos de la misma estatura y complexión corporal. Los ojos azules de Denning centellean detrás de las monturas de sus gafas.

—¿Por qué has dicho que yo era pintoresca? —le pregunta a *Phiber*, con curiosidad.

Es una descripción perfecta, pero *Phiber* está anonadado...

—Bueno, yo. Err... usted sabe...

—Yo también pienso que eres pintoresca Dorothy —digo yo.

El escritor al rescate, le doy un poco de palique como los periodistas... Ella es cándida y bella, todavía tiene alguna cualidad anticuada, como una doncella de los peregrinos detrás de un cristal plomizo; si tuviera seis pulgadas de altura, Dorothy Denning quedaría bien dentro de una vitrina china... La Criptógrafa... La Criptogratriz... De cualquier modo... Extrañamente Peter Denning se parece a su esposa. Podría identificar a este caballero, como su alma gemela de entre un grupo de tipos. Vistiendo pantalones a medida, un jersey universitario con un punteado borroso, y una corbata académica, limpiamente anudada. Esta refinada, exquisita e hiperinteligente educada pareja, de una civilización extranjera, parecen haber emergido de algún universo paralelo más fino y limpio, donde la humanidad existe para hacer la columna de *Juegos Matemáticos* en la revista 'Scientific American'.

—¿Por qué esta agradable señora trata con esos insípidos personajes?

Porque ha llegado el tiempo de hacerlo, ese es el por qué. Porque ella es la mejor en lo que hace.

Donn Parker está allí, La *Gran Águila* calva del crimen informático... Con su cúpula calva, gran altura y enormes manos, como las de Lincoln, el gran pionero visionario del campo, se abre camino pasando a través de los simples mortales como un rompehielos... Sus ojos apuntan hacia el futuro, con la rigidez de una estatua de bronce. Con el tiempo, dice a su público, todos los crímenes empresariales serán crímenes informáticos, porque las empresas tendrán todo que ver con los ordenadores. Crimen informático como categoría, desaparecerá.

Mientras tanto, novedades pasajeras florecerán, fracasarán y se evaporarán. La imponente voz de Parker, resonando como la de una esfinge, todo se ve desde algún valle de profunda e histórica abstracción. Sí, han llegado y se han marchado, esas cortas oleadas en el mundo de la informática digital: El escándalo de la emanación de la radio-frecuencia. La KGB, el MI5 y la CIA lo hacen todos los días, es fácil, pero nadie más lo ha hecho. El fraude de las rodajas de salchichón, más que nada un mito, *Crimoides* les llama él. Los virus de ordenadores son los actuales crimoides campeones, mucho menos peligrosos de lo que la gente cree, pero la novedad se está desvaneciendo y hay un vacío de *Crimoides* ahora mismo, la prensa está deseosa de algo más escandaloso. El *Gran Hombre,* comparte con nosotros unas cuantas especulaciones sobre los *Crimoides,* que están a punto de llegar. ¡Falsificaciones de Escritorios! -¡Guau...!- Ordenadores robados, sólo para saquear la información que contienen. ¡Secuestro de datos! Ocurrió en Inglaterra no hace mucho, puede ser lo siguiente. ¡Nodos fantasma en Internet!

Parker maneja las transparencias en el proyector por encima de su cabeza, con un aire eclesiástico. Viste un traje cruzado, una camisa azul claro y una corbata muy discreta de cachemir, en un subestimado tono marrón y azul. Los aforismos emergen de él con un lento y plomizo énfasis. No hay nada como un ordenador adecuadamente seguro, cuando nos encontramos ante un adversario suficientemente poderoso. La disuasión es el aspecto socialmente más útil, en cuanto a seguridad. Las personas son lo más vulnerable en todo sistema de información. Toda la línea base de la seguridad informática, debe elevarse más allá. Nunca violes tu propia seguridad, dando publicidad con descripciones de las medidas que has tomado...

El público comienza a retorcerse, pero todavía hay algo de pureza elemental en la filosofía de este tipo, que le proporciona un molesto respeto...

Parker, a veces, suena como el único sujeto cuerdo dentro del bote salvavidas. El hombre que puede probar con rigor, desde los más profundos principios morales, que Harvey, allí, el de la pierna rota y el pasado cuadriculado, es quien tiene que ser, hum... eso es, el Sr. Harvey, es el más indicado para hacer el sacrificio necesario para la seguridad, y efectivamente, la total supervivencia del resto de la tripulación del bote. Seguridad informática, —Parker nos informa lúgubremente— es un sucio tópico que desearíamos no haber conocido. El experto en seguridad, armado con método y lógica, debe pensar —imaginar— cualquier cosa, que el enemigo puede hacer antes de que realmente lo haga. Sería así, si el oscuro cerebro del criminal fuera un subprograma extensivo del brillante cráneo de Donn Parker. Es un Holmes cuyo Moriarty casi no existe, aún así debe ser perfectamente simulado.

La CFP es un encuentro estelar con el vértigo de una boda. Es un momento alegre, un final feliz, ellos saben que su mundo cambiará para siempre esta noche, y están orgullosos de haber estado aquí para verlo, para hablar, para pensar, para ayudar. Y aunque la noche no ha llegado todavía, una cierta cualidad elegíaca se manifiesta, mientras la masa se agolpa bajo las lámparas de araña con sus copas de vino y platos de postre. Algo se está terminando, se va para siempre y cuesta un poco precisarlo.

Es el fin de los aficionados.

EPÍLOGO

T res años en el *ciberespacio* son como treinta años en cualquier lugar real. Siento como si hubiera pasado una generación desde que escribí este libro. En términos de generaciones de maquinarias de informática es mucho más.

La forma básica del *ciberespacio* ha cambiado drásticamente desde 1990. Una nueva administración americana está en el poder, y, si se preocupan por algo, sólo lo hacen por la naturaleza y el potencial de las redes electrónicas. Queda claro para todos los jugadores que el *statu quo* ha desaparecido, tanto en los media como en las telecomunicaciones norteamericanas y que cualquier territorio en la frontera electrónica, puede ser arrebatado por cualquiera. Multimedia interactiva, alianzas cable-teléfono, la superautopista de la información, fibra óptica en las aceras, *laptops* y *palmtops*, y el crecimiento explosivo del móvil e Internet. La tierra tiembla visiblemente.

El año 1990 no fue un año agradable para AT&T. Hacia 1993, sin embargo, AT&T, finalmente, había devorado exitosamente a la compañía de informática NCR en una adquisición poco amigable, dándoles a los trepas un pedazo importante de la actividad digital. AT&T administró —para autoliberarse de la propiedad del molesto sistema operativo UNIX vendiéndoselo a NOVELL—, una compañía de redes, la cual se estaba preparando para la pelea del salvaje mercado, con el sistema operativo del titán MICROSOFT. Además, AT&T adquirió McCaw Celullar, en una gigantesca unión, dándole a AT&T un dominio inalámbrico potencial sobre su antiguo descendiente RBOCs. RBOCs son ahora rivales potenciales de AT&T, mientras, los cortafuegos chinos entre el monopolio regulado y el frenético capitalismo digital, empiezan a fundirse y colapsarse.

AT&T, despreciada por los analistas de la industria desde 1990, estaba cosechando pasmosos elogios en 1993. AT&T había logrado evitar otras caídas de *software* en sus estaciones conmutadoras. Su nueva reputación de *gigante veloz* era de lo más dulce, sobre todo, desde que su gigante rival tradicional, en el mundo de la computación internacional, IBM, estaba casi postrado en 1993. La visión de IBM sobre la red computacional comercial del futuro, Prodigy, ha logrado gastar 900 millones de dólares, sin haber podido demostrar nada, mientras que AT&T, por el contrario, estaba especulando osadamente sobre las posibilidades de comunicadores personales, y protegiendo sus apuestas con inversiones en interfaces escritas a mano. En 1990 AT&T tenía muy mala pinta, pero en 1993 tenía el aspecto del futuro.

Al menos, la propaganda de AT&T tenía el aspecto del futuro. Una atención pública similar fue cautivada por los masivos veintidós mil millones, de la fusión entre RBOC Bell Atlantic y el gigante de la TV por cable, Tele-Communications Inc. Nynex estaba comprando la compañía de cable Viacom International. BellSouth estaba comprando stock en Prime Management. SouthWestern Bell adquiriendo una compañía de cable en Washington DC, etc. En claro contraste, Internet, una entidad no comercial que oficialmente no existía aún, ni siquiera tenía presupuesto de propaganda. Y, sin embargo, casi debajo del nivel de conocimiento gubernamental y corporativo, Internet estaba devorando clandestinamente todo a su paso, creciendo a un ritmo que desafiaba la comprensión. Chicos que hubieran sido ansiosos incursores en ordenadores sólo cinco años antes, estaban ahora navegando en Internet, donde su urgencia natural de explorar, los conducía a panoramas del *ciberespacio* de tan intimidatoria inmensidad, que la sola idea de hackear contraseñas parecía una pérdida de tiempo.

Hacia 1993 no se había producido ni un sólido escándalo de intrusión en ordenadores, en varios meses. Por supuesto, había habido sorprendentes y bien publicitados actos de acceso ilícito a ordenadores, pero habían sido cometidos por adultos de cuello blanco, profesionales de determinadas industrias, con clara intención de procurar alguna ventaja comercial o personal. Los chicos, por el contrario, parecían estar todos en los chats, como el IRC, o quizás, jugueteando en la interminable red de sistemas de boletines personales.

En 1993, había estimadas en América, unas 60000 BBS; la población de BBS se ha duplicado completamente desde la «Operación Sundevil» en 1990. El *hobby* era trasmutar de vez en cuando en una industria genuina. La comunidad de BBS no eran más que oscuros aficionados; si bien algunos lo eran y estaban orgullosos de serlo, pero los administradores de BBS y los avanzados usuarios, se habían vuelto una comunidad mucho más cohesiva y políticamente consciente, sin intención de ser más oscuros.

El espectro del *ciberespacio* al final de los años 80, de autoridades engañadas que temblaban de miedo ante fenomenales *hackers* adolescentes, parecía claramente anticuado en 1993. El énfasis en la imposición de la ley ha cambiado, y el villano electrónico favorito de 1993 no era el chico vándalo, sino el victimario de niños, el pornógrafo infantil digital. La «Operation Longarm», una caza en pornografía infantil, llevada a cabo por los previamente poco conocidos vigilantes del *ciberespacio*, del servicio de aduanas de U.S.A., fue casi del mismo tamaño que la «Operación Sundevil», pero en comparación, tuvo muy poca cobertura en la prensa.

La gran y bien organizada «Operation Disconnect», un golpe del FBI contra artistas estafadores de teléfono, fue realmente más grande que la «Operación Sundevil». La «Operation Disconnect» tuvo su breve momento de atención de la prensa, y luego se desvaneció rápidamente. Fue desafortunado que un asunto de fuerza legal, aparentemente tan bien conducido como «Operation Disconnect», que persiguió criminales de telecomunicaciones adultos, cientos de veces, moralmente más repugnantes que los *hackers* adolescentes, recibiera tan poca atención y fanfarria, especialmente comparada con el abortivo «Sundevil», y los esfuerzos básicamente desastrosos, de la fuerza de fraudes y abusos informáticos de Chicago. Pero la vida de un policía electrónico es raramente fácil.

Si algún evento de imposición legal, mereció realmente plena cobertura de prensa —aunque de algún modo ingeniándoselas para evitarla—, fue la asombrosa historia del investigador senior de la policía estatal de New York, Don Delaney contra los *finger-hackers* de la calle Orchard.

Esta historia probablemente represente el verdadero futuro del crimen profesional de telecomunicaciones en América. Los *finger-hackers* vendieron, y aún venden, servicio telefónico de larga distancia robado, a una clientela cautiva de extranjeros ilegales en la ciudad de New York. Esta clientela está desesperada por llamar a sus hogares, pero como grupo, los extranjeros ilegales tienen pocos medios de obtener servicio telefónico estándar, ya que su presencia en los Estados Unidos es ilegal. Los *finger-hackers* de la calle Orchard, eran *hackers* no muy comunes, con una sorprendente falta de cualquier clase de conocimiento tecnológico. Y aún estos bandidos, mostraban una ingenuidad de nivel callejero pasmoso, en su unilateral sentido del hurto.

No había una retórica de *hackers* disidentes, acerca de la libertad de información entre los *finger-hackers*. La mayoría de ellos provenía de la fraternidad del manejo de la cocaína, y vendían las llamadas robadas con las mismas técnicas criminales callejeras de chorizo y carterista, que emplearía una banda organizada. Esto era crimen bajo y sucio, urbano, étnico y organizado, llevado a cabo por dinero por familias criminales, día a día, sobre la tapa del barril, en el áspero mundo de la calle. Los *finger-hackers* dominaron ciertos teléfonos públicos, en ciertos vecindarios notablemente insípidos. Ofrecieron un servicio, que ningún otro podía dar a clientes con poco que perder.

Con tal vasto suministro de crimen electrónico a mano, Don Delaney con experiencia en homicidios, se lanzó a enseñar crimen en telecomunicaciones en el FLETC, en menos de 3 años. Muy pocos le superan en experiencia a nivel de calle, en fraude telefónico. Cualquiera en 1993 que todavía crea que el crimen en telecomunicaciones sea algo raro y secreto, debería tener algunas palabras con el señor Delaney. Don Delaney ha escrito dos afilados escritos sobre fraude en telecomunicaciones y crimen informático, en el 'Manual de Investigaciones Civiles y Criminales' de Joseph Grau (McGraw Hill 1993).

PHRACK se sigue publicando en 1993, ahora bajo la hábil editorial de *Erik Bloodaxe*. Este llevó a cabo, un decidido intento de obtener acción legal y seguridad corporativa, para obtener dinero real por sus copias electrónicas de *PHRACK*, pero como es usual, estos valientes defensores de la propiedad intelectual, prefirieron piratear la revista. *Bloodaxe* no ha recuperado nada de su propiedad, de los allanamientos del primero de Marzo de 1990. Ni tampoco ha recuperado nada *The Mentor*, quien sigue siendo el administrador editorial de Steve Jackson Games, Inc.

Ni lo tiene Robert Izenberg, quien suspendió su forcejeo judicial para recuperar su maquinaria. El Sr. Izenberg calculó que sus 20.000 dólares de equipos confiscados en 1990 están a lo sumo valorados en 4.000. El *software* perdido, que también salió por su puerta, lo reemplazó hace tiempo. Él dice que debería demandar por principios, pero siente que la gente que confiscó su maquinaria ya fueron desacreditados y no llevarán a cabo más confiscaciones. Incluso si su maquinaria fuera devuelta —y en buen estado, cosa dudosa— no tendrá ningún valor en 1995. Robert Izenberg no trabajó más para IBM, pero tiene un trabajo programando para la mayor compañía de telecomunicaciones en Austin.

Steve Jackson ganó su caso contra el Servicio Secreto el 12 de marzo de 1993, nada menos que tres años después del asalto federal a su empresa. Gracias a las demoradas tácticas disponibles, en la doctrina legal de *inmunidad calificada*, Jackson fue tácticamente forzado a retirar su demanda frente a los individuos William J. Cook, Tim Foley, Barbara Golden y Henry M. Kluepfel. Cook, Foley, Golden y Kluepfel, sin embargo, testificaron durante el juicio.

El Servicio Secreto luchó vigorosamente en el caso, batallando a los abogados de Jackson en el —previamente no experimentado— césped legal de la «Ley de Comunicaciones Electrónicas Privadas» y la «Ley de Protección de la Privacidad de 1980». El Servicio Secreto denegó que fueran legal o moralmente responsables, de confiscar el trabajo de un editor. Ellos afirmaron que:

1) Los *libros de juego* de Jackson no eran verdaderos libros reales.

2) El Servicio Secreto no se habían dado cuenta de que SJG Inc. era una *editorial* cuando asaltaron sus oficinas.

3) Los libros desaparecieron por accidente, porque dio la casualidad de que estaban dentro de los ordenadores que se apropiaron los agentes.

El Servicio Secreto también negó, cualquier agravio en la lectura y borrado, de todos los supuestos mensajes de correo electrónico, *privados,* dentro de la BBS intervenida a Jackson, Illuminati. Los abogados del Servicio Secreto afirmaron, que la intervención no violaba el 'Acta de Privacidad en Comunicaciones Electrónicas', porque ellos realmente, no estuvieron *interceptando* la actividad privada del correo electrónico, sino solamente mensajes de correo electrónico, que estaban alojados en el disco de un ordenador de Jackson. Además, afirmaron, que los agentes del Servicio Secreto, no habían leído ninguno de los correos privados en Illuminati; y de cualquier forma, aún suponiendo que ellos lo hubieran hecho, tenían el permiso de hacerlo con una orden legal.

El caso Jackson se tornó aún más peculiar, cuando los abogados del Servicio Secreto, fueron tan lejos como para alegar que la incursión federal contra la compañía de juegos, realmente había beneficiado el negocio de Jackson, gracias a la consiguiente publicidad a lo largo de toda la nación.

Fue un juicio largo y algo complicado. El Juez pareció sumamente perturbado, no por los asuntos incomprensibles de la ley electrónica, sino por el hecho de que el Servicio Secreto podría haber evitado casi todo el problema, simplemente devolviendo rápidamente a Jackson su ordenador. El Servicio Secreto, podría fácilmente, haber visto todo lo que tenía el ordenador de Jackson, grabarlo todo y devolverle la máquina. Podría haberse evitado cualquier demanda o escándalo mayor con el Tribunal Federal. Así, todo el mundo se habría limitado a soltar unas carcajadas.

Desafortunadamente, parece ser que esta idea nunca pasó por las cabezas de los investigadores afincados en Chicago. Parecían haber concluido unilateralmente y sin el debido curso de la Ley, que el mundo sería mejor si Steve Jackson no hubiese tenido ordenadores. Golden y Foley, afirmaron que ninguno de los dos, había oído hablar nunca de la 'Ley para la Protección de Privacidad'. Cook había oído hablar de dicha ley, pero había decidido a su manera, que la 'Ley para la Protección de la Privacidad' no tenía nada que ver con Steve Jackson.

El caso Jackson fue también un juicio muy politizado, con los dos partes intentando presentar el caso desde su ángulo, para ofrecer un precedente legal duradero y fundamentar sus intereses en el *ciberespacio*. Jackson y sus asesores de la EFF intentaron establecer, que el mínimo examen del e-mail, del solitario panfletista electrónico, merece las mismas protecciones desde los derechos civiles, que las ofrecidas al 'The New York Times'. Por contraste extremo, los abogados del Servicio Secreto argumentaron severamente, que el contenido de una BBS, no tenía más expectativas de privacidad que un montón de tarjetas postales.

En el análisis final, muy poco fue aclarado con firmeza. Formalmente, los reglamentos legales en el caso Jackson, se aplican solamente en el Distrito Federal Oeste de Texas. Sin embargo, fue establecido que se trataba de cuestiones reales, sobre libertades civiles, por las cuales, gente poderosa estaba dispuesta a ir a juicio; el ataque a las BBS, aunque aún continúa, puede ser un acto peligroso para el atacante. El Servicio Secreto debe a Steve Jackson 50.000 dólares por daños y miles de dólares a cada uno de los molestos y ofendidos usuarios de la BBS de Jackson.

Steve Jackson, en lugar de ser propietario de una BBS con una sola línea —Illuminati— arrebatada en 1990, ahora se deleita con la posesión de un enorme nodo de Internet, privado y propietario, www.io.com, con docenas de líneas telefónicas con su propia T-1. Jackson ha realizado la narración completa y minuciosa de su caso; disponible electrónicamente, para los interesados. Y quizás el caso Jackson aún no haya terminado todavía; una apelación del Servicio Secreto parece plausible y la EFF está también seriamente descontenta con la decisión sobre la intercepción electrónica.

The WELL, casa del movimiento americano defensor de la libertad civil electrónica, consiguió dos mil usuarios más y reemplazó su envejecida computadora Sequent por una novísima Sun Sparcstation.

Las discusiones sobre búsqueda y arresto en the WELL están ahora tomando una decidida posición secundaria, frente al tópico actual en libertades civiles digitales, con cifrado de clave pública inquebrantable para ciudadanos privados.

La EFF dejó su modesta casa en Boston, para moverse al interior de la Circunvalación de Washington, en la Administración Clinton. Su nuevo director ejecutivo, Jerry Berman, pionero con la ECPA y durante largo tiempo un activista de la ACLU, ganó la reputación de hombre adepto a cenar con tigres, mientras la EFF dedicó su atención a las conexiones en red de los más altos niveles de los ordenadores y la industria de las telecomunicaciones. El grupo de presión pro-encriptamiento de la EFF y la inicitativa contra los pinchazos telefónicos, fueron especialmente impresionantes, ensamblando exitosamente una muchedumbre de importantes y variadas industrias, bajo la misma tienda de la EFF, en oposición potente y abierta a las ambiciones electrónicas del FBI y de la NSA.

La EFF se había transformado a la velocidad de la luz, desde una insurrección hasta una Institución. *Mitch* Kapor, cofundador de la EFF, evitó una vez más las consecuencias burocráticas de su propio éxito, permaneciendo en Boston y adoptando el rol de *Gurú* y eminencia gris de la EFF. John Perry Barlow, por su parte, dejó Wyoming, se retiró del partido republicano y se trasladó a Nueva York, acompañado por su enjambre de teléfonos. Mike Godwin dejó Boston por Washington, como asesor legal oficial de la EFF para los afectados electrónicamente.

Tras la tentativa de Neidorf, Dorothy Denning adicionalmente demostró su firme y escolástica independencia mental, hablando atrevidamente sobre la utilidad y valor social del pinchazo federal. Muchos libertarios civiles, que juzgaron la práctica del pinchazo con oculto horror, cayeron al nivel de comedia, cuando se supo a nivel nacional, que la *simpatizante hacker* Dorothy Denning, defendía a la policía y a los intereses políticos y públicos, en relación a las escuchas furtivas. Sin embargo, ningún escándalo público parecía desviar lo mínimo a *la pintoresca* Doctora Denning. Ella no solamente se había mentalizado, lo había hecho en público y luego se había aferrado a sus pistolas.

En 1993, los seguidores leales de *Masters of Deception*, *Phiber Optik*, *Acid Phreak* y *Scorpion*, salieron finalmente de la maquinaria de la persecución legal. *Acid Phreak* y *Scorpion* fueron condenados a seis meses de arresto domiciliario, 750 horas de servicio comunitario y curiosamente, a una multa de 50 dólares por conspiración para cometer crimen informático. *Phiber Optik*, quizás con el perfil *hacker*, más conocido por el público en todo el mundo, es el que más tiempo tardó en declararse culpable, aunque encarando la posibilidad de 10 años de prisión, finalmente cedió. Fue sentenciado a un año y un día de prisión.

Por lo que respecta al ala de Atlanta de la *Legion of Doom*, *Prophet*, *Leftis* y *Urvile*... *Urvile* ahora trabaja para una compañía de *software* en Atlanta. Aún está a prueba y pagando multas enormes. Dentro de 15 meses, se le permitirá poseer un ordenador personal. Todavía es un criminal federal convicto, pero no ha tenido dificultades legales desde que abandonó la prisión. Ya no sigue en contacto con *Prophet* y *Leftist*. Desafortunadamente, yo tampoco, pero no por falta de esfuerzo.

Knight Lightning, ahora de 24 años de edad, es escritor técnico para el gobierno federal en Washington D.C. Aún no ha sido aceptado en la facultad de Derecho, pero habiendo gastando más tiempo del que corresponde, en compañía de abogados, ha vuelto a pensar que tal vez un MBA sería una idea mejor. Todavía debe a sus abogados 30.000 dólares, pero esa suma va disminuyendo progresivamente, desde que está entregado completamente a dos trabajos. *Knight Lightning* habitualmente lleva traje, corbata y maletín. Y tiene un permiso de federal de acceso.

El co-editor no procesado de *PHRACK Taran King* es también un escritor técnico en Washington D.C. Recientemente se casó.

Terminus cumplió su condena, salió de prisión y actualmente vive en Silicon Valley, donde mantiene un nodo de Internet a tiempo completo: www.netsys.com. Programa profesionalmente para una compañía especializada en enlaces vía satélite para Internet.

Carlton Fitzpatrick, aún enseña en el Centro de Entrenamiento Reforzado de Leyes, pero el FLETC descubrió que los asuntos involucrados en el apadrinamiento y ejecución de una BBS, son algo más complejos que lo que parecían a simple vista al principio.

Gail Thackeray consideró brevemente, encaminarse hacia la seguridad privada, pero luego cambio de intenciones y se unió a la oficina de fiscales del condado de Maricopa —con un salario—. Sigue persiguiendo vigorosamente a estafadores electrónicos en Phoenix, Arizona.

La 4.ª Conferencia Consecutiva sobre Ordenadores, Libertad y Privacidad, se llevará a cabo en Marzo de 1994, en Chicago.

Por lo que a Bruce Sterling se refiere... Bueno, "8-)'. Yo agradecidamente, abandoné mi breve carrera como columnista de sucesos y escribí una nueva novela de ciencia ficción , 'Heavy Weather', y ensamblé una colección de historias cortas, 'Globalhead'. Además, escribo regularmente temas no ficticios, para la columna de Ciencia Popular en 'The Magazine of Fantasy and Science Fiction'.

Prefiero la vida entre los límites de la fantasía y la realidad, pero tengo que reconocer, que la realidad tiene una forma desafortunada de anexar la fantasía para sus propios propósitos. Por eso es que estoy en el Police Liaison Committee para la EFF-Austin, un grupo de libertarios civiles electrónicos:

eff-austin@tic.com

Creo que nunca olvidaré mi experiencia en *La Caza de Hackers*, y espero estar involucrado en el activismo de libertades civiles electrónicas para el resto de mi vida.

No sería difícil encontrar material para otro libro sobre crimen informático y asuntos de libertades civiles. Francamente, creo que podría escribir otro libro muy parecido a este, cada año. El *ciberespacio* es muy grande. Hay un montón de cosas corriendo de aquí para allá, mucho más de lo que puede ser adecuadamente cubierto por la pequeña —aunque creciente— ola, de reporteros con conocimientos sobre la red. Desearía poder hacer más en relación a este tema, porque la variedad de gente del *ciberespacio* es un elemento de nuestra sociedad, que claramente requiere estudio sostenido y atención.

Pero solamente hay uno como yo, y tengo muchas cosas en la cabeza, como la mayoría de los escritores de ciencia ficción, tengo más imaginación que disciplina. Habiendo hecho mi labor como reportero de la frontera electrónica, mi saludo a los pocos compañeros que lo hacen día a día. Yo podría retomar este tema algún día, pero no tengo planes reales de hacerlo. Sin embargo, tampoco tuve ningún plan de para escribir *La Caza de Hackers*.

Las cosas pasan. También hay terremotos en el *ciberespacio*. Tendré que estar bien de pie y alerta.

El paisaje electrónico cambia con una velocidad sorprendente. Estamos viviendo la más rápida transformación tecnológica en la historia de la humanidad. Estoy contento de tener una oportunidad de documentar el *ciberespacio* durante un momento en su larga mutación, como una instantánea de Maelstrom. Este libro que ya está desactualizado, será algo obsoleto en otros 5 años. ¡Es una lástima!

Sin embargo, pienso que dentro de 50 años, este libro podrá ser algo interesante, y en 100 años, parecerá alucinante y arcaico. Probablemente resultará más extraño para una audiencia en el 2092, que para el lector contemporáneo.

Mantenerse enterado de lo que hay en el *ciberespacio*, requiere una gran cantidad de atención. Personalmente, me entero de como va el meollo de la multitud, leyendo la invaluable revista electrónica 'Computer submundo Digest'. Además leo la revista iconoclástica de Jack Rick 'Boardwatch Magazine' para tener noticias de la comunidad online y de las BBS. Y sin necesidad de decirlo, leo 'Wired', la primera revista de los años 90, que actúa como perteneciendo realmente a esta década. Existen otras formas de aprender, por supuesto, pero estas son las tres salidas que te guiarán bastante bien.

Cuando por mi cuenta, deseo publicar electrónicamente, algo que estoy haciendo con frecuencia progresiva, generalmente lo pongo en el Gopher, en Texas Internet Consulting. Este libro puede encontrarse allí. Pienso que vale la pena hacer que esta obra pueda leerse libremente.

A partir de aquí, el pan de uno flota en las aguas oscuras, solamente retorna multiplicado por diez. Y por supuesto, vuelve empapado, repleto, con un increíble ecosistema completo de formas de vida cibermarina, hambrienta. Para este autor, al menos, eso es todo lo que realmente importa.

Gracias por su atención "8-)'

Bruce Sterling bruces@well.sf.ca.us

Día de Año Nuevo, 1994, Austin Texas

www.ingramcontent.com/pod-product-compliance
Lightning Source LLC
LaVergne TN
LVHW022335060326
832902LV00022B/4047